高职院校德育教材

财贸素养教育

CAIMAO SUYANG JIAOYU

李宇红 / 主编

中国经济出版社
CHINA ECONOMIC PUBLISHING HOUSE
·北 京·

图书在版编目（CIP）数据

财贸素养教育/李宇红主编
北京：中国经济出版社，2010.1（2022.3 重印）
ISBN 978-7-5017-9367-9

Ⅰ. 财… Ⅱ. 李… Ⅲ. ①财政学—高等学校：技术学校—教材 ②国际贸易—高等学校：技术学校—教材 Ⅳ. F810 F74

中国版本图书馆 CIP 数据核字（2009）第 165674 号

责任编辑 贺　静
责任印制 巢新强
封面设计 任燕飞工作室

出版发行 中国经济出版社
印 刷 者 北京中石油彩色印刷有限责任公司
经 销 者 各地新华书店
开　　本 710mm×1000mm　1/16
印　　张 24.75
字　　数 390 千字
版　　次 2010 年 1 月第 1 版
印　　次 2022 年 3 月第 6 次
书　　号 ISBN 978-7-5017-9367-9/F·8267
定　　价 48.00 元

中国经济出版社 **网址** www.economyph.com **社址** 北京市东城区安定门外大街 58 号 **邮编** 100011
本版图书如存在印装质量问题，请与本社销售中心联系调换（联系电话：010-57512564）

前　言

北京财贸职业学院根据中共中央国务院《关于深化教育改革，全面推进素质教育的决定》的精神，按照财贸行业发展对人才素质的需要和高等职业教育人才培养的要求，针对财贸人才职业岗位的特点，展开了财贸高职人才培养特点的全面探索，在高职学生的素养培养上，以创新的思路和实践，走出了一条财贸高职学生素养培养的特色之路。

学院紧紧围绕“什么是财经类高职人才特色，如何培养财经类高职人才”进行研究和探索，组织开展了财贸素养教育思想大讨论，召开职业教育专家座谈会、毕业生座谈会、教师座谈会，和商业知名企业合作研究，根据财经类专业毕业生从事服务业岗位“为人服务”的职业特点，最终把“爱心、诚信、责任、严谨、创新”确立为财贸素养的核心价值目标，把财贸素养确定为学院高职人才培养的一大特色，把开展财贸素养教育确定为实现这一特色目标的实施路径和方法。

财贸素养是商业服务业岗位对人才素养特质的共同需要和要求，是满足商业服务业高职人才职业生涯需要的职业情感、品格、心理素质和基本财贸技能的职业素养特质，是北京财贸职业学院50多年办学积累起来的对商业服务业人才特质的提炼，是商业服务业未来建设者必须传承和具备的职业素养。财贸素养概念自2003年提出至今，在不断的探索和实践过程中，结合学生的实际和行业企业的需求，其内涵建设经历了四个发展阶段：

第一阶段：2003年提出“五板块”素养教育思想，内容是“爱心、形象、社会观、创新力、就业能力”。从高职学生群体特点出发，主要目的是学会关爱他人、树立大学生形象和社会责任，更好成长成才。

第二阶段：2004—2005年，进一步完善“五板块”内容，按照高职三年学制有针对性的设计“爱心、形象、责任、创新、就业”五个主题，每个主题依次安排在第一至第五学期，并在第二课堂中开展，初步建立一个相对完整的“五板块”素养教育体系。

第三阶段：2006—2007 年，将财贸素养教育内容纳入专业教学计划，把“五板块”内容调整为“爱心、诚信、责任、严谨、创新”；“财贸职业岗位实训”正式开课，实现了素养教育岗位实体化；初步探索素养教育评价认证办法，首批“财贸素养证书”发给了积极响应市委团委号召，去农村就业的 38 名村官。

第四阶段：2008 年至今，“京商”研究成果应用到财贸素养教育，专著《京商论》出版发行，与其配套的校园教学环境“商苑”、“算盘主题雕塑”、“古钱币”石雕、“京商展室”、“商书厅”建设完成，商业文化教学中心建设项目启动，“京商文化”使财贸素养教育具有了商业文化根基。

财贸素养的提出，改变了人文教育与职业教育相脱节的现状，实现了人文教育和职业教育的内在融合，把职业人文教育贯穿人才培养的全过程，对培养全面发展、德才兼备的“职业人”无疑会起到积极作用。

本教材就是在此集体研究的基础上编写的，参加本书编写的人员按照章节顺序有朱淑华、周雪梅、蔡蕊、李明、李艳芳、罗清、胡丽霞、金树祥、董雪梅，李宇红（主编）和范法明（副主编）对全书确定内容、设计结构、统稿、修改，北京财贸职业学院院长王茹芹教授是本教材的总指导。

财贸素养教育处在起步阶段，仍在探索之中，本教材不足之处在所难免，敬请广大读者提出宝贵意见，以便我们及时修正。

目　录

第一章　财贸素养概论

第二章　爱心素养教育

第三章　诚信素养教育

第四章　责任素养教育

第五章 严谨素养教育

第六章 创新素养教育

第七章 综合实践与财贸素养证书

第一章　财贸素养概论

通过本章的学习，你将：

- 了解财贸发展的历史。
- 掌握财贸素养的内涵。
- 认知财贸素养教育的目标与实施途径。

第一节　财贸溯源

华夏五千年，青史记载了财贸文明的历程，从物物交换到商品交换，从贝壳为币到证券交易，从原始集市到国际贸易，一步一步，财贸经济穿越历史、跨越时间，走到今天。

一、金融货币

《易・系辞下》记载："日中为市，致天下之民，聚天下之货，交易而退，各得其所。"《世本》有"祝融作市"说，《尸子》有尧时"宫中三市"的说法，这大概是以货易货的物物交换。之后，充当一般等价物的商品，如贝、玉、刀、铲、纺轮、弓、箭、皮、帛、牛、羊、猪、盐等在华夏的不同民族、不同地域发挥过交换媒介的作用，但交换仍很困难。贝则从商品群中脱颖而出，成为固定充当一般等价物的"货贝"（见图1－1、图1－2）。

图1-1 商贝币(一)

图片来源:http:// www. baidu. com。

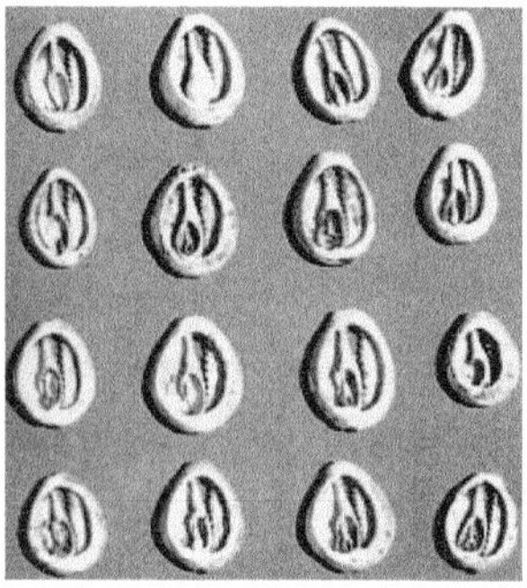

图1-2 商贝币(二)

西周、春秋战国实现了从实物货币向铸币的演化,出现了布币、刀币、圜币、蚁鼻钱;但个别实物货币,在中原地区如谷物、布帛,在西南边陲有贝币,仍在流通使用;还有具有一般使用价值的特性的实物货币,如黄金、白银、铜,在流通形态上也保留了相当长的一段时间。《墨子·经说下》中的"王刀"即统一的法币雏形。《睡虎地秦墓竹简·金布律》的面世,证明中国币制的出现和法币的存在早于战国晚期秦朝初期。《管子·国蓄》讲:"先王以珠玉为上币,以黄金为中币,以刀布为下币。"(见图1-3、图1-4)

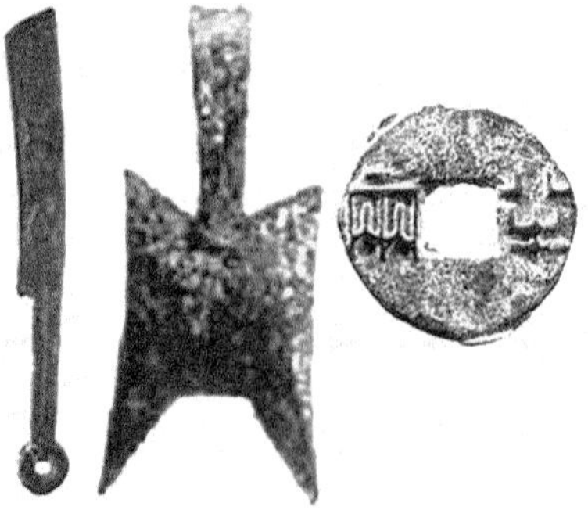

图1-3 春秋战国刀币、布币、圜币

图片来源:http://www. baidu. com。

图1-4 蚁鼻钱,又称鬼脸钱

秦统一六国后,实行"车同轨、书同文","中一国之币为三等,黄金以溢名,为上币;铜钱识曰半两,重如其文,为下币。而珠玉龟贝银锡之属为器饰宝藏,不为币”(《史记·平准书》)。五铢钱制度在我国古代货币史上占有重要地位,它轻重适中,合乎古代经济社会发展状况,因而自汉至隋七百余年基本上沿用不废。据说五铢钱“自孝武元狩五年,三官初铸五铢钱,至平帝元始中,成钱二百八十亿万余”(见图1-5)。

图1-5 汉五铢钱

图片来源:http://www. baidu. com。

魏晋南北朝时期,货币的需求量相对减少,加之长期的战乱、分裂和社会动荡,使货币流通受到重大影响。这一时期,货币流通的最大特点:一是货币混乱,币值、币制变化无常,货物表现复杂多样;二是官铸币量不足,私铸劣币严重,导致货币流通不畅,并使绢帛重新成为一般等价物与交换手段。

隋文帝建国后,更铸新的五铢钱。同时严格制止私铸和旧钱的流通,颇有成效。隋炀帝大业年间,政局动乱,遂多私铸,钱币严重贬值,物价飞涨。

图1-6 开元通宝

图片来源:http://www. baidu. com。

唐立国后,于武德四年七月下令废除隋五铢钱,重新统一铸造钱面上有“开元通宝”四字的新钱,民间俗称“开元通宝钱”,“轻重大小,最为折衷,远近甚便之”,从而开启了宝钱制时代(见图1-6)。

宋、金、元、明、清(前期)纸币流通,明中叶白银法币地位的确立,等等,都足以证明中国货币体系经过了不断的发展和演变。

宋代货币有铜钱、铁钱、纸币和金银,货币总量大大超过前代。宋代纸币创始于四川民间,天圣元年(1023年)益州官营交子务设立后纸币名称逐渐增多,行使区域扩大,发行量增加。北宋出现的纸币有交子、钱引和小钞,南宋则有会子、关子、钱引、银会等。金初,用辽、宋旧钱,直到正隆三年(1158年),始行铸造铜钱,名为“正隆通宝”,与旧钱通用。但是,由于金统治区铜源缺乏,单靠金属货币难以解决货币量不足的问题,金代先于铜钱铸造即已开始发行交钞。

元代以纸币为法币，由于其与外部世界的交流比较频繁活跃，钞币也作为支付手段随之流入外邦：一是向东流入高丽、日本，二是流到南亚、东南亚各国，三是向西北流到钦察、伊尔汗国境内，向西南流到中非一带。

继宋元以后，明朝亦印行纸币，称“大明宝钞”。从社会流动的角度来讲，其重要性不如白银与铜钱，且在明中叶以后基本上不流通；但作为明代货币体系中的一种，大明宝钞一直通行至明末而未废除。和元代交钞一样，大明宝钞也有外流。各国来华入贡时，明廷常常以赐予形式赠予钞锭（见图1－7）。

图1－7　大明宝钞

图片来源：http://www.baidu.com。

元代推行纸币于全境，甚至推行到辖域属地，明代则始终发行大明宝钞一种纸币，充分说明中国古代币制的发达与先进，及其在世界古代货币发展史上的领先地位。

在金融货币的发展中，信用不因货币的产生而产生，却因货币的发展而发展。在货币的推动下，在不同的环境条件下，信用新产品、新工具，乃至信用新机构诞生了，信用获得突飞猛进的创新和发展，又推动了货币金融、商品经济的新一轮发展。货币与信用就是这样互相推动、互相制约，不断创新和发展的。《周礼》中已见赊贷从官的事情，南北朝时期长生库的典当活动，隋代公廨钱的官营借贷，唐代僦柜质钱、飞钱、便换、金银行的出现，宋代的抵当所、检校库、兑坊以及和籴交引等多种信用活动的兴起和活跃，表明赊买赊卖、预付货款和金融市场的勃发与涌动。明代当铺、钱庄，清代银号、账局、票号等中国传统金融机构的昌盛，足以说明中国古代传统金融机构与西方近现代金融机构相较也绝不逊色（见图1－8、图1－9）。

图 1-8 明代当铺

图 1-9 清代最早的票号

图片来源:http://www. baidu. com。

二、财政制度

财政是国家产生和公共权力设立以后才有的,不同社会制度下的财政具有不同性质。中国在夏朝以前为原始社会,夏朝以后出现奴隶制社会的雏形。自殷商建国(约公元前 1600 年)到周朝时期是我国财政的早期形成时期。在这一时期,奴隶主占有生产资料、生产工具和奴隶,国家财政收入的重要来源是掠夺奴隶生产的产品,其次是奴隶主国家对其所属臣民征收的赋税,包括田赋、军赋、关市之征、力役等,再次是对诸侯和臣属国征收的贡物,此外还有在战争中掠夺的土地物资和人民。奴隶制国家的财政支出包括祭祀支出、军事支出、皇室支出、官俸支出等。这时期的财政特点是:第一,以贡赋为主,这些贡赋为实物,又称实物之征,历史上称为贡赋财政;第二,国家财政与皇室财政合二为一,国家财政即为皇室财政;第三,财政管理原则是“量入为出”,每年粮食成熟后由宰相按当年收入安排下年财政支出,并留部分收入作为荒年储备。“量入为出”的财政思想对后世影响很大;第四,租税合一的性质。

春秋战国时期,社会生产以农业为中心,在七国变法中逐步摒弃了奴隶制的生产方式,初步建立了封建制生产方式,因此这时期财政变革频繁发生,财政思想百家争鸣。从财政管理制度上看:第一,皇室财政逐渐同国家财政相分离。第二,财政思想的代表是管仲“治国必先富民” 的思想,即由经济出发讲财政，他认为要办好财政，首先要搞好经济，即必须从富国开始，然后可以强兵，然后可以充裕财政。此外还有儒家孔子的“藏富于民”和“节用爱民”“培养财源”等财政思想。第三，这一时期的主流税制是以贡、助、彻法为主要内容的徭役地租制度。

公元前211—1911年，从秦始皇并吞六国建立中国历史上第一个统一的封建中央集权制国家后，历经秦、汉、魏、晋、南北朝、隋、唐、五代十国、两宋、辽金元、明、清十几个历史阶段，逾2100多年，形成各具特色的财政思想，其中实行时间较长的主流税制有：

(1)秦汉时期的田租口赋力役制度；

(2)魏、晋、南北朝至中唐时期的租庸调制；

(3)中唐以后至明中后期的两税法；

(4)明后期至清时期的一条鞭法。

在四大税制的实施过程中，税制实现了由赋役制走向租税制，由实物税走向货币税的两大转变。同时人民对皇家的人身依附也逐步解除，即从奴隶变为自耕农，从非服劳役不可变为可以输庸代役，继而可以缴货币代役，有一定的人身自由，为城镇的手工业发展提供了劳动力的来源。税制的不断变革反过来也推动了商品经济的进一步发展与社会进步，但长期以来，由于统治者阶级的穷奢极欲和战乱频繁、军费庞大，国家仅靠主流税种收入总是入不敷出，因此为了平衡财政，各个朝代在主流税制基础上都做了不同程度的附加，有时附加税甚至接近或超过正课，从而形成了中国赋税制度外长期加征的积弊。

秦汉时期的财政政策主要表现为：与民休息，轻徭薄赋，省费节用；重农抑商；创办新税，例如汉武帝为了匈奴战争，征收财产税，包括算缗、告缗、初算商车等，以此解决国家财政困难；盐铁专卖政策；平准均输政策，即桑弘羊制定增加财政收入、平抑物价和调剂运输的政策。

魏、晋、南北朝、隋至中唐时期的财政政策主要有：屯田制度，具体表现为曹魏招民屯田；实行户调制，废除以人头计算的口赋和算赋制；占田制，允许农民占有一定数量土地，从而起到抑制兼并作用，是在土地私有制基础上实行的一次土地制度改革；租调制，即北魏时期的田赋制度，按人丁均田；唐初的租庸调制，它是对北魏以来租调制的改进，主要是“庸”，即纳绢代役，标志着徭役向赋税转化，役可以庸代替，从而有利于雇佣制度发展，促进了商品经济的发展。

唐代中期至明中后期，是封建国家财政繁荣时期，财政政策有：

（1）两税法，因唐朝中期土地兼并成风，均田制受到破坏，大量农民失去土地，户籍制也受到破坏，租庸调制已经崩溃，唐德宗建中元年（780年），杨炎提出以户税、地税为主统一各项税的新税制——两税法（量出以制入）。它是以土地、资产划分户等定税，以户税、地税为基础，将税额分两季征收的田赋制度。两税法扩大了征税面，管户、客户、商户均按土地和资产纳税，取消了租庸调法的不课户制度，赋税负担也较为公平，它是实物定税向货币征税转化的开端。两税法明确提出量出为入的财政原则，从而改变了从西周以来1500年一直奉行的量入为出的财政原则，比欧洲19世纪后提出这一原则早1200年（见图1－10、图1－11）。

1－10　杨炎（727—781）

图1－11　两税法

图片来源：http://www.baidu.com。

（2）王安石的"均节财用"财政思想。王安石认为：聚财的基础在于生财，而生财的动力在于民利，只有把民众引导到乐于和安于从事劳动生产上去，财源才会滚滚而来，国家财力才会用之不竭。

明朝朱元璋吸取了元朝灭亡教训，建国后立即调整土地关系与人身依附关系，奖励开垦土地，减轻赋役负担，兴修水利，扶植工商业，发行"大明宝钞"，使明朝进入了兴旺时期，带有资本主义性质的手工业工场雇佣制度开始出现，资本主义生产关系开始萌芽。

明后期至清这一时期，为封建社会从顶峰走向衰退时期。这时期的财政政策有：

图 1-12　张居正(1525—1582)

图片来源:http://www.baidu.com。

(1)张居正的一条鞭法。万历九年(1581年),张居正为了增加国家田赋收入和改变徭役不均的现象,在总结征一法、一串铃法和试行条编法的基础上,在全国推行一条鞭法。其主要内容是:赋役合一,随田亩征收;正杂统筹,正杂税和各费合并为一简化税制,官收官解,雇人应役;计亩征银,由实物转为货币税。一条鞭法的实行,从税制上结束了两千多年来赋役分征的历史,开始赋役合一,征于田亩。也将以前的徭役对人对资产的征课转为土地课征,两千多年的封建徭役制度开始动摇(见图1-12)。

(2)清中期的摊丁入地。清朝建立后废除了明末的三饷加派,但田赋制度仍沿袭明朝的一条鞭法,丁银和地赋同时征收。康熙年间,人口迅速增加,在康熙五十一年(1712年)下令全国以这年人丁数为准,以后“滋生人丁永不加赋”,为摊丁入地做好了准备。到雍正六年,全国实行“丁银摊入地亩”的制度,即将丁口赋完全摊入地亩,或摊入税粮,后称这项赋税制度为摊丁入地制度。这项制度不仅包括地租,而且包括丁银,故又称地丁银制度。实行地丁银制度,国家不再按丁派役,而是按田出地丁银。自此,禁锢农民两千多年的徭役田赋制被消灭,以为中国资本主义雇佣制发展提供劳动力创造条件。所以摊丁入地制既是一条鞭法的继续和发展,又是我国封建赋役制度变革的完成,也意味着中国封建社会的田赋制度走到了尽头。在封建社会,国家财政收入以田赋力役为主流税种,田赋在明中期以前均征实物,力役除亲身应役者外,有纳绢代役者、纳钱代役者。一条鞭法将部分丁役摊入田亩中,与土地税合并,征收货币,从此地税完全实行征银制。摊丁入地制又将丁银完全摊入田亩中,从此力役作为一种制度在

图 1-13　雍正(1678—1735)

图片来源:http://www.baidu.com

封建社会消亡,而田赋也完全实行货币之征,这是商品货币经济发展的必然结果,促进了商品货币经济发展。以银两纳税后更多农副产品投入市场,促进了商品流通,客观上也促进了资本主义的萌芽,这是封建财政制度完成的重要标志(见图1-13)。

三、商业市场

交换、商品和市场是在社会分工的基础上,人类追求更高生活质量、追求多样化生活需要的产物。商业作为商品交换的发达形式,是人类追求更高生活质量的一种工具。商人的到来,促使原始公有制解体、私有制诞生。随着奴隶制社会的建立,奴隶主贵族把商业作为向人民掠夺财富的工具牢牢控制在手中。然而,自由大商人的出现,打破了"工商食官"的格局,把商业推向了一个新阶段。商业以从未有过的速度向前发展,为人类社会生活带来了一系列变革。

(一)商业的萌芽

远古时期,人类的生存环境十分恶劣,社会生产力水平低下,氏族成员只有团结在一起,共同生活,共同劳动,平均分配,才能维持人类的繁衍、生存。劳动只能维持最低限度的生存,没有剩余产品,人们根本就没有可用以交换的东西。

随着社会生产力极其缓慢地发展,到了原始社会后期,人类社会发生了第一次大规模的社会分工,即畜牧业与农业的分离。社会分工促进了生产力的进一步发展,社会有了剩余产品。在满足了最低生存的基础上,人类开始进一步有了多样化的生活需要,追求更高的生活质量。交易双方既有了交换的意愿,也有了交换的条件,商品就此产生了。

最初的商品交换不是在私有制的基础上,而是在原始公有制的基础上开始的。商品交换和商品生产存在的条件有两个:一是社会分工,二是生产资料和劳动产品为不同的所有者占有。其中,社会分工是社会商品经济存在的基础,生产资料和劳动产品的不同所有制是社会商品经济存在的决定性条件。在古代,私有制和商品交换是互相促进的。商品交换促成了私有制的产生,而私有制出现后又大大促进了商品交换的发展。

随着商品交换的发展,人们发现物物交换存在着许多缺陷和不便。在商品交换的长期实践中,逐渐分离出了一种可以与一切商品相交换的特殊商品。这个特殊商品便是货币的前身。最早,这种特殊商品是牲畜。但是,牲畜只能在最初阶段起货币的作用,真正把它作为货币来用,有许多致命的弱点和局限性,例如,体积太大,不变携带,不能分割,等等。所以,在商品交换继续向前发展的过程中,牲畜又被淘汰为一般商品,人们选择了贝壳、玉等更方便、更适合于交换的新的货币商品(见图1-14)。

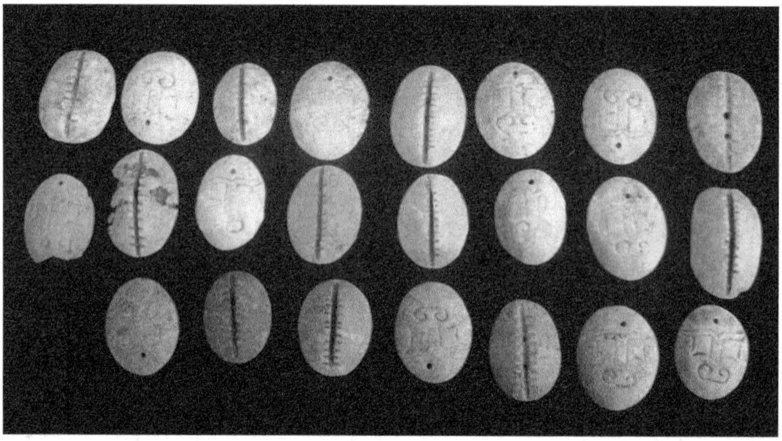

图1-14 先秦玉贝币

图片来源:http://www.baidu.com。

从五千多年前起,随着社会生产的不断扩大,各种手工业日益分离,生产技术逐步提高,发生了第二次大分工:手工业和农业分离了。随着手工业从农业中分离出来,便出现了以交换为目的的商品生产。商品生产的出现,进一步促进了商品交换的扩大。氏族部落之间、家族之间,以至各个生产者个人之间的交换日渐发展起来。商品交换是社会分工和私有制的产物,反过来又推动了社会分工和私有制的发展,对原始社会向奴隶社会的转变起着催化作用。奴隶制度的建立,在当时的条件下是一个巨大的进步,大量奴隶被驱逐参加劳动,大片的土地被开垦,推动了社会经济进一步发展,经济的发展进一步推动了商品交换的发展。

夏末,商族部落逐渐强大起来。公元前17世纪,商汤灭夏,建立了商王国。当时农业已成为主要的生产部门。农业生产的发展,为其他生产部门的发展提供了物质基础,社会分工进一步扩大。商代畜牧业虽退居次要地位,但仍相当发达,畜牧饲养量较大。商代已进入青铜器时代,有名的司母戊方鼎及郑州商代遗址的炼铜作坊出土的文物等，可以说明当时冶铜业的发展水平。当时的手工业门类众多，玉、石、骨、牙、蚌、竹木、纺织、缝纫都有。文献记载的就有陶工、酒器工、釜工、椎工、旗工、马缨工等。可见当时手工业的发展比夏朝有了更大的进步（见图 1-15、图 1-16）。

图 1-15 司母戊方鼎

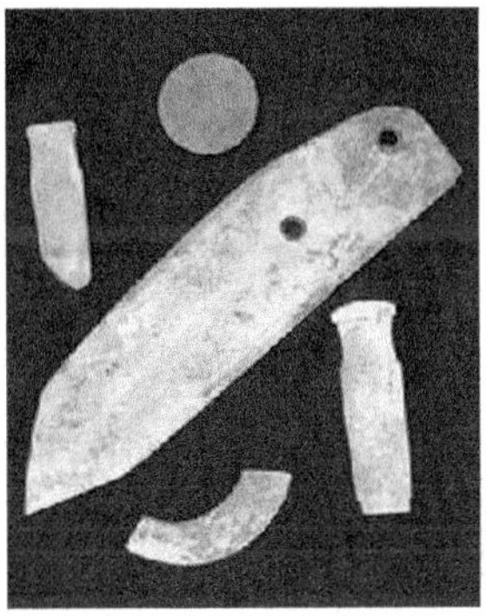

图 1-16 商代手工制品

图片来源：http://www.baidu.com。

夏禹的时候就鼓励人们把产品从有的地方运到没有的地方去出售。商代的先人王亥曾造牛车，驾着它，载着帛，带着牛，到远方部落去经商，似乎还远到过黄河北岸。可以想象，当时已经出现了以媒介商品交换为职业的商人，经商的地区已不限于邻近部落之间。商代由于商品交换数量的增加和交换地区的扩大，商人从事商业活动已不是个别事例，而成为普遍的现象了，出现了商人阶层。经商奴隶主贵族驱使商业奴隶驾车行船，来往于各地区之间从事贩运贸易。《古史考》中记载，商朝末年，辅佐周文王的吕尚，在遇文王前，曾“宰牛于朝歌，市饭于孟津”，搞过经商贸易活动。随着商人阶层的出现，社会上也出现了一种专门从事商品交换的经济事业——商业。

商业是适应商品生产和商品交换进一步发展的需要而产生的，是商品经济发展的必然产物。商业的产生，标志着商品交换关系发展到一个新的阶段。

（二）工商食官

在中国的奴隶社会里，天子不仅支配着各级大小奴隶主，而且占有全国的土地和奴隶，全部土地和人民在名义上都属于天子所有。当时土地和奴隶都归奴隶主阶级乃国家所有，工商业也只能为国家所有。商代和西周的商业主要控制在官府手中，从中央到地方各级官府，役使商业奴隶从事商品买卖、贩运等活动，商业经营收入归奴隶主官府所有，这就是所谓的“工商食官”。《国语·晋语》里指出：“公食贡，大夫食邑，士食田，庶人食力，工商食官，皂隶食职。”商代的手工业主要是社会王室手工业。当时的商业活动主要发生在各方国之间，为奴隶主贵族服务并为官府所垄断。西周时期工商业仍然为奴隶主贵族所把持。周王和各国诸侯拥有各种手工业作坊，设工官管理百工，由作坊中的监工驱使手工业奴隶制造奴隶主国家和贵族所需要的各种手工业品。商贾和百工一样，全是隶属于奴隶主的，他们替奴隶主贵族经营，在奴隶主驱使下进行商品贩卖活动。从事工商业劳动的手工业奴隶和商业奴隶们的地位非常低下，《左传·襄公九年》记载：“其庶人力于农穑，商工皂隶，不知迁业。”由此可见工商的地位同皂隶并列，而且世世代代继承工商奴隶的衣钵，不得改业。同时，奴隶本身也是奴隶主贵族买卖的主要商品之一，且价格十分便宜（见图1－17、图1－18）。

图1－17　西周兽面饰

图1－18　西周鼎

图片来源：http://www.baidu.com。

这种奴隶主贵族官府垄断的工商业，使得手工业直接为奴隶主贵族奢靡的生活服务，具有极强的寄生性，而且商品率极低，基本上不受市场竞争的影响，因而技术上墨守成规、进步缓慢。商业主要在各奴隶主国家之间进行，所买卖的多为奴隶主贵族享用的奢侈品，对工农业生产的发展作用不大。从事工商业的劳动者都是奴隶，而经营者则是奴隶主国家的官吏，自然也很难有生产和经营的积极性。“工商食官”和农业中的土地、奴隶国有一样，不利于生产力的进步和经济的发展。从夏到西周1000余年的漫长岁月中，中国奴隶制社会的经济、文化的发展都极为缓慢。夏代的农具主要由木、石、骨、蚌制作;1000 多年后,在奴隶制鼎盛时期的西周,木、石、蚌器仍然是社会主要的农具。

(三)自由大商人的崛起

在商代和西周时期虽然也存在一些私营工商业,但是力量都很小,形不成气候,工商业主要还是掌握在奴隶主贵族手中。到了春秋时代的中后期,由于奴隶制度的逐步削弱,独立经营的私营工商业者大量涌现,“工商食官”的格局以越来越快的速度被打破,到战国时代已不存在“工商食官”的格局。首先突破“工商食官”格局的社会是郑国。郑国在立国时就与商人订立“尔我无叛,我无强贾”的盟约,以便在政治上、经济上取得商人的支持。这样就打破了官府对工商业的垄断,出现了官退私进的局面,私营工商业越来越发达,规模越来越发达,以官为主逐渐被以私为主的私营工商业的局面所代替,“工商食官”的格局被突破。随后,卫国也在春秋初期突破了“工商食官”的格局。公元前658 年,卫国被狄人侵劫,后迁往楚丘(今河南滑县)。卫文公为了复国,制定了“务财、训农、通商、惠工”等政策。这样,卫国的私营工商业者就得到了大量的发展机会,成为卫国政治上、经济上的重要支柱。

春秋后期,统治阶级内部的斗争日益激烈,他们把争夺商人的支持作为相互之间竞争的手段。例如,在鲁国,公室为了与三桓做斗争,曾有“废山泽之禁,驰关市之税,以惠百姓”的举动。齐国的田氏为了争取民众,允许商人利用其领地内的山泽自由开采而无所征取,与齐景公争夺商人的支持。私营工商业者由于开放山泽、减轻商税而获得了迅速的发展,官府工商业则相应退出一些阵地,从而突破了“工商食官”的格局。在春秋末年和战国时代,由于诸侯兼并,衰国和亡国的官工官商,即百工和商贾之长,在丧职或叛逃后,就成为民间的百工商贾。此外,由于官工、官商中的工商奴隶的逃亡、暴动,加上官商经营中的弊端日益严重,最终打破“工商食官”的格局,私营工商业应运而生。

随着私营工商业的发展,“工商食官”格局的打破,涌现出了一批富至“千金”“巨万”的自由大商人,成为春秋后期和战国时期商业大发展的一个重要标志。春秋战国时代的富商巨贾,数量比较多,其中有代表性的自由大商人就有范蠡、子贡等(见图 1－19、图 1－20)。

图 1－19　范蠡（公元前 517—前 448）

1－20　子贡（公元前 520— 前 456）

图片来源：http://www.baidu.com。

（四）商业在抑制中发展

秦以后，由于抑商政策的推行和战争的破坏，商业发展受到长期抑制，商业在曲折变化中缓慢发展，少数时期甚至还出现倒退现象。

秦灭六国统一天下，秦始皇采取统一车轨、币值、度量衡等措施，为商业发展提供了有利条件。但是，秦代商业并没有出现更大的发展，这主要是秦始皇的重本抑末（抑制工商业）政策限制了商品经济和商业的活跃。

汉初一系列利农政策的实施以及广大农民和手工业者的辛勤劳动，使一度凋敝的社会经济又慢慢恢复和发展起来。农业的发达、铁器的广泛使用，为手工业的发展创造了有利条件。东汉时期生产力水平在西汉的基础上又有了提高。农业、手工业的发展，促进了商业的繁荣。汉代各地区的物资交流相当活跃，市场、商业有了一定发展。东汉末年的战乱，使作为经济文化中心的黄河流域惨遭破坏，当时的商业中心洛阳被董卓洗劫一空。

魏晋南北朝时期，长安、洛阳作为最大的政治经济中心经历了曲折的兴衰过程。这一时期的市场管理制度大体沿袭战国秦汉以来制度。城市中，住宅区和商业区依然分开。一切商品交易必须在市场上进行，开市与闭市都有时间。民间贸易在商品经济中占有重要地位。虽然南北朝时期政治上、军事上双方严重对立，但经济上却仍有交往，互市和民间贸易颇引人注目。

隋统一全国为南北商品交流创造了新的良好条件。不过,隋代商业城乡之间、南北之间仍然存在着显著差别。隋代也有官营商业,但史籍记载不多。经过唐初的社会经济复苏和官方政策的支持,高宗至武则天时期(650—704 年)民间商业开始繁荣。玄宗统治的开元至天宝年间(712—755),社会长时期比较安定,农业手工业产品丰富,人口高峰到来,私营商业随之空前繁荣。隋唐五代时期,市场管理进一步规范化,服务于商业活动的机构和作为买卖中介的牙人发展起来了。

两宋时期,在农业和手工业发展的基础上,商业有了显著的发展,全国各地商品交流更加活跃。随着商品生产的发展,农产品品种增多,市场向农村深入,有更多的商品粮、农产手工业原料、其他经济作物进入市场,农村市场继续发展。除此之外,宋代工商业不再限于市内和坊内,市内随处可见工商业店铺,城市坊市分区制度被打破(见图 1 –21)。

图 1 –21　清明上河图(局部)

图片来源:http://www.baidu.com。

元代改变了唐末以来诸政权并存的局面,实现全国统一,并采取了一系列有利于商业发展的政策,如减轻商税、维护商贾财产安全和权益、提高商人地位等,再加上前代商业发展的良好基础,元代商业相当繁荣。城市商业继续发展,同时还新兴起一些工商业城镇,港口城市的发展也相当引人注目。

明代商业发展以嘉靖中期为界。此前商品经济一方面由于明早期政府实施的阻碍商业发展的政策无法得到健康发展,另一方面经济还处于积累阶段,无法得到正常发展。明中期商人人数增多,产品逐渐丰富,市镇也显示出繁荣局面,庙会兴盛,商业经济所蕴含的巨大潜力逐渐迸发出来。社会生产力的提高,直接推动了工农业的发展,手工业中出现了资本主义生产关系的萌芽,农业经营地主明显增多,对于全国各大地区间物品的交流、商业的繁华、商品资本的积累都起了积极作用,更促进了商品经济的较大发展,使明朝后期将近百年时间成为我国封建社会后期商业特别繁荣的时期。

清初,统治者对人民的反清运动进行了残酷镇压,生产力受到破坏。从康熙初年到乾隆末年,清政府实行了一些缓和阶级矛盾、恢复和发展农业生产的措施,农业生产有了发展,手工业也得到了一定程度的发展。在此基础上,商业也有了进一步的发展,地区间商品交流更加活跃,有更多的商品投入了流通领域。商品经济和商业的发展导致了国内市场的扩大,促进了城市的繁荣,许多新城市如雨后春笋般陆续出现。市场经济向农村的延伸,也促进了市镇的繁荣。这一时期,商业在促进各民族地区之间的经济交流方面起到了重要作用。

四、对外贸易

我国是一个有悠久历史和灿烂文化的文明古国,在很长的历史时期内,中国的农业和手工业都曾在世界上居领先地位。中国的丝绸和瓷器,技术精美,品质精湛,赢得了世界上许多国家人民的喜爱和赞誉。张骞、班超出使西域,打通了“丝绸之路”,打开了对外贸易的大门,从此,我国与国外的贸易往来,史不绝书。海路贸易市场的开拓,奏响了我国古代对外贸易新的乐章,郑和七下西洋的壮举,成为我国古代对外贸易的一座丰碑。我国对外贸易的兴起和发展,加强了中国和世界人民的经济、文化交流,增进了世界各国人民之间的了解。

(一)丝绸之路——我国对外贸易的兴起

我国对外贸易源远流长。相传先秦时期我国就有对外贸易活动。我国新疆地区的各族人民很早就与中亚、西亚的阿富汗、伊朗、土耳其、伊拉克等国有着密切的联系。但是,那时的对外贸易尚处于起步阶段,真正具有一定规模的对外贸易是从汉代开始的。

汉初为了巩固封建王朝的统治,汉王朝采取了一系列休养生息的经济措施,经过广大农民和手工业者的辛勤劳动,一度凋敝的社会经济又慢慢恢复和发展起来。由于铁器和农耕用具的普遍使用、大规模水利工程的兴修和农业生产技术的提高,西汉的农业比前代更加发达,经济更加繁荣,各地区之间的物资交流相当活跃,与此同时,汉王朝加强同周边国家之间贸易的愿望进一步迫切。

张骞就是在这种情况下于建元三年(公元前 138 年)应募出使,开始踏上西使征途的。张骞一行历尽艰辛,从陇西(今甘肃临洮南)出发进入河西走廊后,原想伪装越过,不料被匈奴巡逻的骑兵捉住,押送到匈奴单于王庭去了。从此,张骞被流放十多年,然而这期间他完成任务的决心始终没有动摇。最终,张骞率领部署乘隙逃离匈奴,到了大宛(今乌兹别克境内),并经康居(今哈萨克东南),到达大夏(在今阿姆河流域),最后到大月氏。后又几经周折回国。张骞第一次出使历时 13 年之久,同行的百余人只有两人得以生还。但是,张骞在出使过程中却获得了我国新疆各兄弟民族和西方各国的山川、地理、人口、兵力、物产、民俗的广博知识,这对继续抗击匈奴入侵和再次出使西域,均起了积极作用。

元狩四年(公元前 119 年),张骞第二次奉命出使西域。这次张骞率领的是 300 多人组成的使团,每人各两匹马,带牛羊万头,金帛货物价值“数千巨万”。到了乌孙,游说乌孙王东返,乌孙虽未立即答应出兵匈奴,但对汉王朝表示友好,盛情欢送张骞,并派使节数十人一并前往长安。此后,汉朝派出的使节还到过安息(波斯)、身毒(印度)、奄蔡(在死海与里海间)、条支(今伊拉克)等国。

张骞出使西域后,汉朝与西域的交通建立起来。汉族和西域各族间的经济文化关系日趋密切。汉王朝派到西域去的使臣,每年多的十几批,少的五六批,每批大的几百人,小的百余人,实际上就是商队。中亚、西亚各国也经常派人到长安访问和贸易。汉朝为了发展和中亚、西亚各国的往来,适应日益增长的政治、经济和商业的需要。大力开辟通往西域的道路,设置亭驿,便利行旅。那时玉门关往西的商路有两条:一条是从鄯善旁南山(昆仑山)北麓到莎车,西逾葱岭到大月氏、安息等国,称南道,再往西行可以到大秦(罗马),汉的大批货物主要就是由这条道路运往西方的。另一条是沿北山(天山)南麓,越葱岭的北部西行,可以到大宛、康居、奄蔡诸国,称为北道,再往西可到达大秦。这南北两条商路是当时中国和中亚、西亚经济交流的大动脉。因为运往西方的主要是丝和丝织品,所以被称为"丝绸之路"。中国是世界上最早育蚕织丝的国家,中国丝织品在汉代已经在国际享有盛誉。特别是在罗马帝国,人们把中国丝织品当做极珍贵的物品,对于东方"丝国"充满着憧憬和向往,赞扬"丝国"人民诚实、聪明和友好可亲。商人们除了将中国丝织品运往西方外,也将中亚一带所产的毛皮、毛布、毛毡运入中国。此外还将名贵的汗血马等动物以及石榴、胡麻(芝麻)、胡桃(核桃)、胡豆(蚕豆)、胡萝卜、大蒜、王瓜、葡萄等物产输入中国,增加了农牧产品的品种,丰富了我国人民的经济生活(见图1-22)。

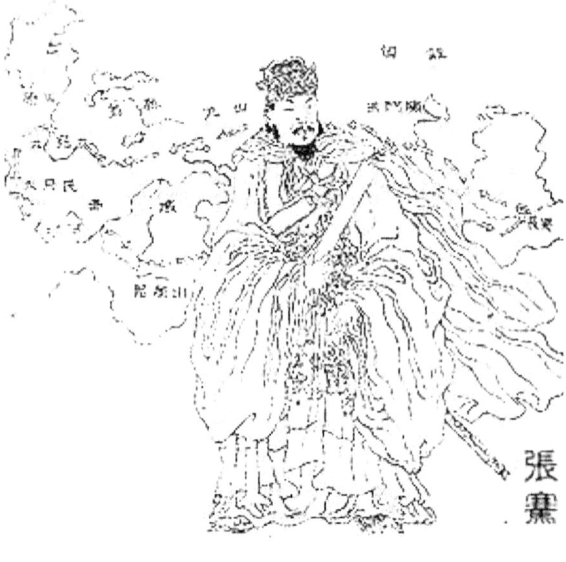

图1-22 张骞(? ~前114)

图片来源:http://www. baidu. com。

但是自西汉中叶以后,地主阶级大量兼并土地,生产遭到严重破坏,农民生活日趋恶化,加之战争的不断进行,西汉王朝的统治力量逐渐削弱。特别是西汉末年,王莽政权推行了"断绝西域"的错误政策,这给匈奴奴隶主贵族的卷土重来以可乘之机,畅通不久的通往西域的商路又被堵塞。

东汉明帝中期,国力已经逐渐恢复,尽快恢复与西域的旧好,打击压迫西域又骚扰东汉的匈奴贵族,不仅是汉族人民和西域人民的共同愿望,而且也具备了现实条件。

73 年，东汉政府派窦固带领军队，分道出塞，打败了北匈奴统治者，驱逐了他们在西域车师前王国一带的势力，打开了深入西域的大门。班超在这次战争中初露头角。窦固很赏识他的才能，便派遣他通好西域的其他一些国家，联络各族人民共同抗击匈奴(见图 1-23)。

随后，汉朝廷命班超作为汉使，继续向西到达于阗。第二年春天，班超进抵疏勒，派部下攻杀匈奴贵族用强力所立的疏勒王，重新扶立原来疏勒王室的人为王，得到疏勒人的拥护。班超两次出使，凭借智勇，先后使西域大部分地区与东汉重新建立了互相信赖的友好关系断绝了 60 多年的西域通路又被打通了。

图 1-23 班超(32—102)

图片来源：hrrp://www. baidu. com。

经过班超在西域近 30 年的努力，西域 50 余国逐步恢复了与汉的通好关系，从此改变了“匈奴独善西域，寇盗河西”的被动局面，中西经济、文化交流的要道——“丝绸之路”又恢复了畅通。

自张骞和班超相继出使西域，随着汉朝同西方各国互派使节、互赠礼物和相互贸易关系的开展，我国的丝织品源源不断地运往西方，主要是运往大宛、安息、大秦和身毒等国。从汉代至唐代，陆上丝绸之路是运销丝织物的主要通道。

(二)扬帆远航——海外贸易的蓬勃发展

汉、唐时期，我国对外贸易主要是“丝绸之路”上的陆路贸易，虽然海外贸易有所发展，但没有占主要地位。到宋代，海外贸易在唐代已经发展的基础上，又得到了进一步的繁荣，海路贸易超过了陆路贸易，在沟通中国人民和亚非各国人民的经济联系和友好往来方面，做出了更大的贡献(见图 1-24)。

许多史书记载，宋元时期的中国以及东亚的朝鲜、日本与东南亚、南亚的几十个国家和地区，均保持着密切的海上交往，商贸活动频繁。特别是宋代与非洲沿岸贸易有重大进展。在这一时期向海外出口的货物中，除丝绸

图 1-24　宋代海路贸易

图片来源:hrrp://www.baidu.com。

外,瓷器占有突出地位,此外还有金银、钱币、茶叶、漆器、药材、糖酒、铁鼎、文具、书籍等;进口品有珍珠、象牙、香料、珊瑚、纺织品、水银、沙金、人参等。从输出输入品中可以看出,宋元时期的海外贸易已经与国计民生发生密切联系,对当时的社会经济、文化、日常生活也产生了愈来愈大的影响。

宋元时期,中国的海上运输在当时世界上占有重要地位,宋代的造船业十分发达,广州、泉州、明州所造船舶名闻四方。将指南针用于海船导航,充分显示了中国航海技术在世界上的领先地位。此后,指南针又通过海道,由阿拉伯商人传入欧洲,对古代世界的航海事业和经济文化的交流发展产生了巨大的推动作用。这一时期,中国海船也借此一度垄断了南海至印度洋的海上运输。为了适应海外贸易的新发展,宋政府将唐代在广州设立的市舶司扩大成机构,在杭州、明州、泉州、密州、上海等港口设立市舶司,在温州等地设立市舶务等,扩大和加强对外港口的管理。

这一时期,统治者对海外贸易奉行积极政策。宋太祖时曾遣使到南洋鼓励各国商人来华贸易,宋真宗时下诏地方官吏注意招徕外国商人,各地市舶司对外商也有若干优待措施。由于海外贸易的发达,商税已成为封建王朝政府的一大财政收入。正因如此,宋元时期的海外贸易在唐代的基础上前进了一大步,在与世界各国贸易中,范围之广、交往之频、种类之多、数量之大都是空前的。特别是在航海技术和海上运输方面,在世界居于领先地位,对古代中国和世界的海上贸易有着突出的贡献。

（三）千古绝响——郑和七下西洋

明成祖朱棣为扭转当时官方贸易被动的局面，畅通与西洋各国的海上贸易，决定派郑和下西洋，打通海上的阻隔，实现宣威异域、万国来朝的目的。因此，郑和从永乐元年（1403 年）起，按照明成祖朱棣的意图，开始从事小规模的航海活动，访问较近的海外国家，取得经验。在两年左右的预备期中，郑和亲自前往东西洋各地，经受了种种航海实践的锻炼，圆满地完成了领导大规模的航海事业所必需的准备阶段工作（见图 1－25）。

图 1－25 郑和（1371—1433）

图片来源：hrrp://www.baidu.com。

永乐三年（1405 年），明成祖朱棣派遣郑和出使西洋。郑和率领水手，带着大量金银、丝绸、瓷器、铁器和布匹等，乘着 62 艘宽大海船从苏州刘家港（今太仓县东浏河镇）出发，开始了他出使西洋的壮举。这支庞大的船队首尾相接，长达数十里，浩浩荡荡，破浪前进，蔚为壮观。它的远航，在时间上要比西方哥伦布和达·伽马的航行早将近一个世纪，而且船队规模之大、人员之多、船只之巨、航程之远也都大大超过了他们。

郑和的第一次航行先后到达占城（今越南）、爪哇，又继而西航，穿过马六甲海峡，过翠兰屿（今尼科巴群岛），抵达锡兰岛（今斯里兰卡）和印度西海岸的各国，最远到达印度西海岸的甘巴里（今坎贝）。以后又六次远航，前后七次，从 1405—1433 年，延续了 29 年，经历了 30 余国，最远到达非洲东岸、红海和伊斯兰圣地麦加。这是我国船队有正式文字记载的远达非洲的光荣记录。郑和的七下西洋实现了预期的目标，确实打破了原有的僵局，打开了通向西洋的航道，促进了明王朝同西洋各国海上贸易的发展。

虽然郑和的大宗和分宗船队在海外活动的侧重点各有不同，但有一点却是共同的，就是在所到国家，或多或少都要进行一些贸易活动。因此，郑和船队在满剌加建立航海贸易基地，对发展与亚非各国间的海上贸易十分有利。一方面，船队往各国访问时，将暂时不用的货物留存在基地，可以避免在意外事故中遭受更大的损失，又可以根据需要，随时从该仓库内提取需要货物，以及补充船队在军事冲突或海难事件中损失的物资。另一方面，郑和航海从各国贸易来的货物暂存该仓库内，可以大大增强船队在航海贸易中的机动能力，使船队能多次往返于满剌加与各国之间，给各国人民以更多的机会来和船队贸易，扩大了中国与亚非国家间的经济交流。

郑和的“七下西洋”，使明王朝同亚非三十多个国家保持着外交上的关系和贸易上的往来，在发展中国和亚非各国的贸易关系以及经济和文化的交流方面做出了巨大的贡献。

五、商贾素养

早在商代，商人的活动就相当活跃，但经商多是谋生的手段而已。子贡经商至巨富，很可能是为了赞助学术活动，为其师孔子周游列国宣扬“仁”“礼”学说提供经费。陶朱公弃官经商，“十九年中三致千金”，又三次散金而去，显然不为财来。陶朱公、白圭等先秦的大商人，顺应天时，取予有道，逐什一之利，薄利多销，且广施仁术，他们不仅得到了财富，还博得了美誉。他们的经商哲学也被历代成功的商人奉为圭臬（即遵守的法则）。可以这样说，中国在任何时候都不缺乏诚实经营、讲求信誉、乐善好施的“诚商良贾”。

（一）商贾道德

1. 爱国敬业

许多商人都具有传统的爱国美德。春秋时期那位矫称君命犒师、智退来袭秦军的郑国商人弦高，树立了爱国商人的历史形象，堪称后世经商者的楷模。而活跃于明清时代的商人在这方面更有不俗表现。

首先他们在开国之初为维护国家的统一费心尽力。如明初东自辽蓟，西至甘肃，修筑长城，驻军二三十万人，需要借助商人输纳粮草等军用物资以补充军屯和税粮的不足，食盐的开中法——商人纳粮于边镇，给以盐引，在内地支盐行销即由此而设。山西、陕西商人积极参加开中，并实行“商屯”，对保障军需，开发边疆，提高新建的明王朝的国防力量起到了一定的作用。康熙三十五年(1696 年)春亲征蒙古族准噶尔部叛国首领噶尔丹，道远运粮，困难重重。山西介休商人范氏兄弟，力保挽输，以家财运饷，辗转万里沙漠，不劳官吏，克期必至，省国费以亿计。

商人的爱国行动还表现在保卫国土反侵略、御外侮的斗争中。明代倭寇入侵东南，生灵涂炭，许多商人（以徽商为多）愤然奋起，尽力参加抗倭活动。他们捐巨资、募勇士、修城郭、修危堞，“以佐军兴，为士民先”，承担了保卫地方安全的重任，其为国分忧的精神足以流芳后世。

“敬业乐群”语出《礼记·学记》，意思是专心学业、乐于与同学相切磋。敬业一词是指重视并黾勉从事自己的职业，对商人来说，其职业、本职工作就是商业。封建社会末期，重商的思想兴起，为中国的传统文化增添了合乎时宜的新内容，对商人来说，重商思想正是他们敬业思想的来源，使他们乐于并敏于投身到商业这个行业，而不再妄自菲薄。

山西商人，每“挟资走四方”，有的人“西至洮陇，逾张掖、敦煌，穷玉塞、历金城，已转而入巴蜀，沿长江下吴越，已又涉汾晋，践泾原，迈九河，翱翔长芦之域”；有的人更把势力伸展到日本。经营项目繁多，贸易规模巨大。万里行贾，习以为常，虽远往他乡，不以身家为念。徽商形成于“百货皆仰给于外”的皖南地区。地少人多的问题也迫使徽人走上出外经商的道路。晋徽两帮起家相仿，都大搞长途贩运活动，都于此高度发挥了他们的敬业崇商精神，对事业的执著追求，表现出惊人的顽强毅力。

2. 诚信不欺

信义是中国传统文化中人们所着重提出的道德标准，是为人修身、处事的行为基础，商业道德也以此为支柱。以信义为重，乃是诚贾本色。在信义二字中，义是衡量是非善恶的标准，信人或以信待人，都是与义同在，依义而行，义字为根本。

经商须重义。在传统道德中义字往往与信字相连，讲义必然也以信为重，信可说是以义制利、循义经商的一种外在表现。孔子说，“民无信不立，人而无信，不知其可也”；一再强调对人要“谨而信”（《论语·颜渊》）、“言而信”（《论语·为政》）、“信则人任焉”（《论语·学而》）。就经商来说，虽盈利是其目的，但“信义所孚，人不忍期”，凡事以道德信义为依据，这才能通有无，“近悦远来”。把严守信用作为商业道德传承下来，是许多经商者的好传统。徽商许文才因为“贸迁货居、市不二价”，以致人们入市购物，“有不愿之他而愿之公者，亦信义服人之一端也”。徽商胡仁之，经营粮食，诚信不欺，某年大饥，他拒绝同仁在米中掺假之请，表示绝不赚昧心钱，损害信誉。

信义必须建立在诚的基础之上，不能诚，便不能信，有了诚，信才能笃实。“诚者天之道也；思诚者，人之道也。”（《孟子·离娄上》）一个商人是否讲信义，最浅显直接的表现就是在他经商时是否诚实不欺，能做到这点，与信义的最高标准就相差不远了。“非诚贾不得食于贾”（《管子》），贾而能诚，才是好商人。

“诚”与“信”在儒家思想体系中，是两个重要的范畴。先贤名儒无不以“诚笃”“诚意”“至诚”“存诚”，以及“笃信”“言而有信”等道德教化百姓。深受儒风熏陶的徽商，大多将“诚”“信”作为立身行事的指南。具体到商业经营的活动中，在处理买卖双方关系时，徽商坚持“以诚待人，崇尚信义”的信条。如明代休宁商人张洲，“少潜心举业，蜚声成均，数奇弗偶，抱玉未售。持心不苟，俭约起家，挟资游禹航，以忠诚立质，长厚摄心，以礼接人，以义应事，故人乐与之游，而业日隆隆起也”。歙县商人许宪说，“以诚待人，人自怀服；任属御物，物种不亲。”这就是说，只有以诚待人，顾客才会信服，否则玩弄机巧，顾客就会敬而远之。从许多徽州大贾的发展史看，正是由于他们重视“以诚待人，崇尚信义”的经营道德，博得了顾客的信任，才最终在商场上成就了大业（见图 1－26）。

图 1－26　徽商

图片来源：http://www.baidu.com。

在商业经营中，讲义讲信讲诚，都出于对人的仁爱之心。孔子说，“仁者爱人”（《论语·颜渊》），“泛爱众而亲仁”（《论语·学而》）。仁是传统道德的核心。白圭经商所定的治生四德——智、勇、仁、强中，更突出一个“仁”字。他不搞压价拒收，不搞囤积居奇，以“知取予”来行“仁”术，重视调节生产、调节供求，确是在以仁经商。徽商吴鈵以仁心经商给其子立下十二字训言——“存好心、行好事、说好话、亲好人”，教导后辈在经商中要存仁爱之心、宽厚之德，认为这是经商成功的奥妙。

总之，诚贾良商以信、义、诚、仁经商，在商界赢得了佳誉，促进了商业的发展，基业日隆，家道渐裕。

3. 礼制规范

“礼”字代表的是行为规范和规矩意识，是一种行为准则。《论语·学而》中有“恭近于礼，远耻辱也”，“君使臣以礼，臣事君以忠”。商人对儒家的“礼”加以改良后使用。秩序是礼的基本功能，晋商谚语有“家有家法，铺有铺规”，晋商企业在数百年的经营与发展过程中，均建立了严明的店规、铺规、号规，对掌柜、伙计、学徒的工作职责有明确的规范。晋商制度体系分工精细、权责分明、约束有力、激励性强,形成晋商财富积累的有效机制和制度保障。

4. 勇于创新

儒家传统思想体系中的“智”字代表的是精明能干、善于谋略和创新意识。历代商人中的领袖人物大多博学多才,精于算术,善于谋略,舍得在子弟文化教育和学徒专业知识上进行投资。然而他们的智慧不仅体现在重视教育的思想、杰出的经营谋略、经营手法上,更体现在出色的经营创新和制度创新上。如晋商在发展过程中,市场范围不断扩大,几乎遍及国内,还把分号开到了国外。客观地分析,在晋商扩展自己的势力范围时,必然会遇到新开发地方的原有商业制度、商业习惯等问题,难免会有冲突之时,因此需要以开放的姿态,及时、主动地吸纳新的养分,改造自己,以适应新的环境。晋商在与蒙古族、俄国人做生意时就在职业训练中加入了对外语的学习与运用,从而变成会说蒙语、俄语的商人,提高了自己的沟通能力,增加了市场机会。晋商在资本运作中也遇到了需要不断完善进步的情况,因此他们进行了创新,由独资制、贷金制、朋合制发展到伙计制,也体现了这一特点(见图1-27)。

图1-27 晋商

图片来源:http://www.baidu.com。

(二)商贾义举

在传统的农业社会中,商品经济不发达,商人的社会地位低下,从事商业经营的群体文化素质不高,他们的活动在史书中难以得到应有的反映。到明清时代,大量读书人齐儒服贾,提高了商人阶层的文化水平。由于大量士人由儒入贾,社会评价逐渐向商人倾斜,商业具有了庄严神圣的一面。王阳明说“四民异业而同道”,经商不仅“可以树基业于家”,而且可以“创业垂统”,商贾因此形成了高度的自重意识。史志中,商人们助赈助饷、修桥补路、抚孤恤贫、捐建书院祠堂的义举比比皆是,这也是商人社会责任感的体现。

从明代开始,每遇荒年,徽商都不惜巨资赈济乡民。如歙商汪泰护“尝贾毗陵,值岁祲,出谷大赈;后里中饥,输粟六百石”。歙商许芳遇庐州民大饥馑,“即命滋发廪赈灾,人于是感恩刻骨” 。甚至有的人因赈灾而导致“赀罄”,仍毫不在意。不少徽州商人被冠以“赈施义士”“富而好礼”的美名。入清以后,徽商助赈事迹,更是史不绝书。

乾隆三年,扬州旱灾,两淮盐商汪应庚独自捐银四万七千三百一十两;乾隆七年,扬州水灾,汪应庚又捐银六万两赈灾。

除赈灾济困外,许多商人还主动承担社会公共事业,如修路、筑桥、兴修水利和助学等。有关方志中的《义行》对此有比较集中的记载。譬如光绪《婺源县志》就记载了该县商人“凿山开道”的事迹。明代徽州商人佘文义“少贫困,操奇赢,辛勤以振其家。性不好华靡……置义田以养族之不给者,义屋以居之无庐者,义塾以教族之知学者” 。

商人义举客观上促进了民间公益事业的发展,弥补了政府投资的不足,形成了商人襄助公益慈善文教事业的优良传统。

讨论与思考

1. 中国古代货币的发展经历了哪几个阶段?每个阶段的特点是什么?
2. 中国古代商人的素养主要体现在哪些方面?请举例说明。

活动与实践

1. 阅读商业发展史方面的书籍。
2. 以班级为单位组织开展财贸历史知识竞赛活动。

第二节　财贸素养

中国传统商业中有许多值得我们挖掘、借鉴的内容,中国古代的商人们凭借着地缘优势和敢为天下先的勇气,创造了中国独特的财贸文明,把中华传统文化的精髓与自己的实际经营活动巧妙地结合在一起,培育出蕴含“仁、德、礼、义”的中华财贸文化,“爱心、诚信、责任、严谨、创新”等传统美德在他们身上都有淋漓尽致的体现。这种精神是中国优秀传统文化的重要组成部分,是现代财贸人应当继承和发扬的宝贵精神财富。

一、财贸素养内涵

“素养”一词,在《汉书 · 李寻传》中有记载:“马不伏历,不可以趋道;士不素养,不可以重国。”说的是人要修炼涵养。现今,我们可以把素养看作人的内在品质,是在遗传素质基础上,受后天环境、教育的影响,在一个长期的过程中形成的对人的态度、对人的行为等起稳定作用的素质。素养的养成需要经过“信息—理解—行动—素养”不同层次,即个体对外在的各种知识、技能进行主动加工后,再以比较固定化的行为方式表现出来的过程,是个体对知识和技能的内化和外化的过程。

(一)职业素养

在社会生活中,素养根据不同的标准可以做多种不同分类,例如,根据素养主体不同,有公民素养、商人素养、学生素养等;根据素养内容不同,有科学素养、人文素养、理论素养、健康素养、美术素养、职业素养等。职业素养由“职业”和“素养”两个词构成。据《现代汉语词典》的解释,职业是指个人在社会中所从事的作为主要生活来源的工作。职业素养是职业人对社会职业了解和适应能力的一种综合体现。职业素养量化而成“职商”,英文为 Career Quotient(CQ)。职业素养包含职业道德、职业思想(意识)、职业行为习惯和职业技能四个方面。前三个方面是基础,属世界观、价值观、人生观范畴的产物,通过教育、社会影响、自我养成,逐步形成、逐渐完善;第四个方面是支撑职业人生的表象内容,通过学习、培训、在实践运用中日渐成熟。职业素养是一个人职业生涯成败的关键因素,是高职学生未来走向工作岗位发展成为职业人所必需的基础。

(二)财贸素养

财贸高职人才面向的主要工作岗位为服务业岗位,其主要服务对象为人、财、物,相对制造类等以技术操作为主的专业而言,他们工作岗位的特点是工作对象和工作环境具有多变性,因此,要求学生具备敬业精神、诚信品德、责任感、严谨作风、自控能力和创新意识等综合素养。

财贸素养是服务业岗位对人才素养特质的共同需要和要求,是满足商业服务业高职人才生涯需要的职业情感、品格、心理素质和基本财贸技能的职业素养特质,是财贸行业未来建设者必须传承和具备的职业素养。依据服务业岗位特点，财贸素养的核心是“有爱心、讲诚信、负责任”，可以概括为五个方面：爱心、诚信、责任、严谨、创新。本书也将围绕这五个方面的核心素养养成进行展开，如表 1－1 所示。

表 1－1　财贸素养的五大核心要素

序号	核心要素	素养内涵
1	爱心	爱国家、爱他人、爱财贸
2	诚信	诚信做人、诚信做事
3	责任	对自己负责、对他人负责、对工作负责
4	严谨	严谨做事
5	创新	创新意识、创新能力

（三）财贸素养的特征

1. 普适性

财贸素养体现了服务业岗位特点。无论是技术员、医生，无论是白领、蓝领，还是管理者、维修工，虽然职业不同，岗位不同，但从事任何一项工作，都需要爱心、诚信、责任、严谨、创新，这些素养是所有职业的基本要求，同样是每个职业人的必备素养。

2. 持续性

一个人的职业素养需要在长期的社会和工作实践中逐步养成。职业素养一旦养成，就会内化为一种心理品质，在日常生活和工作中自觉表现出所具备的涵养，会对自己的职业生涯发展产生持续稳定的作用。

3. 发展性

职业素养具有一定的稳定性，而职业岗位随着社会经济发展会对从业素养不断提出新的要求，为了更好地适应、满足社会经济发展需要，需要不断地提高职业素养，更好的实现自身发展。

二、财贸素养提出的必要性

长期以来，我国的高等教育属于精英教育，1996 年，全国高等教育毛入学率只有 6%，远远不能满足经济社会发展对人才的需求。为适应科教兴国和提升人力资源在经济全球化中竞争能力的需要，2002 年，国务院颁布了《关于大力推进职业教育改革与发展的决定》，高等职业教育顺应我国经济社会发展的客观要求，在满足经济社会和人民群众双重需要的大背景下，遵循“以服务为宗旨,以就业为导向,走产学研结合发展道路,为社会主义培养千百万高素质技能型专门人才”的教育方针,实现了跨越式发展。截止到2008年,全国独立设置的高职院校数量达到1169所,占高校总数的61%,高职教育招生数和在校生数均占高等教育的半壁江山。高职教育在优化高等教育结构体系、促进高等教育大众化、培养高技能人才等方面立下了不可磨灭的功勋,为中国经济社会发展和实现高等教育大众化做出了重要的贡献。

中国高等职业教育在实现规模发展的过程中,立足于高等教育层次,突出职业教育特点,建设以服务为宗旨、以就业为导向、走产学研结合之路的高等职业教育,已成为高职人才培养的共识,高职教育越来越得到全社会的认可和接受。高职人才培养基本特征是:以培养高等技术应用型和高技能型专门人才为根本任务;以适应社会需要为目标,以培养职业岗位技术技能为主线,设计学生的知识、能力、素质结构和培养方案;毕业生应具有基础理论知识适度、技术应用能力强、知识面较宽、素质高等特点;以“应用”为主旨和特征构建课程和教学内容体系;实践教学的主要目的是培养学生的技术应用能力,并在教学计划中占有较大比重;“双师型”教师队伍建设是提高高职教育教学质量的关键;学校与社会用人部门结合、师生与实际劳动者结合、理论与实践结合、工学交替是人才培养的基本途径。根据2007年中国劳动力市场信息监测中心公布的劳动力市场供求状况分析,600万普通高校毕业生中,大约有240~360万要从事生产、管理、服务等一线工作,由此可以看到,高职教育在得到社会认可和接受的同时,高职人才培养的重点开始从规模扩张转向质量内涵建设,高职教育的目的也不仅是只为了人们的谋生就业,而是在现代社会中人们成长的必由之路。著名教育家、中华职业教育社的创办人黄炎培认为职业教育的宗旨是:“职业教育,将使受教育者各得一技之长,以从事于社会生产事业,藉获适当之生活;同时更注意于共同之大目标,即养成青年自求知识之能力、巩固之意志、优美之感情,不唯以之应用于职业,且能进而协助社会、国家,为其健全优良之分子也。”2005年,在联合国教科文组织职业技术教育和培训国际中心(UNEVOC)的大力支持下,由国际教育和价值观教育亚太地区网络(APNIEVE)组织编辑了《学会做事——在全球化中共同学习和工作的价值观》一书。这本书基于21世纪知识经济对劳动力的要求和终身学习社会对公民的要求,提出了以“健康、人与自然和谐”“真理与智慧”“爱心与同情”“创造审美”“和平与公正”“人类可持续发展”“国家统一全球团结”“全球精神”八个核心价值和三十三个相关价值组成的体系框架，体现了知识经济和全球化时代职业教育目标的人文化趋向和定位。可以肯定，社会经济发展需要“能工巧匠”，更需要高素质人才，大学生最终都要跨出校门迈向社会，面对激烈的职场竞争，高职院校不仅要教会学生做事，更要教会学生处事，具备良好的职业素养，为步入社会储备知识和能量。

在高等职业教育发展过程中，重实用轻人文、重技能训练轻道德养成、重专业成长轻全面发展成为普遍现象。“以能力为本位、以就业为导向”的职业教育办学方针，被误读为职业教育的目标就是技能训练、学生上学的目的就是找个工作，而作为人的发展必需的知识结构的完善、和谐人格的塑造、全面素质的培养被置于次要的地位。大多数高职院校的素质教育也仅限于体育、哲学、语文、审美、艺术、历史之类的文化素养的教育，而没有与职业岗位特点及市场需求相对应的系统化的行业素养教育。在现代商业发展中出现的种种问题和市场经济相关制约机制尚未完善的当下，财贸素养的提出和财贸素养教育的开展无疑具有非常重要的现实意义和长远意义。

（一）是提高学生职业文化底蕴的需要

商业文化是伴随着商业的产生而产生，并随着商业发展而发展的。一个国家的商业文化，无不具有本民族传统文化的特征，各个历史时期的商业文化，也都与当时的经济发展和社会制度有着密切关联。中国是一个商业文化非常深厚的国度，充分体现在中国古代商业发展史、中国十大商帮、中国古代的商业街、中国会计文化、中国金融文化以及中国税收文化、中国传统商业广告（如幌子）等方面。像古代的经商思想、买卖心理、典当行会、票号钱庄、幌子招牌、珠算心算，近代的名牌商品、前店后场、迎季上市、货物陈列、分析供求，现代的综合经营、文明用语、橱窗设计、营销手段、产品信誉等，都值得我们今天的商业文化借鉴。此外，以“公平交易”“童叟无欺”“诚招天下客”“誉从信中来”“行义以达其道”等为代表的商业精神集中反映了守法经营、勤劳致富的商业价值观及礼貌待客、热情周到的经营服务作风。商业实践中产生的美好传说、故事，涌现的英雄人物，科学的营销手段、营销规范等，一方面，将中国传统和现代优秀的商业文化和成果传递给学生，可以提高学生的商业文化底蕴；另一方面，也可以扩大商业文化的影响，使商业文化自身在传播过程中吸收社会文化以及其他民族和国家的文化精华，得到丰富和发展,进一步辐射全社会,使之为全国广大商业从业人员和全社会所掌握、认同。

(二)是培养学生树立职业意识的需要

职业意识的培养是职业教育的重要内容,是沟通教育与职业的立交桥。研究发现,由于现在的大学生基本都是独生子女,特殊的生长环境导致其群体思想品德不同于之前的"非独生子女",总体缺乏爱心和责任感。其原因在于:高校独生子女从小就生活在一个"独"的环境中,众星捧月般的家庭生活促使独生子女养成了一种唯我独尊的"自我意识"。调查表明:57%以上的独生子女大学生过多强调自己,自己的权益是"神圣不可侵犯的",而较少理会他人的意见和顾及他人的利益。这种情况到大学后,就会明显地表现为独生子女大学生具有个人主义的倾向,不知道关心别人、体谅别人,也不知道关心集体和社会,一切以自己的意志为转移,别人关心自己是顺理成章的事,而自己对国家、对社会、对集体、对长辈、对家庭要尽什么样的责任却考虑得很少。为此,需针对现在大学生的品德弱点,借助人物和事件案例、展品、教材、视频等多种资料,把中国传统和现代优秀商人的职业意识、职业价值观、职业素养展示在学生面前,并通过多种教学手段逐渐移植到学生的意识中,从而帮助当代大学生树立积极向上的职业意识。

(三)是强化学生注重科学发展的需要

终身教育被誉为"打开21世纪光明之门的钥匙",其基本理念是提倡教育应当贯穿于人的一生,把教育看做人的一种生活方式和发展方式。终身教育强调教育要连接个人和社会生活的各个侧面,连接家庭、学校和社会,与社会发展和人的发展高度统一;重视教育在人格塑造、个性发展以及批判精神方面的作用;它紧扣教育的原点,即为人的全面发展服务,提升人的价值,提高人的生活质量。

财贸素养教育强调受教育者的主体性,以学生为中心开展相关的教育实践活动。注重教育对人的塑形作用,重思想启迪而远技能训练,除了让受教育者了解和认识传统商业文化,还要培养学生的商业价值观,将爱心、诚信、责任的价值理念内化为个人的世界观和行为准则。从这一角度来说,财贸素养教育也是一种终身教育,奠定了学生注重科学发展的思想根基。此外,财贸素养教育将是开放的、终身的、连续的教育,将逐渐面向社会全体成员，不会局限或固定在某一群体或个体成长的某一阶段。

（四）是纠正学生职业价值观偏差的需要

当前，职业教育在社会经济发展中的作用愈来愈受到社会、家庭和受教育者的重视。但是，由于长期受应试教育的影响和社会不良职业观的侵蚀，高职院校学生的职业价值观尚有不足和缺陷，主要表现在以下几个方面：

社会责任感的淡化。在经济发展快速化、社会竞争激烈化、人际关系复杂化以及利益主体多元化的今天，高职学生受环境的影响日渐明显和强烈，尤其是市场经济意识的蔓延和功利主义思想的感染，在一定程度上导致了一些大学生片面强调经济效益，一味追求物质实惠，进而出现大学生社会责任感淡化的不良趋势。

职业定位的主观性。多数大学生对择业问题的考虑较晚，加之社会经验的不足以及就业市场的多变，大学生在进行未来职业设计时，往往带有浓厚、鲜明的个人色彩，而忽视对自我的客观评价与科学定位，难以保证自身素质、特长优势和所选职业要求的一致性，这也是提高大学生职业意识教育工作的原因之一。

择业观的趋同性。当前，大学生的择业观呈现出趋同性的特点，主要表现在：第一，择业地区和方位的“亲大排小，亲东排西”。大学生将目光主要放在大城市和东南部经济发达地区，而对于小城市和西部欠发达、落后地区则不太感兴趣。第二，择业单位的“亲高排低，亲私排公”。“亲高”就是追求高收入，“亲私”就是多数大学生热衷于选择在私营和外企就业。第三，择业岗位和环境的“喜新爱动”。比较喜欢流动性较大的岗位，喜欢接触新事物、新环境，喜欢具有挑战性工作，比如营销工作、公关服务、物流采购、信息收集以及市场调查等。

面对当前学生职业意识的若干不足和缺陷，财贸素养寻求多种策略和途径，纠正其偏差，培养学生正确的职业价值观，帮助学生养成职业素养，实现职业角色的转变，成就未来事业。

总之，财贸素养以“爱心、诚信、责任”为核心，以京商文化为基础，以“财贸职业岗位服务技能”为依托，帮助学生建立财贸职业社会使命、规划职业生涯，养成职业品格，提高商业文化底蕴，传承京商精神，熟悉职业岗位服务技能。

财贸素养的提出改变了人文教育与职业教育相脱节的现状，实现了人文教育和职业教育的内在融合，把职业人文教育贯穿人才培养的全过程。财贸素养具有鲜明的人文教育属性和财贸职业特质。以职业的社会意义和人文属性为基点，把职业教育、人文教育有机融合，使社会需求、职业特质与人的全面发展紧密结合，培养全面发展、德才兼备的“职业人”。财贸素养的提出突破了传统素养教育的“说教”模式，建立了以学生为主体，有课程、有教材、有课时、有考核、有证书的“主体式”“工学结合式”的教学新模式。

讨论与思考

1. 财贸素养提出的意义是什么？
2. 请结合专业实际谈谈你对财贸素养内涵的理解。

活动与实践

搜集与财贸素养相关的古代商人的名人轶事。

第三节 财贸素养教育

一、财贸素养教育目标与基本要求

高等职业教育的目标是培养具有良好职业道德、满足社会需求、促进社会发展的高素质技能型专门人才，强化职业素养教育、使学生通过高职教育具备良好的职业素养，不仅是高等职业教育人才培养工作的根本任务，也是高职专业教育教学改革的重点。财经类高职专业涵盖商贸、管理、金融、财会等专业，其面向的主要岗位为服务业，其主要的服务对象为人和物，相对制造类等以技术操作为主的专业而言，工作岗位的特点是工作对象和工作环境的多变性，因此，要求学生有较高的财贸素养。

（一）财贸素养教育目标

财贸素养教育的目标就是通过财贸素养教育把学生培养成为具有财贸

素养的高技能人才，建立“学会做事——在全球化中共同学习和工作的价值观”。

财贸素养教育目标的基本框架结构见图 1－28。

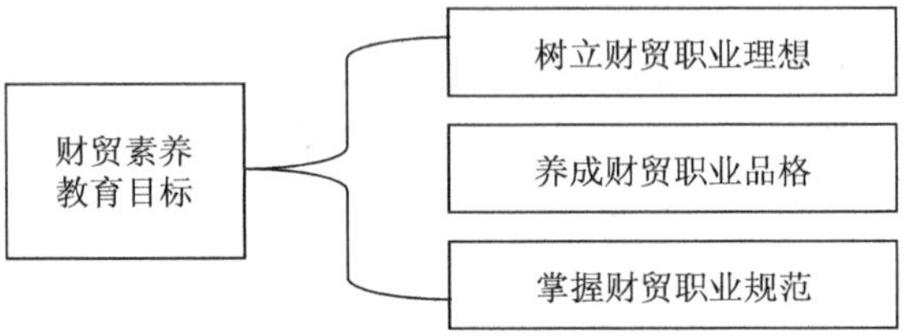

图 1－28 财贸素养教育目标

1. 了解财贸发展历史，建立职业使命

职业包含两方面的含义：一是职业是社会分工的产物，是社会化生产网络上不可或缺的纽结；二是体现出职业精神和追求。每一种职业都以其专业化的劳动和贡献服务于社会的良性运行，推动着国家的不断发展乃至整个人类文明的进步，这是每一种职业的社会使命和责任。选择一个职业，就是选择一个直接服务社会的舞台，也就是选择一种社会使命和责任。崇高的职业社会使命，体现着具体职业和社会整体的有机联系，也为每一个劳动者提供努力工作的不竭动力和意义源泉。职业生活是人生的重要内容，职业生涯是一个人一生中所有与职业相联系的行为与活动，以及相关的态度、价值观、愿望等的连续性的过程，也是一个人一生中职业、职位的变迁及职业理想实现的过程。人生需要引导，职业生涯需要设计规划。职业生涯设计的目的，是帮助个人真正了解自己，结合社会发展和时代特点，筹划未来，确定人生的目标，在“衡外情，量己力”的前提下设计合理可行的职业发展方向。因此，要了解财贸发展历史，从华夏五千年财贸文明历程，从现代财贸创造的辉煌数字中，树立“财融世界，贸联天下”的职业情怀，感悟财贸职业精神，激发对财贸职业的尊重和热爱，立志勤奋学习、设计职业生涯，为财贸事业奋斗的崇高职业理想。

2. 理解财贸文化，传承中国商人优秀品质

在职业发展的漫长历史过程中，那些影响、范导行业兴衰的典章制度文献、推动生产力发展的重大职业技术革新事件、成就卓越的行业先驱人物、透过历史尘封依然熠熠生辉的文物器具，构成了每一种职业或行业发展变

迁的轨迹,积淀为每一种职业或行业的独特历史文化。只有理解职业的历史文化,才能真正理解当下职业选择的社会意义。每一个职业都包含着特殊的职业价值意识。职业价值意识具体体现为每一种职业都有自己的职业精神、职业信仰、职业伦理原则和道德规范,凝结为每一个从业者的职业是非观、善恶观、美丑观、荣辱观。职业价值意识的教育,就是要培养从业者的内在价值理性和道德自觉,这是职业人文主义诉求的核心内容。因此,通过财贸文化教育,让学生透过丝绸之路中国商人连接世界的财贸之旅,透过茶马古道中国商人以行“茶事”和“马事”为主的经济文化大交流,透过郑和下西洋浩荡船队穿越印度洋抵达非洲东海岸播撒中华文明的气概,以及中国古代商业文化、京商文化、十大商帮文化、北京老字号文化、金融文化、会计文化、税务文化、京商指数、广告文化等,提高财贸文化底蕴,传承中国商人优良传统,弘扬优秀财贸文化,培养职业价值意识,坚定职业理想,造就有爱心、讲诚信、负责任的职业品格。

3. 掌握财贸岗位基本技能,培养职业规范

每一个特定职业都包含有专门的知识和技能。职业教育的教学目标是培养学生的职业能力,它是指胜任未来工作任务所需要的所有要素的综合,包括知识、技能、态度和价值观。职业能力可以从不同角度划分,德国职业教育学者把职业能力划分为专业能力、方法能力和社会能力。从能力性质划分,又分为关键职业能力和基本职业能力。关键职业能力是指学生为完成今后不断发展变化的工作任务而应获得的跨专业、多功能和不受时间、空间限制的能力,是劳动者的基本素质。而职业基本能力是个体从事某一职业所必需的能力,是胜任职业工作、赖以生存的核心本领。它包括专门知识、专项技能、综合知识和综合技能,强调的是专业针对性、应用性。财贸职业具有鲜明的行业特性,职业的主要服务对象是人、财、物,相对以技术操作为主的职业而言,主要是为人提供便捷高效的服务,工作对象和工作环境多变,因此,财贸岗位基本技能体现了所有服务业岗位基本技能和服务规范,具体包括职业礼仪、自我管理、商务谈判、商务票据处理、会议管理、安全技术、营销策划、理财规划等财贸岗位基本技能的训练。通过掌握这些技能,可提高职业素养,规范职业行为,具备“能财会商”的综合职业能力。

(二)财贸素养课程与教学安排

财贸素养课程是实现财贸素养教育目的的有效手段。财贸素养课程包

括三种类别、三个系列，在课程设计中，既相互独立，又相互融合，出发点和归宿都是帮助学生养成财贸素养。具体课程如表 1－2 所示。

表 1－2　财贸素养课程

课程类别	培养特色	课程	课时	教学目标	证书
财贸职业品格	立仁重信	《爱心》	20	培养学生“有爱心、讲诚信、负责任”的财贸职业品格	贸素养证书
		《诚信》	20		
		《责任》	20		
		《严谨》	20		
		《创新》	20		
财贸职业文化	知商爱商	《京商文化》	10	培养学生的职业情感，提高商业文化底蕴，传承中国优秀商业文化	
		《十大商帮》	10		
		《商业楹联》	10		
		《北京商业街》	10		
		《京商指数》	10		
		《金融文化》	10		
		《会计文化》	10		
		《商业广告文化》	10		
财贸职业规范	能财会商	《商务礼仪》	10	培养学生用知识做事的思维方法和财贸职业岗位规范	
		《自我管理》	10		
		《拓展训练》	10		
		《商务票据处理》	10		
		《商务谈判》	10		
		《营销策划》	10		
		《会议管理》	10		
		《理财规划》	10		
		《安全技术》	10		
		《财贸基本技能》	10		
		《创业规划》	10		

财贸素养的教育目标通过三系列课程实施来实现，每门课程都包括知识学习、社会调研、自我养成、技能大赛、成果展示、考核评价六环节，在财贸素养教育实施中，将学生被动受教育转变为学生自我养成教育，将教育内容和实际行动有机结合，边学习边实践，边工作边学习，在行动中学习知识、掌握技能。具体采用方法：一是采用学生自主学习—自我行动—自我展示—自我评价“四自主”式的“知行统一”方法。学生不再是传统意义上被动的“受教育者”，发挥学生主体优势，在三年学习中不断线地进行自我教育养

成,专兼职教师在素养教育中是指导者,遵循学生成长规律帮助学生实现学习目标。二是财贸技能实训课程采用“工学结合”教学方法,学生边动手边学习,边工作边提高素养。具体做法如表 1 –3 所示。

在财贸素养教学中,重点在于学生自我学习、自我行动,采用自主选修和必修相结合,奖励、激励、指导教育教学方式,把学生在校三年的学习、生活的自我管理纳入养成体系。财贸素养教育课程是全院学生的共同课程,其中,财贸职业品格课程是核心,财贸职业文化课程是基础,财贸职业技能实训课程是载体,依据学习内容多少、难易程度、教学活动等安排课程课时、教学进程,制定考核方式。

表 1 –3 “工学结合”的教学方法

步骤	内容
岗前培训	职业规范、职业道德、职业法规、工作制度、工作流程、工作技能
确定工作任务	布置工作任务,开展市场调研、查阅收集资料
制定工作计划	按照工作任务要求制定工作方案,包括成员分工、工作目标、工作流程、服务规范、组织纪律约束等内容
做出决策	学生与教师共同研究工作方案,确定一个合理的工作计划
技能实训	按照实际工作要求,进行角色分工,有目的、有步骤地开展工作,在工作中学习技能、掌握规范
教师指导	学生在工作过程中,教师对所有学生的工作表现进行监督,发现问题,及时解决
成果展示与评价	教师对各阶段任务完成情况进行现场考评;课程结束之前,每组成员对学习过程中的成果进行汇报及展示,组长对本组整体工作进行总结和评价,教师对全班各组学生学习情况进行评价,对工作情况进行绩效考评

二、财贸素养教育教学计划

财贸素养教育教学计划是落实财贸素养教育目标的总体设计,是组织教育教学过程、安排教学任务的基本依据。财贸素养教育教学计划按照学生在校三年进行设计,学时占总学时的 10% 左右,学分为 20 学分,课程分为必修和选修,学生在规定时间内完成规定课程学习,经考核合格由学校颁发《财贸素养证书》。具体计划如 1 –4 所示。

表 1－4 财贸素养教育教学计划表

<table>
<tr><th>课程类别</th><th>课程名称</th><th>课程性质</th><th>课时</th><th>学分</th><th>第一学期</th><th>第二学期</th><th>第三学期</th><th>第四学期</th><th>第五学期</th><th>第六学期</th><th>备注</th></tr>
<tr><td rowspan="5">财贸职业品格</td><td>爱心</td><td>必修</td><td>20</td><td>1</td><td>20</td><td></td><td></td><td></td><td></td><td></td><td></td></tr>
<tr><td>诚信</td><td>必修</td><td>20</td><td>1</td><td></td><td>20</td><td></td><td></td><td></td><td></td><td></td></tr>
<tr><td>责任</td><td>必修</td><td>20</td><td>1</td><td></td><td></td><td>20</td><td></td><td></td><td></td><td></td></tr>
<tr><td>严谨</td><td>必修</td><td>20</td><td>1</td><td></td><td></td><td></td><td>20</td><td></td><td></td><td></td></tr>
<tr><td>创新</td><td>必修</td><td>20</td><td>1</td><td></td><td></td><td></td><td></td><td>20</td><td></td><td></td></tr>
<tr><td rowspan="9">财贸职业文化</td><td>京商文化</td><td>必修</td><td>16</td><td>1</td><td colspan="2">16</td><td></td><td></td><td></td><td></td><td></td></tr>
<tr><td>十大商帮</td><td>必修</td><td>16</td><td>1</td><td></td><td colspan="2">16</td><td></td><td></td><td></td><td></td></tr>
<tr><td>古代商业</td><td>必修</td><td>16</td><td>1</td><td></td><td colspan="2">16</td><td></td><td></td><td></td><td></td></tr>
<tr><td>北京商业</td><td>选修</td><td>16</td><td>1</td><td></td><td></td><td colspan="2">16</td><td></td><td></td><td></td></tr>
<tr><td>京商指数</td><td>选修</td><td>16</td><td>1</td><td></td><td></td><td></td><td colspan="2">16</td><td></td><td></td></tr>
<tr><td>金融文化</td><td>选修</td><td>16</td><td>1</td><td></td><td></td><td>16</td><td></td><td></td><td></td><td></td></tr>
<tr><td>会计文化</td><td>选修</td><td>16</td><td>1</td><td></td><td></td><td>16</td><td></td><td></td><td></td><td></td></tr>
<tr><td>商业广告文化</td><td>选修</td><td>16</td><td>1</td><td></td><td></td><td>16</td><td></td><td></td><td></td><td></td></tr>
<tr><td>老字号传统技艺</td><td>选修</td><td>16</td><td>1</td><td></td><td>4</td><td>4</td><td>4</td><td>4</td><td></td><td></td></tr>
<tr><td rowspan="11">财贸职业基本技能</td><td>自我管理</td><td>必修</td><td>20</td><td>1</td><td>4</td><td>4</td><td>4</td><td>4</td><td>4</td><td></td><td></td></tr>
<tr><td>商务礼仪</td><td>选修</td><td>16</td><td>1</td><td></td><td></td><td>16</td><td></td><td></td><td></td><td></td></tr>
<tr><td>拓展训练</td><td>必修</td><td>16</td><td>1</td><td></td><td>16</td><td></td><td></td><td></td><td></td><td></td></tr>
<tr><td>商务票据处理</td><td>必修</td><td>16</td><td>1</td><td></td><td>16</td><td></td><td></td><td></td><td></td><td></td></tr>
<tr><td>商务谈判</td><td>选修</td><td>16</td><td>1</td><td></td><td></td><td>16</td><td></td><td></td><td></td><td></td></tr>
<tr><td>营销策划</td><td>选修</td><td>16</td><td>1</td><td></td><td></td><td>16</td><td></td><td></td><td></td><td></td></tr>
<tr><td>会议管理</td><td>选修</td><td>16</td><td>1</td><td></td><td></td><td></td><td>16</td><td></td><td></td><td></td></tr>
<tr><td>理财规划</td><td>选修</td><td>16</td><td>1</td><td></td><td></td><td></td><td>16</td><td></td><td></td><td></td></tr>
<tr><td>安全技术</td><td>必修</td><td>10</td><td>1</td><td></td><td></td><td></td><td></td><td></td><td></td><td></td></tr>
<tr><td>财贸基本技能</td><td>选修</td><td>16</td><td>1</td><td>4</td><td>4</td><td>4</td><td>4</td><td></td><td></td><td></td></tr>
<tr><td>创业规划</td><td>选修</td><td>16</td><td>1</td><td></td><td></td><td></td><td></td><td>16</td><td></td><td></td></tr>
<tr><td rowspan="2">岗位综合实践</td><td>一条街岗位体验</td><td>必修</td><td>1 周</td><td>1</td><td></td><td></td><td colspan="3">1 周</td><td></td><td rowspan="2">财贸素养综合实践</td></tr>
<tr><td>企业顶岗位实习</td><td>必修</td><td>20 周</td><td>2</td><td></td><td></td><td></td><td></td><td></td><td>20 周</td></tr>
</table>

（一）财贸素养课程教学设计

在财贸素养教育课程实施中，以爱心、诚信、责任、严谨、创新五门财贸职业品格课程为主线，按照知识学习、自我养成、技能大赛、成果展示、考核评价六环节进行标准化教学设计。

1. 知识学习

知识学习部分包括伟人、名人语录摘抄和财贸职业文化课程学习。通过课程学习，了解财贸历史变迁，在系统化学习和了解财贸发展历史和文化知识基础上，通过参观博物馆、调研现代财贸等，结合素养教育主题 开展主题讨论，讨论的过程是统一思想、统一认识、统一行动的过程，使教育过程更加明确，以此增强文化底蕴，建立职业使命，培养职业价值意识。

2. 自我养成

财贸素养的养成主要在于日常的自我养成。通过有目的的活动设计引导学生把素养教育融入日常学习生活的方方面面，从第一课堂到第二课堂，从班集体到宿舍，从校内学习到企业顶岗，通过主题活动让学生在“做中学”，让学生自主探索、自主行动，一点一滴地积累，有意识的锻炼职业心理，自觉不断提升财贸素养。

3. 技能大赛

技能大赛是以财贸职业基本技能实训课程为载体，按照倡导职业素养、倡导职业规范、倡导职业能力理念设计的财贸素养实践强化环节。财贸职业基本技能实训课程是一种最能体现财贸素养教育特点和性质的课程，它对形成财贸素养具有决定性的作用。尤其在工学结合教学模式下的实践课程，更能让学生以实际工作为载体，身临其境地感受和体验到在从事财贸岗位工作中的职业素养、职业规范，以及服务过程中的变化万千的复杂环境，使学生的职业意识、职业品格和职业能力得到很好的实践与发展。在学生掌握财贸职业基本技能基础上，采用大赛激励机制激发学生勤学积极性，在竞赛环境中，通过做事有意识的培养其财贸素养。

4. 成果展示

成果展示的目的是让学生有自己的财贸素养成果，通过多样化素养教育成果展示，调动学生积极性，让学生从成果的表象深入本质，让他们多思考一些表象背后的东西，锻炼思维，养成素养。

5. 考核评价

考核评价是财贸素养教育的重要环节，具有甄别功能、激励功能、导向功能、诊断功能和实用功能。在每一个环节都设计考核评价，知识学习部分综合考察知识学习效果、社会调研成果、主题研讨成果，占课程总成绩的30%；自我养成考核则通过主题活动成绩和自我行动记录进行，占总成绩的30%；财贸职业基本技能考核采用大赛形式，大赛成绩为考核结果，占总成绩的20%；成果展示效果占20%。综合考核成绩满分100分。为增强学习积极性，每个环节还设置单项奖励，根据考核结果可以获得学习奖、行动奖、大赛奖和成果展示奖。四项奖获得者，可以获得主题教育奖，如爱心奖、诚信奖、责任奖、严谨奖和创新奖。

（二）财贸素养奖章与财贸素养证书

“爱心奖”“诚信奖”“责任奖”“严谨奖”“创新奖”和“财贸素养综合实践奖”的全部获得者，学院授予“财贸素养奖章”。

财贸素养证书是学院根据财贸素养教育目标，按照财贸素养教育考核标准要求，对学生通过财贸素养教育后的财贸素养水平进行客观公正、科学规范的评价和鉴定，财贸素养教育课程总分为600分，对考核360分以上者由学院授予财贸素养认证证书，并记入学籍档案。

三、财贸素养教育环境

财贸素养教育环境为教育目标的实现发挥其独特的作用。财贸素养教育环境实际上是一种具有财贸素养教育内涵的特色校园文化，它强调的是“境教”，与传授知识的“言教”同样重要。

财贸素养教育体现了“三环境”特点。

（1）校内教书育人环境。

（2）校内财贸文化环境。

（3）校外教育基地环境。

一是建立了“商苑”石雕、“古钱币”石雕、“京商展室”、“商书厅”和校外65家京商老字号商贸素养教育基地；二是创作了校歌《财富中国》和《财贸中国》歌舞；三是建立了“商业一条街”经营性实训环境，实现了职业教育和素养教育的融合。

四、财贸素养教育的特点

财贸素养教育具有鲜明的人文教育属性和财贸职业特质。以职业的社会意义和人文属性为基点，把职业教育、人文教育有机融合，使社会需求、职业特质与人的全面发展紧密结合，培养全面发展、德才兼备的“职业人”。“知行统一”和“工学结合”是财贸素养教育的主要特点。

知行统一是指在财贸素养教育上，跳出过去那种单一的向学生灌输和学生被动接受的模式，将学生既看做教育的对象又看做教育的主体，让学生参与教育的全过程，将被动受教育转变为自我养成教育，实行学生自我教育。发挥学生主体优势，在三年在校期间不断线进行自我教育养成。学生自主设计—自主学习—自我行动—自我展示—自我评价，自选教材、查阅资料，填写《个人成长纪录》《教育手册》《实训手册》。教师在素养教育中是指导者，遵循学生成长规律帮助学生实现学习目标。

工学结合是指在财贸素养教育过程中，将教育内容和实际行动有机结合，边学习边实践，边工作边学习，在行动中学习知识、掌握技能、提高素养。在实践阶段，把实践课程作为素养提高的载体，规定实践课程的内容和学期，以选修课程形式开展，在实践活动之中把理性思考转变为自觉的行动。

财贸素养教育是培养财贸高职人才职业素养的教育体系的总称。经过多年的实践和设计，财贸素养教育已形成一个完整的逻辑体系。京商文化是财贸素养养成的基础，爱心、诚信和责任是财贸素养教育的核心，财贸职业岗位服务技能是财贸素养习得的依托。按照这一逻辑关系，根据学生在校发展，每个学期完成一个特色教育任务的原则，对所有的高职学生安排了统一的贯穿六个学期的系统的财贸素养教育。学生的自我教育调动了学生的积极性，发挥出学生的主观能动性，变被动接受为主动参加，学生既是受教育者，也是教育者，知行统一使财贸素养教育落到实处，使财贸素养成为财贸高职人才的特色。

讨论与思考

1. 谈谈你对财贸素养教育的目标与要求的理解。
2. 财贸素养教育的实施有哪些途径？

3. 财贸素养教育的特点是什么？

活动与实践

以班级为单位开展研讨活动，研讨你打算如何提高自身的财贸素养。

推荐读物

书　名：《中国商业史》

出版社：团结出版社

作　者：王孝通

简　介：由商业之兴衰而察一国家、一民族之兴衰，正乃王孝通撰《中国商业史》之初衷：凡政治修明者，商业必盛，政治窳败者，商业必衰；反之亦然，商业盛者其国罔不兴，商业衰者其国罔不亡。以之证于外国，丝毫不爽；以之证于中国，亦靡不相应。

外国商业兴，则外为刀俎，中为鱼肉；中国之商业兴，则中为刀俎，外为鱼肉。商业兴衰史实即民族国家之兴衰史。

全书共三编二十三章，以“上古商业”“中古商业”“近世商业及现代商业”之框架，全面叙述中国商业自黄帝尧舜禹至民国二十四年之五千年历史，分析“我国今日外受强邻经济之侵略，人为刀俎，我为鱼肉”之根本原因，痛感当日中国商业史“殆亦一不完全之历史而已，一商战失败之历史而已”。

书　名：《商贾史》

出版社：上海文艺出版社

作　者：田兆元　田亮

简　介：本书共分七章内容，包括：商海沉浮，帮会、官商、儒商、贾道、贾德和行商难等。书本以图文并茂的形式，用通俗易懂的语言介绍了中国商贾的历史和命运，对其原因进行了深刻剖析。其间，还介绍了即使放在今天也还行之有效的诸多经商哲学和经营技巧。

本书从中国的社会史和文化史的角度考察了中国商贾的历史和命运，并对其原因进行了深刻剖析。其间，还介绍了诸多经商哲学和经营技巧，这些经商哲学和经营技巧，即使放在今天，也还是非常行之有效的。

书　名:《追寻商业中国　第一卷·觉醒的时代》

出版社:中信出版社

作　者:余雷

简　介:一个现代化的商业中国,是历史所选择的必然结果,但中国商业的前景如何,该向哪里去,知史明世,唯有了解中国商业的历史,方能看透经济迷雾背后的真正未来。

如果把晚清“同治中兴”作为中国现代化运动的起点,那么,自20世纪70年代,中国渐次开始的改革与开放,可视为此运动的一个新起点与高潮。在诸多看似不相关的商业事件与人物中,可抽丝剥茧出整个中国商业变迁的脉络与逻辑。在不同年代、不同舞台上闪现的“小人物”和“大事件”,串联起30年间整个中国经济的发展脉络。本书采取见微知著的手法,记录了近30年中国商业和营销的发展与变迁。通过梳理大量的史料,从细微中见历史,折射出中国商业与营销历史变革的主线。

书　名:《意林:拨动智慧之弦的185个商业故事——商道》

出版社:未来出版社

作　者:秉礼　顾平

简　介:《意林·商道》是一本与你一起参悟商机和理解世间百态的智慧读本。185个睿智的商道故事,每一个都充满了人生的创意和生活的智慧。

有人把商界当做成王败寇的战场,充满着尔虞我诈、世态炎凉;有人把社会当作变化莫测的深渊,其中的人们只能战战兢兢以求自保。其实,只要把生活中一点一滴的感悟都融会到人生的历程中,从细节中创造,从梦想中行动,所有的人都能使普通的人生变得精彩和有价值。

社会每时每刻都在发展变化,与此同时,芸芸大众的观念和行为模式也在日益更新。也许你还没有注意到这种内在的变化,或是不理解故事中这些人的所思所想,或是感慨为什么自己没有这样精彩的创意,希望你读完这些人的故事后,至少从此不在观念上落后于他人。

书　名：《听南怀瑾讲〈论语〉全集》

出版社：黑龙江科学技术出版社

作　者：邢群麟　李敏

简　介：南怀瑾先生是一位学贯古今的国学大师，他潜心研究《论语》几十年，具有很深的造诣，在国际上享有盛誉。南怀瑾先生对《论语》的解读因迥异于其他人而独树一帜，其语言通俗易懂，所言之事都是人一生中必须面对的事情，在深入浅出的文字之间将人生道理阐释得清清楚楚，尤其是对做人与做事有着精辟的见解。每一位读者都可以从南怀瑾先生的精彩讲述中，领悟《论语》的思想内涵，从而将《论语》蕴藏的人生智慧运用到自己的生活中，开阔自己的视野，在为人处世等方面进一步提高，成就成功的人生。

第二章　爱心素养教育

通过本章的学习，你将：

- 了解爱心素养的内涵和重要性。
- 理解和掌握爱自己、爱他人、爱集体、爱国家、爱财贸的道理和方法。
- 真正理解未来从事财贸职业岗位具备爱心素养的重要性。
- 能够以实际行动做一个有爱心、有抱负的财贸职业人。

第一节　爱心素养的内涵

一、爱心素养教育目标

中国人自古就有“仁爱思想”，爱心是中华民族的传统美德，是人之为人所必须具备的根本素养。由于财贸职业岗位为人服务的特性，爱心也是财贸人才素养的根基。只有具备一颗爱心，才能满怀真诚地善待自己身边的每一个人，特别是作为“陌生人”出现的顾客，才能给顾客提供优质的服务。作为一名财贸高职大学生，培养自己的爱心素养，是实现个人职业生涯发展的基石。

爱心素养教育是高职学生入学后第一学期开设的财贸素养教育课程，从新生入学参加军训开始，就进入了爱心素养教育的过程，通过课内教学和课外活动的形式，目的在于培养出“有爱心”的财贸高职人才。爱心素养教育课程虽然安排在第一学期，但大学生的爱心素养养成则是要贯穿大学三年，乃至职业生涯全过程。

爱心素养的教育目标是：

（1）弘扬中华民族的爱心传统，促使学生由“被爱”转变为“关爱”。

（2）有意识地培养自己的爱心素养，把有爱心作为自己生活学习的基本准则，自觉地养成“爱自己、爱他人、爱集体、爱国家、爱财贸”的心理和习惯，为胜任未来财贸职业岗位需要做好准备。

【小提示】爱心格言

孔子：仁者，爱人。

孟子：人之相识，贵在相知；人之相知，贵在知心。

毛泽东：一个人做点好事并不难，难的是一辈子做好事，不做坏事。

邓小平：我是中国人民的儿子，我深情地爱着我的祖国和人民。

巴金：我爱我的祖国，爱我的人民，离开了她，离开了他们，我就无法生存，更无法写作。几十年的经验使我懂得，多想到别人，少想到自己，便可以少犯错误。

爱因斯坦：对于我来说，生命的意义在于设身处地替人着想，忧他人之忧，乐他人之乐。

张秉贵：心有一团火，温暖万人心。

泰戈尔：爱就是充实了的生命，正如盛满了酒的酒杯。

达尔文：完成工作的方法是爱惜每一分钟。

莎士比亚：不但给幸福于受施的人，也同样给幸福于施与的人。

二、爱心素养的内涵

（一）什么是爱心

爱是人类区别于其他动物的重要标志，是人类的良知和基础。有爱才有奉献，有爱生命才生动和美丽。爱心的内涵很丰富，爱心在心理学中属于一种情感体验，主要是指对人或事物表现出来的较复杂而又稳定的、以关心他人为重点的积极的态度体验。《现代汉语词典》（2002 年增补本，商务印书馆）对爱心的解释是：“爱—— ① 对人或事物有很深的感情：~祖国/~人民/~劳动；② 喜欢：~游泳/~看电影；③ 爱惜；爱护：~公物/~集体荣誉；

④ 常常发生某种行为;容易发生某种变化: ~哭/~开玩笑。爱心——指关怀、爱护人的思想感情:老妈妈对儿童充满~。”由此可见,爱首先不是同一个特殊的人的关系,而更多的是一种态度,性格上的一种倾向。这种态度决定一个人同整个世界,而不是同爱的唯一“对象”的关系。

爱是中华传统的美德,爱的精神是中华民族精神的重要内容。孔子所说的“仁者,爱人”“己所不欲,勿施于人”(《论语·颜渊》),诠释了爱心的基本内涵;孟子主张的“性本善”“无恻隐之心, 非人也; 无羞恶之心, 非人也; 无辞让之心, 非人也;无是非之心, 非人也”,提出了爱心的基本要求;墨子所说的“兼相爱,交相利”(《墨子·兼爱中》),追求的是一种大爱无疆的价值理想。

胡锦涛总书记2006 年3 月4 日在全国政协民盟、民进联组会上强调,“要引导广大干部群众特别是青少年树立社会主义荣辱观,坚持以热爱祖国为荣、以危害祖国为耻,以服务人民为荣、以背离人民为耻,以崇尚科学为荣、以愚昧无知为耻,以辛勤劳动为荣、以好逸恶劳为耻,以团结互助为荣、以损人利己为耻,以诚实守信为荣、以见利忘义为耻,以遵纪守法为荣、以违法乱纪为耻,以艰苦奋斗为荣、以骄奢淫逸为耻”。“八荣八耻”精辟地阐述了社会主义荣辱观的深刻内涵和社会主义基本道德规范的本质要求,体现了中华民族传统美德、党的优良传统优良作风与时代精神的有机结合。

爱心是中华民族基本精神和价值观念,是中华民族代代传承的宝贵财富。作为一名财贸高职大学生,在未来的职业生涯中,爱心素养是其职业岗位的特质,有爱心的人才会真诚,内心的爱是一切行动的力量源泉,我们必须更好的继承这种传统,自觉加强爱心修养,用爱心规范行为,让自己具备爱家庭、爱事业、爱祖国、爱人民、爱社会主义的人生态度,让自己富有爱他人、爱老师、爱同学、爱学习的品格,让自己拥有爱岗敬业、爱集体、团结协作的工作作风。这样才能满足财贸职业岗位需要,才能成大事、立大业。

(二)有关爱心的知识

1. 爱是一种情感

爱是情感。爱因斯坦曾经说过:“情感和愿望是人类一切努力和创造背后的动力,不管呈现在我们面前的这种努力和创造外表上是多么高超。”著名教育家苏霍姆林斯基说:“情感——这是道德信念、原则和精神力量的核心和血肉。没有情感,道德就会变成枯燥无味的空话,只能培养出伪君子。”

爱心教育就是情感教育，有爱心的人才会真诚，内心的爱是一切行动的力量源泉。

2. 爱是中华民族的传统美德

孔子作为中华儒家的鼻祖，留给后人许多宝贵的精神财富。孔子思想的核心是“仁”，也即“仁者爱人”。《论语·颜渊》篇记载：“樊迟问仁，孔子曰：‘爱人。’”就是对人有爱心，有恻隐之心、同情之心、不忍之心，就是“仁慈”“仁爱”。孟子说：“恻隐之心、仁之端也。”恻隐之心就是同情之心，不忍之心，如果一个人没有同情之心，他便不算是人了。孔子主张：爱心的发挥必须由亲而及疏、由近而及远，才是合乎人情的。他说：“弟子入则孝，出则弟，谨而信，泛爱众，而亲仁。行有徐力，则以学文。”（《论语·学而》）“孝”是促进父母与子女的关系的，“弟”（同悌）是促进兄姊与弟妹的关系的，这是爱的根本。“泛爱众，而亲仁”，则是促进其他各种人与人的关系的，是爱的扩充。他于“孝”说“入”，于“弟”说“出”，于“爱众而亲仁”说“泛”，亲疏、近远的程序是说得很明白。如果一个人在家庭里，能够促进父母与子女、兄姊与弟妹的关系，而培养起爱心；他到社会上，自然会发挥他的爱心，而促进与领袖、部属、师长和朋友之间种种关系的美满了。

仁通“人”。这里指孝顺父母与尊敬兄长是一个人做人的根基。孔子教人学为人，即学为仁。仁即人群相处之大道，故孟子说：“仁也者，人也。合而言之，道也。”然人道必本于人心，故孟子又说：“仁，人心也。”本于此心而有此道。此心修养成德，而为贤圣之人。由其最先之心言，则是人与人之间的一种温情与善意。发于人心乃有仁道。而此心实为人性所固有，其先发而可见者为孝悌，故培养仁心当从孝悌开始。孝悌之道，则贵能推广而成为通行于人群之大道。

关于“仁”，还要特别提出来：君子的追求绝不是独善其身，而是兼济天下，“仁”作为君子最根本的品德，它的实质就是爱人，即爱亲人、爱他人，直至爱一草一木、天地万物。行“仁”要从最基本的孝敬父母、尊重兄长做起，进而推广到他人和社会。所以，君子仅修身是不够的，还应“修身以安人”“修身以安百姓”，把仁德推广于天下，济世安民，实现爱民、惠民、利民、富民的目的。平时说的“老吾老以及人之老，幼吾幼以及人之幼”就是君子应具备的品德。

巴金曾在他的《箴言录》中写道：“因为受到了爱，认识了爱，才知道把爱分给别人,才想对自己以外的人做些事情。把我和这个社会连接起来的也正是这个爱字,这是我全部性格的根底。”“是什么东西把我养育大?首先在我头脑里浮动的就是一个‘爱’字,父母的爱,骨肉的爱,人间的爱,家庭生活的温暖。我的确是一个被爱着的孩子……我爱着一切的生物,我愿意擦干每张脸上的眼泪,我希望看见幸福的微笑挂在每个人的嘴边。”

因此,我们可以对“爱心”从以下几个方面来具体理解:一是表现为爱自己,就是要自重自爱;二是表现在对父母的关系上是孝敬;三是表现在夫妻关系上是互敬互爱;四是表现在对子女关系上是仁慈、仁爱;五是表现在兄弟姐妹关系上是忍让友爱;六是表现在朋友关系上是推己及人;七是表现在对物的关系上是爱惜节俭;八是表现在个人与国家的关系上是忠贞爱国;九是表现在工作关系上是敬业爱岗,尽心勤劳。“爱”是儒家学说的核心,也是传统道德的核心,有了“爱”这种品质,有了对人对事物的爱心,就不忍不愿去做假,也就有了做人的内在品质。

3. 爱是世界共同的语言

世界上有一种最美丽、最神奇的语言,那就是爱。因为有爱,人与人之间才没有隔阂;因为有爱,家庭才能和睦;因为有爱,生活也就能美满。爱的阳光是温暖的,爱的教育是深远的,爱的力量是磅礴的。改变这个世界的,不是上帝,而是人与人之间的信任和欣赏、关爱和支持、鼓励和祝福。

畅销书《不要忽略小事情》的作者理查德·卡尔斯说:“当你为别人做好事时,你会有一种身心宁静平和的感觉。”尽管那些全是小事情,但“善良的爱心行动会释放类似内啡肽的情感激素,之后,感觉良好的化学成分会进入你的意识中。”心脏病学专家和精神治疗医师、《心脏停跳于心脏病》一书的作者斯蒂芬·斯娜卓说:“作为一个医生,我可以明确地告诉你,爱是能够治愈心脏病的。”她说善意的反面——愤怒与狂躁是与人内心的起伏相联系的,表现为激动与不安,这两种主要的荷尔蒙是引发心脏病的元凶。善良伴随着爱与温柔的情感,会刺激副交感神经,强健有力地增强心的祥和与宁静,在体内产生较少的可的松(皮质醇)。

华盛顿·贾维斯在他的《爱和祈祷者》一书里这样写道:“爱——不希图回报的无私的爱——是宇宙当中最强大的力量。它对于施爱者和被爱者的影响都是无法估量的。”爱是一种要求很高的美德。爱是为另一个人做出牺牲的良好意愿。纪伯伦说:“爱不仅使爱者尊严高贵,而且使被爱者尊严高贵。”当人们经历爱、体验爱、心中涌动爱的时候，心便因为爱而博大、而广阔、而温柔、而激情洋溢、而温馨弥漫。因此，情感将得到升华，心灵将得到净化，生活将被引向崇高。

4. 爱是人类永恒的课题

爱是人的权利，也是义务。人活在世上，不仅要懂得怎么去爱别人，丰富生命；也要懂得怎样接受别人的爱，享受因爱而来的快乐和活力。有时不敢爱，是因为怕受伤害；不敢冒险，所以把自己的心封闭。一位心理学家说：“精神和情绪的疾病，问题大多出在无法与他人建立正常的爱的关系。”感受自己的被需要、被肯定，这是一种幸福和满足。爱，是大自然赐给人类最大的礼物，只要不放弃，无人能夺走这项珍宝。人类唯有爱是恒久不变、永不止息的。

依据现代教育社会学，“人的社会化过程就是人接受教育的过程”。但教育赋予人最本质的东西，不是“成功”，而是“爱”。因为“爱”是人所有素质中最重要的素质。爱有种可转化的能量，会带给人无限温暖、快乐和健康。人，都是需要爱的。这里所说的爱，是一种发自内心的给予和接受。这里的“爱”，不仅仅是个名词，还是动词，爱是要去做的事情，是对人类的奉献。爱，是它自己的回报。心灵富足的人必会爱人，因为爱就是给予，爱就是富足，爱就是宽广，爱就是一切。如果每一个人都以爱的胸怀，去吐纳所有不同的气息，以自己善意的心跳，去响应所有不同的心跳，那么，世界会变得更小，人们会走得更近。

讨论与思考

1. 讨论爱心素养学习目标，并制订你自己的学习计划。
2. 查阅相关资料，积累爱心方面的知识，深刻理解爱心素养的内涵，并写出书面交流材料。

第二节　爱他人

在现实生活中，爱有很多种，有父母的爱，有夫妻之间的爱，有兄弟姐妹之间的爱，有师生之间的爱，有同学朋友之间的爱……爱就在我们每一个人身边。我们每个人都需要爱,我们的生活更需要爱,只有每个人都将自己心中的爱奉献出来,生活才会变得有意义。让我们一起歌唱《爱的奉献》这首歌:只要人人都献出一点爱,世界将变成美好的人间。

一、爱他人先要懂得爱自己

不懂得爱自己的人就不会懂得如何爱他人。爱自己,首先要珍惜生命,不要为了钱玩命,也不要为了玩而玩命。健康教育专家洪昭光教授提出60岁前没有病,80岁前不衰老。可现在,人们常年纪轻轻就一身病。其次要规划自己的职业生涯、实现自我价值。学习、生活要有目标,用目标激励自己去努力,不能"跟着感觉走""过把瘾再说",这就会纵容自己,为了一时的痛快,而走上歧途。怎样才能实现自我,其意义不是挣到多少钱、拥有多少财富,更重要的是自我对他人、对社会的贡献。一个人的价值,是以供给的稀缺度和时间的永恒度来衡量的。思想家、艺术家、科学家、发明家给人类的贡献是最稀缺的、最宝贵的,也是最永恒的,所以他们的人生是最有价值的。作为普通员工,在平凡的岗位上爱岗敬业,给客户提供好服务,关爱家人、同事、朋友,向需要帮助的人伸出援助之手,总之生命的存在能给他人带来快乐、愉悦、幸福,这就是实现了生命的价值。相反,一个人很自私,成天为自己着想,不愿为他人付出,对家人、同事、朋友没有一点爱心,斤斤计较、小肚鸡肠,甚至不惜损害他人,到处占便宜,一点不吃亏,自以为得计而沾沾自喜,这样的人不是真的爱自己。一个真正爱自己的人,懂得生命意义和价值的人,一定会爱他人。

(一)懂得自重

自重在道德意义上,就是尊重自己的人格,热爱自己的生命,注重自己的言行,珍惜自己的名誉,待人做到处事端庄厚重,不失之轻浮、流俗。自重的人,既不狂妄自大,也不自轻自贱,能够自觉遵守社会、学校倡导的行为规范,注重维护自己的形象。在人际交往中,既能够尊重别人,也不低三下四。自重是人的一种思想品格,与人的知识修养、道德品质有密切的联系。具有远大理想、伟大抱负和高尚情操的人,都能做到自重。在高校就读的大学生,已经迈入了成年阶段。在法律上,是具有完全行为能力和独立权利的人。所以,大学生首先要认识到自己是成年人,有依法履行权利和承担义务的职责;其次要认识到自己是接受高等教育的大学生,要用大学生标准要求自己，要富有政治责任感和使命感，要懂得需要具备什么样的思想品德、世界观、人生观、价值观、行为规范、职业规划等。个别学生不把自己放在“大学生”这个位置上去权衡自己的所作所为，不自重、不爱己，不讲大学生形象，不知道爱惜自己在公众中的声誉，吸烟、饮酒、旷课、迟到、考试作弊，还有的出于“哥们义气”打架斗殴，给自己带来不幸，给家庭带来不幸，在校园内甚至在校外都造成了不良的影响。

（二）懂得自爱

2004 年 10 月 12 日《北京青年报》题为《大学生旷课现象严重，学校只要考试通过就不追究》的文章中写道，“旷课现象在高校的确比较普遍”。2004 年 11 月底北京某大学检查学生出勤情况。“多的 1 天迟到的有八九百人，1 周累计下来有 3000 多人。”该校教务处一位副处长告诉记者。但这个数字遭到了几位学生的质疑，“我们听到的说法是，1 天迟到的有 3000 人”。事隔 1 年，2005 年 12 月 7 日《中国青年报》“青春热线”专版在讨论《我为什么总是要逃课》的通栏标题下，发表了几名大二学生发来的逃课日记，一些大学生怀着“大学不旷课不算真正的大学生”的从众心理，效仿那些旷课的学生逃课，逃课是酷，不逃课是呆。

“勿以善小而不为，勿以恶小而为之。”大学生应该自重自爱，中国有句俗语：“树有皮，人有脸。”中国人历来“爱面子”。从积极意义上看，一个人爱面子也是一种有素养的表现。社会是人的社会，人生活在社会之中，每一个人的言行举止都会引起和受到人们的评判。尽管这种评判有时不公正、有偏失，但自身应能够控制“标杆”的直立。平时点点滴滴、事事处处都要注意自己的良好行为规范的养成，在行为上遵守国家法律、行政法规，遵守校规校纪，符合社会公德的要求，体现大学生的素质修养，以比他人更高的境界去塑造完美自身，这就是自爱。爱我名誉、爱我身份、爱我人格、爱我年华。把这种自爱引申到更高层次、更深意义上去认识，也是一种爱我中华、爱我大学、爱我集体、爱我专业的具体表现。

（三）热爱学习

孔子在《论语》开篇第一句话就告诉我们：“学而时习之，不亦说乎。”大学阶段是人生中增长知识，培育品格，提高素质，形成良好人生观、世界观、价值观的关键时期。应该懂得党和国家对自己的期望，懂得历史史命的要求，懂得父母长辈的重托；珍惜大学学习机会，珍惜大学的几年宝贵时光，不放松、不狂傲、不虚度、不自满地努力完成好学业，爱学习才是真正爱自己、尊重自己，力争做品学兼优、学识渊博、道德高尚、对祖国和人民有用的人，不辜负党和人民的培养，不辜负家庭和关心你们的人，不辜负自己的人生。

在知识经济时代，学习越来越成为推动社会发展、提升个人社会地位的重要途径。学会学习、学会生存应成为大学生自主学习与研究学习的主要动力。对于大学生，离开老师、家长的关注目光，在相对宽松的大学环境里，面对大学学习与高中学习完全不同的挑战，包括学习目标不同，学习氛围不同，学习方法不同，学习要求不同，等等，更需要向老师请教，向老生学习，尽快完成由高中学习方式向大学学习方式的过渡，适应大学学习，会学习，爱学习，刻苦学习，不仅学习书本知识，更要向实践学习，向一切先进人物和优秀干部学习。学习，是走向成功的阶梯。

二、学会爱他人

爱心包含了感恩、关心和善意三个要素。“感恩”，即每一个人在这个社会当中首先是一个索取者、获得者，离开了他人、社会和国家，个人无法独立地生存发展，因而首先要对自己获得的一切心怀感激。“关心”，即要能够时刻清醒而自觉地把自己、他人、集体、社会、国家的事情放在心上，给予关注、关怀、关爱。“善意”，即积极地对待自己、他人、集体、社会、国家的事情并满怀美好的期待。这三个要素都体现了一个道理：真正爱自己的人，是懂得生命意义的人，是一个会爱他人的人。

（一）爱父母

不爱父母的人，也不会爱别人。2004 年 11 月 1 日南京大学公告栏上出现了一封署名为“一位辛酸的父亲”的家信。信中写道：“在你读大学的第一个学期，我们收到过你 3 封信，加起来比一份电报长不了多少，言简意赅，主题鲜明，通篇字迹潦草，只一个‘钱’字特别工整而且清晰。你说你学习很忙，没时间写信，但同院里你高中时代的女同学，却能收到你洋洋洒洒几十页的信，而且每周一封。每次从收发室门口过，我和你妈看着你熟悉的字，却不能认领。那种痛苦是咋样的，你知道吗？”这封“辛酸父亲”的信使南京大学等高校师生的心灵受到强烈撞击。据说，信中反映的现象很普遍，哪个学校都有。有的同学一个月就能花掉两三千元，而且这类同学的奢侈生活还有点雷同：吃饭通常是下馆子，一天 30 元饭钱简直是小意思；手机、MP3、名牌穿戴花费月月少不了。有女朋友的花费更大，出门旅游，节假日还要玩情调，没钱怎么行？但大学生几乎都没有收入来源，于是在攀比心理和物质欲望的驱使下，他们只好从父母那里榨油水，信中的现象就屡屡发生了。

当代大学生多数是独生子女，6 个大人爱一个孩子，父亲母亲、外公外婆、祖父祖母一起“孝顺”一个孩子的现象很普遍。宝贝吃、宝贝穿、宝贝用，爸爸给你买，妈妈给你买，怎么也爱不够。这样环境中的孩子，从小到大习惯了被爱，从来不知道去爱别人，只知道得到，不知道付出，一个个是小公主、小皇帝。据统计，15～35 岁的年轻人容易自杀，一个最重要的原因就是自我意识太强，当自己的欲望得不到满足，目的没达到，就觉得生命没意义。一个很自我的人，也是最脆弱的人，没有支撑生命的力量，没有克服困难的勇气，受一点挫折，就受不了。华为公司一个员工，刚大学毕业，没干多长时间，就想不干了。父母劝他：不要不干，大学 5 万块钱的债还没有还。但他最后还是自杀了。如果他心里还有父母，再大的压力也能抗住。

孝悌是中国文化的基础，古人云：“百善孝为先。”一个人能够孝顺父母，他就有一颗善良仁慈的心，有了这份仁心，就可以有利于许许多多的人。拍《大决战》的大导演，再忙也要给 80 岁的老母亲洗脚，有时候还背老人到拍摄现场看他拍电影。他说和母亲在一起的时间过一天少一天，再忙也不能忘了母亲。他的这份孝心给孩子做了榜样，他的孩子同样对他很孝顺。

【小提示】《弟子规》中的“入则孝”

父母呼　应勿缓　父母命　行勿懒　父母教　须敬听　父母责　须顺承
冬则温　夏则凊　晨则省　昏则定　出必告　反必面　居有常　业无变
事虽小　勿擅为　苟擅为　子道亏　物虽小　勿私藏　苟私藏　亲心伤
亲所好　力为具　亲所恶　谨为去　身有伤　贻亲忧　德有伤　贻亲羞
亲爱我　孝何难　亲憎我　孝方贤　亲有过　谏使更　怡吾色　柔吾声
谏不入　悦复谏　号泣随　挞无怨　亲有疾　药先尝　昼夜侍　不离床
丧三年　常悲咽　居处变　酒肉绝　丧尽礼　祭尽诚　事死者　如事生

（二）常怀感恩之心

“所谓幸福，是有一颗感恩的心，一个健康的身体，一份称心的工作，一位深爱你的爱人，一帮信赖的朋友。”世界上有许多事情和理由值得我们感恩,父母的养育,师长的教诲,亲人的关爱,朋友的帮助,他人的服务,大自然的慷慨赐予,等等。学会感恩能够让我们体味到“爱”的真谛,了解身边的人,感受社会的温暖,学会把得到的爱分给他人、回报社会。一个人的成长与成才,有许许多多人在帮你,没有老师、朋友、同学、同事、领导等的帮助,一个人再有本事也难成功,传统文化讲,有恩不报非君子,忘恩负义是小人。

但是,不知从什么时候起,人们的心慢慢变硬了,变冷漠了,变贪婪了。尽管脸越来越年轻,心却越来越老;交际应酬越来越多,心的交流越来越少;格式化的表情越来越多,会流泪的人越来越少;贪婪掠取的人越来越多,关爱他人的人越来越少。在心如坚冰又加设密码的今天,人类应该恢复人类自身的本性,时常学会爱。爱是一种美好的情感,是道义上的净化剂、事业上的原动力和内驱力,是人的高贵之所在。

没有感恩心的人格是不完整和不健康的,要用感恩心来融化自私心、冷漠心和自卑心,培养与人为善、与人为乐、乐于助人的品德。有感恩心的人会对周围的人和事充满感激之情,会以更积极的态度面对生活,形成我为人人、人人为我的良好社会风气。感恩是做人起码的修养,“滴水之恩当涌泉相报”告诉我们感恩是中华民族的传统美德。

我们从父母、亲人、老师、同学、他人、学校、社会那里都得到了很多的恩惠,应当以更大的诚意和实际行动给予。这种回报不仅仅是物质上的,还包括感情上的。感恩首先应从我们力所能及的小事情做起,在语言上学会说“谢谢”,得到别人的帮助,要习惯说声“谢谢”。在我们生日时,应该谢谢父母给了我生命。听报告、看演出时,会热情鼓掌。在平时,还要学会关心他人、爱护他人,在学校,应主动去关心辛勤工作的老师、后勤工人,教师节送上节日的问候和祝福,等等。应主动去关心同学,特别是身体较差、学习困难、家庭特殊的同学。在社会上和公共场合,应主动去关心需要关心的朋友和他人,特别是老弱病残者。还要爱护环境,自觉保护好公共设施和保持公共卫生等。

【小提示】常说“谢谢”

通常情况下,我们常常抱怨,却忽略了感谢。

人们喜欢被感谢,而且需要被感谢!如果我们不去感谢,善意的泉水就会枯竭。

【小提示】《弟子规》中的“泛爱众”

凡是人 皆须爱 天同覆 地同载
行高者 名自高 人所重 非貌高
才大者 望自大 人所服 非言大
己有能 勿自私 人所能 勿轻訾
勿谄富 勿骄贫 勿厌故 勿喜新
人不闲 勿事搅 人不安 勿话扰
人有短 切莫揭 人有私 切莫说
道人善 即是善 人知之 愈思勉
扬人恶 即是恶 疾之甚 祸且作
善相劝 德皆建 过不规 道两亏
凡取与 贵分晓 与宜多 取宜少
将加人 先问己 己不欲 即速已
恩欲报 怨欲忘 报怨短 报恩长
待婢仆 身贵端 虽贵端 慈而宽
势服人 心不然 理服人 方无言

三、关爱他人实践活动

(一)开展一封家书活动

十几年的养育,要知恩、感恩、报恩,请给父母写封家书。“一封家书”是学生离开父母后的一次爱心行动。在远离父母的日子里更让我们思念父母的养育之恩和老师的培育之情,我们感受到了被爱的温暖和幸福,我们更要养成关爱父母、关爱他人的优良品德。通过“一封家书”活动,实践并提升自己的爱心素养。

(二)关爱弱小、奉献爱心活动

关爱弱小是人类爱心的生动体现。通过对老、弱、病、小的无私帮助和精心照顾,锻炼吃苦耐劳、力行坚毅的精神品格,培养关爱他人、温暖他人的爱心素养。

图 2-1 工商系学生义务支教

【案例】义务支教

工商系 18 名同学利用假期和平时周末时间到北京市私立树人·瑞贝学校为在这里就读的 126 名来自四川地震灾区的学生义务支教。为他们带去了知识、欢乐和温暖。在支教过程中，他们被孩子们的快乐和坚毅所感动，被人间大爱无疆的精神所感动，在奉献爱心的同时也感到孩子们带给他们的爱心和温暖。在支教活动中，学生的爱心得到培养，人格得到升华(见图 2-1)。

【案例】爱心社团在行动

学院的红十字会和大学生志愿者协会是由学生组成的爱心公益社团，他们在印尼海啸捐款、义务无偿献血、关爱艾滋病宣传、四川汶川赈灾爱心奉献宣传等活动中发挥了重要作用(见图 2-2、图 2-3)。

图 2-2 红十字会学生去敬老院服务

图 2-3 红十字会学生与老人在一起

【案例】无偿献血

无偿献血是一项崇高的社会公益事业，是当代青年回馈社会的重要实践形式之一。同学们积极参与无偿献血活动体现出财贸学子的爱心、责任意识和无私奉献的精神，实践了“健康传递快乐，献血传递爱心”的人道主义精神，体现了大学生对社会和他人的关爱。学院荣获“北京市 2005 年度自愿无偿献血贡献奖”“北京市东城区 2005 年度和 2006 年度献血工作先进单位”。学院红十字会获得“2005 年度高校红十字会系统先进集体”(见图 2-

4、图2－5）。

图2－4 学生义务献血

图2－5 红十字会学生宣传活动

【小提示】感恩

拥有一颗感恩的心，我们才懂得去孝敬父母。

拥有一颗感恩的心，我们才懂得去尊敬师长。

拥有一颗感恩的心，我们才懂得去关心、帮助他人。

拥有一颗感恩的心，我们就会勤奋学习，真爱自己。

拥有一颗感恩的心，我们就能学会包容，赢得真爱，赢得友谊。

拥有一颗感恩的心，我们就会拥有快乐，拥有幸福；我们就会明白事理，更快地长大；我们就能够拥有一个美好未来。

讨论与思考

1. 讨论并思考学会关爱他人的重要性，并制订自己关爱他人的行动计划。
2. 阅读下面的爱心故事，并写出心得进行班级交流。

【故事】同仁堂"同修仁德，济世养生"

北京同仁堂药铺创办于1669年（康熙八年），创始人是清康熙年间太医院的吏目乐显扬。1702年搬入前门大栅栏，即现在前门大栅栏24号的位置。1723年（雍正元年）被钦点供奉御药房用药，同仁堂至此独办官药，历经清朝八代皇帝直到1911年。1900年（光绪二十六年），义和团兴起，八国联军进京，乐家举家西行避难，把同仁堂留给当时的查柜代管，同年五月，义和团在大栅栏放火烧毁了前门西大街附近的3000家商号，同仁堂老店还算幸运，只铺面前庭被毁。乐显扬时代留下的老匾被及时抢救出来，得以保存至“文革”时期。1954 年,同仁堂公私合营。1966 年夏天,“文化大革命”期间,那块悬挂了 297 年的老匾在运动中被烧毁,“同仁堂”也被改成了“北京中药店”,制药厂和提炼厂分别改名为北京中药一厂和六厂。1979 年,恢复同仁堂名称。1996 年,店面重建后设同仁堂医馆。

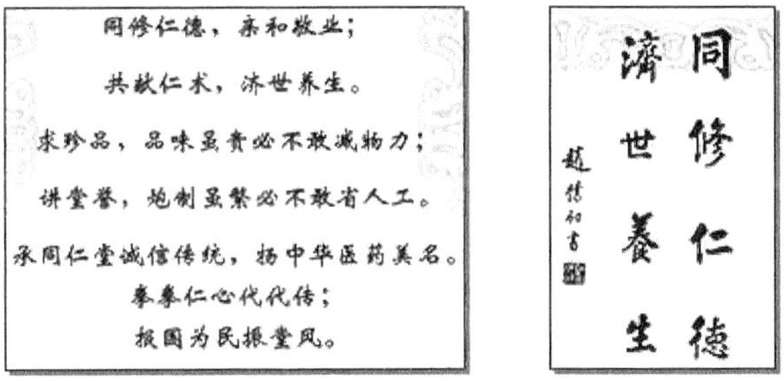

图 2 –6　同仁堂“德仁”精神

历代同仁堂人以“同修仁德,济世养生”为己任,讲究“仁心仁术”之道,数百年来,深得海内外顾客信任,使得同仁堂长盛不衰(见图 2 –6)。

“同修仁德,济世养生”八个字是佛教协会名誉会长赵朴先生所书。其含义是指同仁堂崇尚“德仁”精神。“仁德”本意为仁者爱人,也有恭谨、宽厚、信实、勤敏、慈惠之意,亦指同仁堂人坚持真理、正义的品行和“先难而后获”、对社会多作贡献的理想追求。发扬“仁德精神”,对内可以修身、敬业、求人和,对外可以报效国家、奉献社会。

“济世养生”是“仁德”的最高境界和目标,表明同仁堂作为医药企业以提高人类健康水平和生命质量为己任,坚持以义取利,以诚守信的精神之道、爱国爱人之心、仁药仁术之本,取信于民,造福人类。

明清时期,每逢北京举办一年一度的清挖城沟活动,同仁堂都会在四面城门开沟的地方挂起大红灯笼,灯笼上书“同仁堂”3 个大字,既方便过路人来往,也为药店做广告宣传。每年会试时,向来自各地远涉风尘进京赶考的举子免费赠送消暑降温“四季平安药”,这个宣传花费不多,却效果显著,既表示对朝廷招贤纳士的关心,又可博得这些未来官员们的好感,很快“同仁堂”药物和名声就随着举子们返乡传播到了全国各地。

同治六年(1867 年),同仁堂自筹资金购买德国水车和其他消防设备,在大栅栏路北设同仁堂普善水会(即民间消防组织),遇有邻近发生火灾马上去扑救,密切了与各大商号的关系。1888 年(光绪十四年)12 月 5 日皇宫贞度门失火,延及太和门和仓库,当时宫内各王府的水车都喷不到太和门的高处，这里同仁堂的水车开动起来，一条水龙柱直扑大火最高处，终于扑灭了烈火。慈禧知情后甚喜，谕封同仁堂普善水会为“小白龙”。同仁堂借此扬名京都。

冬天办粥厂，救济穷人，夏天舍暑药，患病的穷人只要经人介绍便可得到同仁堂救命的药品，说是“穷人吃药，富汉子花钱”。赤贫人家落了丧事，无力收殓抬埋，乐家便舍给棺材，谓之“施义材”。此外，还办义学，让穷家子弟免费入学读书。这样，同仁堂的字号深入每个阶层，得到众人的好感。

【故事】为人民服务没有终点——真情为他人的女售票员李素丽

李素丽，1962 年出生，北京市人。1981 年参加工作，1984 年加入中国共产党，先后在第一客运分公司 60 路、21 路任售票员，1998 年到总公司及“李素丽热线”工作。

为了适应社会主义市场经济对公交服务的新要求，李素丽刻苦学习文化知识，认真学习英语、哑语，并努力钻研心理学、语言学，利用业余时间查看地理环境，潜心研究各种乘客心理和要求，又针对性地为不同乘客提供满意周到的服务。她亲切、诚恳、朴实、大方、得体的服务，使平凡的售票工作升华为一种艺术化的服务。

李素丽被广大群众誉为“老人的拐杖、盲人的眼睛、外地人的向导、病人的护士、群众的贴心人”。她模范地体现了公交“一心为乘客，服务最光荣”的行业宗旨，赢得了广大乘客的尊敬和爱戴。她以强烈的首都意识、服务意识和公交窗口意识，在三尺票台和车厢服务中，把社会主义道德风尚传送到每个乘客的心坎上，净化了社会风气和人们的心灵，把流动的车厢变成了展示首都精神文明的窗口。李素丽在近 20 年的售票工作中，在平凡岗位作奉献、真情为他人，用真情架起了一座与乘客相互理解的桥梁，把微笑送到四面八方。用自己的言行传播着社会主义的精神文明，成为新一代为人民服务的楷模、时代精神的象征。

【故事】李时珍以身试药

李时珍(1518—1593)，蕲州(今湖北蕲春)人，我国伟大的医药学家。为了探索医学，以身试“药”，表现了为救天下苍生不怕牺牲的大无畏精神。李时珍高尚的品格，如同他的医学巨著——《本草纲目》，熠熠闪光，流芳百世。

李时珍小时候体弱多病，为了避免更多人像自己一样饱受病痛折磨，立志当一名医生，于是，他废寝忘食地攻读大量医学著作。20 岁时，他开始独立给病人治病，在行医过程中，他发现有些药方有不少错误，甚至害人性命。为了彻底纠正这些错误，李时珍冒着生命危险，试吃一些药效剧烈的草药、偏方，便于深入研究，取得第一手资料。有一次，李时珍带着弟子庞宪来到武当山。这武当山，风光绮丽，草木繁茂，古树参天，野花似海，是天然的药物宝库。师徒二人一下子被这些花草迷住了。这天，庞宪劈藤开路，仔细寻觅。突然，他眼睛一亮：曼陀罗花！这是华佗配制麻沸散的名药！李时珍显然也非常兴奋，指点着花儿对庞宪说："可惜，麻沸散早已失传了。这种花有毒，究竟如何配药，还得重新试验呢。"为了弄清曼陀罗花的毒性，取得可靠配方，李时珍又冒着生命危险，亲口尝试，证实了它的麻醉作用，并把它同火麻子花配合，制成了手术用的麻醉剂。

李时珍的一生，成果卓著，功绩彪炳，为祖国的医药事业做出了巨大的贡献。他不仅是中华民族的骄傲，也是公认的世界文化名人。其药物学巨著——《本草纲目》先后被译成日、德、法、英、俄、拉丁等十几种文字，被公认为"东方医学的巨典"。19 世纪著名生物学家达尔文曾评价《本草纲目》，说它是中国古代医学的"百科全书"。如今，蕲州雨湖南岸的李时珍墓前，有一座用花岗石砌成的墓门，横梁上镌刻着"科学之光"四个大字，这是华夏子孙对他的最高赞誉。

【故事】乡村医生刘玉莲

刘玉莲，女，中共党员，现住新疆哈密市二堡镇二堡村。1971 年，刘玉莲在驻地空军航校医院参加培训，掌握了针灸技术。回村后，刘玉莲很快用这门新技术治好了一名疑难病患者。村民玉素甫·买买提患支气管哮喘多年，脖子上还有一个很大的甲状腺瘤，多年求医问药无果，刘玉莲用针灸疗法结合药物给他治疗。两个月后，玉素甫·买买提的病好了。老人逢人便伸出大拇指说："丫头，神医啊！"从此，"丫头"这个名字就叫开了。

1986 年 4 月的一天深夜，刘玉莲听到村民毛沙·尼牙孜上气不接下气地敲门："丫头，我老婆快生了。"刘玉莲赶紧收拾好接生用具，往 3 公里外的孕妇家跑去。赶到孕妇家，刘玉莲检测发现孕妇严重贫血，血压很低，脉搏微弱。经过刘玉莲精心护理操作，一名男婴降生了，产妇也从昏迷中苏醒过来。这时天已经亮了，刘玉莲要走时，产妇拉着她的手哽咽着说："丫头，我的命是你给的，你是我的夏帕艾且（维吾尔语：救命女神）。"

刘玉莲在41年的艰辛工作中，医治患者30余万人次，累计为贫困患者垫付医药费3.5万多元，为村里贫困学生捐助学习用品价值6000多元。这个数字放在40年漫长的时间里也许不算太多，但是从刘玉莲微薄的收入来看，却是一个了不起的数字。几十年来，刘玉莲一直是一个没有正式编制的“临时工”医生，工资微薄，而从护校刚毕业给她打下手的护士，每月工资也比她高不少。同许多乡村医生一样，至今她也没有社保、养老保险、医疗保险“三险”。对于这些，刘玉莲想法很单纯，“每天看到那么多病人信赖的目光，听到村里无论大人小孩见到自己都会尊敬地问一声丫头好，就满足了。”

就是这样一位平凡的乡村医生，挑起二堡村1000多口人41年横跨两三代人健康的重担，使“小病不出村”的基本医疗目标在这个全镇最穷的村子成为现实。

【故事】马班邮路的铁汉——邮递员王顺友

王顺友，男，42岁，中共党员，四川省凉山彝族自治州木里藏族自治县邮政局投递员。

王顺友1985年参加工作至今，一直从事木里县城至白碉、三桷垭、倮波乡的马班邮路投递工作，邮路往返里程360公里，月投递两班，一个班期为14天。22年来，他送邮行程达26万多公里。王顺友担负的马班邮路，山高路险，气候恶劣，一天要经过几个气候带。他经常露宿荒山岩洞、乱石丛林，经历了被野兽袭击、意外受伤乃至肠子被骡马踢破等危险。他常年奔波在漫漫邮路上，一年中有330天左右的时间在大山中度过，无法照顾多病的妻子和年幼的儿女，没有向组织提出过任何要求。他视邮件为生命，从未丢失过一个邮件。为保护邮件，他曾勇斗歹徒，不顾个人安危跳入冰冷河水中抢捞邮件。他吃苦不言苦，饿了就吃几口糌粑面，渴了就喝几口山泉水，自编自唱山歌，独自走在艰苦寂寞的崎岖邮路上。为了能把信件及时送到群众手中，他宁愿在风雨中多走山路，改道绕行方便沿途群众，从未延误过一个班期，准确率达到100%。

他还热心为农民群众传递科技信息、致富信息，购买优良种子。为了给群众捎去生产生活用品，王顺友甘愿绕路、贴钱、吃苦，受到群众的交口称赞。

活动与实践

1. 在军训期间开展《一封家书》活动，每个同学敞开心扉给自己的父母写封不少于1000字家书,并开展家书交流活动。

2. 积极参加爱心社团,奉献自己的爱心。
3. 通过开展《职业生涯》活动,规划自己的现在和未来,让爱自己从规划自己开始,并开展职业生涯规划交流。

第三节 爱集体

"集体"一词在汉语词典的解释是:"许多人合起来的有组织的整体(跟'个人'相对);集体生活、集体领导,个人利益服从集体利益。"一个集体可以是班级,是一个小组,是一个宿舍,是一个团队,等等。集体是一个"小社会",是学生学会相处、学会做事、学会共同生活,获得团队经验的良好场所和锻炼基地。只有集体才能为个性的充分发展提供舞台,个性也只有在集体中才能得到充分发展。正像马克思和恩格斯说的那样:"只有在集体中,个人才能获得全面发展其才能的手段,也就是说,只有在集体中才可能有个人自由。""一个人的发展,取决于和他直接或间接进行交往的其他一切人的发展。"

爱集体就是热爱自己学习、生活和工作的集体场合。爱集体就是要具备集体主义观念,要把温暖、爱心、智慧带给自己的集体和团队。爱集体就是要为集体贡献自己的一份力量,凝聚成集体的力量,在困难与无助的时候,在挫折和失败面前,发扬集体主义精神,依靠集体的力量去拼搏、去奋斗。集体力量是我们成功的力量之源。

【小提示】爱集体的名言警句

巴金:每个人应遵守生的法则,把个人的命运联系在民族的命运上,将个人的生存放在群体的生存里。

雷锋:一滴水只有放进大海里才永远不会干涸,一个人只有当他把自己和集体事业融合在一起的时候才能最有力量。

闻一多:个人之于社会等于身体的细胞,要一个人身体健全,不用说必须每个细胞都健全。一朵鲜花打扮不出美丽的春天,一个人先进总是单枪匹马,众人先进才能移山填海。

鲁迅:天才并不是自生自长在深林荒野里的怪物,是由可以使天才生长的民众产生、长育出来的，所以没有这种民众，就没有天才。

奥斯特洛夫斯基：共同的事业，共同的斗争，可以使人们产生忍受一切的力量。

一、积极健康的集体意识

集体意识也是团队意识。现在的大学生中独生子女占大多数，他们中的一部分人存在着比较严重的自私自利、以自我为中心的心理。但是，在社会生活中，个人的进步和成功离不开集体的支持和别人的帮助，“一个篱笆三个桩，一个好汉三个帮”，在战胜种种困难的前进道路上，总是集体给予每个成员以信心和力量。一个集体意识强的团队，就意味着团队的和谐、合作、协调和成功。

（一）集体荣誉感

管理学家说：集体虽然由个体组成，但不是简单的人群组合。真正的集体，是由一群心理上相互认知，行为上相互支持、相互影响，利益上相互联系、相互依存，目标上有共同向往的人结合起来的集合体。

在即将开始的世界杯赛前，法国主教练告诫球员：“要么 22 名球员一起赢得世界杯，要么大家一起被球踢出赛场。”足球赛的胜利是靠 11 名场上队员和场下替补队员共同努力才能实现的，球队的实力和荣誉来自每一个队员，应当说，个个都强的球队，才拥有取胜的实力。大家都知道“木桶理论”，一只木桶盛水量的多少，并不取决于桶壁上最长的那块，而是取决于桶壁上最短的那块木板。这就告诉我们一个道理，在现代社会，集体的成功来自每一个成员的成功，任何成员的落后，都会影响团队的成功。

集体并不是一群人的简单组合，每个集体都有自己的组织机构和活动规则。同一个集体里的人有一致的行动和共同的目标，为了实现这一目标，集体里的每个成员都应当关心集体的壮大，爱护集体的荣誉，为集体的成功而贡献自己的力量。“孤雁离群飞不远，人离集体现孤单”，“一枝独秀不是春，百花齐放春满园”。

我们倡导的集体主义精神，不是“哥们义气”精神。现实中，有一种现象就是几个人或部分人在一起，他们看似很团结，有事互相商量、互相帮助，实际上，这也是一种不正常的现象，是一种小团体主义的表现。这些人往往受狭隘的观念影响，几个所谓的“志同道合”者，形成小团体。事实上，这种小团体危害极大,他们的互相帮助往往是无原则的,讲的往往是“哥们义气”“够意思”,在这种思想支配下,极容易集体犯错误,甚至团伙犯罪,后果不堪设想。

热爱集体,团队成员之间互相帮助,珍惜集体荣誉,才可以形成共同成长的环境。热爱集体并发挥主动性和创造精神,表现出主人翁的责任感,就会不断进取,产生积极向上的强烈愿望,做到心往一处想、劲往一处使,形成一种合力,从而使集体更具凝聚力和竞争力。集体荣誉感是建设好团队、把每一个成员力量集中起来的巨大引力场,它能使几乎所有的成员都自觉自愿地为争取和维护集体荣誉而努力。集体荣誉感也是一种约束力量,它能使学生感到不能为集体争光或做了有损于集体荣誉的事是一种耻辱,而产生一种内疚感,从而使每个成员为维护集体的荣誉和利益而服从集体的决定、克服自身的缺点。

(二)善于合作

管理学家克里斯托弗·艾弗里在他的《团队合作》一书中写道:“无论你的权威级别是什么,学会熟练地与别人一起完成工作,都应该是你为提升自身价值所能做的最重要的事。”在团队中,合作意味着分担责任,你无法控制别人的行为,但你完全可以控制自己。因此,合作的前提是有可执行的规则,每一个团队成员都服从规则要求,即便年纪很小的孩子,都会相互督促,共同完成任务。在现实当中,有人会担心自己真诚了,别人不真诚,产生“老实人吃亏”的想法,但是,请记住,以诚待人,并不是以别人回报为前提的,即便自己的利益可能会受到损害,但你的心却是踏实的,从中我们可以鉴别什么是真诚、什么是虚伪。有许多人凭借金钱千方百计也得不到的东西,真诚却能轻而易举得到。

在现实中,只有善于团结协作、爱集体、愿意把自己融入集体中的人才能获得成功。在集体合作中,要尽量使自己做到:

(1)积极关心他人,通过自己的身体力行营建互助合作的环境和氛围,让别人感受到你是一个关心他人、关心集体的人,这样,在你需要帮助时,大家才会伸出援助之手。

(2)与人积极沟通、坦诚相待,不怕暴露弱点,这样才能和别人建立真诚的合作关系。

(3)让自己尽快融入集体,成为集体的一部分,积极参加集体活动,哪怕是日常小事，也要勇于承担和分担集体责任，否则，独自行动会不利于自己的发展。

【故事】心系集体

小安在学期结束时被学校评为“学有特长”优秀学生，获得了 50 元奖金。他自豪地把这件事告诉了爸爸，并要把 50 元奖金交给爸爸。爸爸兴奋地说：“这个消息真使我和你妈妈感到高兴。50 元钱是学校奖给你的，你自己处理吧！但要想想怎样用才最有意义。”小安反复考虑着这个问题。买东西送给奶奶？买些学习用品？自己的学习用品已经够多了…… 想来想去，总是拿不定主意，只好把钱交给妈妈保管。一个星期后，爸爸启发小安说：“我们家里并不缺这 50 元钱用。你的进步才是爸爸妈妈所需要的。你的进步，是和学校、老师、同学对你的帮助分不开，你再想一想，这 50 元奖金能为集体、为别人做些什么吗？”爸爸的一番话，打开了小安的思路。他想起了昨天报纸上登的一则消息：一位获得 5000 元奖金的优秀教师将全部奖金捐给了“希望工程”。他觉得，应当向这位老师学习，将 50 元奖金献给集体，并有了一个好主意：发动同学捐书，在教室建立图书角，自己将这 50 元献给图书角买书，虽然只能买几本书，但是能让全班同学读，那多有意义啊！

【故事】集体合作的力量

有一个装扮像魔术师的人来到一个村庄，他向迎面而来的妇人说：“我有一颗汤石，如果将他放入烧开的水中，会立刻变出美味的汤来，我现在就煮给大家喝。”

这时，有人就找了一口大锅，有人提了一桶水，并且架上炉子和木柴，就在广场煮了起来。这个陌生人很小心的把汤石放入滚烫的锅中，然后用汤匙尝了一口，很兴奋地说：“太美味了，如果再加入一点洋葱就更好了。”立刻有人冲回家拿了一堆洋葱。陌生人又尝了一口：“太棒了，如果再放些肉片就更香了。”又一个妇人快速回家端了一盘肉来。“再有一些蔬菜就完美无缺了。”陌生人又建议道。在陌生人的指挥下，有人拿了盐，有人拿了酱油，也有人棒了其他材料，当大家一人一碗蹲在那里享用时，他们发现这真是天底下最美味、最好喝的汤。

【故事】螃蟹、蚂蚁和团队合作

生活在海边的人常常会看到这样一种有趣的现象：几只螃蟹从海里游

到岸边，其中一只也许是想到岸上体验一下水以外世界的生活滋味，只见它努力地往堤岸上爬，可无论它怎样执着、坚毅，却始终爬不到岸上去。这倒不是因为这只螃蟹不会选择路线，也不是因为它动作笨拙，而是它的同伴们不容许它爬上去。每当那只企图爬离水面的螃蟹就要爬上堤岸的时候，别的螃蟹就会争相拖住它的后腿，把它重新拖回到海里。人们也偶尔会看到一些爬上岸的海螃蟹，但不用说，他们一定是单独行动才上来的。

在南美洲的草原上，有一种动物却演绎出迥然不同的故事：酷热的天气，山坡上的草丛突然起火，无数蚂蚁被熊熊大火逼得节节后退，火的包围圈越来越小，渐渐地蚂蚁已无路可走。然而，就在这时出人意料的事发生了：蚂蚁们迅速聚拢起来，紧紧地抱成一团，很快就滚成一个黑乎乎的大蚁球，蚁球滚动着冲向火海。尽管蚁球很快就被烧成了火球，在噼噼啪啪的响声中，一些居于火球外围的蚂蚁被烧死了，但更多的蚂蚁却绝处逢生。

二、培养团队合作能力

马克思和恩格斯说："一个人的发展，取决于和他直接或间接进行交往的其他一切人的发展。"每个人都有一个属于自己的家、自己的团队，离开这个家、这个团队，就是无源之水、无本之木，只能是个随波漂流的浮萍。一个人再高，也不能高到天上去，即使是高高在上，也只是站在山顶上，而你所在的集体和团队就是这座山峰。因此，只有能与人合作的人，才能获得生存的空间，也只有善于合作的人才能赢得发展。

一个人的合作能力包括三个方面：一是合作能力，二是主动能力，三是交流沟通能力。

（一）合作能力

合作能力是指每个团队成员都具备为了团队利益和目标相互合作、尽心尽力的愿望和作风。联合国教科文组织国际 21 世纪教育委员会提出的现代教育的四大支柱理论是：学会认知、学会做事、学会共同生活、学会生存。其中，学会共同生活就是指在教育中要培养孩子与人合作、共享成果的能力。

微软 CEO 史蒂夫·鲍尔默说过："一个人只是单一天使，两个人抱在一起才能展翅高飞。"在团队中，只有善于合作才能相互借力、彼此帮助，团队的竞争力才会增强，"合"才能"生力"，团队才会成功，个人也就才成功。

具备大局意识和大局观念也是合作能力的体现,团队合作鼓励积极主动、张扬个人,个人发展要与集体连在一起,要主动参加集体活动,做到个人与团队的行动一致,要考虑团队需要,服从大局。

(二)主动能力

主动能力是指团队每一个成员都能够积极主动做事情,并且具备"总能多做一点点"的能力。每个人都渴望成功,但成功不是坐享其成。

按照《现代汉语词典》的解释,"主动"一词是指"不待外力推动而行动(跟被动相对)",它是内在动力的外在表现。因此,合作主动性是指一个人根据自己岗位要求和工作要求,在主体意识的积极支配下进行的活动。一般来讲,主动性分为四个层次。第一个层次是:不用别人告诉你,便能积极出色地完成自己的各项工作;第二个层次是:领导安排任务后,才去做领导安排的工作,自己职责范围内的工作,领导不安排就不知道去做;第三个层次是:领导安排任务后,多次督促,迫于压力才去做;第四个层次是:领导安排任务后,告诉他怎么做,并且盯着他才去做。显而易见,主动性的第一个层次是团队合作所需要的能力。在集体中,我们不能被动地等待别人告诉你应该做什么,应当主动了解、争取能做的事情,并全力以赴去完成。

(三)交流沟通能力

一个人的交流能力和团结合作精神始终都是取得成就必不可少的和最重要的特质之一。所谓交流,即将自己的想法、意见传达给别人,并让别人充分理解自己的想法与意见。

现代社会强调最多的就是社会分工,是合作精神。随着社会化分工越来越细,团队精神和协作精神只会越来越重要,交流沟通能力在团队合作中也越发重要。

如果没有良好的沟通能力,即使专业能力再强,表达不出来,或表达不准确、不清楚,让人无法了解你的真实想法,也没法合作。

沟通是一种手段,是交流观点和看法、消除隔阂、寻求共识、谋求一致的过程。纵向的沟通常常存在于上下级之间,问题相对简单;横向的沟通常常发生在同事之间、部门之间、与客户之间,因各自立场、利益和所处位置不同,看问题的角度就大不一样,沟通难度相对要大。

要做到有效沟通,首先,需要学会建立信任与感情,做到换位思考、相互尊重与欣赏。其次,积极聆听,通过聆听与发问理解别人,再通过表达让别人理解自己,最后通过有效回馈逐步达成共识。最后,要有很好的逻辑思维表达能力,思路清晰、逻辑严密、口齿清楚、表达能力强,要能清晰地说出你的想法,让听者明白你的想法。

【故事】合作共赢

从前,有两个饥饿的人得到一个长者的恩赐——一根鱼竿和一篓鲜活硕大的鱼。其中一个人要了鱼竿,另一个人要了那篓鱼,他们得到各自想要的东西后,便分道扬镳了。其中一个马上把鱼烧起来吃了,结果几天后死在了空空的鱼篓边。另一个向海边走去,因为他知道海里有鱼,当他看到海洋的蔚蓝,用尽了最后的力气向海边跑去,结果死在了海边。

另外同样有两个饥饿的人,他们也得到了同样的一根鱼竿和一篓鲜活硕大的鱼。所不同的是,他们没有分开。而是一起每餐煮一条鱼,然后向遥远的海边走去。从此他们过着以捕鱼为生的日子,过几年,他们盖上了自己的房子,后来又各自取了妻子,生了小孩,过着幸福美满的生活。

【故事】有效沟通

贝聿铭,著名的华裔建筑设计师,在一次正式的宴会中遇到一件事:当时的宴会嘉宾云集,在他邻桌坐着一位美国百万富翁。宴会过程中,这个百万富翁一直在喋喋不休地抱怨:“现在的建筑师不行,都是蒙钱的,他们老骗我,根本没有水准。我只不过要建一个正方形的房子,很简单嘛,可是他们都做不出来,都是骗钱的!”

贝聿铭听到后,心里很不舒服,但他的风度非常好,表现得很绅士。他没有直接反驳,而是问这位百万富翁:“那你提出的是什么要求呢?”百万富翁回答:“我要求这个房子是正方形的,房子的四面墙全都朝南!”贝聿铭面带微笑地说:“我就是一个建筑设计师,你提出的这个要求我可以满足,但是我建出来这个房子你不一定敢住。”这个百万富翁说:“不可能,只要你能建出来,我肯定住。”贝聿铭说:“那好,我告诉你我的建筑方案,我将在北极的极点上建这座房子,因为在北极点上,各方向都是朝南的。”

在这种正规的商务场合,贝聿铭并没有使矛盾冲突升级,而是用良好的沟通方式委婉地回击了这位百万富翁,既不使他难堪,也为建筑设计师挽回了尊严。

三、爱集体实践活动

（一）“文明宿舍”评比活动

学生宿舍是学生生活、学习的主要场所，也是互相帮助、交流思想、探讨问题、表现自我、共同进步的重要空间，还是培养学生自我管理、自我教育、自我服务、集体荣誉感等爱心素养的实践课堂。“文明宿舍”评比活动的宗旨是倡导互帮互助、健康文明的宿舍文化，营造积极向上、活泼、文明、和谐的生活学习氛围，激励宿舍成员互帮互助、和谐相处，提升爱心修养，增强集体荣誉感。

1. 评比条件

（1）遵守规章制度。

①自觉执行《普通高等学校学生管理规定》《高等学校学生行为准则》和学校各项规章制度，不酗酒，不抽烟，不赌博，不违章用电，不留宿他人，不向楼外泼水，不乱扔杂物；

②自觉遵守《学生宿舍自备计算机使用管理规定》和《学生宿舍使用网络管理规定》。

③自觉遵守宿舍有关管理规定和要求，有较强的安全观念和防范意识；

④主动配合宿舍管理部门开展工作；

（2）整洁卫生。

①建立并坚持卫生值日制度，内务管理到位，宿舍清洁、整齐，宿舍文化健康向上；②保持公共场所的环境卫生，不随地吐痰、乱扔杂物。

（3）爱护公物。

保持公共设施和家具的完好，不乱刻乱画，不随意搬动。

（4）勤俭节约。

①勤俭节约、不铺张浪费；②节约用水用电。

（5）积极参加文体活动。

①积极参加学院组织的文明宿舍建设集体活动；②根据学院每天健康锻炼一小时规定，积极开展晨练等健康有益的文娱体育活动。

（6）团结互助。

①宿舍成员团结友爱，关系融洽，积极进取，互相学习，互相帮助；②生活上互相关心，主动帮助和照顾有困难的同学。

(7)树立勤学学风。

①学习目标明确,学习勤奋,有浓厚的学习氛围,学习成绩良好;

②按时、独立、认真地完成各科作业。

③在宿舍内经常开展学习交流活动,进行互帮互学;

2. 评比程序

(1)由学生工作部牵头,各院系(部)、学生公寓管理部门共同参加组成文明宿舍评比小组。

(2)“文明宿舍”评比活动分为材料申报阶段、成果准备阶段和答辩评审阶段。

(3)评比小组根据评比条件对一学期情况进行评比,按男女宿舍分别进行排名(没有参加文明宿舍评比申报的不参加排名),按照总宿舍数比例进行文明宿舍评比提名。

(4)确定的文明宿舍名单,在全校范围内通过文件和校园网形式予以公布。

3. 奖励办法

(1)张榜表扬,授予奖状和必要的物质奖励。

(2)“文明宿舍”创建情况作为评选先进班级的参考条件。

(3)所在宿舍是否被评为“文明宿舍”作为学生评优、入党的参照条件。

(4)对连续两次获奖的“文明宿舍”,授予“文明标兵宿舍”称号。

(5)获奖结果记入学生档案。

(二)“优良学风班集体”评比活动

“优良学风班集体”评比活动的宗旨是培养集体荣誉观念,倡导优良学习风气。“优良学风班集体”评比的原则是“以建为主,以评促建”,以此增强班级凝聚力,强化学生班级建设,共同创造一个朝气蓬勃、团结奋进、勤奋学习的班集体。

1.“优良学风班集体”申报

每学期开学初,各班级组织召开主题班会,讨论确定班级的优良学风班建设计划。参加优良学风班申报的班级,须向学院团委提交创建优良学风班申报材料。申报材料中包含建设目标、具体建设计划和建设措施以及全班所有学生的个人承诺责任书。

2.“优良学风班集体”的标准

(1)班级凝聚力。

班集体团结奋进,生动活泼;班级制度健全,各项考勤考核记录准确、完整、公平、透明度高;全班同学学习刻苦;班级有促进人人成才的计划和组织措施,全班同学互相关心、互相爱护、互相帮助,有较强的集体荣誉感和团队精神;学生干部积极工作、以身作则,在班级中具有较强的号召力;班级内经常组织开展各种促进学习和集体建设的活动,全体同学积极支持、踊跃参加。

(2)学习纪律。

能自觉遵守和维护学校的学习纪律,能刻苦认真学习,课堂学习能够做到“十不”,能做到诚信学习、诚信考试,在“无迟到班集体”“勤学学风”检查中成绩优良;积极参加学校、学院统一组织的各种集体活动。

(3)学习效果。

全班同学热爱所学专业,学习动力足、积极性高,学习成绩在同年级同专业名列前茅。建立了班级、小组、宿舍“三级勤学互助小组”,班级在学校组织的各种学习活动中表现突出。

(4)大学生科技活动。

积极开展或参加各级各类科技竞赛、学习竞赛活动,积极参加学校、学院组织的学术、科技活动。班级成立有学习兴趣小组或科技小组、专业社团,活动开展有计划、有组织、有落实。

(5)大学生思想政治工作。

班级重视思想政治工作,学生政治思想状况良好,班级同学积极要求进步,积极参加党校、团校学习,学习效果优良。

3. 评选办法

(1)评选比例。

按全院班级数的20%评选,其中排名第一位的班级授予“北京财贸学院优良学风班标兵”称号,后10%授予“北京财贸职业学院优良学风班”称号。

(2)奖励标准。

“北京财贸学院优良学风班标兵”奖励500元,“北京财贸职业学院优良学风班”奖励300元。

(3)评选秩序。

①参评班级申报,提供2000字左右申报材料和实物等;

②召开学院优良学风班评选会，各参评班级进行陈述答辩，专家进行评审。

③院团委、教务处进行资格审查；

④公布定性、定量考核得分；

讨论与思考

1. 讨论并思考如何培养正确的集体主义精神，以及团队的重要性，并制订关爱他人的行动计划。
2. 阅读下面的故事，并写出你的理解和心得。

【故事】红杉

在植物界，美国加利福尼亚的红杉应该算是最雄伟的，其长成的高度可达八九十米，相当于三十层楼的高度。

一般来说，长得越高大的植物，它的根深入土中越深，以确保其不受风雨的侵袭而屹立。然而出人意料的是，这种红杉的根，却只是散布在土壤的浅层。

根扎得不够深的红杉，为何能抵挡风雨？为何能长得如此高大呢？

研究发现，红杉总是成群相伴而生，并没有单独生长的。一大片红杉的根彼此之间交缠叠绕、紧紧相连。它们一株连着一株，形成一片壮观的红杉林。除非风大到掀起地皮，否则是无法撼动它们的。

红杉这样浅根密布的生长方式，正是它长得如此高大的秘密。它的根大范围密布于地表，方便快速吸收赖以生长的水分与养分，并将向下扎根的能量，全部用以往上生长。

加州红杉就这样打破了一般植物的生长方式，用根部相连、彼此相系，终成就屹立不倒的大片红杉林。

萨提曾经说过："那些不肯弯下腰扶别人一把的人，当他们跌倒时，也没有人会愿意扶他一把。"自己的强大并不能保证获得大成功，唯有依靠群体的力量，才能抵达成功的峰顶；也唯有帮助更多人成功，我们才能有往上一层成功攀升的能量。

【故事】野牛

动物世界里有一个场面：荒野茫茫，一群野牛在河边饮水。此时，狮子在河岸边的蒿草中潜伏着、偷窥着。突然，几只狮子奔腾而出，数十头野牛一哄而散。有一只狮子的利爪抓住一头十分健壮的野牛屁股。这是狮子对付野牛的惯技：一只咬住野牛的屁股，另一只迅速冲到野牛的前面，前后夹击，趁机下手。这时候的野牛处于头背受敌的两难境地。终于，前面的狮子瞅准了一个机会，避开锋利的牛角，一口咬住了牛嘴。牛嘴尤其是牛的鼻子是野牛的命门。几下僵持，野牛体力不支，轰然倒地。狮子顺势咬住战利品的脖子，封闭它的气管，使其断气。

活动与实践

1. 开展“我为班级做些什么”的爱集体活动。
2. 积极参加爱心社团，奉献自己的爱心。
3. 学唱英文歌曲《手拉手》。

第四节　爱国家

爱国就是热爱自己的国家，热爱自己的民族。爱国集中表现为一种爱国主义情怀与精神。在五千年的历史长河中，作为民族精神的核心，爱国精神始终是中华民族团结统一的精神纽带，始终是凝聚力和向心力的基本源泉，始终是推动中国社会发展进步的巨大力量。这种精神，寄托着对民族命运的拳拳之心，倾注了对中华大地的殷殷之念，凝聚了对国家富强的殷殷之望。国家强盛，百姓幸福，这是爱国主义最为朴素的价值指向，也是无数仁人志士孜孜以求的奋斗目标。

一、中华民族精神是爱国主义精神的源泉

（一）民族精神的内涵

“民族”一词在西方最早见于公元前9世纪的西亚细亚和古希腊。我国学术界普遍认为“民族”一词是近代从日本由梁启超传入中国的。还有学者研究认定，“民族”一词在中国最早出现于《南齐书》列传卷三十五《高逸传·顾欢传》中，并且它的含义与当今“民族”一词的含义十分接近。斯大

林说过:“民族是人们在历史上形成的一个有共同语言、共同地域、共同经济生活以及表现于共同文化上的共同心理素质的稳定的共同体。”其中的共同心理素质不仅指伦理道德、风俗习惯、宗教信仰等精神文化内容,还包括生产、生活方式等物质文化以及同这两方面相适应的政治文化。近代以后,随着民族主义在世界范围内的风行,现代国家被称为“民族国家”。所以,民族可以指具有共同文化特征的人类群体,也可以指一国之内的全体人民。“精神”是人特有的现象,是区别人与动物的根本标志。它是多元的存在,包括人的情感能力、认识能力以及一切其他精神活动,是一种天地万物的“精气”。唯心主义认为生命之躯的一切活动都是精神的外在表现。马克思主义认为精神是人类对客观实在(存在或物质)的反映。北京大学张岱年教授讲精神是相对形体而言的,精是细微,神是能动的作用,合起来指思维运动发展的精微的内在动力。从狭义讲,精神是指思想的精华、实质、活力。民族精神概念中的“精神”就是这个层面上的精神。

民族精神是一个民族在其特定的生存空间和社会生活环境基础上,于长期的共同生活和共同的社会实践中,历史地形成和发展的、为本民族大多数成员所认同和接受的、积极与进步的精神风貌和特征,以及被民族大多数成员所景仰的有利于社会进步和民族利益实现的思想品格、价值取向和道德规范等精神内核。这种社会信念、价值取向和道德风尚体现着鲜明的民族性格、积极的民族意识,蕴含着民族文化的精华和活力。民族精神由四方面内容构成:第一,旺盛的民族活力;第二,积极的价值取向和社会信念;第三,健康的民族意识;第四,鲜明的民族性格。民族活力赋予民族精神一种外在的状态,使其具有了一种可以测度的直观性。积极的价值取向和社会信念为民族精神树起了文明和进步性质的栅栏,将一切不利于民族发展和人类进步的精神成分隔绝在外。民族意识是民族精神本位的体现,它框定了民族范畴,是民族内聚性和团聚力的本源。民族性格则使民族精神呈现出了特殊的色彩,是一个民族与另一个民族性格特点的区分。

民族精神是一个民族赖以生存和发展的精神支柱。民族精神的存在与否决定着一个民族的生死存亡。人类社会的发展有着与自然界根本不同的规律,它不仅需要强大的物质动力,而且还需要强大的精神动力。甚至在一定的条件下,精神动力对社会发展所起到的作用更大。人类社会发展的根本动力是社会生产力,而在社会生产力中起主导作用的是人不是物。特别是在现代社会,随着经济增长方式从粗放型向集约型转变,经济结构从劳动密集型向科技密集型转变,人在经济发展中的作用愈来愈大,重视人才、以人为本、已经成为当今世界的共同要求。而人是物质与精神的统一体,并且是以精神为主导的物质体,精神的力量是人所特有的强大力量。辩证唯物主义不仅强调精神本源于物质,而且十分强调精神与物质的相互转化关系,精神力量对于社会生产力乃至整个社会的发展都有着不可缺少的重大价值。

民族精神是鼓舞民族前进的号角,是激发民族活力的动力。民族要生存、发展,离不开一定的精神信仰、道德要求和发展目标,正如胡锦涛同志所说,民族精神是一个民族赖以生存和发展的不竭动力。一个民族的发展包括物质和精神两方面,物质方面的发展在民族发展中起决定作用。因此,民族要发展,必须首先大力发展物质生产力,为民族的发展创造必要的物质条件。但是,只有物质生产力的发展是畸形的、不可持续的,因此还必须有相应的精神生产力的发展,为民族的发展创造必要的精神条件。既注重物质的决定作用,又注重精神的反作用,努力实现物质和精神的协调发展,才能使民族走上全面、健康、可持续发展的道路。民族精神作为人们在改造客观世界的实践活动中形成的精神成果,在一定条件下可以转化为强大的物质力量。而且强大的精神力量不仅能促进物质技术力量的发展,还能使一定的物质技术力量发挥更好更大的作用。高昂的民族精神作为一种社会意识,能对生产力、对经济基础、对社会发展起巨大的推动作用,从而成为影响一个国家综合国力的极其重要的因素。当今世界,综合国力的竞争日趋激烈,这种竞争越来越表现为经济实力、科技实力、国防实力和民族精神实力以及国民素质的竞争。任何民族要在这种激烈的竞争中立于不败之地,不仅要创造强大的物质力量,而且要保持强大的精神力量。而民族精神正是这种强大精神力量的集中体现,民族精神的影响力包括对行为的驱动力等各种精神动力因素,这些因素对整个民族及其成员能起到唤起激情、增强斗志,鼓舞人们为实现民族的目标而去顽强拼搏,奉献自己的精力、才智,甚至生命的作用。

(二)中华民族精神的内涵

1. 中华民族精神的内涵

中华民族是一个历史的范畴,作为一个自然民族实体,是经过几千年的历史过程形成的,作为一个自觉独立的民族实体,是近百年来在和西方列强对抗中出现的。中华民族是一个多元一体的民族共同体。“多元”是指在中国这块土地上生养和生活着56个兄弟民族以及散居于海外的中华儿女。“一体”是指多民族之间的共通性和归属性,具有同根、同文的稳定性。中华民族是世界上历史最悠久,渊源最深厚的复合民族。中华民族的形成与中华民族精神的产生同步,中华民族是一个有着伟大民族精神的古老而现代的民族。所谓中华民族精神,是中华民族在漫长的文明长河中经过无数次筛选扬弃,逐渐地积累、沉淀和聚纳各兄弟民族的精神精髓,是中华文明的精华与结晶,是中国的各兄弟民族共同的精神财富。既包括中华民族传统文化中所蕴含的民族精神,也包括中国共产党人在长期革命和建设实践中形成的革命精神,更包括现代化建设过程中所需要的进步的时代精神。伟大的中华民族精神,深深根植于延绵数千年的优秀文化传统之中,始终是维系中华各族人民共同生活的精神纽带,支撑中华民族生存发展的精神支柱,推动中华民族走向繁荣、强大的精神动力,为人类文明史书写并增添了伟大而壮丽的篇章,是中华民族之魂。

2. 中华民族精神的内容

在五千多年的中华文明史中,中华民族精神的内容有:第一,古代中华民族精神。在中国古代所孕育发展的传统民族精神是自然经济的产物,是小农生产方式下的价值观念和思维方式。“天行健,君子以自强不息”的坚强奋斗精神,“国家兴亡,匹夫有责”的爱国主义精神,“富贵不能淫、贫贱不能移、威武不能屈”的坚贞刚毅精神,“大禹治水”“愚公移山”的不屈不挠精神,“路漫漫其修远兮,吾将上下而求索”和“究天人之际,通古今之变”的探索和改革精神,“厚德载物”、“协和万邦”、兼容并蓄的宽容精神,“己所不欲,勿施于人”的和谐精神,等等,构成了中华民族昂然前行的精神支柱。鲁迅先生说:“我们自古以来就有埋头苦干的人,有拼命硬干的人,有为民请命的人,有舍身求法的人……虽是等于为帝王将相作家谱的所谓‘正史’,也往往掩不住他们的光耀,这就是中国的脊梁。”第二,近代中华民族精神。近代中国的仁人志士们从林则徐到孙中山等,在民族危难之际弘扬了以爱国主义为核心的不屈不挠、自强不息的中华民族精神,在支撑着中华民族不屈的脊梁。第三,现代中华民族精神。中国共产党领导和团结各族人民在革命、建设取得伟大胜利的过程中,不断丰富和发展着中华民族精神。从井冈山精神、长征精神、延安精神、西柏坡精神到大庆精神、“热爱祖国、无私奉献，自力更生、艰苦奋斗，大力协同、勇于攀登”的“两弹一星”精神，到焦裕禄精神、雷锋精神。第四，当代中华民族精神。新中国成立，特别是党的十一届三中全会以来，在中华民族伟大复兴使命的感召下，中华民族精神又有了新的发展。为实现祖国的完全统一，邓小平同志创造性地提出了“一国两制”的科学构想；还有在与洪水的搏斗中，形成了“万众一心、众志成城，不怕困难、顽强拼搏，坚韧不拔、敢于胜利”的伟大的抗洪精神；航天工作者在长期的奋斗中铸就了“特别能吃苦，特别能战斗，特别能攻关，特别能奉献”的载人航天精神；孔繁森精神；“白衣天使”前赴后继、全国人民团结协作、勇敢无畏的抗“非典”精神；等等。这些时代精神都是中华民族精神的生动体现和发扬光大，是在当代中国新的表现形式。

3. 中华民族精神的特点

中华民族精神有着特别突出的特点：第一，中华民族精神具有特别强大的凝聚力。中华民族的历史与中世纪的欧洲小邦林立、四分五裂不同，中国社会自秦始皇统一后的两千多年来，虽出现一些地方割据、相互混战的局面，但总的看，还是统一的局面占优势，统一的思想占主导地位。像这样延续四五千年，文化传统未曾中断的文明古国，在世界历史上是罕见的。近代中国尽管衰落贫弱，然而帝国主义列强企图瓜分或独占中国的野心始终未能得逞。中国现代史上的抗日战争可以说是充分体现了中华民族精神凝聚力的历史经典，全民族的空前团结成为抗战胜利的精神保证。由此可见，中华民族精神是维系国家统一和社会整体协调发展的强大精神力量，是维系全民族共同理想、共同心理的牢固思想基础。第二，中华民族精神具有自立于世界民族之林的民族自信心和自尊心。这集中表现为实行对外开放，在汉唐盛世，长安曾是世界上著名的繁荣的国际大都会，明初永乐年间郑和七下西洋。佛教的输入和流传更表明了中华民族对外来文化的态度。这些说明中华文化能兼容并蓄，海纳百川，同时又保持了自己的独立性。鸦片战争后，仁人志士也不曾丧失自信心，而是力主学习西方先进技术，以实现强国富民的理想。第三，中华民族精神具有坚强而崇高的民族气节。民族气节是指一个人在事关国家民族利益的紧要关头，抛弃个人得失安危，用实际行动自觉维护祖国的荣誉和民族的尊严。中华民族历来重视民族气节，历来教育后辈立大志、讲气节。“三军可夺帅也，匹夫不可夺志也”“杀身成仁”

"舍生取义"的凛然正气，都贯穿于中华民族精神的始终。坚贞的民族气节驱使人们把自己的聪明才智乃至生命毫无保留地奉献给国家和民族，并且深化发展为道德标准，演化成行为的动力。长期以来，中华民族形成了崇尚民族气节的优良传统，涌现了一批如苏武、文天祥、朱自清等千古垂范的典型代表。邓小平早就说过，独立自主、自力更生，无论过去、现在和将来，都是我们的立足点。对于一切国际事务，我们坚持从中国人民和世界人民的根本利益出发，根据事情本身的是非曲直决定自己的立场和政策。第四，中华民族精神是坚忍不拔、艰苦奋斗、自强不息、积极向上的进取精神。从古代的"天行健，君子以自强不息"到近代的救亡图存、振兴中华并取得伟大胜利的斗争史和海外华侨艰苦创业的血泪奋斗史，直到当代的亿万人民克服种种困难，努力开创中国特色社会主义道路，都体现了这种精神。奋斗不息的精神绵延不绝、一脉相承。中华民族精神自古以来，一直激励着中国人奋发向上，不断进取，为成就事业鞠躬尽瘁、死而后已。这是中华民族所以能历尽沧桑而不倒，屡遭劫难而不灭的根本原因。

在经济全球化、文化多元化的时代，发扬光大中华民族精神，有利于增强中华民族的自尊心、自信心和自强心；有利于增强全国人民的爱国意识，激发中华民族的自觉性、积极性和创造性，提高全民族的意志力、协同力和凝聚力，培养迎难而上、敢于胜利的勇气和信心。在社会经济发展上，汉族与少数民族是一个不可分割的大家庭，然而彼此又各具优势，谁也离不开谁。只有各民族之间团结合作，才能共同繁荣。中华民族精神是中华民族五千多年来生生不息的精神动力，也是中国人民在未来的岁月里，薪火相传、继往开来的精神支撑和强大的社会整合力量。中华民族精神是当代大学生实现自我、报效国家的最重要的精神力量。

【小提示】体现中国民族精神的名言警句

《周易》：天行健，君子以自强不息；地势坤，君子以厚德载物。

《滕王阁序》：穷且益坚，不坠青云之志。

《论语 · 子罕》：三军可夺帅也，匹夫不可夺志也。

《孟子 · 滕文公下》：富贵不能淫，贫贱不能移，威武不能屈。

《北齐书 · 元景安传》：大丈夫宁可玉碎，不为瓦全。

司马迁：常思奋不顾身，而殉国家之急。

范仲淹：先天下之忧而忧，后天下之乐而乐。

鲁迅：我好像一只牛，吃的是草，挤出来的是奶、血。

周恩来：我们爱我们的民族，这是我们自信心的源泉。

华罗庚：锦城虽乐，不如回故乡；乐园虽好，非久留之地。归去来兮。

二、爱国主义是时代精神的最强音

（一）爱国主义是中华民族团结统一的精神纽带

在五千年的历史长河中，作为民族精神的核心，爱国主义始终是中华民族团结统一的精神纽带，始终是凝聚力和向心力的基本源泉，始终是推动中国社会发展进步的巨大力量。这种精神，寄托着对民族命运的拳拳之心，倾注了对中华大地的殷殷之念，凝聚了对国家富强的殷殷之望。国家强盛，百姓幸福，这是爱国主义最为朴素的价值指向，也是无数仁人志士孜孜以求的奋斗目标。中华民族是富有爱国主义光荣传统的伟大民族。爱国主义是动员和鼓舞中国人民团结奋斗的一面旗帜，是推动我国社会历史前进的巨大力量，是各族人民共同的精神支柱。爱国主义是千百年来形成的对于自己祖国的挚爱和深厚情感。它表现为对祖国和家乡的热爱和深切的眷恋，对祖国统一、民族团结的强烈期盼，对祖国繁荣昌盛的坚定信念，对祖国主权和尊严的坚决捍卫，对卖国求荣的无比鄙视，对爱国志士的无比崇敬等。中华民族具有爱国主义传统，为了民族的独立、解放、发展和强大，一代又一代中华儿女前赴后继，进行了不屈不挠的奋斗，留下了无数可歌可泣的爱国主义英雄事迹。屈原、文天祥、郑成功、邓世昌、杨靖宇等，是其中杰出代表。

（二）爱国主义就是爱国、爱党、爱社会主义的统一，是社会主义核心价值体系与中国特色社会主义道路的统一，是民族精神与时代精神的统一

在中华民族的发展史卷上，无数仁人志士用鲜血和生命谱写了一曲曲为民族复兴而奋斗的爱国篇章，抒发着中华民族几千年来积淀下来的永久不变的爱国情怀 。屈原沉江殉国、唐雎不辱使命、荆轲刺秦王、蔺相如完璧归赵、周子与国休戚与共、霍去病国而忘家、苏武持节牧羊、祖逖中流击楫、岳飞“精忠报国”、陆游死不忘国、文天祥慷慨就义、史可法死守扬州、阎应元誓死抗清、关天培血溅虎门等这些故事向世人展示了中华民族讲风骨、重气节，有着浩然正气的爱国主义传统。

伟大的抗日战争展示的是中华儿女热爱祖国、保卫祖国的历史画卷,显示出觉醒的中华民族所具有的不可抗拒的民族伟力。抗日名将吉鸿昌以生命写下了“恨不抗日死……我何惜此头”的千古绝唱、抗日英雄杨靖宇的坚强意志、抗日将领张自忠为保民族气节而拔剑自刎的豪情壮举、宁肯跳崖而死也不投降的狼牙山五壮士、宁可投江也绝不屈膝的八位女战士、抗日英雄赵一曼……正是因为他们的胸膛中跳动着一颗颗滚烫的爱国之心,才使他们表现出临危不惧、视死如归的凛然正气和高风亮节。

在解放战争和抗美援朝战争波澜壮阔的画卷中,我们记住了一串串闪光的名字:躺在铡刀下面的小英雄刘胡兰,舍身炸碉堡的永生战士董存瑞,侦察英雄杨子荣,烈火中的英雄邱少云等英雄们;我们同样也记住了更多的没有留下姓名的烈士们,他们的名字就叫英雄,人民的英雄。所有这些为了报效祖国而战,为了正义而战的爱国志士都将青史留名、万古长存!他们所展现出来高尚情操、战斗精神和伟大品德,将被千古传颂、万世景仰。

新中国成立60年特别是改革开放30年来,中国社会取得了巨大进步,综合国力大幅提升、人民生活不断改善、国际地位显著提高。中国人民的面貌、社会主义中国的面貌、中国共产党的面貌发生了历史性变化。60年来特别是改革开放30年中国取得的伟大成就,本身就是爱国主义最生动的教材。这一中华民族发展史上的巨大跨越,书写了爱国主义最为壮丽辉煌的历史篇章。

爱国主义是一个历史范畴,既凝聚了民族传统,有着历史的继承性,又富有时代特征,有着鲜明的时代性。在历史的长河中,那些坚持民族气节、报效祖国、舍生取义的仁人志士给我们打下了坚实的情感根基,留下了宝贵的精神财富。今天,是国际竞争日趋激烈的时代,是经济全球化日益深入的时代,也是中华民族的伟大复兴展现出灿烂前景的时代,爱国主义的现实要求更加强烈。我们弘扬爱国主义,就要把个人的行动融入推动国家发展、民族振兴的时代洪流中去,使爱国主义成为促进社会进步的巨大力量。

在漫长的历史演进中,中华民族屡经挫折而不屈,屡遭坎坷而不衰,外来势力冲不散,帝国主义打不垮,成为世界历史上唯一文明不曾中断的伟大民族。其重要原因就在于,千百年来爱国主义传统已深深融入我们的民族意识中。在历史的诸多重要关口,在社会进步的漫漫征程上,我们都能看到爱国主义迸发出的精神力量,是如何挺立起一个民族的脊梁,铸就了一个国家的尊严,壮大着五千年中华薪火相传的文明血脉。

【小提示】爱国名言警句

《管子·牧民》： 以家为家，以乡为乡，以国为国，以天下为天下。

屈原《离骚》： 长太息以掩涕兮，哀民生之多艰。

《礼记·儒行》： 苟利国家，不求富贵。

《孟子·告子上》： 生亦我所欲也，义亦我所欲也；二者不可得兼，舍生而取义者也。

葛洪《抱朴子·外篇·广譬》： 烈士之爱国也如家。

《晏子春秋》： 利于国者爱之，害于国者恶之。

《后汉书·陈蕃传》： 大丈夫处世，当扫除天下，安事一室乎？

三国·曹植《白马篇》： 捐躯赴国难，视死忽如归。

宋·苏轼： 报国之心，死而后已。

宋·文天祥《过零丁洋》： 人生自古谁无死，留取丹心照汗青。

吉鸿昌： 恨不抗日死，留作今日羞。国破尚如此，我何惜此头。

邓小平： 我荣幸地以中华民族一员的资格，而成为世界公民。我是中国人民的儿子。我深情地爱着我的祖国和人民。

陈毅： 祖国如有难，汝应作前锋。

冼星海： 我有我的人格、良心，不是钱能买的。我的音乐，要献给祖国，献给劳动人民大众，为挽救民族危机服务。

巴金： 我爱我的祖国，爱我的人民，离开了它，离开了他们，我就无法生存，更无法写作。

列宁： 爱国主义就是千百年来固定下来的对自己的祖国的一种最深厚的感情。

巴斯德： 科学虽没有国界，但是学者却有他自己的国家。

阿·托尔斯泰： 只有热爱祖国，痛心祖国所受的严重苦难，憎恨敌人，这才给了我们参加斗争和取得胜利的力量。

苏霍姆林斯基： 热爱祖国，这是一种最纯洁、最敏锐、最高尚、最强烈、最温柔、最有情、最温存、最严酷的感情。一个真正热爱祖国的人，在各个方面都是一个真正的人。

肖邦： 祖国，我永远忠于你，为你献身，用我的琴声永远为你歌唱和战斗。

海涅： 热爱自己的祖国是理所当然的事。

三、当代大学生爱国主义精神的培育

当代大学生是未来中国的中流砥柱，其思想素质直接影响到未来中国的发展，因此，作为一名当代的大学生，作为有着爱国传统的中华儿女，要弘扬和培育爱国主义精神，增强民族自尊心、自信心和自豪感；要把个人的行动融入推动国家发展、民族振兴的时代洪流中去，奠定我们走向世界、走向未来的基础；一定要用个人的实际行动来维护自己国家的声誉和尊严、树立自己国家的形象；一定要唤起和激发自己的爱国热情，用这种爱国热情去激励自己学习匡世救国的本领，时刻准备着为祖国的繁荣富强而贡献自己的力量。

（一）高职大学生的心理特征和行为特点

高职学生的心理特征。**在学习方面：**学习基础相对薄弱，认知能力不强，不太会学习；相当一部分学生是因为家长的要求或是自己没有更好的选择而上大学，学习的目的不够清晰；在学习习惯方面他们主动性也不强，学习中思维易扩散，难以凝聚心神。**在思想意识方面：**由于理想信念还不明确，遇事思想易动荡，少主心骨和稳定性，容易冲动，自我情绪控制能力不强；有爱国意识但不会把爱国意识与具体行为相结合。在与他人、社会、自然界的关系上多数同学缺乏良好的、和谐的沟通能力，普遍自我为中心的意识较强。相当多的同学在困难挫折的面前，意志品质不够顽强，容易妥协或退缩；普遍自信心不强。**在生活方面：**生活上自理能力不强，生活常识少，有些同学衣服不会洗、物品不会放、宿舍脏，有混一天算一天的思想；普遍对生活的期望值较高，不适应艰苦生活，有些学生花父母的钱不心疼。个别同学道德缺失，损人利己。形成高职学生这些心理特征和行为特点的原因是多方面的。这些特征产生的原因是：一是家庭从小到大溺爱的影响。许多学生都是独生子女，家长深爱着他们，普遍对他们的未来寄予厚望。但是很多家长认为对子女的爱就是表现为尽可能地满足他们的愿望和各种要求，他们把爱等同于给予，而且主要是物质上的满足。家庭教育方法往往不当，要么是宠爱过度造成他们的任性娇气，要么是过度的训斥指责使他们缺少自信心。更是少有真诚的沟通和交流，特别缺乏有效的引导和帮助，严重缺失的是对孩子良好习惯的养成和优秀品格的培养。例如学生生活自理能力差，往往是家长平时都包办代替的结果。二是社会的不良影响。因为现在社会的开放度很高，各种思潮都会对学生产生影响，对国外的东西他们常常是不加甄别地全部接受，还有网络中实的虚的、真的假的什么都有，而且吸引力很大，再加上那些精明的网吧经营者，围着校园开网吧，学生通宵达旦沉迷在网络中为此废寝弃学。三是应试教育的负面影响。有些学校只重视对学生的知识传授，要求学生掌握各课的知识，但忽视了对学生良好习惯的养成教育和思想品德的教育。有些学校片面追求升学率，削弱了育人工作的力度，所以学生在学习习惯和能力方面的问题很多。

高职学生的心理特征和行为特点中有些问题会随着他们的年龄增大而得到解决，例如生活方面的自理能力、与他人交往和沟通的能力等。但是有些问题如不在上大学期间解决，就会影响他们的发展和进步。

（二）引领大学生树立社会主义核心价值观

1. 用社会主义核心价值体系塑造大学生的价值观

大学生正处于人生价值观形成的关键时期。从社会大环境来看，计划经济向市场经济的根本转变，改变了经济运行模式，同时也深刻地改变着人们的思想观念、行为方式、思维方式。特别是效率优先原则、物质利益原则、竞争法则，以及人际关系的趋利化倾向和社会消极腐败现象的滋生蔓延，都深刻影响着当代大学生的思想观念及价值观念。与此同时，随着对外开放的日益扩大，西方敌对势力始终把我国作为意识形态的主要对手，他们在输出技术商品的同时，极力兜售他们的思想文化特别是价值观念。如今的大学生生于80年代末90年代初，他们对于外部世界的变化与发展、精彩与无奈，有着极强的感受力，随之在思想上心理上表现出明显的不稳定性与变化性。这些特点对当代大学生价值观的塑造产生了重大影响，以自我为中心的倾向凸显，追求个体利益、个性发展、自我独立、实现个人理想，成了日益增长的需要。他们在处理个人与社会之间的关系时，往往注重个人要求与个人理想的实现，而忽略社会理想与社会价值的实现。在遇到道德行为选择和利益取舍的情况时，一些大学生往往更看重物质利益。他们有的能自觉地将个人的前途同国家的发展紧密联系在一起，有的却只想自己出人头地，拥有财富，很少考虑本应承担的社会责任。

2. 用马克思主义为学生提供正确的世界观和方法论

在大学生成长成才的过程中，马克思主义是大学生认识社会发展规律、把握未来方向的强大思想武器。只有用马克思主义的立场、观点、方法来正确认识经济社会发展大势，正确认识社会思想意识中的主流与支流，才能在错综复杂的社会现象中看清本质、明确方向。

3. 引导大学生树立中国特色社会主义共同理想

理想信念是价值观的精髓，凝练着人们对未来的向往与追求。在现阶段，全社会的共同理想是建设中国特色社会主义。我们的目标是在21世纪头20年全面建设小康社会，到21世纪中叶基本实现社会主义现代化，把我国建设成为富强、民主、文明、和谐的社会主义现代化国家。这个共同理想，具有强大的感召力和凝聚力。大学生要深刻理解高举中国特色社会主义伟大旗帜对于当代中国进步与发展的深远意义，自觉认同中国特色社会主义的共同理想，把这一共同理想化为自己的价值追求、价值取向和价值目标，并坚定地为之努力奋斗。

4. 把社会主义荣辱观作为当代大学生道德实践的评判标准

学习“八荣八耻”为主要内容的社会主义荣辱观，只有知荣明耻，明辨善恶美丑，一个人才能形成正确的价值判断，一个社会才能形成良好的道德风尚。大学生要自觉遵守“爱国守法、明礼诚信、团结友善、勤俭自强、敬业奉献”基本道德规范。把社会主义道德实践融入大学生日常生活、衣食住行中。从我做起，从小事做起，践行社会主义荣辱观，在实践中辨别正误，在实践中加深对社会主义核心价值体系的理解，在实践中创造有价值的人生。

讨论与思考

1. 讨论并思考中华民族精神的内涵。
2. 查阅并学习古今体现中华民族伟大精神的事例，并写出心得。
3. 阅读下面的爱国故事，并写出你的理解心得。

【故事】霍去病为国忘家

“匈奴未灭，无以家为！”——霍去病

霍去病（公元前140—前117），西汉名将，军事家，善骑射。汉代名将卫青的外甥。他用兵灵活，注重方略，不拘古法，勇猛果敢，每战皆胜。公元前117年，霍去病英年早逝，终年24岁。

“匈奴未灭，无以家为！”这是我国历史书上千百年来一直作为表扬历史名将忠诚为国的一句名言。这句名言出自汉朝的霍去病之口。霍去病为国出生入死,战功赫赫,但是他从来不曾贪图富贵荣华,也从来不曾追求过个人享乐。任何时候都是将国家安危和建功立业放在首位。汉武帝曾经为霍去病修建过一座豪华的府第,霍去病却拒绝收下,说:“匈奴未灭,无以家为!”如此振聋发聩、震撼人心的八个字,刻在历朝历代保家卫国将士们的心里。

霍去病的童年生活十分艰苦。但是,他通过不懈的刻苦努力和勤奋学习,精通了骑马、射箭、击刺等各种武艺。元朔六年(公元前 123 年),霍去病被汉武帝任为票姚校尉,随卫青击匈奴于漠南(今蒙古高原大沙漠以南),以 800 人歼敌 2000 余人,受封冠军侯。元狩二年(公元前 121 年)任骠骑将军。于春、夏两次率兵出击占据河西(今河西走廊及湟水流域)地区的匈奴部,歼敌 4 万余人。同年秋,奉命迎接率众降汉的匈奴浑邪王,在部分匈奴人变乱的紧急关头,率部驰入匈奴军中,斩杀变乱者,稳定了局势,浑邪王得以率 4 万余众归汉。从此,汉朝控制了河西地区,打通了西域道路。后升任大司马骠骑将军。两年后,即元狩六年(公元前 117 年),24 岁的骠骑将军霍去病就去世了。

霍去病的生命很短暂,在历史舞台上活跃的时间只有六七年,但是却留下不朽的功绩。霍去病的墓前的“马踏匈奴”的石像,象征着他为国家立下的不朽功勋,象征着他的智勇善战和为国忘家的精神。

【故事】陆游死不忘国

“位卑未敢忘忧国。”——陆游《病起书怀》

陆游(1125—1210)南宋爱国诗人。字务观,号放翁,越州山阴(今浙江绍兴)人,他始终坚持抗金,在仕途上不断受到当权派的排斥打击。中年入蜀抗金,军事生活丰富了他的文学内容,作品放射出万丈光芒,成为杰出诗人。其诗词蕴含了强烈的爱国主义精神。

陆游的童年曾经历北宋末至南宋初的战祸,对故土沦陷极感痛心;父辈们的爱国思想在艰难困苦中又浸透到他的心灵深处,在他幼小的心灵里埋下了爱国的种子,很早就立了“上马击狂胡,下马草军书”的报国壮志,培植出他终生不忘忧国忧民的深沉的思想感情。由于南宋统治者的昏庸无能和屈膝投降,女真统治集团大肆进攻南宋领土,占据了江淮以北的大片土地。此时满怀爱国激情的青年诗人陆游用其豪迈悲壮的笔调唱出了激昂雄壮的战歌,抒发诗人渴望故土能够早日收回、祖国能够早日统一的强烈的愿望,强烈地表达了自己的爱国壮志。

南宋的黑暗统治，女真族的非法入侵使陆游抱有爱国复仇的强烈愿望，但是，摆在诗人眼前的却是南宋小朝廷的屈膝偷安，主和派不断地排斥、迫害爱国人士的残酷现实。因此诗人常常感叹："塞上长城空自许，镜中衰鬓已先斑。""胡未灭，鬓先秋，泪空流。此生谁料，心在天山，身老沧州！""位卑未敢忘忧国。"这不仅仅是诗人愤慨心情的表露，也是诗人对南宋黑暗统治的强烈控诉。然而诗人不畏艰难，不怕高压，始终坚持爱国立场，丝毫没有改变北定中原的理想，他把自己的欢乐、痛苦、理想和现实都写进了作品，形成鲜明的对照，充分表现了自己不复国土心不平的志向。1207 年，陆游 82 岁时，得知朝廷下诏伐金，兴奋之中写下了《老马行》一诗。"一闻战鼓意气生，犹能为国平燕赵"，表示了"老马"也要奔赴疆场的豪情。

1210 年，85 岁的陆游怀着"死前恨不见中原"的遗恨和忧国忧民的悲愤，与世长辞。在他瞑目之前，那顽强的生命火花，做了激情洋溢的爆发，直抒胸臆的吟唱出传诵千古的名诗《示儿》："死去元知万事空，但悲不见九州同，王师北定中原日，家祭无忘告乃翁。"这激昂慷慨、雄浑豪放的短短 28 个字，直接表达了广大人民收复国土的愿望，洋溢着诗人强烈的爱国主义精神。

陆游的一生，是为国家统一而努力奋斗、努力歌唱的一生。梁启超写道："诗界千年靡靡风，兵魂销尽国魂空。集中什九从军乐，亘古男儿一放翁。"陆游"位卑未敢忘忧国"，不在其位亦谋其责，心里始终担负着国家兴亡的伟大责任，他这种百折不挠的坚强意志和爱国精神品质，需要我们代代传颂、代代传承。

【故事】爱国将领吉鸿昌

"宁为战死鬼，不作亡国奴。"——吉鸿昌

吉鸿昌(1895—1934)，字世五，河南扶沟人，中国抗日将领，民族英雄。吉鸿昌 18 岁加入冯玉祥的队伍，开始戎马生涯。在北伐战争中，其所率部队被称为国民革命军第二集团军的"铁军"。1931 年，吉鸿昌因不愿替蒋介石打内战，被蒋解职并勒令其出国"考察"，在欧美期间多次发表抗日演说，号召海外侨胞"用热血拥护祖国"。

1932 年 1 月 28 日，日本帝国主义悍然进攻上海，吉鸿昌闻讯毅然回国，加入中国共产党。1933 年 5 月，与冯玉祥、方振武在张家口建立了察哈尔民众抗日同盟军，任第二军军长、北路军前敌总指挥兼察省警备司令。从6月开始，吉鸿昌率部北征收复察东失地。北路军在吉鸿昌的指挥下，所向披靡，三战三捷。22日，收复康保城；7月，收复宝昌和沽源县。随即又开始了扫清多伦外围的战斗。多伦地势易守难攻，为察东重镇，日本视之为攻掠察绥两省的战略据点，派重兵把守。根据敌情、地形，吉鸿昌采取强攻为主、先发制人、内外结合的战斗方案。7日晚，同盟军分路向多伦发动进攻，日伪军凭借工事与火力，拼命顽抗。攻城部队奋勇冲击，经过两天三夜激战，至10日晚，仍久攻不下，吉鸿昌乃亲率敢死队，赤膊匍匐前进，连续三次指挥登城。与此同时，暗派副官率士兵40余人，化装成伪军潜入城内。12日凌晨，吉鸿昌再次组织猛攻，里应外合，终于打败了日伪军，收复了多伦，察东四县全归同盟军之手，成为“九一八”事变以来中国军队首次从日伪军手中收复失地之举，使全国抗日力量受到极大鼓舞。

为宣传抗日爱国，大同盟编辑出版了机关刊物《民族战旗》，吉鸿昌用自己的钱购置印刷工具，并在自家设立了秘密印刷厂，他的家成了党在天津进行抗日民族统一战线工作的主要联络站，被大家称为“红楼”。吉鸿昌还广泛联络各界爱国人士，继续准备武装抗日活动，他的夫人胡洪霞变卖财产衣物，为抗日前线筹集军火。

1934年11月9日，吉鸿昌不幸被国民党反动派逮捕，11月24日被杀害。殉难前，吉鸿昌从容走上刑场，以树枝作笔，以大地为纸，写下了充满浩然正气的就义诗：“恨不抗日死，留作今日羞。国破尚如此，我何惜此头！”然后在刑场上慷慨陈词：“我为抗日而死，不能跪下挨枪，我死了也不能倒下！给我拿个椅子来，我得坐着死。”坐在椅子上又向敌人说：“我为抗日死，死得光明正大，不能在背后挨枪。你在我眼前开枪，我要亲眼看到敌人的子弹是怎样打死我的。”当刽子手在他面前举起枪时，他凛然高呼：“抗日万岁！”“中国共产党万岁！”而后壮烈牺牲，时年39岁。

“宁为战死鬼，不做亡国奴”。在抗日战争中，中国各族人民同仇敌忾、共赴国难，涌现出了许许多多为国捐躯的英雄人物。他们在残暴的敌人面前，抛头颅，洒热血，前仆后继，奋勇抗敌，挺起了中华民族的脊梁。他们顽强的战斗意志、为国捐躯的牺牲精神和反抗外来侵略的高尚民族气节，永远值得后人景仰。抗日英烈的丰功伟绩和爱国主义精神永垂史册，彪炳千秋！

四、爱国家实践活动

（一）新生军训

军训是大学生走进大学的“第一课”。军训时间虽然短暂，在大学生活中却是浓墨重彩的一笔，值得长久追忆和回味。同学们在充分感受到军人的纪律之美、力量之美、精神之美的同时，能够发扬吃苦耐劳的精神，锻造顽强的意志，在军训中领会“能吃苦是人生最大的能力，吃过苦是人生最大的财富”这句话的真正含义；同学们在军训中发扬“忠于祖国，服务人民，艰苦奋斗，自强不息”的精神，做到“军事训练过硬、作风纪律过硬、内务卫生过硬”，在军训中学会用刚毅代替稚气，用坚强战胜懦弱，用自立取代依赖，争当一名优秀的军训学员。

大学生军训是贯彻落实《中华人民共和国兵役法》《中华人民共和国国防法》和《国防教育法》的重要举措，是全面贯彻党的教育方针、推进素质教育、培养社会主义事业合格建设者和接班人的重要举措，是在校大学生履行兵役义务、接受国防教育的基本形式。通过大学生军训，旨在进一步加强对广大学生的思想政治教育，进一步激发同学们的爱国热情和集体主义精神，进一步培养同学们的组织纪律性。同时，通过大学生军训，也进一步培养和增强同学们的国防观念和军事技能，是加强中国人民解放军后备人员和预备役军官的培养的重要举措。

在军训中，爱国主义教育、集体主义教育如同一条红线贯穿始终，大大激发同学们的爱国热情；队列训练、内务评比、军容风纪检查等军训科目，不仅培养了同学们严密的组织纪律性，锤炼了顽强的意志，更培养了同学们集体主义观念和集体主义荣誉感；各种评比竞赛活动，唱红歌，立宏志，颂祖国，激发广大学生的爱国热情，进一步振奋民族精神，使每个同学始终把个人行为融于集体之中，以最大的决心和毅力去克服困难，为集体争光，在潜移默化中增强组织观念和集体荣誉感。

新生军训，要开展学习解放军同志的活动，学习人民解放军的好作风、好传统，充分地继承和发扬解放军的光荣传统。通过严格有序的训练，不仅锻炼了学生的强健体魄、钢铁般的意志，还培养了学生的爱国情操，提高其国防意识，锻炼其吃苦耐劳的精神，铸造严明的纪律，培养其自立、自强的能力，使同学们成为意志坚强、纪律严明、素质优良的大学生。要将军训活动中培育起来的爱国主义情怀和强烈的社会责任感转化为学习和工作的动力,并成为对自己一生都起激励作用的精神品质。新生军训不只是为了加强他们的组织性、纪律性,以及让他们经历艰苦生活的磨炼,更重要的是让他们接受国防教育,让他们学习军人为国为民敢于牺牲、勇于奉献的道德风范。同时,在军训中还要培养新生对新集体的感情认同和团队合作精神,为今后新的集体生活作好铺垫。

通过军训活动,让学生了解军人的无私奉献、军人的坚韧刚毅和军人的崇高伟大,培养学生对军人的敬仰与热爱、对军队生活的向往之情,激发学生爱国报国的壮志豪情。每年都有热血青年报名参军,经过严格的体检、政审,如愿以偿地穿上戎装,体现了当代大学生爱国报国的人生志向,承担社会责任、履行军人职责的精神品格。

(二)迎国庆爱国活动

国庆是需要纪念的,也是应该纪念的。我们都要永远记住:成立于 1949 年 10 月 1 日的中华人民共和国是无数先烈抛头颅洒热血用生命换来的。国庆节承载着中华民族爱国主义的情怀和精神,它是对国民进行爱国主义教育的最生动、最鲜活的教材。我们应该利用这一契机举办富有意义的活动,对学生进行爱国主义教育,以加强学生的爱国意识,增强国家的凝聚力。

迎国庆爱国活动包括:瞻仰人民英雄纪念碑;举办“庆国庆歌咏比赛”;举办“庆国庆书画、摄影比赛”;举办“庆国庆图片展览”活动;开展“庆国庆专题讲座”活动;开展“迎国庆、讲文明”活动;开展爱国主题教育活动;开展国庆悬挂国旗活动;等等。

(三)“九一八”爱国纪念活动

1931 年 9 月 18 日,侵华日军发动了“九一八”事变。勿忘“九一八”,勿忘国耻。“九一八”,是充满血腥的日子,是我们的国耻日。通过举办“九一八”爱国纪念活动,牢记这个记录中国人民屈辱历史的日子,牢记日本军国主义给中国人民带来的巨大灾难,纪念过去血的教训,表达的是我们中国人民对世界和平的热爱。通过举办一系列的纪念活动,纪念这个日子,记住国家遭遇过的灾难和重温抗日将士的爱国热情,从而激起学生的爱国心。

(四)“一二·九”运动纪念活动

1935 年 12 月 9 日,北平学生“一二·九”抗日救亡运动爆发。作为当代大学生，树立自己的人生目标，要继承和发扬“一二·九”运动中学生们所表现出的爱国主义民族精神，为建设我们祖国的美好未来贡献自己的一份力量。

“一二·九”运动纪念活动可以采用演讲比赛、诗歌朗诵会、主题班会等形式。

（五）清明节祭扫活动

在清明节期间，组织开展“缅怀革命先烈”主题团队活动，以各种形式寄托对革命先烈的哀思。同学们可以去清扫墓碑，敬献花圈；可以通过互联网纪念革命先烈，如网上献花、留言、祭扫，网上学习先烈事迹等，吸引更多的学生加入缅怀革命先烈的行列中来，从而达到“热爱国家”的教育目标。

活动与实践

1. 积极参加主题实践活动，培养自己的爱国情操。
2. 开展《我爱祖国》歌咏比赛。

第五节　爱财贸

每一种职业都以其专业化的劳动和贡献服务于社会的良性运行，推动着国家的不断发展乃至整个人类文明的进步，这是每一种岗位或职业的社会使命和责任。选择一个岗位或职业，就是选择一个直接服务社会的舞台，也就是选择一种社会使命和责任。崇高的职业社会使命，体现着具体岗位或职业和社会整体的有机联系，也为每一个劳动者提供努力工作的不竭动力和意义源泉。职业生涯是一个人一生中所有与职业相联系的行为与活动，也是一个人一生中职业、职位的变迁及职业理想实现的过程。

作为一名财贸行业未来建设者，爱财贸就是热爱从事的财贸事业和财贸职业岗位。喜欢并热爱所学的财贸专业是爱财贸的最基本要求。只有爱专业，才能爱学习，才能主动关注财贸职业岗位职业特点，关注财贸发展的历史演变、现实状况和未来发展，才会有“财融世界，贸联天下”的职业情怀；在校期间才能勤奋学习财贸专业知识、掌握财贸岗位技能、修炼财贸品格，经过努力成为高素质技能型专门人才;毕业走上工作岗位后才能够爱岗敬业,即使是在平凡的岗位上也能成就大事业。

一、爱专业

爱因斯坦说:热爱是最好的老师。黑格尔说:要是没有热情,世界上任何伟大事业都不会成功。一个人干一项工作,只有热爱它,才能干好它。作为大学生,首先热爱自己所学的专业,了解所学专业,有了对专业的认知和兴趣,才有学习的动力,才能学好、学透专业知识和专业技能;学好了专业,才能在工作岗位上利用专业,发挥专业的作用。

"专业"的英文为specialty,其原意为专门研究,专长,特殊的职业、技能或技巧。《辞海》中把专业定义为"高等学校或中等专业学校根据社会专业分工的需要所分成的学业门类",并指出"各专业都有独立的教学计划,以体现本专业的培养目标和规格"。尽管还有许多学者给出其他的定义,但共同点是:专业的形成主要是学校为社会分工培养人才的结果,是按照社会对不同领域和岗位的专门人才的需要来设置的,以满足社会专业分工的需要。不同社会领域的专门人才所从事的实际工作,需要什么样的知识结构、能力水平、职业素养,专业就组织相关课程来满足。财贸类专业一般是指紧密结合现代物流、旅游、金融、文化创意产业等现代服务业对高技能人才的迫切需求设置的专业,包括物流管理、金融、会计、市场营销、连锁经营管理、广告设计与制作等。

(一)认知财贸高职人才

作为一名财贸高职大学生,做到爱专业的前提首先明确高职人才的培养定位;其次是了解自己所学的专业,认知所学专业对应的职业岗位;最后就是立志勤奋学习,掌握专业知识和专业技能,拥有良好的职业素养,为未来顺利走上工作岗位奠定基础。

高等职业教育作为高等教育发展中的一个类型,肩负着培养面向生产、建设、服务和管理第一线需要的高技能人才的使命,在我国加快推进社会主义现代化建设进程中具有不可替代的作用。财贸高职人才具有以下特征:

1. 人才层次的高等性

高等职业教育属于高等教育的范畴。高职人才必须具备与高等教育相适应的基本知识、理论和技能,掌握相应的新知识、新技术和新工艺,以较强的实践动手能力和分析、解决生产实际问题的能力区别于普通高等教育，以较宽的知识面和较深厚的基础理论知识区别于中等职业教育。

2. 知识、能力的职业性

高职教育是一种职业教育，它以职业岗位群的需要为依据设计人才培养计划，在对职业岗位群进行职业能力分析的基础上，确定培养目标和人才规格，明确高职毕业生应具备的职业道德、职业知识和职业能力，进而组织教学。高职毕业生具有上手快、适应性强等特点。

3. 人才类型的职业性

高职教育培养的人才不同于普通高等教育培养的理论型、学科型人才，也不同于中等职业教育培养的单纯技能型人才。高职毕业生不但懂得某一专业的基础理论与基本知识，更重要的是他们具有某一岗位群所需要的生产操作和组织能力，善于将设计方案、管理意图转化为行动，并能在现场进行技术指导和组织管理，解决实际问题。高职毕业生还善于处理、交流和使用信息，有对所从事的业务活动进行创新设计和指导业务流程的改进等能力，是一种专业理论够用、掌握岗位核心技术、业务操作熟练和组织能力强的高素质技能型人才。

4. 人才的"复合"性

高职教育强调综合职业能力的形成和全面素质的提高，培养发展后劲和就业能力。复合性的四个要素是：一是从事某一个或几个职业岗位的专项技能；二是跨职业的通用职业技能；三是在一个职业群或相关职业群中转岗的基础；四是继续学习和可持续发展的基础。

（二）财贸高职人才的培养规格

财贸高职人才的规格就是高等职业教育人才的规格，有四个构成要素。

1. 思想政治素质要素

思想政治素质要素体现了培养目标的政治标准和思想素质，要求高职学生热爱社会主义祖国和社会主义事业、拥护党的基本路线，具有马列主义、毛泽东思想和邓小平理论的基础知识；有强烈的社会责任感、社会主义核心价值观、明确的职业理想和良好的职业道德，勇于自谋职业和自主创业；具有面向基层、服务基层、扎根于群众的思想观点，理论联系实际、实事求是、言行一致的思想作风，踏实肯干、任劳任怨的工作态度，不断追求知识、独立思考、勇于创新的科学精神。

2. 知识素质要素

知识素质要素包括文化基础知识、现代科技知识、专业基础知识和专业知识。文化基础知识和现代科技知识是高职人才必备的基本知识。专业基础知识是学习本专业所必须具备的基本知识,是专业学习的基础。专业知识是从事本专业工作所应具备的专业理论知识。对于高职人才来说,拥有必备的文化基础知识和专业基础理论,不仅是胜任当前技术密集型岗位的需要,也是知识再生和迁移,进一步学习与提高以适应将来岗位变革的始发点。随着科学技术的进步和发展,不同领域的科技知识交叉、渗透和组合,使社会上出现了许多跨学科职业岗位,这就要求高职人才还必须具备与专业相关的多学科基本理论知识,才能有利于综合职业能力形成,为拓宽择业面、适应职业变化、继续学习奠定基础。

3. 能力素质要素

能力素质要素是高职人才规格的核心,包括本专业能力、社会能力、方法能力和创新能力。高职人才不仅要具备熟练掌握本专业技术的能力,在任职岗位上表现出较强的工作能力,而且要具备一定的综合能力、社会能力,在急剧变革的时代,工作环境、人际环境、思想环境的动态变迁和国际化、开放化的社会环境的形成,对高职人才的适应能力、合作能力、公关能力和交往能力等提出了新的要求。此外,在知识爆炸、科学技术日新月异的今天,关注个性发展,培养其创新能力,对高职人才职业发展尤为重要。

4. 身心素质要素

身心素质要素包括健康的体魄和良好的心理状态,它体现了培养目标的物质基础和心理素质,是从事一切工作的前提。只有具有健康的身体,才能胜任本专业岗位的工作;只有具有体能较好的心理素质,才能在工作中讲求协作,对在竞争中遭遇的挫折具有足够的心理承受能力,才能在艰苦的工作中不怕困难,奋力进取,不断发挥创造热情。高职学生大多数是独生子女,如果不重视和加强劳动素质教育,即使在学校学习掌握了一定的专业知识和专业技能,也不可能成为受社会欢迎的高素质的劳动者。因此,要树立热爱劳动的观念,增进与劳动人民的情感沟通,了解劳动知识,掌握劳动本领,做好将来从事艰苦工作的思想准备。

（三）财贸高职人才特色

1. 财贸高职人才定位特色

服务业是人力资本密集型产业，高水平人力资本投入是提高服务业生产力水平的基本途径。根据服务业岗位“为人服务”的职业要求，财贸高职人才的定位是：现代服务业紧缺人才——“高素质、懂业务、会管理”的基层领班人。

2. 财贸高职人才培养目标特色

财贸高职人才培养目标特色是：有爱心、讲诚信、负责任、能财会商。

二、爱岗敬业

爱岗敬业是爱财贸的具体体现。爱岗就是热爱自己的工作岗位，热爱本职工作，努力培养热爱自己所从事的工作的幸福感、荣誉感；敬业就是用一种严肃认真的态度对待自己的工作，真正认识到自己工作的意义，从而把自己的工作作为一种责任、一项事业来看待。中国古代思想家就提倡敬业精神，孔子称之为“执事敬”，朱熹解释敬业为“专心致志，以事其业”。

爱岗是敬业的前提，敬业是爱岗情感的进一步升华，是对职业责任、职业荣誉的深刻认识。不爱岗的人，很难做到敬业；不敬业的人，很难说是真正的爱岗。一个从业人员要想在激烈竞争中获得生存和发展的有利地位、实现自己的职业利益，就必须爱岗敬业，努力工作，提高劳动生产率和服务质量。否则，一个不履行职业责任的人，就将被职业组织所淘汰。

一个人，只有做到爱岗敬业，才能激发他为本职工作而忘我工作的激情。激情是我们爱岗敬业的力量之源，只有满怀爱岗敬业的高昂激情，才能忠于职守，才能勤勤恳恳、兢兢业业的做好本职工作，才能养成顾全大局、尽职尽责、无私奉献的精神品格。

一个爱岗敬业的人，首先是一个有良好职业道德、遵守职业道德的人。

（一）职业道德

职业道德是对社会行为个体履行岗位职责的一种规范，是按照职业操守规定人的行为应有益于他人和社会的基本层次的要求。它涵盖了从业人员与服务对象、职业与职工、职业与职业之间的关系。随着现代社会分工的发展和专业化程度的增强，市场竞争日趋激烈，整个社会对从业人员职业观念、职业态度、职业技能、职业纪律和职业作风的要求越来越高。

职业作为一种社会历史现象，是与社会生产力的发展导致的社会分工紧密联系在一起的。社会分工实际上就是职业分工。从事一定的职业，就意味着担任着一定的社会责任；就意味着享有一定的社会权力，即对某些特定资源如资金、人才、职位、名誉等的使用、操作、管理和支配权；而且每个职业都享有一定的利益，体现着一定的利益关系。从事一定职业的个人，在职业活动中，如何正确处理上述这些复杂关系？用什么精神状态去完成自己的职责？如何运用自己的职权去完成自己的职责和谋取公共利益？用什么态度去协调和处理个人利益和集体利益，集体利益和社会、国家利益的关系？这里每一个环节都存在着道德问题。所谓职业道德，就是从事一定职业的人们在特殊的职业关系中、在长期职业活动的基础上形成的，具有自身职业特征的职业道德原则和规范的总和。不同的职业有不同的职业道德。职业道德的基本规范有：

(1)团结协作。在共同利益和共同目标下，成员之间能够互相帮助、互相支持。在利益面前，局部利益服从整体利益。尊重他人劳动，主动关心帮助他人。

(2)乐于奉献。能够全身心的投入工作，兢兢业业、任劳任怨。

(3)爱岗敬业。热爱本职，认真负责。

(4)公私分明。合理取得报酬，不牟取私利，不损害集体利益。

(5)办事公道。遵纪守法，公平公正，秉公办事。

(6)诚实守信。忠诚老实，信守承诺，保守秘密，讲信誉、重信用。

(二)敬业、乐业、专业

1. 敬业是一种态度

朱熹说：主一无适便是敬。庄子说："用志不分，乃凝于神。"孔子说："素其位而行，不愿乎其外。"用现在的话讲，凡做一件事，便忠于一件事，将全部精力集中到这事上头，心无旁骛，便是敬。一个人对于自己的职业不敬，从学理方面说，便亵渎职业之神圣；从事实方面说，一定会把事情做糟了，结果自己害自己。所以敬业对于人生最为必要，对于人生最为有利。对于现代职业者，敬业不仅仅是一种美德，也是一种习惯，更是一种人生态度，是珍惜生命、珍视未来的表现，是最基本的做人之道，是自我尊重的一种表现，也是成就事业的首要条件。

2. 乐业是一种境界

如果说敬业是成就事业的首要条件，那么有幸福感就是做好工作的重要前提，是事业有成的坚实基础，是实现职业生涯发展的内在动力，是人生追求的最高境界。所谓“乐业”，就是从工作中感受到幸福，具体讲就是能从劳动中找出快乐、领略出趣味，对自己的职业乐于做下去。孔子说：“知之者不如好之者，好之者不如乐之者。”工作再辛苦，都能从劳苦中找出快乐来，人就能从自己职业中领略趣味，人生才有价值。财贸职业岗位的服务对象是人，服务别人，就好比是用一个心灵温暖许多心灵、用一种人格影响许多人的人格、用一种热情去温暖许多生命的活动。马斯洛认为，人类的需求构成了一个层次体系，即生理需求—安全需求—社交需求—尊重需求—自我实现需求，任何一种需求的出现都是以比较低层次需求的满足为前提的。在低层次的需求得到满足后人就产生更高层次的需求，需求层次越高，人的发展就越接近完美。因此，任何一个需求层次的满足都依赖于工作，可见“工作不仅是谋生的手段，也是一种享受生活的载体”。人有了工作才会有生活目标，才能给生命注入自信、勇气和坚强，这样我们的生命才有意义。

3. 专业是一种要求

市场经济是竞争经济，有竞争就要优胜劣汰。从事一种职业，竞争力的高低首先体现在专业上。现代服务业岗位对人的知识、能力、素质要求越来越高，因此，勤奋学习、坚持学习，练好专业基本功，是成功的基础。

讨论与思考

1. 你认为良好的职业道德需要哪些方面的素质。
2. 积极认知专业，讨论学好专业的必要性。
3. 查阅古今中外爱岗敬业的事例，并进行心得交流。

【故事】伟大的科学家诺贝尔

诺贝尔(1833—1896)，瑞典科学家、发明家、企业家。他一生共获得335项技术专利，其中最重要的一项是安全炸药的生产技术。诺贝尔不仅是一位发明家、科学家，还是一名杰出的企业家。他开设工厂，兴办科研、生产和销售一体的国际性企业集团。

诺贝尔不仅把自己的毕生精力全部贡献给了科学事业，而且还在身后留下遗嘱，把自己的遗产全部捐献给科学事业，用以奖掖后人，向科学的高峰努力攀登。今天，以他的名字命名的科学奖，已经成为举世瞩目的最高科学大奖。他的名字和人类在科学探索中取得的成就一道，永远地留在了人类社会发展的文明史册上。

诺贝尔1833年出生于瑞典首都斯德哥尔摩。诺贝尔的父亲倾心于化学研究，尤其喜欢研究炸药。受父亲的影响，诺贝尔从小就表现出顽强勇敢的性格。他经常和父亲一起去试验炸药，几乎是在轰隆轰隆的爆炸声中度过了童年。为了使他学到更多的东西，1850年，父亲让他出国考察学习。两年的时间里，他先后去过德国、法国、意大利和美国。由于他善于观察、认真学习，知识迅速积累。很快成为一名精通多种语言的学者和经过科学训练的科学家。回国后，在工厂的实践训练中，他考察了许多生产流程，不仅学会了许多的实用技术，还熟悉了工厂的生产和管理。

就这样，在历经坎坷磨难之后，没有正式学历的诺贝尔，终于靠刻苦、持久的自学，逐步成长为一个科学家和发明家。

诺贝尔一生的发明极多，获得的专利就有255种，其中仅炸药就达129种。他的发明兴趣不仅限于炸药，作为发明家、科学家，他有着丰富的想象力和不屈不挠的毅力。他曾经研究过合成橡胶、人造丝，做过改进唱片、电话、电池、电灯零部件等方面的实验，还试图合成宝石。尽管与炸药的研究相比，这些研究的成果不是很大，但是他那勇于探索的精神却为后人留下了深刻的印象。

诺贝尔把他的毕生心血都献给了科学事业，他一生过着独身生活，大部分时间是在实验室中度过的。他谦虚谨慎，对别人亲切而忠诚。他拒绝别人吹捧他，不让报纸刊登他的照片和画像。长期紧张的工作，使他积劳成疾，但在生命的垂危之际，他仍念念不忘对新型炸药的研究。1896年12月10日，这位大科学家、大发明家和实验家病逝于意大利的圣雷莫。

在诺贝尔逝世前，他的全部资产已达到900多万美元，相当于现在的10多亿美元。然而他却在遗嘱中将这笔巨额财产几乎全部用于设立奖金，其中包括物理学奖、化学奖、生理学或医学奖、文学奖和和平奖。他一贯轻视金钱和财产，当他母亲去世时，他将母亲留给他的遗产全部捐献给了慈善机构，只是留下了母亲的照片，以作为永久的纪念。他说："金钱这东西，只要能够解决个人的生活就够用了，若是多了，它会成为遏制人才的祸害。有儿女的人，父母只要留给他们教育费用就行了，如果给予除教育费用以外的多余的财产，那就是错误的，那就是鼓励懒惰，那会使下一代不能发展个人的独立生活能力和聪明才干。”为了纪念这位伟大的发明家，从 1901 年开始，每年在他去世的日子里，即 12 月 10 日颁发诺贝尔奖。

一百年来，诺贝尔科学奖不仅见证了 20 世纪科技的迅猛发展，而且因为其对基础科学的重视和对科学人才的奖励，推动了全世界的科学研究热情，激励着越来越多的精英豪杰献身于科学事业，去攻克一道道科学难关。同时，它也极大地促进了世界科学技术的发展和世界科学文化的交流。

【故事】为科学献身的居里夫人

居里夫人(1867—1934)，法国物理学家和放射化学家。1867 年 11 月 7 日生于波兰华沙；1891 年到巴黎学习，先后获得物理学和数学学士学位；1895 年与皮埃尔・居里结婚，开始共同研究放射性现象；1898 年，居里夫妇宣布发现钋和镭两种放射性元素；1906 年皮埃尔・居里逝世后，居里夫人继续研究放射性元素，并于 1911 年再次获得诺贝尔奖；1934 年 7 月 4 日居里夫人逝世。

珍爱时间：1895 年，居里夫人和皮埃尔・居里结婚时，新房里只有两把椅子，正好两人各一把。皮埃尔・居里觉得椅子太少，建议多添几把，以免客人来了没地方坐，居里夫人却说：“有椅子是好的，可是，客人坐下来就不走啦。为了多一点时间搞研究，还是算了吧。”

淡泊名利：居里夫人天下闻名，但她既不求名也不求利。她一生获得各种奖金 10 次、各种奖章 16 枚、各种名誉头衔 117 个，却全不在意。有一天，她的一位朋友来她家做客，忽然看见她的小女儿正在玩英国皇家学会刚刚颁发给她的金质奖章，于是惊讶地说：“居里夫人，得到一枚英国皇家学会的奖章，是极高的荣誉，你怎么能给孩子玩呢?”居里夫人笑了笑说：“我是想让孩子从小就知道，荣誉就像玩具，只能玩玩而已，绝不能看得太重，否则就将一事无成。”

尊老爱幼：1906 年，她的丈夫皮埃尔・居里不幸死于车祸，给她留下了一个失去儿子的 79 岁的老公公，两个女儿，最小的才一岁半。当居里夫人从悲痛中解脱出来，她所挂念的第一件事情，就是要孩子和公公能够过上健康愉快的生活。为了利于老人和孩子生活，居里夫人又重新租了一套房子，房子虽然陈旧，但附近有一座花园，环境宜人。居里夫人为她的这种安排付出了额外的辛劳，由住所到她的实验室必须坐上半小时的火车。由于她的教导有方，她的长女伊伦娜，核物理学家，与丈夫约里奥因发现人工放射性物质共同获得诺贝尔化学奖，不仅继承了居里夫妇的科学事业，也继承了他们的崇高品德。1940年他们把建造原子反应堆的专利权捐赠给了国家科学研究中心。次女艾芙，音乐家、传记作家，其丈夫曾以联合国儿童基金组织总干事身份接受瑞典国王于1965年授予该组织的诺贝尔和平奖。

无私奉献：居里夫人的大半生都是清贫的，提取镭的艰苦过程是在简陋的条件下完成的。居里夫人拒绝为她的任何发明申请专利，把诺贝尔奖金和其他奖金都用到了研究中和需要资助的人身上。一位报社记者前来采访她，想把她的事迹报道出去。她坚定地回答："在科学上重要的是研究出来的'东西'，不是研究者'个人'。"有几位朋友劝他们申请生产镭的专利权。玛丽·居里代表她的丈夫做出了这样的决定："不应该这样做。这是违背科学精神的。我们不应当借此来牟利。"他们把这个伟大的发现交给工业界和医学界广泛利用，并不谋求个人的任何私利。她把经过几年辛苦分离出来的价值超过一百万金法郎的镭毫不犹豫地赠给了实验室。对于巨额的诺贝尔奖金，一向清贫的居里夫人却并不稀罕，而是赠送给波兰的大学生、贫困的女友、实验室的助手、没有钱的女学生、教过她的老师、资助过她的亲属。许多朋友责怪她没有把这笔财产留给自己的孩子，但她给孩子们留下的是那独立不羁的精神和鄙视功利的高尚品德。

由于长期从事放射性物质的研究工作，加上恶劣的实验环境和对身体保护的不够严格，居里夫人时常受到放射性元素的侵袭，使她的血液渐渐受到了破坏，患上白血病。在居里夫人看来，科学研究要比她本身的健康更重要。她曾为了能参加世界物理学大会，请求医生延期施行肾脏手术；她曾带病回国参加镭研究所的开幕典礼。她曾忍受着对失明的恐惧，顽强地进行科学研究。直到她生命的最后一刻，由于恶性贫血、高烧不退，躺在床上的时候，仍然要求她的女儿向她报告实验室里的工作情况。1934年7月4日，居里夫人病逝。

居里夫人把她的一生完全献给了伟大的科学事业。从她整个科学生涯和人生道路中我们能体会出一个道理：人的成就，在很大程度上依赖于品格的高尚。著名学者爱因斯坦曾经这样评价居里夫人："在我所认识的所有著名人物里面,居里夫人是唯一不为盛名所颠倒的人。”

【故事】张秉贵的“一团火精神”

北京百货大楼前矗立着一位普通售货员的塑像,那就是张秉贵。1918年,张秉贵出生于北京,只在一所贫民学校上过半年学,11岁时便到纺织厂当了童工,17岁到北京德昌厚食品杂货店当学徒。1955年秋,新建的北京百货大楼开张并招聘营业员,规定年龄在25岁以下,36岁的张秉贵前去参加招聘,因有多年的经商经验被破格录取(见图2-7)。1987年9月18日,张秉贵因患癌症去世,终年69岁。

图2-7 张秉贵

张秉贵从1955年11月到百货大楼站柜台,30多年的时间接待顾客近400万人,除了刚工作的一次外,没有跟顾客红过一次脸、吵过一次嘴,没有怠慢过任何一个人。为了顾客,他到糖果厂去参观访问,了解糖果的制作过程;为了顾客,他到医院向医生请教各种糖果的营养知识。做有心人的结果,使他掌握了丰富的商品知识,为顾客服务起来就更周到。比如,肝病患者需要补充糖分,患肝病的顾客买糖,张秉贵就介绍含糖分多、对肝病有好处的水果糖;气管炎患者经常咳嗽,需要润肺,他就介绍冰糖;对消化不良的顾客,他就推荐柠檬糖。从为国家争光、为人民服务的政治信念出发,张秉贵练就了“一抓准”和“一口清”的过硬本领,通过调动眼神、语言、动作、表情、步伐、姿态等各个器官的功能,几乎成了那个时代商业领域的服务规范——商业服务业的简单操作,被他升华到艺术境界。他说:“一个营业员服务态度不好,外地人会说你那个城市服务态度不好,港澳同胞会感到祖国不温暖,外国人会说中华人民共和国不文明。我们真是工作平凡,岗位光荣,责任重大!”

“我们售货员要胸中有一团火,温暖顾客的心,树立‘完全’‘彻底’为人民服务的思想。”张秉贵的“一团火”精神是对他全心全意为人民服务的先进事迹和崇高精神境界的形象概括。它发源于王府井百货大楼,逐渐成为一种企业精神、行业精神。“一团火”精神反映了以张秉贵同志为代表的一代商业职工朴素的自觉服务意识、窗口行业意识和强烈的热爱商业、献身商业的主人翁责任感。

近年来，王府井百货大楼不断挖掘“一团火”精神的内涵，把体现“服务与奉献”的“一团火”精神具体化为“真、善、美、和、爱”，并把它作为一种思想、一种品格、一种道德。一个企业不仅是生产利润的机器，它作为一个社会有机体，在发展中必须学会铸造、积累精神财富，这种精神财富积累的量越大，企业的后劲就会越大。今天的文化就是明天的经济，精神财富终究会变成巨大的物质力量。王府井人积极利用、开发“一团火”精神财富，也终究会使它在管理中起到文化激励作用，在经营中起到文化引导作用，在企业向多层次、多元化发展中起到文化纽带作用，使王府井百货大楼以特有的文化优势和因此带来的经济实力在竞争中立于不败之地。

张秉贵是一位历经新旧两种社会制度的人，对我们党具有深厚的感情，对在社会主义企业当家做主有切身的体验，他在三尺柜台上全心全意为人民服务是出于自觉，具有内在动力。因此，体现全心全意为人民服务内涵的“一团火”在他的身上、在这个时代点燃起来不是偶然的。全心全意为人民服务，在市场经济活动中就是为用户服务、为顾客服务，就是通过三尺柜台，满足人们日益增长的物质文化需要，传播社会主义精神文明。“一团火”精神注入了为人民服务的思想，是把“我为顾客服务，顾客为我带来利润”的经济伦理与“全心全意为人民服务”的政治要求结合起来的产物。

“一团火”精神作为优秀传统文化和市场经济伦理共同作用的产物，具有深厚的价值底蕴，它体现了财贸职工的一种高尚品格和高尚职业道德追求，表明商业企业在处理企业与顾客、企业与社会、企业眼前利益与长期利益、经济效益与社会效益时的正确立场与积极态度。

【故事】六必居人爱岗敬业的精神

图 2-8　六必居外貌

六必居酱园始于明朝嘉靖九年（1530 年），主人姓郭，经营粮米，至今已有 470 余年的历史，位于前门外粮食店街路西，是京城历史最悠久最负盛名的老字号之一。

八国联军入侵北京时，将六必居付之一炬。次年重修开业。1935 年，该店酱菜在青岛“铁路沿线出产货品展览会”上获奖，遂行销海外。“文革”中，六必居酱园一度更名为“北京宣武酱菜厂门市部”“红旗酱菜厂门市部”，1985年在南苑建成六必居新厂房，引进现代化生产流水线，开发出罐头包装、软包装等酱菜系列。1988年，六必居酱园被评为“北京市优秀食品老字号”，400余年的老字号焕发出新的活力。目前六必居酱园坐落在前门粮食店街三号的门面房子是中国古式的木结构建筑，为1994年重新翻建，仍保持着古香古色的建筑风格(见图2－8)。

六必居对酱菜的原料来源和质量都有很高要求。原料一般都来自固定的产地，种植户也往往世代为六必居专种菜蔬，六必居长期高价收购他们的特供优质原料。六必居自制黄酱和甜白酱，其黄豆选自河北丰润县马驹桥和通州永乐店，这两个地方的黄豆饱满、色黄、油性大。黄瓜不但要求条顺，还要顶花带刺，个头四至六条一斤；小酱萝卜也要求四至六条一斤。白面选自京西涞水县，为一等小麦，这种小麦黏性大，六必居自行将其加工成细白面，这种白面适宜制甜面酱。

六必居制作酱菜，有一套严格的操作规程，一切规程由掌柜一人总负责。比如酱的制作，先把豆子泡透蒸了，拌上白面，在碾子上压，再放到模子里，垫上布用脚踩10～15天，然后拉成3条，剁成块，放到架子上码好，用席子封严，让其发酵。在发酵后期，还要不断用刷子刷去酱料上的白毛。经过21天，酱料才能发好。正是这种严格的操作规程，保证了六必居酱菜的质量。

六必居几百年的经营经验有三大特色。第一是“内怕长支外怕欠”，即任何人不准超支或长支店内资金，对外经营也不欠债；第二是店内不用“三爷”，即少爷、姑爷和舅爷，因为这三种人不听使唤；第三是“喝栏柜酒”，即每天营业结束后，全店人员一起吃饭，掌柜的在桌上逐个询问当日营业情况，如答不出来算失职。

现在，六必居的管理仍可归纳为三个特色。第一，仍坚持“内不长支”，但对外有银行贷款，因为酱菜是“一季收购，全年使用”，六必居通常是年初贷款，年内还清，决不拖欠；第二，重视人才培养，六必居定期选拔人才并给予其进修和考察的机会；第三，“喝栏柜酒”的方式被生产调度会代替，交流内容包括生产质量、卫生和售后服务等。

据记载，六必居的甜酱八宝瓜、甜酱八宝菜、甜酱甘露、甜酱黄瓜、小酱萝卜、甜酱黑菜、甜酱姜芽、甜酱什香菜、甜酱瓜、白糖蒜、稀黄酱、铺淋酱油等12种传统特色产品，因加工技艺精湛、色泽鲜亮、脆嫩清香、酱味浓郁、咸甜适度，在清朝被选为宫廷御用食品，六必居因此成为清皇室御用商号。

六必居最初的企业精神含括在“六必”之中，即：黍稻必齐（各种粮食原料必须备齐），曲蘖必实（必须如实地按配方投料），湛之必洁（浸泡时必须保持洁净），陶瓷必良（器皿必须是优质品），火候必得（操作过程中火候必须掌握好），水泉必香（必须采用上好的泉水）。

“六必”是六必居老店经营的信条，六必居人将它称为“六必精神”。“六必精神”是六必居人爱岗敬业的生动诠释，是财贸专业大学生从业所必须汲取的营养。

活动与实践

1. 业余时间进行社会实践，认知财贸职业岗位的特点。
2. 积极参加各类专业社团活动，拓展专业知识，培养专业兴趣。

三、感受校园财贸文化

每所学校的校园文化都熔铸了自己独有的内涵，北京财贸职业学院以财贸为特色，并融于校园的各个空间。走进学院，仿佛穿梭于中国财贸经济发展的时空隧道。

（一）三组古钱币构成的学校大门

一所学校的大门代表着一所学校的形象。北京财贸职业学院的大门是学院校园文化建设中的标志性的建筑。它不仅代表着学院办学的思想和理念，而且蕴含着深刻的文化寓意（见图2－9）。

学校大门可谓是一件巨大的石雕工艺品，由三组巨型古币构成，如同一部中国货币简史。货币作为一般等价交换物，因为经济活动而产生和发展，当货币形态统一、流通顺畅时，可促进经济的发展和物资交流的扩大。而正门的石雕正是把这部历史完整地呈现在眼前，从贝壳到刀币、布币再到现今的信用卡，无一不让财贸人感受到财的内涵。

中国自夏商有钱币始，迄今已逾三千年。一部古代钱币发展史就是一部中国文化发展史。大门以布币为主体架构，显得大气恢宏。从外部看，造型方正、坚实，彰显学院在财贸高职类职业院校中的地位和形象；从内部看，

图 2-9 文化寓意深刻的学院大门

为一枚透明的古代圆形方孔钱币，古朴、别致。方正的外观代表着学院有序的整体建设，寓意学院在风雨磨砺中坚定的探索和创新精神；内部的圆融代表着学院的内涵建设，寓意学院在发展过程中宽阔的视野和博大的胸怀。整个布币造型是方中有圆，圆中有方，方圆之间便演绎了一曲和谐发展的动感乐章。

布币两边是两组巨型刀币。刀币是指春秋晚期至战国时期所通行的货币，因其形状像刀而得名。学院大门以高大的刀币为两则构架，蕴含学院志存高远、胸怀大志的寓意。厚重精美的刀体两两相连，承载着学院在不断的发展中积淀起来的不可割裂的文化底蕴，高大尖锐的刀币直冲云霄，象征着学院美好的发展前景。

大门两侧是两组浮雕。浮雕画面既描绘了财贸人用“财”融世界、用“贸”联天下的智慧和胸襟，同时又寓意了学院发展所不可或缺的文化历史基石。在两组浮雕的整体画面上，设计者用充满生机的绿色勾出了两条正在腾飞的巨龙，以此寓意北京财贸职业学院只有立足于深厚的财贸文化根基，才能走向美好的未来、走向开放的世界——引领国内高职名校，与世界高职名校并驾齐驱。这是学院校园文化中开创进取精神的生动写照。

求知强烈的学子们在学院大门三组巨型古钱币下面抬头仰望的时候，在两组浮雕跟前驻足沉思的时候，会被大门恢宏的气势所打动，会被财贸文化的深厚底蕴所激励，在心中畅想学院日后的发展前景和自己将来的就业前景。具有深厚文化内涵的学校大门可以让学生从布币和刀币的演变中了解我国古代财贸文化的发展史、学院办学的主体思想和价值理念，从而唤起他们对财贸文化的浓厚兴趣、对财贸事业的关心和热爱。学院大门用美的艺术形式为学生描绘出了学院发展的历史轨迹和未来蓝图，为学生呈现了学院鲜明的办学理念和校园文化主题，从而为学生自身的发展和成长奠定了财贸素养基石。

（二）商苑石雕

学校内的商苑由一个环形花园围成，记载着一个个历史奇迹，包括京杭大运河、茶马古道、郑和下西洋和丝绸之路。正中是一个喷泉，喷洒的水幕映衬着这部商贸演进史，在这里可以见证中国商人的伟大，见证中国经贸史的华章，印证中国商人披荆斩棘的精神和非凡的气魄，这些宝贵的精神财富是学院的立校之本、教育之典范，一直都激励着财贸人踩着先人的步伐、秉持先人的精神脚踏实地一次又一次迈向新的历史高度。

“商苑”石雕园是学院是对学生进行“爱祖国”“爱财贸”教育的重要场所。“商苑”石雕园的主体部分是由两组大理石浮雕、四张地面地图和音乐喷泉共同构成的圆形架构，它整体造型美观，主题鲜明、立意新颖。

两组浮雕共同构成了一个圆形整体。浮雕的画面以京杭大运河和郑和下西洋为题材，以沿途所经过的城市为序列，形象逼真地刻画出了京杭大运河与郑和下西洋时的主要活动场景（见图 2－10）。

东半部分浮雕画面是对京杭大运河的描绘。京杭大运河，俗称“京杭运粮河”，“是运漕之河也，亦称漕河”。是中国，也是世界上最长的古代运河。北起北京，南至杭州，流经天津、河北、山东、江苏和浙江四省一市，沟通海河、黄河、淮河、长江和钱塘江五大水系，全长 1794 公里。京杭大运河始凿于公元前 5 世纪春秋末期，形成于隋代，发展于唐宋，最终在元代成为纵贯南北的水上交通要道。在两千多年的历史进程中，大运河孕育了一座座璀璨明珠般的名城古镇，积淀了丰富深厚的运河文化，记录了中国古代政治、经济、文化、科技、军事等方方面面的丰富信息，对增强中华民族的凝聚力和向心力，促进民族融合和国家统一，发挥了巨大的作用。它是中国悠久历史的缩影，是中国人民智慧和勤劳的结晶，是中华文明传承发展的纽带。

西半部分浮雕画面是对郑和下西洋场景的刻画。郑和是举世闻名的伟大航海家，1405 年 7 月 11 日，郑和奉明成祖朱棣之命，率世界上规模最大的远洋船队从中国江苏太仓刘家湾的港口起航，出使中国南海以西的国家和

图 2 - 10 “商苑”浮雕

地区，称为“下西洋”。郑和的航海历程，从明永乐三年(1405 年)至宣德八年(1433 年) 29 年间，率船队七下西洋，纵横于太平洋和印度洋，远达红海与非洲东海岸，遍访亚非 30 多个国家和地区。郑和以个人的顽强意志充分展示了中华民族不畏艰险、百折不挠、自强不息的民族精神，郑和精神是我们民族自强不息精神的真实写照，是我们国家的宝贵精神财富。我们要弘扬郑和开放兼容的思想、开拓创新的勇气和自强不息的民族精神，为今日中国的民族振兴提供动力。

浮雕画面分为内外两面。内面刻画的是人物活动的场景，外面雕刻的是叙述性的文字，两者相互照应，把知识性与艺术性融为一体，既增加了学生对浮雕画面的理解，又避免了文字叙述的单一性。浮雕文字雕刻清晰秀丽，画面雕刻细致逼真，人物造型生动多样，各种形象生动传神，栩栩如生的人物形象为学子们呈现出了可视、可触的艺术整体，再现了浩大恢宏的历史场面和历史活动。

在“商苑”石雕园的地面上刻着四张地图，内容分别为丝绸之路、茶马古道、郑和下西洋和京杭大运河。四张地图中间部分为一圆形音乐喷泉。当音乐响起，水柱喷涌而出的时候，周围石雕好似披上了一件五彩锦衣，庄严之中增添了几分妩媚，常常引来众多学生的观赏和拍照。“天行健，君子以自强不息；地势坤，君子以厚德载物。”在观赏和拍照之余，浮雕刻画的宏大场面会引起学子们的兴趣和沉思，从中汲取宝贵的精神力量。这种力量能激发学子们主动学习财贸历史文化的热情和兴趣，唤起学子们热爱祖国、热爱财贸的炽烈感情，把“自强不息、厚德载物”的民族精神和美德化作爱国主义源源不断的动力，为他们掌握专业知识和专业技能提供了动力之源和意义支持。

（三）校歌《财富中国》

（1）

踏着丝绸之路驼铃的声响
托起银燕五洲飞翔
追寻郑和船队的帆影
推动巨轮四海远航
财贸儿女志在天涯
架设起连接世界的桥梁

（2）

跨越运河千年的沧桑
看天下金融潮落潮涨
挽起奔涌的金波银浪
汇成民族富强的海洋
财贸儿女豪情满怀
用数字见证中华的辉煌

（副歌）

一二三四，记录繁荣兴旺
五六七八，描绘和谐景象
九九归一，一片赤子情怀
财富中国，幸福人人共享

（四）校舞《财贸中国》

上篇——财贸溯源

《丝绸之路》

我们一起回望“丝绸之路”，
时光隧道进入公元纪年，
中国商人陆续远涉广袤沙漠，
穿越苍茫草原，
航行海洋潮汐，
听——那驼铃叮咚、骡马嘶鸣、海涛澎湃，
中国商人的财贸之旅联通了亚洲、非洲和欧洲，

开辟了连接五洲四海广阔的经济文化交流，
这就是举世闻名的——丝绸之路。

《茶马古道》

如果说丝绸之路是中国商人的文明之旅，
那么，茶马古道则显示了中国商人披荆斩棘的精神……
通行于唐、宋、元、明、清代的茶马古道，
从西南边陲沟通祖国内地。
以行“茶事”和“马事”为主的经济文化大交流，
不仅促进了商品交换、人文交际，
还带动了宗教传播、民族迁徙。
茶马古道上一道道悬崖峭壁，
一岭岭冰峰雪域，
一片片森林荆棘，
一条条栈道崎岖，
这就是——茶马古道。

《郑和下西洋》

中国商人不仅有坚忍的毅力、远大的胸怀，
还有磅礴恢宏的魂魄与气概！
早在六百多年前的明代，
有两万多人组成的浩荡船队，
有同舟共济千百人的巨船运载，
历时二十九年先后七次远渡重洋，
穿越中国南海、印度洋，抵达非洲东海岸一带，
外贸输出琳琅满目的中国货物、播撒辉煌灿烂的中华文化，
带回亚非特色商品、带回世人对中华的敬仰……
这就是——郑和下西洋。

中篇——京商文化

《商人的算盘》

算盘,古老的计算工具,
商人的宝物。
噼啪噼啪,
算出盈亏,
算出财富,
算出爱心,
算出诚信,
算出责任,
算出和谐,
噼啪噼啪,
苦辣酸甜交响乐,
商人的算盘。

《瑞蚨祥的尺子》

百年瑞蚨祥,
彩绸飞扬。
货真价实,
至诚至上,
彩绸用剪子剪,
用尺子量,
剪出美的旋律,
量出爱的情长,
量出字号的内涵,
量出人心的分量。

《同仁堂的秤》

风雨同仁堂,
情满天地间。
同修仁德,济世养生,

关爱生命,呵护健康,
药方开出幸福,
药秤承载责任,
秤砣担着信任。
称出民心的分量,
称出商人的志向。

《全聚德的火》

一炉百年的火,
铸成了全聚德,
天下第一楼,
商海显风流。
全而无缺,聚而不散,仁德至上,
是全聚德的火,
是老字号不灭的火,
是京商不灭的火,
火,火,全聚德的火。

下篇——现代财贸

《银行卡》

筹资投资天下融资,
财贸人用金融链接世界,
世界银行,中国银行,北京银行,
财融五洲四海,
走天下,融天下,买天下,卖天下,
谁能神通,
谁的神威,
世人认同银行卡。

《促销》

大商业、大商场，
大连锁、大卖场，
商流、物流、信息流，
通向五大洲四大洋。
商业实现产销统一，
商业决定经济增长，
商业促进社会和谐，
商业提高生活质量。
王府井百货大楼“一团火”，
西单商场“实铸商魂”，
菜市口百货“心比金纯”，
伟大的精神铸就成功，
独到的营销创造兴旺，
促销，促销，
商业繁荣，时代辉煌。

《财贸数字》

1、2、3、4、5、6、7、8、9，
数字家庭聚首。
国内生产总值，
国家财政收入，
国家外贸进出口总值，
全国社会消费品零售额，
沪市综合指数，
深市成分指数，
用数字见证财富的增值，
用数字见证民生的幸福，
数字辉煌，祖国更辉煌！

《财富中国》

你从历史走来，带着中华文化的魅力，
你向世界走去，承载现代财贸的文明，
财融世界，贸连天下，
财贸见证发展，
财贸积累财富，
财贸促进人类和谐，
财富天下共享。

学院师生通力合作，编排了有学院特色和历史特色的校舞。校舞《财贸中国》展示了华夏五千年商贸文明的历程，再现了中国商业文明的瑰宝，上篇是《财贸溯源》，中篇是《京商文脉》，下篇是《现代财贸》，这些宝贵的精神财富都是学院的精神食粮，激励着财贸人立足首都服务业，走向世界。同时，学院有代表着自己鲜明特色的院歌——《财富中国》，“一二三四，记录繁荣兴旺，五六七八，描绘和谐景象，九九归一，一片赤子情怀……”短短的歌词呈现了中国财贸人的“财融世界，贸连天下”的精神境界，表达了财贸儿女立志发扬财贸精神的决心和勇气，以财贸文化滋养财贸儿女。

在这里，每个财贸人热爱自己的大家庭，以学院为自豪，认真继承先辈们的思想精华，秉持和延续自身的精神品质和个性风貌，挖掘着历史中深厚的经贸文化。

活动与实践

1. 业余时间参观游览校园，从中认知财贸文化。
2. 学唱校歌，积极选修校舞课程。
3. 开展一次校园调查活动，以组为单位拟定一份爱心调查报告，面向学校同学自由发放进行调查，做出数据统计，最终分析出我们学校大学生爱心素养存在的问题。

第六节　在实践中提升爱心素养

一、爱心礼仪大赛

开展校园“财贸爱心礼仪大赛”评选活动，最后展出“爱心学生”的资料照片供大家学习。在活动中，及时挖掘优秀典型，树立榜样，通过团刊、广播、宣传海报、事迹汇报等形式，全方位进行报道。如：通过奥运志愿工作，我们挖掘出爱岗敬业、拾金不昧、甘于奉献等一批优秀的志愿者，通过对这些同学事迹的提炼，通过优秀志愿者事迹汇报会的形式，让学生自己给所有的同学上了一课。

二、商业收银技能大赛

以 40 种商品收银技能实训为载体，在实际工作中体会并养成“爱岗敬业”的品格。

收银技能实训内容包括：服务礼仪、操作规范、商品分类、扫描数量、扫描速度等。

收银技能实训环境：在安装有 POS 系统软件的计算机教室或实训室进行实训。学生登录 POS 系统后，要求在 10 分钟内，利用 POS 机扫描约 30 种商品，并进行收款和编制收银分析表，整个过程要求准确、规范、熟练、迅速。其中，扫描商品数量与金额 40 分、收款点钞 25 分、收银报表与收银问题处理分析 25 分、操作规范与服务礼仪 10 分，共计 100 分。

在实训过程中，学生可以通过网络学习相关课程知识，也可以寻求指导教师的在线帮助。

实训学习任务完成后，学生报名参加学院统一组织的收银技能大赛，所有选手在统一环境中，通过计算机竞赛系统完成竞赛。计算机系统记录考试时间并自动判分，裁判根据计算机评分结果和竞赛时间长短确定竞赛名次。

大赛成绩合格由学院统一颁发“收银技能鉴定”证书。根据竞赛规程，学生还可以获得相应奖励：

个人奖包括:第一名授予“收银技能能手”奖;第二名至第十一名授予“收银技能优胜”奖;其他选手授予“参与”奖。

团队奖包括:综合评分第一名的代表队获优秀团队奖,其他代表队获团队组织奖。

三、“爱心素养我行动”实践记录

“爱心素养我行动”是根据财贸素养课程总体教学要求,学生在一个学期内完成知识学习、社会调研、自我行动、技能大赛、成果展示、考核评价六环节。在诚信素养教育实施中,学生通过《爱心素养教育手册》,将被动受教育转变为自我养成教育,将教育内容和实际行动有机结合,边学习边实践,在行动中学习知识、提升素养。《爱心素养教育手册》的主要内容包括:

(一)知识学习

知识学习要求:

(1)选修《京商文化》《十大商帮》等财贸职业文化课程,到学院图书馆“商书厅”借阅至少3本相关书籍,学习掌握财贸发展历史和财贸文化知识。以班级为单位开展知识竞赛。

(2)通过网络、图书馆等查阅并摘抄伟人、名人爱心故事和案例。以班级为单位进行爱心案例讨论。

(二)社会调研

社会调研活动是按照财贸素养教育培养目标的要求,有目的、有计划地组织学生带着爱心问题到全聚德博物馆、同仁堂博物馆、老字号企业、北京王府井商业街参观调研考察,学生可以看到在学校里看不到的东西,学到课堂中学不到的知识,有利于增强学生的爱心意识,是爱心素养教育的有效途径和补充,在现实环境中去看、去问、去听、去思考、去探索爱心价值的真谛。调研完成后,要求学生完成以爱心为主题的调研报告,并结合知识学习,组织学生开展“我谈爱心”主题交流会,并进行“爱心素养教育学习奖”评审,成绩优秀者可获得“学习奖”,以此激励学生自觉养成爱心品格,增强文化底蕴,建立职业使命感,培养职业价值意识。

完成社会调研和主题研讨后,由班主任或辅导员对学生本阶段的爱心素养教育成果进行考核,成绩占课程总分的30%。其中,知识部分考核可以采用闭卷考试方式，社会调研则根据调研报告和主题交流成绩进行评定，知识考核、调研报告两方面成绩各占1/2计入爱心教育总成绩。此外，还要以班级为单位进行“学习奖”评比。

（三）自我行动

爱心素养的养成主要在于日常的自我养成，而自我养成依靠自主行动，通过有目的的活动设计引导学生把爱心素养教育融入日常学习生活的方方面面。开展的活动有诚信学习、诚信考试、信守承诺、诚信待人等，从第一课堂到第二课堂，从班集体到宿舍，记录学生在这一学期内所做的至少10件以上的展现个人爱心素养养成方面的具体事例和成果。

此外，以班级为单位自主设计《爱心度测试调查表》，根据调查情况进行班级爱心度分析，针对不讲爱心的现象进行研讨，实现诚信从校园生活开始。

自我养成成绩考核占课程总分的30%。此外，还要以班级为单位进行“自我行动奖”评比。

（四）技能大赛

技能大赛是以财贸职业基本技能为载体，通过比赛方式激发学生提高职业素养、有目的培养财贸素养的一种教育方式。技能大赛遵循的宗旨是倡导职业素养、倡导职业规范、倡导职业能力，学生在竞赛环境中，在完成实际竞赛题目同时，有意识的培养自己的财贸素养。

爱心素养教育技能大赛依托是《收银技能》实训课程，学生完成实训学习任务，在“收银技能大赛”中提升爱心素养和职业能力。

爱心素养教育技能大赛成绩占课程总分的20%。“大赛奖”评比直接采用大赛评奖结果，获得“收银技能优胜奖”以上学生可获得“大赛奖”。

（五）成果展示

收银技能素养教育成果展示是收银技能素养教育成果推广转化的重要方式和手段，是实现落实素养教育目标的重要措施。成果展示活动在学生与学生之间、学生与学校之间搭起了相互交流、沟通的桥梁。采用成果展示的方式进行交流，使学生可以发现不足、发扬长处，这种方式更符合财贸素养教育的特点，可以使素养教育落到实处，是激励学生自主进行素养养成最开放、最直接的手段。

收银技能素养成果展示采用开放方式,具体包括:

(1)他人评价。采用《个人爱心征求表》形势,请老师、班主任、辅导员、同学、家人对自己的爱心素养进行评价打分。

(2)自我评价。自己对自己进行“爱心度测试”之间,根据测试结果自己给自己评价打分。

(3)实物成果展示。提交一份代表个人爱心素养,或提高爱心素养的个人作品,如爱心题材的照片、论文、总结、诗歌、相声、小品、DV、书法、绘画等,也可以是他人赠送的感谢信、锦旗等,记录校园内爱心行动的心得体会等的实物。

爱心素养成果展示占课程总分的20%。此外,还要以班级为单位进行“成果奖”评比。

(六)考核评价

考核评价是爱心素养课程教育教学的最后一个环节,综合以上五个方面的考核成绩后得到每一个学生爱心素养教育课程的最终成绩,满分为100分。获得学习奖、行动奖、大赛奖和成果展示奖的学生可以获得主题教育奖“爱心奖”。

爱心故事

【爱心故事】司马光砸缸救友

司马光自幼便聪敏好学。据史书记载,司马光非常喜欢读《左传》,常常“手不释书,至不知饥渴寒暑”。七岁时,他便能够熟练地背诵《左传》,并且能把200多年的历史梗概讲述得清清楚楚,可见他自幼便对历史怀有十分浓厚的兴趣。有一件事使小司马光名满九州。有一次,他跟小伙伴们在后院里玩耍。院子里有一口大水缸,有个小孩爬到缸沿上玩,一不小心掉到了水缸里。缸大水深,眼看那孩子快要没顶了。别的孩子们一见出了事,吓得边哭边喊,跑到外面向大人求救。司马光却急中生智,从地上捡起一块大石头,使劲向水缸砸去。“砰!”水缸破了,缸里的水流了出来,被淹在水里的小孩也得救了。“司马光砸缸”表现了小小的司马光遇事沉着冷静,机智勇敢,救有为重的精神。这一事件使小司马光出了名,东京和洛阳有人把这件事画成图画,广为流传。

【爱心故事】孔融让梨

孔融有五个哥哥,一个小弟弟。有一天,家里吃梨。一盘梨子放在大家面前,哥哥让弟弟先拿。孔融不挑好的,不拣大的,只拿了一个最小的。爸爸看见了,心里很高兴:别看这孩子才四岁,还真懂事哩。就故意问孔融:"这么多的梨,又让你先拿,你为什么不拿大的,只拿一个最小的呢?"孔融回答说:"我年纪小,应该拿个最小的;大的留给哥哥吃。"父亲又问他:"你还有个弟弟哩,弟弟不是比你还要小吗?"孔融说:"我比弟弟大,我是哥哥,我应该把大的留给弟弟吃。"他父亲听了,哈哈大笑:"好孩子,好孩子,真是一个好孩子。"孔融四岁,知道让梨。上让哥哥,下让弟弟。大家都很称赞他。

【爱心故事】曹操割发代首

割发代首是曹操在讨伐张绣的途中留下的一个典故。当时正值麦熟时节,老百姓听说大军袭来,吓得四散奔逃,连麦子也不敢割了。见此情景,曹操为了安抚民心,消除百姓的惊恐,于是下了一道军令:"大小将校,凡过麦田,但有践踏者,并皆斩首。"以此军令来保护老百姓的麦子。然而,事也凑巧,正当曹操驱马前行的时候,忽然田地中惊起一鸠,那马惊吓之下,窜入麦田中,踏坏了一大块麦田。曹操见到此种情景,便叫行军主薄拟议自己的践麦之罪。然而,小小行军主薄怎敢定堂堂丞相的罪呢?曹操便说:"吾自制法度,吾自犯之,何以服人?"于是拔出剑来想自刎,被众人劝下。后来谋臣延引"法不加于尊"的"春秋大义",曹操使用剑割下一绺头发,扔在地下说:"割发代首。"于是三军悚然,无不严格遵守法令。

【爱心故事】毛泽东与人民同甘共苦

1934 年 12 月初,红一方面军长征从广西西延(今资源县)进入湖南城步县境,一部驻扎在茶园寨。茶园寨是苗族聚居的大寨子,附近有口山塘,山塘边有座苗族建筑特色的吊脚楼。毛泽东就住在这里。

第二天上午,警卫员们在毛泽东隔壁房里商量为毛泽东改善生活的事,突然窗外传来阵阵喧闹声。原来是许多苗族同胞们兴高采烈地从四面八方拥向山塘边。青壮年们正在山塘里捕鱼,每捕到一条大鲤鱼,就小心翼翼地放进一口大鼎似的铁水缸里。

警卫员们看到此景,也想去捉两条鱼来。警卫班长去请示了毛泽东,毛泽东反问他:"前天在湖南界上给你们讲过的话还记得吗?"

班长轻声地回答:"记得。您说到了少数民族地区,第一要认真贯彻党的民族政策,尊重兄弟民族的风俗习惯;第二要廉洁奉公,维护苗胞利益,严格遵守群众纪律。可是,自从长征以来,天天行军打仗,主席同我们一样吃稀饭、野菜。同志们心里很不好受。今天苗族兄弟在塘里捕鱼,我们买两条行不行?"

毛泽东肯定地回答:"也不行。你们知道吗?苗族山区'天无三日晴,地无三尺平',鱼塘很少。这里的鱼既是'山珍',也是'海味',苗族同胞一年到头都难吃上一次。你去告诉大家,不要为了我去弄鱼。"

正在这时,一位白发银须的老阿公带领着一大群苗族同胞,从寨楼前的大路上浩浩荡荡地走过来了。队伍中间特别引人注目的是,四个苗家壮汉抬着口铁水缸,抬杠中央还系着一簇用红布扎起的大红花,格外鲜艳夺目。队伍走到楼前,老阿公一本正经地对警卫战士说:"红军同志,大军来到我们苗乡,我们苦难的苗家见了青天。全寨苗胞有一个心愿,特意前来求见恩人毛主席!"没等警卫员回话,毛泽东已满面春风地从木楼上走了下来,亲切地握住老阿公的手,向大家问好。

老阿公满含深情地说道:"尊敬的毛主席,按照苗家历来的规矩,对于为我们除害造福的英雄和拯救苗家出苦海的恩人,我们要把用山泉水养着的活鲤鱼敬献给他,表示鱼水情长,世代不忘。"他顺手从缸里捉了两条鲤鱼呈递到毛泽东面前。

毛泽东示意警卫员接过鲤鱼。老阿公正欲发动苗胞们热烈欢庆时,不料,警卫战士却把刚才的活鲤鱼放回铁缸里。毛泽东意味深长地讲道:"群众好比深塘水,红军就好比金丝鲤,军和民的关系正像鱼和水的关系一样嘛。军爱民,民拥军,才真正是老阿公刚才讲过的'鱼水情长',世代不忘哟!"

正像他曾说的:"我们的部队要和人民打成一片,我们的干部要和战士们打成一片。与人民利益适合的东西,我们要坚持下去,与人民利益矛盾的东西,我们要努力改掉。"毛泽东身先士卒,与民同甘共苦。在毛主席生前用过的一百多件日常生活用品中,有一件穿过 20 多年、已补过 73 次的睡衣。身边的工作人员多次提出给他换一件新的,他都执意不肯,直到逝世前夕,他老人家还是穿着这件补丁缀补丁的睡衣。

在经济困难时期,他老人家首先倡导不吃肉、不吃水果,常常是几个烤芋头就是一餐饭,与全国人民同甘共苦。

【爱心故事】爱国战士闻一多

闻一多(1899—1946),湖北浠水人,中国诗人,文史学者。1899 年 11 月 24 日出生于一个书香世家。1912 年冬,考入北京清华学校,在清华度过了近十年的求学生涯。1922 年 7 月,赴美留学。1944 年加入中国民主同盟,抗战胜利后出任民盟中央执行委员、云南总支部宣传委员兼《民主周刊》社社长,成为积极的民主斗士。1946 年 7 月 15 日,在云南大学举行的李公朴追悼大会上讲演,抨击国民党,当晚被国民党特务暗杀。

1937 年 12 月 13 日南京沦陷,清华大学、北京大学、南开大学联合组成的国立临时大学从长沙迁往昆明,改为西南联合大学。1945 年 12 月 1 日,国民党云南地方当局调动武装特务军警,冲入西南联大和云南大学校园,残酷镇压爱国学生,死 4 人,伤数十人,制造了震惊中外的“一二·一”惨案。任教于西南联合大学的闻一多得知惨案消息后,悲愤已极。在“一二·一”惨案座谈会上,他严正抨击“一二·一”的暴行。闻一多还带领家属子女赴烈士灵堂祭奠,并亲书“民不畏死,奈何以死惧之”的挽联。他撰写的《“一二·一”始末记》镌刻在四烈士墓园的石壁上。

1946 年 6 月,蒋介石发动了全面内战。国民党反动当局利用西南联合大学师生复员北上,进步力量减弱的空隙,企图一举摧毁昆明的爱国民主力量。7 月 11 日夜,李公朴被国民党特务暗杀。7 月 15 日上午,在云南大学至公堂召开李公朴先生遇难经过报告会,闻一多毅然前往参加。当李夫人在报告李先生被害经过泣不成声时,混入会场的国民党特务乘机捣乱。此时,闻一多忍无可忍,拍案而起,发表了“最后一次的演讲”。强烈谴责国民党特务杀害李公朴的罪恶行径。当天下午,闻一多又赶赴《民主周刊》社,参加民盟为李公朴暗杀事件举行的记者招待会。在会上,面对台下特务威胁发表了著名的演讲,坚定地表示“前脚跨出大门,后脚就不准备再跨进大门”。几小时后,在返回西仓坡宿舍途中,惨遭国民党特务多人狙击身亡,年仅 48 岁。

【爱心故事】钢铁卫士江竹筠

江竹筠(1920—1949),原名江竹君,被捕后化名为江竹筠,四川自贡人。1936 年考入重庆南岸中学,1939 年春考入中国公学附中读高中,加入中国共产党。入党后,按党组织的要求,与共产党员彭咏梧扮作夫妻,组成一个“家庭”,作为重庆市委的秘密机关和地下党员学习的辅导中心。1945 年与彭咏梧结婚。人们习惯称她为江姐,以表敬爱之情。

1947 年,在“反内战、反饥饿、反压迫”的学生运动高潮中,受中共重庆地下市委的指派,负责组织大中学校的学生与国民党反动派进行英勇斗争。在丈夫彭咏梧的直接领导下,江姐还担负了中共重庆市委地下刊物《挺进报》的联络和组织发行工作。1947 年,彭咏梧任中共川东临时委员会委员兼下川东地委副书记,领导武装斗争。江姐以川东临委及下川东地委联络员的身份和丈夫一起奔赴斗争最前线。1948 年,彭咏梧在组织武装暴动时不幸牺牲。江姐强忍悲痛,毅然接替丈夫的工作。她说:“这条线的关系只有我熟悉,我应该在老彭倒下的地方继续战斗。”1948 年 6 月 14 日,由于叛徒的出卖,江姐不幸被捕,被关押在重庆渣滓洞监狱。国民党军统特务用尽各种酷刑,老虎凳、吊索、带刺的钢鞭、撬杠、电刑……甚至残酷地将竹签钉进江姐的十指,妄想从这个年轻的女共产党员身上打开缺口,以破坏重庆地下党组织。面对敌人的严刑拷打,江姐始终坚贞不屈。“你们可以打断我的手,杀我的头,要组织是没有的。”“毒刑拷打,那是太小的考验。竹签子是竹子做的,共产党员的意志是钢铁做的!”1949 年 11 月 14 日,在重庆解放的前夕,江姐被国民党军统特务杀害于渣滓洞监狱,为共产主义理想献出了年仅 29 岁的生命。

江姐视死如归的精神鼓舞了一代又一代人。当今时代,人们的价值观念和理想信念都发生了急剧变化,然而,江姐为党和人民的事业勇于献身的精神是永远不会过时的。这种为理想和信念甘于奉献的崇高精神对我们今天的每一个人都有着很深刻的教育意义。

【爱心故事】董存瑞舍身炸暗堡

董存瑞,1929 年 10 月 15 日出生于察哈尔省(今河北省)怀来县南山堡的贫苦农民家庭。1940 年,在家乡参加儿童团,任团长。1945 年 8 月,参加八路军。1947 年 3 月,加入中国共产党。1948 年春,担任班长,在攻坚战术训练中,他所在的班取得优异成绩,被誉为“董存瑞练兵模范班”,他被命名为“模范爆破手”。

1948 年 5 月初,董存瑞所在部队参加冀热察战役。隆化县城是热河省会承德的拱卫,敌人事先在这里修筑了大量碉堡,有些特殊构筑的暗堡还被称为“模范工事”。1948 年 5 月 25 日,进攻隆化县城的战斗打响。董存瑞所在的6连负责拔除敌人核心阵地——隆化中学。临出发前，身为爆破组组长、在比武中夺得“爆破元帅”的董存瑞，代表大家表决心：“我就是死后化成泥土，也要填到隆化中学的外壕里去，让大家踩着我们把隆化拿下来！”他带领战友接连炸毁了敌人3个炮楼5个地堡。打开隆化中学东北角的外围工事之后，敌人隐藏在围墙外干河道上桥形暗堡中的机枪突然开火，部队遭受严重伤亡，突击受阻，而派去爆破的战友又一个个在中途倒下。面对敌碉堡的凶猛火力，董存瑞再次请战，在战友的掩护下冲到桥底。此时，他的左腿被敌人的机枪打断，暗堡的底部离干涸的河床还有段高度，河道两侧护堤陡滑，他两次安放的炸药因没有木托都滑了下来。此时，冲锋号已经吹响，拖延一分钟就会有更多的战友牺牲。董存瑞毅然用身体做支架，左手托起炸药包，右手拉燃了导火索。随着天崩地裂的一声巨响，敌人的桥形暗堡被炸毁，红旗插进了隆化中学。董存瑞用自己年轻的生命为部队的胜利开辟了道路，牺牲时年仅19岁。

【爱心故事】“导弹之父”钱学森

钱学森(1911—2009)，1911年12月11日生，浙江杭州人，空气动力学家，中国科学院院士，中国工程院院士。他是中国航天科技事业的先驱和杰出代表，被誉为“中国航天之父”和“火箭之王”。1934年毕业于上海交通大学，1935年赴美国麻省理工学院留学，翌年获硕士学位，后入加州理工学院。在美国，钱学森被公认为力学界和应用数学界的权威学者之一。

1950年7月，已经下定决心返回祖国的钱学森，会见了主管他研究工作的美国海军次长，告诉他准备立即动身回国。这位美国海军次长大为震惊，拒绝了钱学森的要求。钱学森走后，这位美国海军次长对人说：“钱学森无论在哪里都抵得上五个师。”他还说：“我宁肯枪毙他，也不愿放他回中国。”但是，钱学森的爱国之心坚定不移。1950年8月，钱学森预订好飞机票准备离美回国，但美国移民局禁止他出境，并将他的全部科学书籍和研究笔记扣留。9月初，美国移民局以他是“共产党”、企图偷运机密的科学文件回国的罪名将其拘留15天。关押期间，禁止他与外人接触，并对其进行精神上和肉体上的摧残。后由加利福尼亚州理工学院以1.5万美元保释，但被指令不得离开洛杉矶，还经常受到特务的监视和骚扰。5年来，钱学森日夜思念自己的祖国和亲人，时刻做好回国的准备。在周总理的亲自关怀和同志们的帮助下，经过长达5年多的斗争，饱经折磨的钱学森终于在1955年9月17日离开美国，踏上返回祖国的征程。归心似箭的钱学森携妻子蒋英，带着两个孩子同20多个中国留学生一起乘“克利夫总统号”邮船离美，由香港回国。

1955年10月8日，钱学森一行抵达广州。被美国政府非法软禁了5年的中国著名科学家钱学森，冲破艰难险阻，终于回到了祖国怀抱，受到祖国人民和科学界人士的热烈欢迎。在上海他和分别多年的家人团聚，74岁高龄的父亲特地送他一套复制的“中国历代名画”。第二天他带着妻儿来到他们向往已久的北京天安门，他激动地说：“我相信我一定能回到祖国。现在，我终于回来了！”回国后一个多月的游览观光，钱学森目睹了祖国社会主义建设的成就，看到了祖国的希望。他接受中科院的聘请，主持和领导中科院力学方面的研究工作，施展自己的才智，报效祖国。

为了祖国的繁荣富强，钱学森放弃了在美国的一切荣誉和荣华。在经济大潮如洪水猛兽般地冲击社会的今天，钱学森的爱国言行，凝聚着中华民族之魂，显示了爱国精神的强大撼动力。

【爱心故事】爱心大使丛飞

丛飞（1968—2005），男，中共党员，生前为深圳市义工联艺术团团长。丛飞是我国著名歌唱家郭颂先生的关门弟子。刚到深圳的时候，他做过搬运工、洗碗工。曾经因为累得浑身发抖，晕倒在草地上，那时候就给自己改名叫“丛飞”，意思就是从草丛中起飞。难忘的经历，使丛飞特别同情弱者，对那些遭遇不幸的人，他总想尽力去帮助。1994年，丛飞到四川成都参加为失学儿童重返校园的慈善义演，他毫不犹豫地掏出身上全部现金2400元放进了捐款箱。这件事使他体会到，自己也有能力改变那些穷孩子的命运。从此他立下誓言：要尽自己所能扶危济困，向社会奉献爱心！

丛飞回到深圳就加入了深圳义工联成为一名义工，经常进行公益演出活动，先后20多次到贵州、湖南、四川、山东等地贫困山区举行慈善义演，为失学儿童筹集学费。每到一地，丛飞都要认领资助当地几个贫困学生，从1995年到身患癌症住院的前一年，丛飞资助的孩子已经有178名。丛飞本可以过上富裕的日子，但丛飞的家只有58平方米，生活非常俭朴。有时为了及时给山区的孩子们交学费，丛飞还向一些朋友借钱，前后共欠下了17万元的债务。2005年5月，丛飞被诊断为胃癌晚期，就在这生死攸关的半年里，丛飞坚持参加各类慈善义演65场，捐款数万元。累计下来，丛飞的义工服务时间有3600多个小时，无私捐助失学儿童和残疾人超过150人，捐款金额超过300万元。受丛飞资助的贵州省织金县中学生王维珊在写给丛飞的信中说:“我从来不知道伟大可以这样具体,感动可以这样彻底,人生可以活得这样博大无私。”

在生命的最后阶段,37 岁的丛飞立下遗嘱捐献眼角膜,以他最后的爱心之举,让光明永远存于社会、长留人间。

丛飞同志的先进事迹和崇高精神,很好地回答了在市场经济条件下,一个普通市民应该如何发扬社会主义思想道德,一个当代青年应该如何弘扬时代精神,一个文艺工作者应该如何做到德艺双馨、为人师表,一个共产党员应该如何践行“三个代表”重要思想、保持共产党员先进性等重大课题。丛飞精神是时代的强音,丛飞是中华民族传统美德和社会主义文明的实践者、传播者,他用火红的青春和诚挚的爱心,谱写了一曲扶困助残、无私奉献的动人乐章,折射出对人生、对理想、对事业的忘我追求。

【爱心故事】“英雄教师”殷雪梅

殷雪梅,女,中共党员,生前系江苏省常州市金坛城南小学二(1)班班主任。面对飞驰而来的汽车,她奋不顾身,将生的希望留给孩子们,把自己的生命永远定格在了这撼人心魄、感天动地的一瞬间,用生命铸就了崇高的师魂。

2005 年 3 月 31 日中午,城南小学一、二年级数百名学生从影剧院返校。途中,一辆轿车突然飞驰而来,万分危急中,殷雪梅挺身而出,张开双臂,奋力将 6 个学生从马路中央推到路旁,自己却被撞出 20 多米。殷雪梅去世的消息传开后,自发到灵堂吊唁的各界人士达 5 万之多。4 月 7 日,金坛全市举行追悼大会,灵车所到之处,沿途 10 万多群众含泪相送。

殷雪梅常说,“对学生没有真诚的爱,就不是好老师。”她在教师岗位上辛勤耕耘了 30 年,不仅将教师当做职业,更当做崇高的事业。与她共事多年的老师说:“殷老师爱学生是出了名的。”1999 年秋开学第一天,一名智障学生看到殷雪梅走来,捡起砖头就朝她砸去。就是对这样的孩子,殷雪梅也没有放弃。学习跟不上,帮他补课;家境贫寒,就把为儿子买的新衣服送给他;还常带他回家,一住就是几个月。

对同事,殷雪梅也满腔热忱,毫不保留地向年轻教师传授备课、上课、批作业以及班级管理等经验。新课改开始,大家感到有些不适应,殷雪梅自费订阅多种杂志,将好文章一一摘录下来和大家交流分享。殷雪梅在教书育人中取得的成绩是全校公认的,每次民意测评,她的得票数都很高,学校多次想把她推荐为市里的优秀教师,可她总是一再谦让。2001 年 6 月,校长根据大家的意见,把申报市先进工作者的表格发给了殷雪梅。三天后,她却把一字未填的表格悄悄退还给了校长,希望学校把这一荣誉给那些有培养前途的年轻老师。殷雪梅"捧着一颗心来,不带半根草去",把满腔心血和无私的爱都献给了教育事业。

【爱心故事】危难中选择学生的人民教师——韦正雄

韦正雄,男,47 岁,布依族,贵州省望谟县油迈瑶族乡教育辅导站教师。韦正雄的家在平卜河边,附近的平卜小学宿舍较少,他主动把自家一楼腾出来让 32 名学生寄宿。2006 年 6 月 12 日深夜,天降大雨,平卜河发生了百年不遇的特大洪灾,洪水很快淹没了房屋。从睡梦中惊醒的韦正雄一家,赶紧抢救困在一楼的学生。女儿海丰突然想起,隔壁二叔、三叔家都是平房,两个婶子和弟妹们肯定也在水里。"他们也很危险呀!"听到此话韦正雄顿时泪如泉涌。但情势已十分危急!他吩咐女儿:"快!快到后墙处喊叔娘和弟妹们,我去救学生!"说完就冲到楼梯口处下了水,摸黑向楼下几个房间游去。两个女生最先摸到门口出来了,有 5 个学生在水中挣扎着,由于太黑暗,找不到出口,韦正雄急忙用嘴含着手电筒,往水里蹚去,把这 5 个学生一个一个拉到楼梯口。接着他又撬开一间被泥沙堵住门的房间,把 6 个男生拉出来。

洪水还在暴涨,上气不接下气的韦老师不顾一切,马上游到另一间快被洪水淹没的女生寝室里,两次拉出来 4 个学生并把她们送上楼。还有 15 个学生被围在洪水里。幸好韦正雄家楼房墙缝都用水泥和石灰糊过,大水来势太猛,里面的空气被挤压在天花板下形成了约 20 公分的空间,学生们站在床架上可以勉强呼吸。此时进去救人,会卷走空气,学生反而会被憋死,韦正雄只得俯下身鼓励孩子们坚持住。到 13 日凌晨 1 时许,洪水从二楼屋面消退,一楼大半截还浸在水中。韦正雄再也等不及了,找了一根长竹竿游下楼去,将孩子从死亡线上救了回来。只有 1 个学生不幸遇难。

随后,筋疲力尽的韦正雄迫不及待地直奔一墙之隔的弟弟家。然而,两个弟弟的家已经被洪水冲毁,两家 7 口人全部遇难。如果韦正雄先去救自家人,也许能救出一个、两个或者更多,但是身边学生的急切呼救声容不得韦正雄有过多思考和犹豫,在痛苦的抉择中,他舍弃了亲人选择了学生。

【爱心故事】搏击巨浪勇救人

魏青钢,男,32岁,河南省固始县武庙集乡钱老楼村农民。

2005年8月8日,成百上千的人聚集在青岛崂山海岸边观看"麦莎"台风带来的海潮。意外发生了,一个巨浪袭来,把岸边的一个女青年卷入海中。见此情景,正在岸边的河南农民工魏青钢没有丝毫犹豫,纵身跳下两米多高的防浪墙,向落水女青年游去。魏青钢抱着落水女青年挣扎着向岸边靠拢。可是一排巨浪怒吼着无情地打来,女青年再次被卷入大海。与巨浪一番紧张搏斗之后,魏青钢已经感到疲惫不堪,站在岸上大口喘息着。接到报警的警察赶来商量解救方案时,魏青钢又自告奋勇:"我下去过一次,对情况熟悉,让我再下去吧!"他穿上救生衣,套上救生圈,再次跳入波涛汹涌的大海。浊浪排空,浪花飞溅,魏青钢经过多次努力仍没有找到落水女子,只好返回岸上。落水女子随着翻滚的巨浪向怒海深处漂去,时隐时现,情况万分危急。魏青钢喘了一口气,瞅准位置,第三次跳入大海。他慢慢靠近落水女青年,迅速抓住她的手,岸上的民警急速拖拉救生圈,将他们拖向岸边。上岸后,浑身是水的魏青钢正准备离去,派出所民警拦住问他姓名及地址。魏青钢只是说:"我是河南的,在这里打工。"然后就消失在人群之中。

民警和众多热心人几经周折才找到了英雄魏青钢。被救女子的家人专程赶到魏青钢打工的工地,向他道谢,并塞给他500元钱,被魏青钢谢绝了。"我救人不是为了钱,我就是再穷也不能收这个钱。"

面对鲜花、荣誉,魏青钢始终保持本心。"我是个再普通不过的人,当时跳进海里,除了咋把人救出来,其他啥都没想。"而此前,他在家乡就曾两次勇救落水者。

沧海横流,方显英雄本色!为了挽救一个陌生人的生命,他在滔天巨浪中三进三出,跟巨浪搏斗了40分钟。从人群中一跃而出,又悄然回到人群中去。他就像泥土一样朴实,他和千千万万离乡离土的农民兄弟一样,奔波、忙碌,当他和我们擦肩而过的时候,也许我们不会注意到他,然而就只那一瞬间,他已值得我们永远铭记。

【爱心故事】感天动地的母爱

汶川地震中有许许多多感天动地的故事,让我们永远铭记。有这样一位母亲,当抢救人员发现她的时候,她已经死了,是被垮塌下来的房子压死的,透过那一堆废墟的间隙可以看到她死亡的姿势,双膝跪着,整个上身向前匍匐着，双手扶着地支撑着身体，有些像古人行跪拜礼，只是身体被压得变形了。救援人员从废墟的空隙伸手进去确认了她已经死亡，又冲着废墟喊了几声，用撬棍在砖头上敲了几下，里面没有任何回应。当人群走到下一个建筑物的时候，救援队长忽然往回跑，边跑边喊“快过来”。他又来到她的尸体前，费力的把手伸进女人的身子底下摸索，他摸了几下高声地喊：“有人，有个孩子，还活着！”

经过一番努力，人们小心地把挡着她的废墟清理开，在她的身体下面躺着她的孩子，包在一个红色带黄花的小被子里，大概有三四个月大，因为母亲身体庇护着，他毫发未伤，抱出来的时候，他还安静地睡着，他熟睡的脸让所有在场的人都感到很温暖。随行的医生过来解开被子准备做些检查，发现有一部手机塞在被子里，医生下意识地看了下手机屏幕，发现屏幕上是一条已经写好的短信：“亲爱的宝贝，如果你能活着，一定要记住我爱你。”看惯了生离死别的医生在这一刻落泪了，手机传递着，每个看到短信的人都落泪了。

只有做到了，说出来的话才有分量；只有真诚的话，才是人世间最动听的语言。

【爱心故事】最坚强的女警花

当“5·12”大地震发生后，四川彭州市公安局光明路派出所教导员蒋敏在北川县的奶奶、外婆、母亲、年仅两岁的女儿和其他亲属共有10人遇难。“死亡发生在一瞬间，我知道我失去的亲人已被埋在十几米深的地下，不可能再找到了。我非常想念我的女儿，她在地震之前给我打的最后一个电话还在说，妈妈我想你。现在女儿已经不在人世了，但是我到现在还无法去寻找她。因为我是人民警察，现在还有很多幸存下来的人需要我们的帮助。”就是在这种失去亲人的巨大痛苦面前，蒋敏仍然与战友们一道坚守在抗震救灾、救助群众的第一线。因连续奋战劳累过度，蒋敏身体极度虚弱，多次昏倒在抢险救援现场。有人问蒋敏：“当你帮助灾区群众的时候，遇到和你母亲及你女儿一样年龄的人，你会不会想起她们？”蒋敏说：“会想起，一切都会想起。当时丈夫回去了，我希望他能给我带点什么回来，可是什么都没有，只剩下一片废墟。我想对母亲说一句：‘妈妈！对不起！此时此刻我都还没有回来。’”

中央电视台《爱的奉献》2008年抗震救灾大型募捐活动的现场，蒋敏走上台，长达半分钟的掌声便响起。她那朴实而温柔的话语所传达出的爱，令现场的每一位观众和演职人员都泪流满面。蒋敏说:“面对灾难,这一切对我来说,都太突然了,但我最难忘的是人民警察的职责,感受最深的是来自各方的关爱。”

推荐读物

书　名:《一生要知道的中国历史100人》

出版社:中央编译出版社

作　者:陈枫

简　介:泱泱中华,江山代有才人出。100个中华伟人,就是100种智慧,100种精神,100种风采,100种文化。伟大的时代造就着巨人,巨人又造就着伟大的历史。五千年的中华,是一部英雄的史诗。在中华民族波澜壮阔的伟大历史进程中,一个又一个伟大人物横空出世,推动着整个民族勇往直前,把中国的历史演绎得惊天动地、轰轰烈烈,中国历史的画卷因此而五彩斑斓、多姿多彩。一部中华史便印证着一句话:“英雄造时势,时势造英雄。”

书　名:《一生要知道的世界历史100人》

出版社:中央编译出版社

作　者:陈枫

简　介:在奔腾不息的人类历史长河中,英雄辈出,一代又一代的伟大人物在历史的疾风暴雨中脱颖而出,反过来又对历史施加巨大影响……

100位影响世界历史的巨人,他们或叱咤风云,或一度默默无闻。但是他们或用暴力、信仰改造世界;或用智慧、才艺奉献人类,成为一代开山鼻祖;或使一个时代、事件,乃至精神终止。他们或被万代颂扬,或被千古唾骂,在书写人生的同时,也书写着历史…… 但是,历史不能抹去他们曾经的存在和足迹。

书　名:《鱼在水里生活:感人的爱心故事》

出版社:四川文艺出版社

作　者:邱易东

简　介:讲述爱心的故事,是不是要数这一个故事最古老?它世代流传，人类的爱心，也便生生不息地延续，衍化出无数个故事，人类的历史，便在这样的故事中一天一天走了过来，一直走到今天，还将走向未来。

爱心不是神话，但是爱心却不仅可以创造幸福和快乐，还可以创造神话般的奇迹。只要我们在学习着、生活着、创造着，就会不断邂逅许多关于爱心的故事，而无论是中国，还是外国，无论是现在，还是古代，无论是伟人，还是平常人的故事，只要有了爱心的参与，就多了几分起伏跌宕的感情冲击力，让人感动和刻骨铭心。

书　名：《北京的商业街和老字号》

出版社：北京燕山出版社

作　者：王永斌

简　介：本书一改只孤立的介绍老字号的写法，而是将老字号放在商业街中去写，这样，便于看清其发展的轨迹。本书不仅写商业街和老字号繁荣发展的现象，而且重在写其发展繁荣的内在原因。本书以三山斋的眼镜、万昌的锡器、花汉冲的香粉等为例，它们的商品确实曾名噪一时，但是经营者不会随着社会发展而变换商品，所以，只能衰败下来。而成文厚的经营者就是认清了这个问题，及时地把经营老式账本，改为新式簿记账，从而取得成功。本书为北京地方社会经济发展繁荣，为各行各业企业家经营好各自企业提供了许多可以吸取的经验和教训。

书　名：两种爱心两种命运——孙云晓教育作品集

出版社：江苏教育出版社

作　者：孙云晓

简　介：教育是爱的事业。爱心既能造就未来，也能葬送未来。两种爱心，两种命运。许多父母正在辛辛基苦苦地孕育孩子悲剧的命运，正在用自己的奋斗去摧毁自己的目标。教育是人的解放，绝不是人的枷锁。

第三章 诚信素养教育

通过本章的学习，你将：

- 了解诚信素养的内涵和重要性。
- 掌握诚信做人、诚信做事、诚信学习的道理和方法。
- 能够正确面对不良社会风气，坚定意志，以实际行动诚信做人、诚信做事、诚信学习。
- 真正理解未来从事财贸职业岗位具备诚信素养的重要性。

第一节 诚信素养的内涵

一、学习目标

信在人类道德体系中可以说是个根本性的道德规范。孔子说，信为人之本，人无信不立，人而无信，不知其可。诚信是安身立命之本，它不仅是一种品行，更是一种责任；不仅是一种道义，更是一种准则；不仅是一种声誉，更是一种资源。就个人而言，诚信是高尚的人格力量，就企业而言，诚信是宝贵的无形资产；就社会而言，诚信是正常的生产生活秩序；就国家而言，诚信是良好的国际形象。作为一名财贸高职大学生，树立诚信第一的意识，是一个人的精神财富，是个人职业生涯发展的基石。对于未来将要从事的财贸职业岗位而言，诚信是财经贸易和服务类职业的根本职业伦理。商业职业讲求货真价实、童叟无欺,会计职业要求“不做假账”,金融职业强调信息真实,都具体体现着“诚信至上”的职业精神。一个人如果不讲诚信,可能暂时会获得成功和快乐,但终将因不诚信而吃苦头。

诚信教育是学院高职学生入校后第二学期开设的财贸素养教育课程,但诚信素养养成则是贯穿大学三年全过程的教育,本章的教育目标是:诚信做人、诚信做事、诚信学习。具体包括:

(1)让学生了解诚信是中华民族的传统美德,是财贸职业岗位的素养特质,是我们当今处世立身之根本。让学生懂得中学阶段是人格形成与发展的重要时期,应形成正确的人生观与价值观,树立诚实守诺的为人处世态度和守诺为荣、失信可耻的道德观念。

(2)通过生活、学习中的故事和实例,懂得“对人守信,对事负责,承诺是金”,感受信守承诺的重要性。

(3)解读生活中守诺和失信的现象,增强学生的比较分析能力和明辨是非的能力,践约守诺,诚实做人。

(4)在学校学习期间,有意识地培养自己的诚信精神,把讲诚信作为自己生活学习的基本准则,做到言行一致、遵守纪律,对同学讲诚信,对老师讲诚信,形成诚信的素养与习惯。

(5)养成慎重许诺、认真践诺、信守诺言的好习惯,增强自己对社会的责任感,树立正确的为人处世的态度,为一生的成长奠定基础。走向社会以后,在职业生涯中发扬诚信精神,坚守诚信道德。具体目标是:诚信做人、诚信做事、诚信学习。

希望同学们记住这句话:言而无信,行之不远。具有讲诚信的品格,会让你在成功的路上走得更好、更远。

【小提示】什么是诚信?

1979 年版的《辞海》中没有“诚信”这一条,只得分开来查。诚者,指真心实意;信者,指遵守诺言,实践成约,从而取信于人。古人云:“有礼则安,无礼则危。”“小信或则大信立。”诚信,即诚实守信,待人坦诚,心无异念,展示一个真实的自我。

二、诚信的内涵

（一）什么是诚信

什么是诚信？诚信即诚实守信。“诚”就是真诚，真心实意，诚实无欺，诚实做人、诚实做事，实事求是；“信”即有信用、讲信誉，信守承诺。在实际的学习、生活、工作中，诚信是为人处世的道德基础，我们要对人守信，对事负责；做老实人，办老实事；认真学习，诚实考试。

诚信是公民道德的基本要求。在中国传统文化中，“诚信”二字具有极其重要的分量。“仁义礼智信”是人们提倡并力求遵循的行为准则。孔子把培养弟子的教育目标定位于培养“士”，亦即君子，且以毕生精力致力于此。他说：“人而无信，不知其可也。”他认为君子的标准之一就是有“信”和“守信”，他曾郑重地说：“君子博学而孱守之，微信而笃行之。行必先人，言必后人。”可见，“信”是君子的基本道德标准，欲成君子不可“无信”。在长期的社会实践中，中华民族形成了重然诺、守信义的道德传统，留下了不少“千金一诺”“一言既出，驷马难追”之类的美谈佳话。

【故事】一言既出，驷马难追

释义：一句话说出了口，就是套上四匹马拉的车也难追上。指话说出口，就不能再收回，一定要算数。

出自《论语·颜渊》：“夫子之说君子也，驷不及舌。”《邓析子·转辞》：“一言而非，驷马不能追；一言而急，驷马不能及。”

诚信是做人的基本准则和传统的道德规范。“诚信”不仅是中华民族传统道德中的基本伦理规范，也是中华民族优秀传统文化的精华之一。它在中国传统文化和中国古代先哲的思想中占有重要地位，一直作为不可或缺的伦理规范和道德品质被历代先贤所重视，并被历代统治者所推崇和倡导。诚信是一个具有普遍性和初始性的道德规范，它出现在全人类各民族的文化要求中，是最起码的基本道德。诚信是诚实和守信两个方面相互联系、相辅相成的道德规范。诚实就是言行与内心一致，不虚假，就是忠诚老实，主要是为人处事的道德准则，要求人与人交往时说真话，向别人传递真实信息，不掩盖或歪曲事实真相。诚实作为最古老最原始的道德要求，和人类相伴而生。人是社会动物，社会性是人的本质，人是在相互依赖和相互联系中生存和发展的。只有人与人之间诚实相待,说真话,传递真实信息,不掩盖歪曲真相,人才能得以生存和发展,人类也才能繁衍延续。所以相互信任、信守承诺主要是人们在交往中的行为规范和外在行为表现。

(二)有关诚信的知识

诚,是先秦儒家提出的一个重要的伦理学和哲学概念,以后成为中国伦理思想史的重要范畴。直到孔子时期,"诚"还未形成为理论概念。孟子时不但已经形成为理论概念,而且位置十分重要。他说:"是故诚者,天之道也;思诚者,人之道也。至诚而不动者,未之有也;不诚,未有能动者也。"在这里,诚不但是天道本体的最高范畴,也是做人的规则和诀窍。荀子发展了"诚"的思想,指出它为"政事之本"。他说:"天地为大矣,不诚则不能化万物;圣人为知矣,不诚则不能化万民;父子为亲矣,不诚则疏;君上为尊矣,不诚则卑。夫诚者,君子之所守也,而政事之本也。"在《礼记·中庸》里,"诚"成为礼的核心范畴和人生的最高境界:"唯天下至诚,为能尽其性;能尽其性,则能尽人之性;能尽人之性,则能尽物之性;能尽物之性,则可以赞天地之化育;可以赞天地之化育,则可以与天地参矣。"至诚如神,有了诚笃的品德和态度,就可以贯通多种仁义道德,成己成人,甚至能够尽人之性,尽物之性,赞天地之化育而与天地参,达到"天人合一"的境界。《大学》把"诚意"作为八条目之一,即格物,致知,诚意,正心,修身,齐家,治国,平天下。"诚"成为圣贤们体察天意、修身养性和治国平天下的重要环节。宋代周敦颐进一步认为"诚"为"五常之本,百行之源也",把包括诚实在内的"诚"看做仁、义、礼、智、信这"五常"的基础和各种善行的开端。程颐更为直截了当地说:"吾未见不诚而能为善也。"其见解入木三分。

马克思主义伦理学批判地继承了"诚"这个范畴,肯定诚实是社会公德中的一个重要规范。在长期的社会生活中,诚实之主要的道德要求逐渐明晰为:忠诚、正直、老实。忠诚的主旨是对祖国、对人民、对正义事业的忠诚。当然,这种忠诚不是盲目和狭隘的"愚忠",而是认同崇高的理想,为实现理想而不懈追求和努力奋斗,从而表现出乐于奉献、勇于牺牲的精神。正直,是指为人正派,处事公正坦率。老实,则特指说老实话,办老实事,做老实人。

信,也是中国伦理思想史的范畴。"信"的含义与"诚""实"相近。从字形上分析,信字从人从言,原指祭祀时对上天和先祖所说的诚实无欺之语。

隋国大夫季梁说："忠于民而信于神……祝史正辞，信也。"后来，由于私有经济和私有观念的发展，原有的淳朴的社会风气被逐渐破坏。国与国、人与人之间的交往不得不订立誓约。但誓约和诺言的遵守，仍然要靠天地鬼神的威慑力量维持。春秋时期，经儒家的提倡，"信"始摆脱宗教色彩，成为纯粹的道德规范。孔子认为，"信"是"仁"的体现，他要求人们"敬事而信"。他说，"信则人任焉"，"人而无信，不知其可也"。孔子和孟子都将"信"作为朋友相交的重要原则，强调"朋友信之"，"朋友有信"。而历代当权者大都将"信"作为维护秩序的重要工具。《左传·文公四年》中说："弃信而坏其主，在国必乱，在家必亡。"《吕氏春秋·贵信》对社会生活中的信与不信之后果做了淋漓尽致的剖析："君臣不信，则百姓诽谤，社稷不宁。处官不信，则少不畏长，贵贱相轻。赏罚不信，则民易犯法，不可使令。交友不信，则离散郁怨，不能相亲。百工不信，则器械苦伪，丹漆染色不贞。夫可与为始，可与为终，可与尊通，可与卑穷者，其唯信乎！"汉代董仲舒将"信"与仁、义、礼、智并列为"五常"，视为最基本的社会行为规范。并对"信"作了较详尽的论述："竭愚写情，不饰其过，所以为信也。"他认为"信"要求诚实，表里如一，言行一致。朱熹提出"仁包五常"，把"信"看做是"仁"的作用和表现，主要是交友之道。他说："以实之谓信。"其说与孔子、孟子基本相同。在儒家那里，诚与信往往是作为一个概念来使用的。"信，诚也"，"诚"与"信"的意思十分接近。

【小提示】诚信教育校园文化——"算盘主题金属雕塑"

"算盘主题金属雕塑"是我学院别具一格的校园文化作品，共三座，分别是竖立在办公楼前的"走向世界的算盘"、教学楼前的"中国的算盘"和图书馆前的"北京的算盘"（见图 3－1）。算盘主体雕塑用算盘珠拼出了世界地图、中国地图和北京地图，利用抽象与现实相结合的表现方法传达北京财贸人"立足北京，财融世界，贸联天下"的事业追求。雕塑利用新型金属材料构筑传统的计算工具，寓意着中国深厚的财贸文化和财贸人坚定的诚信经商的精神。

"北京的算盘"算盘珠拨出北京，寓意着北京财贸人传承京商文化，承接前人的算盘，继承前人"诚信经商"的传统；"中国的算盘"算盘珠拨出中国地图，表现的是中国悠久的财贸历史和中国经济建设中财贸人所做的巨大贡献；"走向世界的算盘"，表现的是中国财贸人走向世界，融通世界经济，从改革开放吸引外资，到走出国门向国外投资，始终坚持诚信经商的原则，展现了中国财贸人的风采，以及为世界经济稳定发展不断努力。

图 3－1 算盘主题金属雕塑

第二节 诚信做人

一、诚信是做人的根本

（一）言而无信，行之不远

孔子说：“人而无信，不知其可也！”李白说：“三杯吐然诺，五岳倒为轻。”民间有：“一言既出，驷马难追。”都极言诚信的重要。几千年来，“一诺千金”的佳话不绝于耳，广为流传。可见，诚信自古是中华民族的传统美德，是经过漫长、沉重的生活之浪淘沥而出的赤纯之金。诚信就是诚实、守信、信任的内在统一体。诚实就是忠诚老实，它主要是为人处世时的道德准则。这一准则要求人们在与人交往时要说真话，要向别人传递真实信息，而不要掩盖或歪曲事实真相。守信就是要有信用、讲信誉、守信义、不虚假。诚信的品质表现在生活的各个层面，小到不说谎话，大到忠于自己的祖国，都是诚信的表现形式。人的其他的品质，如宽容他人、理解他人、平等待人、与人为善等，都离不开诚信的基础。诚信是人的立身之本。

【故事】商鞅立木取信

据《商君书》记载，商鞅准备在秦国变法，制定了新的法律。为了使百姓相信新法是能够坚决执行的，他便在京城南门口树了一根大木，对围观者说：“谁要能将这跟木头从南门搬到北门，就赏他五十两银子！”大多数人都不相信有这等好事，认为商鞅的许诺不能兑现。

就在大家犹豫不决时，有一个人却扛起木头，从南门一直走到北门，商鞅当场兑现，赏给他五十两银子。这样一来，人们都相信商鞅说的话是算数的，在推行他所立的新法的时候人们就都愿意遵守了。

我国古人很讲究言不在多，但必须守信的道理，因为守信就能得到人们的信任。一般老百姓讲不讲信用，关系到人际关系；而政治家、军事家讲不讲信用，则关系到治国、治军的大事。在今天，守信更成为一个人事业成功的重要因素。虽然说守信大家都知道，也都明白是怎么回事，但是总有些人会由于一些特殊的原因而不能遵守他的诺言。

我国四书之一的《大学》中，有一段修身、齐家、治国、平天下的精彩论述："古之欲明明德于天下者，先治其国；欲治其国者，先齐其家；欲齐其家者，先修其身；欲修其身者，先正其心；欲正其心者，先诚其意。"意思是说，一个人要想成为人们所景仰的行为端正的品格高尚的人，能够成为治国、齐家、平天下的人，必须先修其身、先正其心、先诚其意。把做一个真正人的落脚点最后定位到"诚实"二字上。可见，古人非常看重一个人的德行修养，懂得一个人要成就大业必须从诚实守信做起。不要只看见现实生活中没有德行的人张扬一时，更要懂得那些没有德行的人终究成不了什么大器的道理。而坚持诚信，最终获得成功的是自己。

（二）诚信的价值

2001年有这样一道高考作文题：有一个年轻人跋涉在漫长的人生路上，到了一个渡口的时候，他已经拥有了"健康""美貌""诚信""机敏""才学""金钱""荣誉"七个背囊。渡船开出时风平浪静，说不清过了多久，风起浪涌，小船上下颠簸，险象环生。艄公说："船小负载重，客官须丢弃一个背囊方可安渡难关。"看年轻人哪一个都舍不得丢，艄公又说："有弃有取，有失有得。"年轻人思索了一会儿，把"诚信"抛进了水里。寓言中"诚信"被抛弃了，请考生以"诚信"为话题写一篇文章，可以写你的经历、体验、感受、看法和信念，也可以编写故事、寓言等。所写内容必须在"诚信"的范围之内。

有一个考生以"丢弃'诚信'之后……"为题目写道：

年轻人抛掉了"诚信"后，平安的躲过了暴风雨。又经过一段时间的航行，船开进了一个叫"快乐岛"的港口。年轻人上了岸，想在"快乐岛"上寻找到快乐。

他走进了一家房产公司，想买一幢房子定居下来，于是他打开"金钱"的背囊。接待他的工作人员看了看里面成捆纸钞说:“对不起,您的纸币在我们岛上无法流通,如果您有‘诚信’的话,我们可以先把房子借给您。”然而“诚信”早被年轻人丢进了海底。于是他又去了银行,想兑换岛上的纸币。

“您的纸币我们没有见过。”银行的服务人员笑眯眯地说,“请问您是否有‘诚信’? 如果有的话,我们可以破例为您兑换。”年轻人无奈地摇摇头,走出了银行。“难道我在快乐岛上无法生活?”他想,“不,我还有其他五个背囊,我可以靠它们寻求快乐!”

下定决心后,年轻人来到一家正在招聘人才的大公司。他自信的在主考官面前出示了“健康”“才学”“机敏”和“荣誉”这四个鼓鼓的背囊,主考官也非常满意这些。“那么,请问你有没有‘诚信’呢?”最后,主考官问了这样一个问题。“这很重要吗?”年轻人不解地问。“当然。”主考官认真地说,“在快乐岛上,诚信是最宝贵的财富。”年轻人只好离开了这家公司。

“也许我不适合生活在这个岛上吧。”年轻人心想,“还是离开这里吧。”他又向来时的港口走去。忽然,迎面走过来一个美丽的女孩,她是那样的清纯可爱,年轻人对她一见钟情。他走到女孩面前,问她是否愿意和自己交个朋友,并打开了除“金钱”外其他五个背囊。“你有‘诚信’吗?”女孩微笑着问道。“没有。”年轻人说,“不过,这五个已经足以弥补我缺少的‘诚信’了。”女孩摇摇头:“你错了。虽然你很英俊,也有才华和学识,但如果没有诚信的话,就会成为一个不可靠的人。”女孩头也不回地离开了。年轻人更加沮丧起来……“年轻人,你怎么又回来了?”在港口,送年轻人来的艄公问他。年轻人苦恼地说:“这个快乐岛上,干什么都要‘诚信’,我待不下去了。”艄公拍了拍他的肩膀,意味深长地说:“年轻人,其实不管在哪里,‘诚信’都是必不可少的通行证。这个岛上,人人都有诚信,所以他们才活得快乐,这也是‘快乐岛’这个名字的由来。我说过有弃有取,有失有得。可你丢弃的,恰恰是最宝贵的东西呀!”

年轻人沉默了。他沉思了一会儿,忽然跳上了船。“开船吧,艄公。”他望着远方,坚定地说,“我要回去寻找‘诚信’!”

这篇作文引发了全社会对诚信问题的关注,以及对诚信价值的思考。在当今社会中流传一种说法:“德才兼备是精品,有德无才是次品,无德无才是废品,有才无德是危险品。”应当讲很多用人单位在考察员工时都有一个基本规则:德才兼备要重用。一个人的能力有大小,但领导都愿意信任品质好的“老实人”,即使能力差一些,有责任心、对企业忠诚、讲诚信的人也更有前途。

现任 Google 全球副总裁李开复在《给中国学生的第二封信:从优秀到卓越》中谈到个人素质中的诚信和正直时写道:

一个人的人品如何直接决定了这个人对于社会的价值。而在与人品相关的各种因素之中,诚信又是最为重要的一点。微软公司在用人时非常强调诚信,我们只雇用那些最值得信赖的人。2005 年,当微软列出对员工期望的“核心价值观”时,诚信(honesty and integrity)被列为第一位。

在我发表“第一封信”后,曾经有一位同学问我:为什么一个公司要涉入员工的道德呢?我回答:这是为了公司自己的利益。例如,一位应聘者在面试时曾对我说,如果他能加入微软公司,他就可以把他在前一家公司所做的发明成果带过来。对这样的人,无论他的技术水平如何,我都不会雇用他。他既然可以在加入微软时损害先前公司的利益,那他也一定会在离开微软后损害微软公司的利益。

另外有一位同学看了“对话”后问我,为什么我会把诚信放在智慧之前呢?难道我们会去衡量员工的诚信和他们的智慧而给诚信更高的比重?其实,我们的衡量都在直接的工作目标上,并不会对诚信或智慧做直接的衡量。但是,作为第一“核心价值”,诚信是我们对员工最基本的要求。我们根本不会去雇用没有诚信的人。如果一个员工发生了严重诚信的问题,他会被立刻解雇。

一个公司这么重视诚信,其员工一定更值得信赖,因此,公司对员工也能够完全信任,让他们发挥自己的才能。在微软公司,公司的各级管理者都会给员工较大的自由和空间发展他们的事业,并在工作和生活上充分信任、支持和帮助员工。只要是微软录用的人,微软就会百分之百地信任他。和一些软件企业对员工处处提防的做法不同,微软公司内的员工可以看到许多源代码,接触到很多技术或商业方面的机密。正因为得到公司如此的信任,微软的员工才有更强的责任心和更高的工作热情。

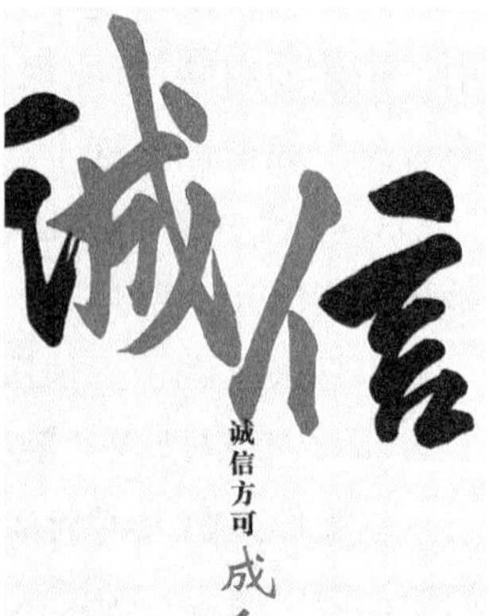

图 3-2 诚信方可成人

从个人发展的角度来看,诚信可以增加在

组织中的声誉、社会中的声望,并具有良好的信誉记录,这些无形的财富可以带来精神上的享受,也能带来比如组织的奖励、工资的增加和职务的晋升。尤其在日益完善的社会信誉制度建立过程中,讲诚信可以取得低成本的借贷、经济交易的便利,以及社会就业保障等。诚信不仅是一种道德,而且是孕育其他道德品质的基础。大学生正处在人生观、价值观、世界观形成的关键时期,强调诚实守信不仅有利于其形成诚信的道德品质,也有利于其他道德品质的形成发展,不仅能够改善全民族的道德素质,也为民族的振兴提供道德上的保障。让我们记住这句话:“诚信方可成人。”(见图 3 -2,图片来源:国际在线网,http://www. jn. foous. cn)

【小提示】美国有个信誉局

在美国,有这么一个机构,靠一个温柔得几乎看不见的撒手锏,使得任何有良知、想过体面生活的人都不敢肆意妄为,而必须遵守规则,它就是——“信誉局”。比如,在美国各个城市都有检查车辆的稽查员,当稽查员查到某一车辆在停车场超过规定的停车时间时,就把罚款单贴在车窗前,让车主自觉到指定地点缴罚金。有趣的是,这一罚款是颇具“弹性”和人情味的。第一次不去缴罚金,权当大风刮跑了罚款单,原谅;第二次不缴,仍当他没有看见,不是故意不缴;第三次还是不缴,对不起,事不过三。这三次违规不缴罚金的记录就会被寄到“信誉局”。“信誉局”的电脑记录资料是对社会各界公开的。一旦“信誉局”记录在案,此人的信誉就有污点了。从此,他想找个好工作,用人单位一查记录,便觉得此人不可信赖;他要找银行申请贷款,银行一查记录,对不起,没门。总之,在美国,一个人一生有了“劣迹”记录,就很难在社会上立足,更不用说过上等人的体面生活了。美国的市场经济是法制经济,更是诚信经济,从美国的“信誉局”的间接管理就可以窥见一斑。

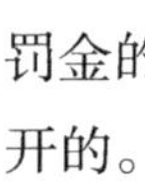

讨论与思考

收集你所知道的诚信做人的故事,并在班级中开展讨论。

二、诚信与人际交往的关系

(一)信守承诺

“诚者,言先而后成也。”中国的文字本身,往往就是学问的载体。“诚”

字是由左边一个“言”加上右边一个成功的“成”字构成的，这说明一个道理，即“许诺了的就必须成功”，否则“言而无信，不知其可也”。从个人与他人的关系来看，诚信是对他人的一种“善”，即待人诚恳、不欺骗、讲信用。你诚信，别人通常也会诚信。这样，群体关系会非常好，这是一个互相影响的过程。我们从小到大，人际交往越来越多，而诚信则是大多数人交往的根本准则。某人值不值得你与他交往，最重要的衡量标准往往是：他待人是否真诚，是否守信用。

人际交往是由浅入深的。在最初的人际交往中，彼此都不会给予对方过高的期待，不会要求对方善解人意、友好合作、宽容大度等，那都是人们进一步交往时才会有的角色期待。但是，唯有诚信——不论是在工作合作关系还是一般的朋友关系中，始终被人们当作衡量对方是否可靠可交的首要标准。

诚信不仅是人际交往的必要条件之一，而且是最可衡量的，它可以很直接并且快速地评估一个人是否值得信赖。现实中，它也的确是人们有意无意地用于衡量一个人是否值得深交的首要准则。你诚恳守信，言出必行，一诺千金，你就是值得交往的。你谎话连篇，言而无信，你就是不值得交往的。因此，诚信成为使健康的人际关系得以持续发展的首要前提。

图3－3　季布一诺千金

在日常学习、生活、工作中，我们经常要做出承诺，比如：“我借你的书下周一一定还给你”，“我明天一定交作业”，“明天下午下班前我会把工作完成”，“你订购的商品明天按时送货”，等等。但是，在现实中，很多人不按时兑现承诺，反而找各种借口为自己开脱。在职业生涯中，只有完成每一个承诺，才能一点一滴积累你的信用资本，才能让同学、老师、客户、领导信赖你。你拥有了信用品牌，才能发展事业。

秦朝末年有个叫季布的人，一向说话算数，信誉非常高，许多人都同他建立起了浓厚的友情，当时甚至流传着这样的谚语：“得黄金百斤，不如得季布一诺。”这是对季布“其言必信，其行必果，已诺必诚，不爱其躯，赴士之厄困”侠义品格的由衷赞叹。说明男子汉大丈夫说话要算数，要信守诺言，对自己所说的话要敢于负责（这就是成语“一诺千金”的由来）。后来，他得罪了汉高祖刘邦，被悬赏捉拿。结果他的旧日的朋友不仅不被重金所惑，而且冒着灭九族的危险来保护他，终使他免遭祸殃（季布，楚人也，任侠有名，为霸王项羽帐下五大将之一）（故事及图 3 - 3 出自：季布一诺千金[EB/OL]http://club.fjii.fj.vnet.cn/xxgx/gylx/lsgs/2007/11/504.htm）。

坚守承诺会很不容易，要付出很多，但得到的会更多。一个人诚实有信，自然得道多助，能获得大家的尊重和友谊。反过来，如果贪图一时的安逸或小便宜，而失信于朋友，表面上是得到了“实惠”，但为了这点实惠他毁了自己的声誉而声誉相比于物质是重要得多的。所以，失信于朋友，无异于失去了西瓜捡芝麻，是得不偿失的。

时常失信于他人的人，内心还能坦然信任他人吗？不会。按照社会心理学中的投射效应，他也会对别人的动机产生怀疑，就是所谓的“以小人之心度君子之腹”。

一个人总是失信于人，他身边的人就会不自觉地对他筑起心墙，并会在他的影响下背信于他。这样，一个本来可以友好合作的团体，就在一个缺乏诚信的人的作用下支离破碎了，而那个总是失信于别人的人也只能在现有环境中无助地生活下去。

就个人而言，缺乏诚信从长远看对人所造成的物质损失（如众叛亲离、丢失很多机会等）还在其次，关键在于精神上的损失。中国有句话：“天网恢恢，疏而不漏。”“不漏”的不仅仅是法网，更有人心，而且也包括绝大多数人自身那颗向善的心。换言之，对一个心理基本正常的人而言，失信于人的最大代价是：从此以后他会看轻自己，会承受沉重的心理压力。所以，选择诚信，遵守底线伦理，对人的心理健康有很重要的意义。

如果我们自己做了失信于人的事，是无权要求别人宽容理解我们的。

（二）承诺需要智慧

讲诚信是为人处世的基本原则，要实现目标，需要智慧，也需要慎重承诺。“一诺千金”“一言既出，驷马难追”都是建立在慎重承诺基础上的。在学习、生活、工作中，承诺前要认真思考，量力承诺，不能不实事求是讲大话。如果经过努力可以实现承诺，那么即使条件不太成熟，也可以做出承诺。

【故事】打工女皇吴士宏用智慧承诺

她在《逆风飞扬》一书中写道：

那是1985年，我有充足的理由要走进这扇转门。为了离开原来毫无生气甚至满足不了温饱的护士职业，我凭着一台收音机，花了一年半时间学完了许国璋英语三年的课程。我一直守候着机遇的到来。我鼓足勇气，穿过那威严的转门和内心的召唤，走进了世界最大的信息产业公司IBM公司的北京办事处。面试像一面筛子。两轮的笔试和一次口试，我都顺利地通过了严密的网眼。最后主考官问我会不会打字，我条件反射地说："会！""那么你一分钟能打多少？""您的要求是多少？"主考官说了一个标准，我马上承诺说我可以。因为我环视四周，发觉考场里没有一台打字机，果然，主考官说下次录取时再加试打字。实际上我从未摸过打字机。面试结束，我飞也似的跑回去，向亲友借了170元买了一台打字机，没日没夜地敲打了一星期，双手疲乏得连吃饭都拿不住筷子，我竟奇迹般地敲出了专业打字员的水平。以后好几个月我才还清了这笔不少的债务，而IBM公司却一直没有考我的打字功夫。我就这样成了这家世界著名企业的一个最普通的员工。

讨论与思考

1. 诚信在人际交往中到底有多重要？
2. 缺乏诚信会带来什么负面影响？

三、如何诚信做人

诚信源于自重和自信。"重"是指尊重、敬重、重视，"信"是指信心、信赖、守信。

（一）不自欺，有自信

先自重自信，才能让别人重自己信自己。如果不自重不自信，当别人对我们诚信的时候，我们会对别人产生怀疑，会认为对方另有企图，因而也不能以诚相待，最终将导致人际交往的恶性循环。信是一种能力，由自身开始，推己及人。所以，自信是信人的前提和基础。对自己有了信，有准确的把握，才有分析他人和信人的资格。

从对自己的态度和行为来看，诚信表现为对自身的一种的"善"，即不自欺。对自己诚信是对他人诚信的基础。对自己诚的人,也会表现出对他人的诚信,对自己不诚的人,也就会表现出对他人的不诚,“自欺”与“欺人”是相伴而生的。

“不自欺”即对自己实事求是,在自己的心中要建立一种正确的自我评价标准,形成一种自我监督机制,时时留心外在的评价,时时倾听自己内心的声音,不说违心的话,不做违心的事,客观地对待他人和自己。

有的人总是没有勇气向别人说出拒绝的话,因为他们总以为对别人说“不”是一种伤害,而且也是间接承认自己没有能力。但如果答应了又没做到时,别人不仅会生气,也会认为这个人很自大。结果不但兑现不了当初的好意,反而伤了感情。所以,诚信要从培养自信开始。

(二)不轻易许诺,自重重人

许诺是诚信的一部分,一个人许诺之后会出现两种结果:要么是兑现自己的诺言,这就是诚信;要么不兑现自己的许诺,这是欺骗。诚信要保证利益均衡,许诺人与受诺人的利益一般要遵循利益均衡的原则。许诺宜慎重,应该视不同对象而定。诚信不应只看受诺人的利益,许诺人的利益也应该得到保护。如果受诺人的要求太苛刻或是不值得承诺人付出过多,那就应该在许诺时把握好权利和义务的度,不可减少一分,也不可多添一分,讲的就是这个道理。

许诺应该是深思熟虑的结果,因为它具有道德评价的意义。只有在审慎考虑自己能力以及可能的前提下做出许诺,才是一种明智的选择;那种不考虑自己的能力也不付诸努力的随意的承诺,是不负责任的,也是不道德的。

人一旦对人有所许诺,就应该努力去兑现。这种许诺的前提是针对正义的事、道德的事,而不是邪恶的事。许诺的事虽有大小之分,但应一概履行。如果实在不能兑现承诺,也要如实说明原因。

因为自重,所以会以真心实意、实践成约的行为去维护自己的诚信。因为重人,所以就会用一诺千金的践约行为给对方以重人的证明。因为自信,所以无需虚言妄语粉饰自己,也无需以满足一切人要求的方式去证明自己。因为信人,所以相信别人值得自己信赖,相信别人不会因自己说“不”就简单地否定自己。如果大家在自重重人、自信信人上做到了知行统一,那么结果便是:自重重人人重,自信信人人信。

其实，做到诚信并不很难，只要我们从小事做起，从身边做起。见到师长，多一声“您好”能少一分冷漠；一声“对不起”能化解剑拔弩张的冲突；一句“不要紧”等于给别人吹去一阵温润的风；勇于承认错误、承担责任，尤显难能可贵；在考场上，追求真实、杜绝虚假；在生活中，许诺了他人，就一定做到。

明礼诚信的人，是胸襟宽广的人，是品德高尚的人，是尊重生命、真正懂得生活的人。

诚信是对他人和社会的一种承诺、一种保证，诚信就是一诺千金。信用是一个人内在气质的反映，是衡量一个人综合素质的重要指标，是个人发展的必备品德之一。

【故事】勿以诚小而不为

宋濂是我国明代一个知识渊博的人。他从小喜爱读书，但家里很穷，上不起学，也没钱买书，只好向人家借，每次借书，他都讲好期限，按时还书，从不违约，人们都乐意把书借给他。一次，他借到一本书，越读越爱不释手，便决定把它抄下来。可是还书的期限快到了。他只好连夜抄书。时值隆冬腊月，滴水成冰。他母亲说：“孩子，都半夜了，这么寒冷，天亮再抄吧。人家又不是等着这书看。”宋濂说：“不管人家等不等这本看，到期限就要还，这是个信用问题，也是尊重别人的表现。如果说话做事不讲信用，失信于人，怎么可能得到别人的尊重？”又一次，宋濂要去远方向一位著名学者请教，并约好见面日期，谁知出发那天下起鹅毛雪。当宋濂挑起行李准备上路时，母亲惊讶地说：“这样的天气怎能出远门呀？再说，老师那里早已大雪封山了。你这一件旧棉袄，也抵御不住深山的严寒啊！”宋濂说：“娘，今不出发就会误会了拜会老师的日子，这就失约了；失约，就是对老师不尊重啊！风雪再大，我都得上路。”当宋濂到达老师家里时，老师感动地称赞道：“年轻人，守信好学，将来必有出息！”（故事及图 3－4 出自：中小学教育资源网，http://www.i3721.com）

图 3－4 宋濂

讨论与思考

1. 讲述生活中的诚信点滴、身边诚信故事。
2. 如果已经失信于人该怎么办?

活动与实践

开展诚信故事专题演讲比赛。

第三节　诚信做事

一、坚持原则,诚实办事

诚,就是要实事求是,不扩大,不缩小;信,就是要一言九鼎,说到做到,不朝秦暮楚,不朝令夕改。诚信是立业之本,做人的准则,是企业和人的第二张身份证,其中道理不言而喻。一个企业、一个部门甚至于一个人,如果张口就是谎话连篇,说话不算数,不守信义,谁都不会相信他。那个站在山头上大喊“狼来了!”的小男孩,不就是因为一再说谎,而导致说话无人听,最后被狼吃了吗?其实,吃他的并不是狼,严格地说是他那不诚信的品质。

诚信做事,是老实做人在行为上的要求。在现实生活中,人们面对各种各样的问题和矛盾,以什么样的态度和方式处理问题、解决矛盾,反映着一个人的追求,也决定事物的不同结果。诚信做事,就是要办实事,求实效,踏踏实实,远离浮躁,其目的是为了使主观认识与客观实际相符合,把事情办实办好。任何事物都有其自身的规律,要按照事物的本来面目来认识事物,进而化解矛盾。解决问题的过程,就是坚持实事求是的过程。诚信做事不仅是一种严谨的态度,也是科学的方法。以这样的态度和方法作保障,思想就可以找到现实的土壤,结出丰硕的果实;行为上才能防止出现做而不深,做而不细,做而不实的问题。

在市场经济条件下,信用指的是一个人的资信记录,是指一个人的负责任的能力,不是简单的道德人品问题。一个人如果时时、处处、事事讲信用,那么他的事业将会走向成功，人生将会绚丽多姿。反之，一个处处不讲信用的人，久而久之定会失去周围人的支持和信任，其人生必将黯淡无光。当代大学生应当把诚信看得与生命一样重要，视诚信为自身道德品质的根基，注重自身诚信意识的培养。否则，在社会上将难有立足之地，更谈不上实现自己的人生价值、建设社会主义现代化的宏伟事业。

（一）京城老字号的诚信经营理念

诚信是京商老字号经营文化的核心，北京的老字号在文化方面有着较其他地区更深厚的内涵和吸引力。除了受中国传统文化影响外，身处政治和文化中心的京商老字号更加强调"仁""和"等儒家思想，并强调诚信经营的理念，对内形成了凝聚员工的聚合力，对外形成了吸引顾客的品牌美誉度和号召力。据调查，北京老字号企业中名称带有"德、仁、和、谦、同、信、厚、懋"等表达中华文化和儒家传统文化的字眼的企业占11%（见表3－1）。

表3－1　部分老字号企业的经营理念

企业名称	经营理念
便宜坊	方便宜人，物超所值
功德林	积功德成林，普及大地
张一元	一元复始，万象更新
南庆仁堂	素具仁慈济世之心，庆获妙药活人之效
仁和	中正仁和、仁爱和谐
瑞珍厚	瑞则吉祥、瑞香；珍则奇珍异宝，珠玉宝石；厚则宽容厚道，以诚待人
同升和	同心协力，和气生财
万全堂	遵古炮制、选药精良
吴裕泰	制之惟恐不精，采之惟恐不尽
元长厚	一元复始，源远流长，庄底雄厚
六必居	黍稻必齐，陶瓷必良，曲蘖必实，火候必得，湛之必洁，水泉必香
同和居	同怀和悦
同春园	同心协力春满园，花开茂盛，生意兴隆
月盛斋	月月兴盛，斋月兴盛

（二）京城老字号

1．同仁堂的——同修仁德、济世养生

北京同仁堂药铺创办于1669年（康熙八年），创始人是清康熙年间太医院的吏目乐显扬，距今已有300多年历史。1702年搬入前门大栅栏，即现在

图 3－5 同仁堂

前门大栅栏 24 号的位置（见图 3－5）。1723 年（雍正元年）被钦点供奉御药房用药，同仁堂至此独办官药，历经清朝八代皇帝直到 1911 年。之后因经营管理方面的变化几经更名，最终 1979 年，恢复同仁堂名称。自康熙年间开张到今天，同仁堂人一直严守古训“炮制虽繁，必不敢省人工；品位虽贵，必不敢减物力”，制药所选用材料精细纯正，配料详细慎重，优质可靠的药品赢得了良好的声誉，名扬四海，顾客云集。

历代同仁堂人以“同修仁德，济世养生”为己任，讲究“仁心仁术”之道，数百多来，深得海内外顾客信任，使得同仁堂长盛不衰。

“同修仁德，济世养生”八个字是佛教协会名誉会长赵朴先生所书。其含义是指同仁堂崇尚“德仁”精神。“仁德”本意为仁者爱人，也有恭谨、宽厚、信实、勤敏、慈惠之意，亦指同仁堂人坚持真理、正义的品行和“先难而后获”，对社会多做贡献的理想追求。发扬“仁德精神”，对内可以修身、敬业、求人和，对外可以报效国家、奉献社会。

“济世养生”是“仁德”的最高境界和目标，表明同仁堂作为医药企业以提高人类健康水平和生命质量为己任，坚持以义取利，以诚守信的精神之道，以爱国爱人之心、仁药仁术之本，取信于民，造福人类。

2. 王致和——以诚信为本的企业精神

“酿人间美味，造百姓口福”是王致和集团的经营宗旨。其企业精神的主旨为“诚信创业、追求领先”（见图 3－6），主要包含以下几方面内容：

（1）诚实为本。

祖传秘方、选料考究、工艺精湛、挚诚实在。以质取胜才使得这平凡的小方块充满了神奇的魅力。300 年悠悠岁月，“王致和”历经沧桑却久盛不衰，名扬中外、享誉古今，其真谛正在于此。“王致和”靠真诚立足全国。

1992 年以前，安徽省曾一瓶腐乳都不卖，为了打开这里的市场，业务人员想尽办法，一次偶然的机会，听说该地区有家销售商场的业务员的父母来北京遇到了困难，销售科的同志听说后马上派车出人，找到这两位老人，不仅主动帮助解决困难，还仔细地向他们介绍产品的几种吃法。老人家很感动，临走时才说，我们在当地也开了家个体小商店，这么好的腐乳别人不卖我们卖。回去后他们从刚开始要几箱货发展到成集装箱地要货。在他们的介绍下，安徽市民逐渐喜欢吃王致和的腐乳了，销售额也逐年上升。

由于真诚，王致和不仅占领了全国市场，还赢得了广大商户的信任。

(2)信义为纲。

“闻着臭，吃着香”，香臭之间的转换是味觉与嗅觉等生理功能之间的转化所至，也是公众对王致和品牌情有独钟以及对产品售后服务的肯定与褒扬。

(3)创业为主。

老≠好。继承中华老字号的优良传统固然可贵，但弘扬民族文化精神、科技兴厂、矢志进取，开创“王致和”民族工业新面貌，这才是“王致和”品牌老而不衰、永葆青春的真正动力源泉。

图 3-6　王致和诚信为本

3. 内联升——诚信为本、品质至上

图 3-7　内联升

内联升是北京城内最著名的老字号鞋店，创建于 1853 年(咸丰三年)，至今已有 150 多年的历史。创始人赵挺，最初店址在东江米巷(今东交民巷)。如今，内联升鞋店在大栅栏商业街路南的三层仿古建筑楼内营业。40 多年前全国人大常委会副委员长郭沫若先生为内联升题写的金字大匾额，高悬于店门之上。细心、用心、热心、诚心的特色服务，使许多上层人士成为内联升的长期固定客户(见图 3-7)。

4. 全聚德——全而无缺、聚而不散、仁德至上

全聚德烤鸭店是1864年(同治三年)由杨寿山创建的。一炉百年的火,铸成了“全聚德”;天下第一楼,美名遍中国。“全而无缺、聚而不散、仁德至上”是周恩来总理解释的“全聚德”的含义,也是全聚德人一直恪守的企业精神。

图3-8 全聚德

全聚德百余年来,以“聚德”之心广聚天下有识之士,以“聚全”之志深纳华夏美食。无论是跑堂还是厨师,在全聚德都努力精益求精,一行有一行的绝技,把一流的服务作为赢得回头客的一个筹码。新中国成立后,在周总理的直接关怀下,全聚德人在继承传统服务特色的基础上,悉心研究服务模式,从更多地为“贵族”服务、为少数人服务,转而为社会大众服务。为了方便普通顾客,全聚德还增添了零卖业务。在历次国宴任务中,全聚德人都以精到的星级服务赢得了中外宾客的赞誉(见图3-8)。

5. 瑞蚨祥——至诚至上、货真价实、言不二价、童叟无欺

图3-9 瑞蚨祥(一)

北京瑞蚨祥创办于1893年(光绪十九年)。它的前身是设在北京前门外鲜鱼口布巷子胡同的鸿记布店,1893年(光绪十九年)在前门大栅栏置地造房,开设“瑞蚨祥”(见图3-9)。

1900年庚子事变,一把大火把北京最繁华的商业区全部焚毁,“瑞蚨祥”也变成一堆瓦砾。

面对这灭顶之灾，瑞蚨祥却出人意料的做出了这样的承诺：凡是瑞蚨祥欠客户的钱一律奉还，凡是客户欠瑞蚨祥的钱一笔勾销。瑞蚨祥非凡的气魄和极高的商业信誉，在当时社会上引起巨大震动，一时传为佳话。火灾之后，许多店铺已无力恢复营业，还有一些持资观望，而瑞蚨祥却从中看到了商机，他们一面在废墟上摆地摊，继续营业，一面筹措资金，凭着过去的信誉和自己的家底，仅用一年时间，便在原址重新盖起了一座中西合璧的新瑞蚨祥店堂。还请当朝翰林李林庠用正楷题写了“瑞蚨祥”三个大字的匾额。直到现在，这座精美的建筑依旧完好的耸立在大栅栏，成为历史的见证，1995 年被列为北京市市级文物保护单位。由于当时一般商户无力复业，还有些商户意存观望，瑞蚨祥趁机突起，又因为天津、青岛等地的瑞蚨祥没有受到损失，可以接济货源，所以开业后生意非常好，一些百货、布匹、广货批发商这时正愁货无去路，见瑞蚨祥的货能销得动，都愿意赊货给它，月底收款。这样，瑞蚨祥就成为当时独一无二的大店（见图 3－10）。

图 3－10　瑞蚨祥（二）

瑞蚨祥百余年来，一直恪守一个原则，那就是货真价实。门店销售都是言不二价。不管是过去还是现在，瑞蚨祥经营的绸缎、呢绒都在苏州定织，尤其是瑞蚨祥的独家传统产品——物美价廉的平纹色布，一律选用上好的棉纱，刚出染坊的布严禁立即上市，必须包捆好，在布窖里存放半年以上，待染

图 3－11　瑞蚨祥（三）

料慢慢渗透到每根纱线，才能出售。这种方法被称作“闷色”。经过闷色的布，染水足，色泽匀，光泽好，布面平稳，手感绵软滑利，缩水率小，下水不退色。

瑞蚨祥还与各地货主预订第二年的进货合同，一来可以筹备下一年的货品，二来可以控制稀有高档品的供应。因此瑞蚨祥能够不断推出独家专卖花色式样的货品，与一般小商号当地小量进货，有什么卖什么相比，它能做到卖什么有什么，当时的权贵富豪都以身穿瑞蚨祥为荣，“头顶马聚源，身穿瑞蚨祥，脚踩内联陞”，是当时上层社会的品牌着装（见图 3－11）。

6. 张一元——金般品质，百年承诺

张一元的前身为 1900 年（光绪二十六年）在花市开办的“张玉元茶庄”，1908 年（光绪三十四年）在前门外观音寺开张了第二家茶庄，取名“张一元茶庄”。1912 年在大栅栏开张了第三家茶庄——张一文记茶庄。北京市张一元茶叶公司在京城老字号中第一个制定了质量标准。张一元发扬老字号的经营传统，恢复了一些断档多年的传统产品，不断更新、改造、调整、增加茶叶品种，受到消费者的欢迎。

图 3－12　张一元

张一元经营的茶品齐全，红茶、绿茶、花茶、紧压茶、乌龙茶，几乎所有种类的茶叶都可以在这里买到。张一元茶庄秉承“不怕没人买，就怕人买缺”的经营理念，以及货真价实、讲求信誉、服务周到的经营思想，赢来了京城内外各种层次、不同爱好的茶客。

“金般品质，百年承诺”是张一元百年来不变的信条。1995 年春天，在新茶上市的季节，张一元新一代掌门人，“张一元”茶叶公司总经理王秀兰，亲自来到北京国家茶叶检测中心要求检测自己的茶叶。“送检”不仅意味着要花费几十万元，而且还要冒着一旦检测不合格就会被禁止上柜的风险。张一元主动“送检”的做法，把“绿色环保”作为老字号的一个新卖点，在全行业率先举起了绿色食品的大旗，无疑赢得了更多消费者的认可。自此张一元的茶叶每年都要检测，证明张一元的茶叶在食用安全上是符合国家标准的，是张一元重视顾客健康的一种表现。张一元老字号的分量在人们心中又重了许多（见图 3－12）。

茶叶生意赚的是回头客的钱，要想长久地留住顾客除了过硬的质量外还得有优惠的价格。张文卿时代，为了吸引更多的顾客，除了坚持“薄利多销、同价最优”的策略外，张文卿还煞费苦心地采取了一些有针对性的办法。新茶上市以后，他为吸引顾客，把最新的茶叶用小纸包包好，量很小，半两一两的，价钱很低廉，就摆在柜台上，家住得比较近的买主就爱来买这个，现买现喝，这样这条街这一片居民区就都知道“张一元”的茶好了。在今天，“货真价实”仍然是“张一元”不变的信条。2004 年春天一个上午，一名男子在“张一元”买了一两标价三千元一斤的西湖龙井后匆匆离去了，第二天他又找上门来买了 13 斤。当时他与在场的总经理王秀兰说，你这三千元一斤的茶比我在外面五千元的都好。

恪守“货真价实，作良心价”的张一元留住了众多回头客，也留住了老字号的信誉。

活动与实践

1. 参观素养教育基地京商老字号展馆，结合教材内容深入了解老字号经商理念和成功经验。
2. 如果没有诚信你的生活将会怎样：

   （1）去医院就诊时，我们会怀疑药费、药价；

   （2）去市场买肉时，我们会担心质量、重量；

   （3）当受雇于人时，我们会猜测工钱能否给；

   （4）当借钱给人时，我们会担心到时能否还；

   （5）当雇用别人时，我们会提防做工是否认真；

   （6）当与人合伙时，我们会小心提防别人使心眼。

二、遵纪守法，不被利益诱惑

诚信，是人际交往中重要的道德品质，在人的品德结构中居于核心地位。在社会生活中，强调诚实守信是至关重要的。从社会发展的角度来看，在不完善的市场经济中，唯利是图、坑蒙拐骗等行为大量滋生，由此导致人与人之间各种失信行为，阻碍市场经济的发展。

“无诚则有失，无信则招祸。”那些践踏诚信的人也许能得益一时，但终将作茧自缚，自食其果；那些制假售假者，或诈骗者，则往往在得手一两次后，便会陷入绝境，导致人财两空，甚至锒铛入狱。在现代经济社会中，即使一个企业拥有雄厚的资本实力和现代化的机器设备，有誉满全球的品牌优势，建立了很好的采购和销售网络，并且有一支高素质的员工队伍和高学历的管理者队伍，但如果它在财务报表、在商品、在服务上做假，欺骗客户和投资者，丢掉了信用资本，就没有银行愿意给他贷款，企业的股票、债券和商品就没有人买，合作者和客户没有了，所有物力资本和人力资本就失去了它的意义，企业必然会陷入困境，并最终在市场中消失。因此，诚信确确实实是做人、立业之本。我们每个人都有义务从自身做起，恪守诚信，让诚信成为我们为人做事的准则；只有这样，我们的生活才能绚丽多彩，我们的社会才能不断进步。

诚信是人的一张脸，他写着你的品德和节操。时下，很多企业如博士伦、雀巢、光明等企业就是缺少在这现代物欲横流社会弥足珍贵的品质才大伤元气的。人在职场没有了诚信，或者你的诚信受到怀疑，那么你将难以融入企业，甚至难以在社会上立足。“小胜靠智，大胜靠德”说的就是这个道理。

【案例】拿什么挽救你——KFC

苏丹红事件发生后，肯德基发表声明称其各类产品不含苏丹红。然而在 2005 年 3 月 16 日下午，中国百胜餐饮集团向媒体发布消息，承认在肯德基新奥尔良烤翅、新奥尔良烤鸡腿堡的调料中发现苏丹红。消息一出，舆论哗然。中国百盛集团采取措施：

(1)停止售卖含苏丹红成分的产品，主动销毁剩余调料；

(2)发表声明向公众道歉；

(3)严查供货源头，保证食品安全，向消费者公布食品检验结果。

肯德基全国 1200 家店在苏丹红事件中 4 天至少损失 2600 万元。

生活经验告诉我们，不讲信用的人可以欺人一时，但不能欺人一世，一旦被识破，他就难以在社会上立足，其结果既伤害别人，也伤害自己(见图 3－13，图片来源：百度图片，http://image. bai du. com/)。

【案例】利欲熏心——千年火腿遭封查

图 3-13 拿什么挽救你——KFC

至今已有 1200 多年历史、通过几十代人的不懈努力、清朝光绪年间就在莱比锡国际博览会上获金奖的三大名牌火腿之冠的金华火腿，也是当地的一个支柱产业。然而不法分子曹锡平、曹锡洪却用有毒农药“敌敌畏”腌制了有毒火腿，至使 160 多家生产厂家毫无例外地遭政府部门封查，全国各大、中、小城市纷纷撤柜，各地经销商不约而同地退货，导致名牌火腿声誉跌入低谷，千年品牌被毁。

【案例】小小月饼——信誉的破产

讲诚信、守信誉，经过几代人的艰苦努力，才赢得了顾客信赖的南京冠生园，在市场经济的大潮中，缺乏行业自律，把诚信丢在一边。2001 年爆出了陈馅新做事件，致使冠生园破产，后来以 812 万元人民币易主。

【案例】海尔“砸冰箱”——真诚到永远

1985 年的一天，张瑞敏的一位朋友到厂里买一台冰箱，结果挑了很多台都有毛病，最后勉强拉走一台。朋友走后，张瑞敏派人把库房里的 400 多台冰箱全部检查了一遍，发现共有 76 台存在各种各样的缺陷。张瑞敏把职工们叫到车间，问大家怎么办。大多数人提出有缺陷但不影响使用，便宜点处理给职工算了。当时一台冰箱的价格 800 多元，相当于一名职工两年的收入。张瑞敏说：“我要是允许把这 76 台冰箱卖了，就等于允许你们明天再生产 760 台这样的冰箱。”他宣布，这些冰箱要全部砸掉，谁干的谁来砸，并亲自抡起大锤子砸下了第一锤！很多职工流着眼泪砸了冰箱。然后，张瑞敏告诉大家——有缺陷的产品就是废品。

如今海尔已建立起一个具有国际竞争力的全球设计网络、制造网络、营销与服务网络。拥有设计中心 18 个、工业园区 10 个、海外工厂及制造基地

图3－14 美国海尔工业园

22个，产品远销160多个国家和地区，甚至把工厂办到了美国（见图3－14），营销网点达58800个。海尔集团从一个亏空147万元的集体小厂，发展成为2003年全球营业额806亿元的中国第一品牌，海尔品牌两字价值达530亿元，成为中国最值钱的品牌，并入选世界100个知名品牌，获得越来越高的美誉度（资料及图片出自：人民网特别策划：创业20年，海尔给中国带来了什么？［EB/OL］. http://www. anliku. com）

【案例】“三鹿奶粉”事件警示：诚实守信是企业发展的根本

望着病床上的孩子，年轻的父母忧心如焚，恨不得以自己的病痛换取孩子的健康。面对“三鹿奶粉”事件造成的严重危害，生产企业的员工追悔莫及，羞愧地低下了头。富有责任感的奶产品企业高管人员几乎不约而同向社会发出了保证产品质量的承诺：哪怕自己的企业关门停产，也要营造一个诚实守信、干干净净的市场环境。

这一事件的发生，给人们以警示：一些人唯利是图、不讲道德是祸根。明知道“三聚氰胺”是工业原料，人是不能食用的，为了获取利润，偏要昧着良心将它加到牛奶中；明知道牛奶贩子购买“三聚氰胺”是害人的，“三聚氰胺”的经销商还要几次找上门去推销；明知道牛奶中加进了“三聚氰胺”，奶粉厂还要制成奶产品销售。更令人忧虑的是，这种状况任其蔓延，始作俑者会由无知走向故意，由见利忘义走向谋财害命，由不讲道德走向违法犯罪。这样，我们损失的就不仅是财产，而且是身体的健康、生命的安全；不仅是发展的可能，而且是生存的条件。沉痛的教训告诉我们：没有诚实守信的社会环境，就没有安全的食品。在全体公民中大力倡导“以诚实守信为荣，以见利忘义为耻”，不仅是建设社会主义和谐社会的一项十分重大而紧迫的任务，而且是与你我他的生活和发展紧密相关，需要我们每个人自觉承担、主动参与的社会责任和公民义务。

这一事件的发生，给人们以教育：欲建立企业，先建立信誉；欲做大企业，先做好信誉；欲做强企业，必牢守信誉。诚实守信一向被我们民族视为“立人之本”“立政之本”“进德修业之本”。能做大做强、久盛不衰的企业，有哪个不是恪守信誉的企业？“三鹿奶粉”事件固然给消费者家庭、给社会造成了严重危害，但害人者必害己，损人者必损己。始作俑者正在受到党纪政纪的严肃处理、国家法律的严厉制裁，生产厂家由红红火火的发展变成了冷冷清清的停产整顿，全国奶产业的生产受到了很大冲击，严重影响了在国际市场的竞争力。深刻的教训告诉我们：在信用交易已经成为现代市场主要交易形式的历史条件下，在全社会倡导诚实守信、建立健全社会信用制度，不仅是建立社会主义市场经济秩序、促进市场公平竞争的基础，也是提高国内外市场融合度的必然要求。诚实守信，不仅是做人之根本，也是企业生存和发展之根本。

敢于面对自己过错的企业，能够改正自己错误的企业，才有希望和未来。“三鹿奶粉”事件是一个反面教材，相信有关地方、部门和企业能够吸取教训，痛改前非。这样，我们的生活环境、发展环境，才能不断得到改善，得到提高。我们应该具备这样的素质、拥有这样的能力，我们更应该有这样的信心。

诚信是人生的基石，更是财贸专业人才的根本职业素养。财贸人才走向社会后，其职业特性是与人、与社会打交道，因此讲诚信必然是我们想培养的财贸人才的特质，也是财会工作和商贸工作的灵魂。

诚信也是一个民族和国家的精神要求，是现代社会文明的基石和标志。一个民族如果是一个不讲信用的民族，那么这个民族只能是一个可怜的生物群落。江泽民主席提出“以德治国”，大力提倡“爱岗敬业、诚实守信、办事公道、服务群众、奉献社会的职业道德”。在党的十六大报告中着重提出“认真贯彻公民道德建设实施纲要，弘扬爱国主义精神，以为人民服务为核心、以集体主义为原则、以诚实守信为重点，加强社会公德、职业道德和家庭美德教育，特别是加强青少年的思想道德建设，引导人们在遵守基本行为准则的基础上，追求更高的思想道德目标”。可见讲诚信，不仅是个人的事，也是关乎民族进步、生存与发展的大事。

讨论与思考

1. 不同企业的不同结局说明了什么道理？
2. 讲诚信能使企业获得长远发展的机会。
3. 不讲诚信会使企业失去未来的发展机会。

【小提示】诚实信用原则

法律上的诚信来源于日常生活中的诚信，是将最低限度的道德要求上升为法律要求，是一般诚信的法律化。

诚实信用原则起源于罗马法。根据罗马法的诚信契约，债务人不仅要依据契约条件，而且要依据诚实观念完成契约规定的给付，依裁判法的规定，当事人因误信有发生债的原因而承认债务，实际上该原因并不存在时，可以提起“诈欺之抗辩”，以拒绝履行。

根据市民法的规定，当事人因错误而履行该项债务时，可以提起不当得利之诉，请求他方返还已履行的财产；如果尚未履行，可以提起“无原因之诉”，请求宣告其不受该债务的拘束。

1804 年《法国民法典》第 1134 条规定，契约应依诚信方法履行。1863 年的《萨克森民法典》第 158 条规定：“契约之履行，除依特约、法规，应遵守诚信，依诚实人之所应为者为之。”由于 19 世纪个人主义、自由主义思潮的影响，诚信原则尚未受到资产阶级民法典的足够重视，而仅仅适用于契约的履行。19 世纪末，法律从个人本位向团体本位发展，诚信原则在民法中的适用范围逐渐扩大。1900 年施行的《德国民法典》第 157 条规定：“契约应斟酌交易上之习惯，遵从诚信以解释之。”第 242 条规定：“债务人负有斟酌交易上之习惯，遵从信义，以为给付之义务。”1907 年的《瑞士民法典》第 2 条规定：“无论何人，行使权利、履行义务，均应依诚信为之。”这就将诚信原则的适用，由债权债务关系，扩展到民法中的一般权利义务关系。

第四节 诚信学习

诚信不仅是一种品行，更是一种责任；不仅是一种道义，更是一种准则；

不仅是一种声誉，更是一种资源。古人云："人而无信，不知其可也。"诚实守信应是每个大学生所应遵守的准则。大学生讲诚信应当从诚信学习开始。

一、诚实考试

在市场经济快速发展的今天，弄虚作假的风气在社会上弥漫，高校校园中不同程度地存在大学生的诚信缺失。

图 3－15　高考舞弊案的深刻警示

近年来，考试作弊严重，屡禁不止。诚实守信是一个人立足社会的基础，也是大学生应有的基本道德品质。大学生的不诚实体现在学业和成绩上，就是有的学生平时不学习，临时抱佛脚，甚至采用现代通信手段进行作弊（见图 3－15，图片来源：光明日报"三起高考舞弊案的深刻警示"[EB/OL]. http://21 Guy. com）。

2000 年湖南嘉禾高考舞弊案、广东电白县利用 BP 机高考舞弊案一度引起全国震惊。各大媒体纷纷报道，北京、重庆、长春等地高校大学生以考试"枪手"和"枪手中介"为"职业"。另据《中国青年报》2002 年 4 月 30 日报道，不少考试"枪手"已把阵地转移到网上，一知名网站上"枪手"求职的贴子在 72 小时内竟被点击 99 次。考试作弊在许多地方是相当普遍的现象，在一些学校已经达到了不用严厉惩罚的手段已难遏制的地步。（考试舞弊案中被查出的作弊工具）

【案例】尖子学生考试作弊被退学

某大学 16 名在考试中作弊的学生被勒令退学。此举犹如一块巨石投入平静的池塘。这些被退学的学生，有不少是在社团、文娱、体育活动中拔尖的学生，包括学生会主席、校学生摄影协会主席、省大学生卡拉 OK 大奖赛冠军、全国大学生征文获奖者……从严治校是大学的一贯宗旨，严肃考试纪律是端正校风、学风的突破口。校党委书记、校长和党委副书记认为，培养人才不仅要使学生具备良好的专业素质，还要具备良好的思想品德素质，考试作弊，无论从哪一方面来讲，都是有悖于教育宗旨的。所以，即使对那些学有专长的拔尖学生，我们也不能姑息，只能忍痛割爱。

从学生考试作弊的心理动机方面分析，可以看出，作弊学生缺乏健康向上的心理，自信、自尊、自重、自强、自立意识薄弱和自我约束力差是导致作弊行为的重要原因。主要表现在以下方面：

(1)缺乏道德观念。对是与非、对与错不加分析，不以考试作弊为耻。

(2)投机取巧心理。对自己放松了严格要求，没有树立正确的学习目标，平时怕吃苦，学习不努力，到了期末考试就动歪脑筋，利用各种手段进行作弊，投机取巧，妄图坐享其成。

(3)盲从心理。看到别的同学考试作弊没有被发现，轻而易举蒙混过关，就感到考试成绩不公平，产生盲从心理，进而也加入考试作弊的队伍之中。

(4)蒙混过关心理。有些学生由于学习基础较差，考试不及格课程门次增多，面临留级或退学，这时面对家庭和学习的压力，试图用考试作弊来蒙混过关。

(5)虚荣心理。有些学生平时学习不错，尤其是学生骨干，作弊是为了得到更高的分数以便保持荣誉和评奖评优，满足自己的虚荣心。

(6)是非不分。有些学生学习成绩相对较好，然而面对同学的“求助”，不假思考，慷慨地伸出“友谊”之手，把考试当儿戏，对作弊的危害性认识不清，没有想到“替考”害人害己。

从以上考试作弊者的主观因素分析可看出，无论是那种考试作弊行为，都集中反映了考生考试不讲诚信，违背了做人最起码的原则。考试不光检验我们的知识水平，同时也检验我们诚实可信的做人准则。面对一张白纸黑字的考卷，我们是应该诚实地去答题，还是偷偷摸摸地去抄袭？答案不言而喻。应诚实地回答每一道题，以正确的态度对待每一次考试，为心灵交上一份诚实的答卷。自古以来，读书人都是以节操为本、以诚信为基。学习在于点滴积累，亲手采的蜜最甜，亲自酿的酒最香。

诚信考试，我们应做到：

(1)排除外界干扰，正确认识考试对评价自己的重要性。充分利用一切时间，认真复习，满怀信心地迎接考试。

(2)提高自身修养，做一名诚信学生。请同学们切记：分数诚可贵，奖励价更高，若为诚信故，两者皆可抛。我们要以诚信的态度对待每一场考试，考出真实水平。

(3)在考试过程中尊重监考老师，端正学习与考试的态度，严格遵守考试规章制度,实事求是,杜绝一切考试作弊行为。

(4)弘扬诚信正义。树立与不良风气作斗争的信心和勇气,勇于检举揭发考试作弊行为。

(5)"文明考风、诚信考试"从我做起。千里之行始于足下,良好的学风、文明的校风,应当从自己做起、从现在做起,努力打造诚信校园。

(6)诚信考试,迈好财贸人诚实守信第一步。

讨论与思考

对于考试抄袭与被抄袭的感受和心态,站在不同立场上说说你的认识。

二、诚实完成作业

一个同学的毕业论文,主要是从网上一篇论文上抄的,在论文答辩会上,一位老师问他:这是你的论文吗? 那个同学一口咬定是自己原创的。结果老师哈哈大笑:"我的论文什么时候变成你的了?"

随着网络的普及,作业、论文抄袭现象越来越严重。同学们通过网络进行"复制"和"粘贴",有的同学之间互相抄写作业,使得老师批改作业失去意义。

北京邮电大学自考办日前在进行 2006 年下半年自考毕业论文审核中,发现 3 名考生内容为抄袭。3 名作弊考生均为北邮主考的"邮电管理工程"专业考生。其中,1 名考生的毕业论文 80% 以上的内容是抄袭了同一篇文章,还有 1 名考生的毕业论文抄袭一篇网络文章。北邮自考办经过确认,3 名考生已构成作弊。学校对 3 名考生毕业论文抄袭行为进行了严肃处理,其毕业设计成绩按零分计,并根据相关规定,取消 3 名考生今后的学位申请资格,同时对 3 名考生予以停考一年的处罚。

国外的许多高校在学术诚信方面已有一些切实可行的条例,如不得抄袭,引用时要将尽可能将具体的备注信息填写好,等等。这些条例在经过众多师生的共同努力后融入学习生活中,变成日常的规范,抄袭的行为变得为人所不齿。然而,在我们的现实生活中,大量的整段的"复制"与"粘贴",拼成一篇文章的现象已屡见不鲜。社会上并没有树立起崇尚创造、崇尚诚信的普遍心态,人们抱着懒散、投机取巧的态度为完成自己的工作,侵占他人的利益。学术诚信的问题亟待解决。

如今网络快速发展，确实给查阅资料、获取信息带来极大便利。但你会用“百度”搜，指导老师也会用“Google”查，更何况指导老师都是相关学科带头人，你的那点小聪明，是蒙不了老师眼睛的。整段的“复制”“粘贴”是能够帮我们凑成一篇文章，但是在“粘贴”出文章的同时，我们也“删除”了诚信。

要认真对待作业、论文，用自己的汗水来换取学识。诚实做人，就要诚信作文。重视每一次作业的完成，多积累，多学习，亲力亲为，这样才能提高自己的学术能力和写作能力，真正成为一名合格的毕业生。

讨论与思考

说说抄袭、引用的区别，从网上查查引用文献的方法和恶意抄袭所触犯的法律。

三、诚信借书

图 3－16 诚信图书馆

高校图书馆的书籍，几年后常常由当初的几十本变成了几本甚至孤本，图书数量总在递减。据悉，高校图书的流失量平均在借书总数的10%左右。为防图书有去无回，不少高校图书馆纷纷制订应对措施。如：部分学校建立样本书柜，用于收藏孤本；针对毕业生离校前不还书的现象，学校将赔偿金额翻了几倍，或规定更细的赔偿制度，但这样的赔偿制度实际并不十分奏效。有的学生甚至把绝版书籍据为己有，给学校甚至国家造成严重损失。造成这种现象的主要原因，是有些学生没有足够重视“按时按量还书”。正如一位大四学生所说，大家对从图书馆里借来的书籍并不当回事，相互借阅翻看，到毕业时往往已忘了书在何处。说到底，还是因为大学生没有养成诚实守信的做事准则（见图 3－16）。

四、诚实面试

图 3-17　诚信助大学生成功就业

很多用人单位都把“诚信”作为员工招聘时的重点考察条件。但是，面对工作难找的就业形势，一些毕业生为了在就业竞争中找到好的单位，虚夸造假，在就业推荐表上涂改成绩，甚至对证书造假，虚构经历的现象相当普遍。或许有一些人可以蒙混过关，但一旦真相被揭穿，失去的将不仅是诚信。

著名网络智联招聘转载过一篇名为“诚信助大学生成功就业”的文章，文章内容是：

春末夏初，又将有一批莘莘学子走出校门，奔波于各种招聘会。值得注意的是，近年来，用人单位和毕业生之间劳动争议案件时有发生，需要提醒毕业生诚信为先。

大学生在择业的过程中，要增强自己的法律意识，遵守相关的法律法规，特别是要讲求诚信，否则会非常被动（见图 3-17，图片来源：大学招聘会网，http://www. zhaopin hui. org）。

【案例】员工学历作假，劳动关系被解除

2007 年 3 月，张某凭借河南某大学企业管理专业毕业生的身份，到上海某催化剂公司应聘行政助理职务，经面试考核等程序，张某成功被招聘为该公司职工。同月，张某被公司通知到生产技术部操作岗位锻炼。公司对张某在公司的表现基本满意。到了这个阶段，张某认为自己已经达到了成为该公司员工的目的。张某所提供的《个人简历 · 受教育情况》内注明 1998—2002 年在“河南某大学”读企业管理专业，获本科毕业证、学位证、英语六级。但是，公司根据该简历在国家教育部指定的网上查询，却没有找到张某所称的“河南某大学”。张某提供的学历有问题！公司马上和张某联系，张某辩称其简历写错了，应该是另一所院校。根据查询，张某重新提供的毕业院校是存在的，但是公司亲自去该校查询张某情况时，却发现该校并没有张某所称的企业管理专业，也没有张某所提供的毕业证书编号，核对该校毕业生也查无此人。由此，张某以假学历应聘已被证明是事实。尽管张某声称可以胜任现在的工作岗位,但是公司还是毫不犹豫地解除了和张某之间的劳动关系。违背诚信原则的张某最终没有实现自己的上海梦。

近年来,随着大学的扩招,大学生的数量在逐年增长,相比以往“千军万马抢过独木桥”的残酷竞争,现在的大学普及率已经有很大提高。相应地,大学毕业生数量的快速增长,使得大学生面临严峻的就业形势。同时,社会和家长对大学生往往寄予比较高的期望,因此现在的大学生面临的压力是巨大的。但是尽管面临不小的压力,诚信仍是做人之本。如果采用一些不正当、不诚实的手段去试图获取工作机会,比如虚构自己并不具备的高学历、高文凭去满足用人单位的一些必备要求,就违背了基本的诚信原则,不仅不能实现自己的就业愿望,发生纠纷时也难以得到法律的保护。

另外,在2005年北京地区毕业生供需双选会上,清华同方人力资源部朱云翔向记者介绍,在一次校园招聘会中,某大学一个班30人,竟然冒出16个班长。

面试就像推销,“商品”就是自己。成功求职者的最深体会是:讲诚信。面试前要做充分准备,临场回答一定要知之为知之,不知为不知。这个年代,诚实并没有过时。应聘的前提是诚信,简历和面试中的回答要基于自己取得的实际成绩。如果失去诚信,一旦被面试官发现任何一点内容是在撒谎,那么应聘者的所有成绩就可能被怀疑是虚假的,也必然被淘汰。

有一家很大的美国公司在中国招聘雇员。当一位应聘者走进房间时,主考的美国人立即热情地说:“你不是哈佛大学某某专业的研究生?我比你高一届,你不记得我了?”应聘的中国青年心里一震:“他认错人了。”在此时,如果承认自己有哈佛学历对应聘绝对有好处。但这位青年认为,诚实比什么都重要。于是,他冷静而客气地说;“先生,你可能认错人了。我没有到哈佛大学学习过,我只有在中国读大学的学历。”说此话时,他已做好了不被录取的思想准备。没想到,主考人却说:“你很诚实,刚才就是我们考试的第一关。”最终,这位青年被录取了。

诚实学习,是老实做人、诚信做事的基础。一个人的素养、知识水平是在长期不断的学习过程中积累和形成的。不论是在校求学阶段,还是走入社会独立工作阶段,都要保持认真、踏实的学习态度。社会发展日新月异,要跟上时代发展的步伐，要立足老实做人、诚信做事，就得有一种强烈的求知欲望。要能沉下性子，踏踏实实读点书、做点学问，在不断学习中提高和完善自己。获取知识，开阔视野，丰富自己的人生内容，提高认知力，达到一种新的境界，从而具备更强的认识世界、改造世界的能力，同时也在提高自身素质的同时，体现自身的价值。

讨论与思考

1. 寻找学习生活中的诚信故事。
2. 说出一件学习生活中应该加强诚信的事件。

活动与实践

开展一次校园调查活动，以组为单位拟定一份诚信学习的调查报告，面向学校同学自由发放进行调查，做出数据统计，最终分析出我们学校大学生诚信素养方面存在的问题。

第五节　在实践中提升诚信素养

一、商业票据处理技能大赛

商业票据处理技能大赛以 50 种商业票据处理实训为载体，在实际工作中养成“不记错账，不做假账”的诚信品格。

商业票据处理技能大赛内容包括工作中常用的商品采购、商品销售、店铺零售、银行结算、职工薪酬计算、税金计算与申报、企业日常收支、银行业务、股票开户等 10 类、50 种常见商务票据处理。

商业票据处理技能大赛环境：在安装有票据实训软件的计算机教室或实训室进行实训。实训软件中事先已经安装多套实训题目，学生登录后，由计算机系统统一随机抽取一套由多笔业务组成的训练题目，要求在 30 分钟内，填制 10 张商务单据，每张单据内容填写要求完整、正确、规范，每张单据分值 10 分，共计 100 分。

在大赛过程中,学生可以先进行实训,通过网络学习相关课程知识,也可以寻求指导教师的在线帮助。

实训学习任务完成后,学生报名参加学院统一组织的50种商业票据处理大赛,所有选手在统一环境中,通过计算机竞赛系统完成竞赛。计算机系统记录考试时间并自动判分,裁判根据计算机评分结果和竞赛时间长短确定竞赛名次。

大赛成绩合格由学院统一颁发“票据处理技能鉴定证书”,根据竞赛规程,学生还可以获得相应奖励。

个人奖包括:第一名授予“票据能手”奖;第二名至第十一名授予“票据优胜”奖;其他选手授予“参与”奖。

团队奖包括:综合评分第一名的代表队获优秀团队奖,其他代表队获团队组织奖。

二、“诚信素养我行动”实践记录

“诚信素养我行动”是根据财贸素养课程总体教学要求,学生在一个学期内完成知识学习、社会调研、自我行动、技能大赛、成果展示、考核评价六个环节。在诚信素养教育实施中,学生通过《诚信素养教育手册》,将被动受教育转变为自我养成教育,将教育内容和实际行动有机结合,边学习边实践,在行动中学习知识、提升素养。《诚信素养教育手册》的主要内容包括:

(一)知识学习

对知识学习的要求:

(1)选修《京商文化》《十大商帮》等财贸职业文化课程,到图书馆商书厅借阅至少3本相关书籍,学习掌握财贸发展历史和财贸文化知识。以班级为单位开展知识竞赛。

(2)通过网络、图书馆等查阅并摘抄伟人、名人诚信故事和案例。以班级为单位进行诚信案例讨论。

(二)社会调研

社会调研活动是按照财贸素养教育培养目标的要求,有目的、有计划地组织学生带着诚信问题到全聚德博物馆、同仁堂博物馆、老字号企业、北京王府井商业街参观调研考察，学生可以看到在学校里看不到的东西，学到课堂中学不到的知识，有利于增强学生的诚信意识，是诚信素养教育的有效途径和补充，可以在现实环境中去看、去问、去听、去思考、去探索诚信价值的真谛。调研完成后，要求学生完成以诚信为主题的调研报告，并结合知识学习，组织学生开展“我谈诚信”主题交流会，并进行“诚信素养教育学习奖”评审，成绩优秀者可获得“学习奖”，以此激励学生自觉养成诚信品格，增强文化底蕴，建立职业使命感，培养职业价值意识。

完成社会调研和主题研讨后，由班主任或辅导员对学生本阶段的诚信素养教育成果进行考核，成绩占课程总分的30%。其中，知识部分考核可以采用闭卷考试方式，社会调研则根据调研报告和主题交流成绩进行评定，知识考核、调研报告两方面成绩各占1/2。此外，还要以班级为单位进行“学习奖”评比。

（三）自我行动

诚信素养的养成主要在于日常的自我养成，而自我养成依靠自主行动，通过有目的活动设计引导学生把诚信素养教育融入日常学习生活的方方面面。开展的活动有诚信学习、诚信考试、信守承诺、诚信待人等，从第一课堂到第二课堂，从班集体到宿舍，记录学生在这一学期内所做的至少10件以上的展现个人诚信素养养成方面的具体事例和成果。

此外，以班级为单位自主设计《诚信度测试调查表》，根据调查情况进行班级诚信度分析，针对不诚信现象进行研讨，实现诚信从校园生活开始。

自我养成成绩考核占课程总分的30%。此外，还要以班级为单位进行“自我行动奖”评比。

（四）技能大赛

技能大赛是以财贸职业基本技能为载体，通过比赛方式激发学生提高职业素养，有目的地培养财贸素养的一种教育方式。技能大赛遵循的宗旨是倡导职业素养、倡导职业规范、倡导职业能力，学生在竞赛环境中，在完成实际竞赛题目的同时，有意识的培养自己的财贸素养。

诚信素养教育技能大赛依托的财贸职业技能是《商务票据处理》实训课程，学生完成实训学习任务，在“50种商务票据处理大赛”中提升诚信素养和职业能力。

诚信素养教育技能大赛成绩占课程总分的20%。“大赛奖”评比直接采用大赛评奖结果,获得“票据优胜”奖以上学生可获得“大赛奖”。

(五)成果展示

诚信素养教育成果展示是诚信素养教育成果推广转化的重要方式和手段,是实现落实素养教育目标的重要措施。成果展示活动为学生与学生之间、学生与学校之间搭起了相互交流、沟通的桥梁。采用成果展示的方式进行交流,使学生可以发现不足、发扬长处,这种方式更符合财贸素养教育的特点,可以使素养教育落到实处,是激励学生自主进行素养养成最开放、最直接的手段。

诚信素养成果展示采用开放方式,具体包括:

(1)他人评价。采用《个人诚信征求表》形式,请老师、班主任、辅导员、同学、家人对自己的诚信素养进行评价打分。

(2)自我评价。自己对自己进行“诚信度测试”,根据测试结果自己给自己评价打分。

(3)实物成果展示。提交一份代表个人诚信素养,或提高诚信素养的个人作品,如诚信题材的照片、论文、总结、诗歌、相声、小品、DV、书法、绘画等,也可以是他人赠送的感谢信、锦旗等,记录校园内诚信学习、诚信考试心得体会等的实物。

诚信素养成果展示占课程总分的20%。此外,还要以班级为单位进行“成果奖”评比。

(六)考核评价

考核评价是诚信素养课程教育教学的最后一个环节,综合以上五个方面的考核成绩后得到每一个学生诚信素养教育课程的最终成绩,满分为100分。获得学习奖、行动奖、大赛奖和成果展示奖的学生可以获得主题教育奖“诚信奖”。

【社会调研案例】关于商业诚信的调研报告(调研人员:信息物流系06级学生,指导教师:林玲玲　董力　熊春燕)

调查背景与目的

商业诚信建设是建立社会信用体系的重要内容,也是企业参与构建社会主义和谐社会的着力点之一。通过此次调查,更深入地了解目前商业诚信的具体情况，结合诚信素养教育，切实了解广大消费者对商业诚信问题的态度，加强对诚信经商的认识，提高诚信素养，同时在调查技能方面丰富同学们有关统计的知识，为其未来走上财贸职业岗位做好准备。

调查对象与调查地点

广大消费者。大型商场周围；大型超市周围；企、事业单位。

调查方法

街头拦截访问；调查人员进入企、事业单位与被调查人员面对面访问。

调查问卷的数据分析方法

首先对调查问卷进行编码，再进行数据录入，然后运用 Excel 表格进行统计汇总，最后运用 Excel 表格制作统计分组表和统计图。

在调查过程中因为有的消费者怕耽误时间，所以有少数的拒访现象。但是，经过访问员对受访者认真地说明了这次进行调查的目的后，受访者抽出了他们宝贵时间接受了我们的调查。所以大家非常感谢受访者的配合，使我们顺利地完成了调查工作。

数据处理与分析图表

本次调查问卷总计 500 份，问卷发放 500 份，收回有效问卷 500 份，经数据处理，现对结果分析如下：

1. 对诚信内涵的理解

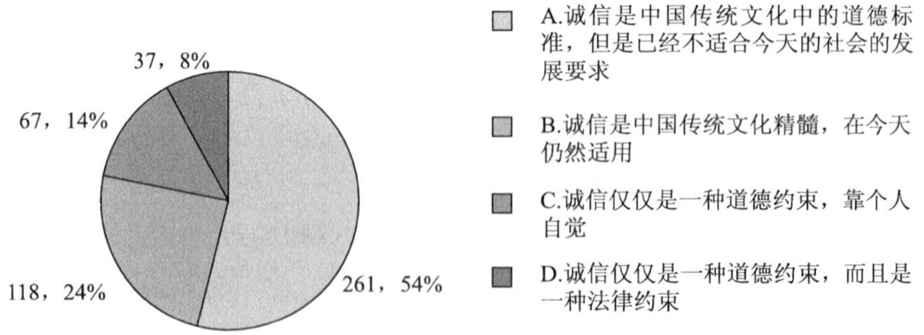

图 3－18　对诚信内涵的理解

如图 3－18 所示，54% 的消费者认为：诚信是中国传统文化中的道德标准，但是已经不适合今天的社会的发展要求；24% 的消费者认为：诚信是中国传统文化的精髓，在今天仍然适用；14% 的消费者认为：诚信仅仅是一种道德约束，靠个人自觉遵守；少部分消费者认为：诚信仅仅是一种道德约束，而且是一种法律约束。由此可见,大部分消费者虽然认同诚信,但在当今的社会大熔炉里,人们还是觉得诚信的分量不够重。

2. 影响诚信观念形成的主要因素

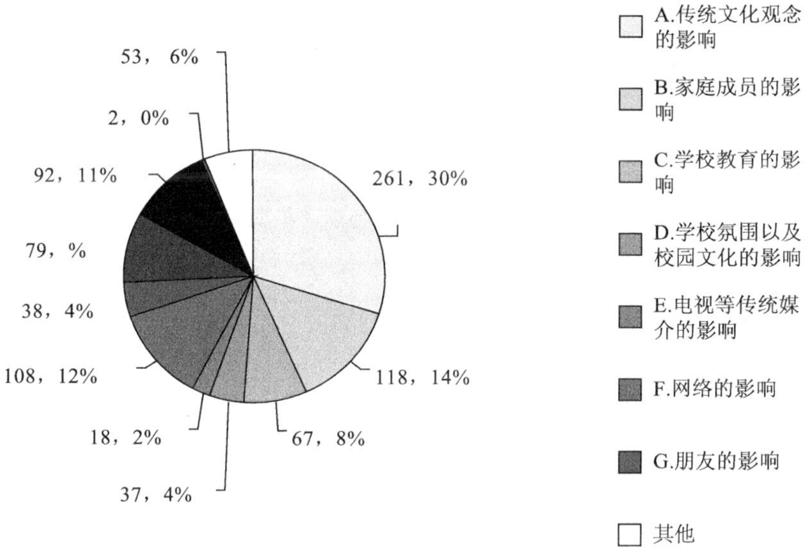

图 3－19 影响诚信观念形成的主要因素

如图 3－19 所示,针对影响诚信观念形成的主要因素这一问题,30% 的消费者受传统文化观念的影响;14% 的消费者受家庭成员的影响;12% 的消费者受网络的影响;11% 的消费者受社会风气的影响;还有少部分消费者认为学校教育、学校氛围以及校园文化、电视等传统媒介、朋友、法律制约、制度约束等也会对诚信观念形成造成影响。

3. 当前的商业诚信度与前几年相比有何变化

如图 3－20 所示,我们可以清楚地了解到:52% 的消费者都认为当前的商业诚信度与前几年相比有很大提高;只有 4% 的消费者认为当前的商业诚信度与前几年相比有退步。可见,目前我国的商业诚信度正在不断的提高。

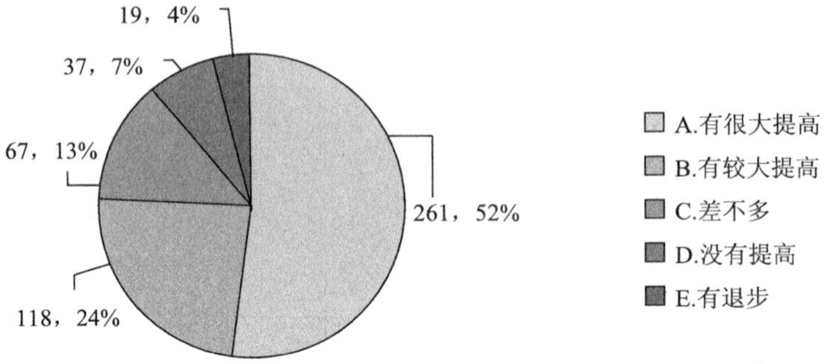

图 3－20　当前的商业诚信度与前几年相比有何变化

4. 商业诚信表现在哪些方面

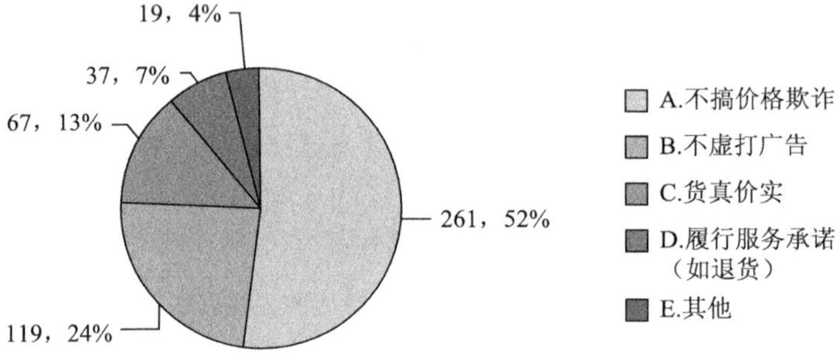

图 3－21　商业诚信的表现

对于商业诚信表现在哪些方面这一问题，由图 3－21 我们可以清楚地了解到：52%的消费者看中的是商家不搞价格欺诈；24%的消费者看中的是商家不虚打广告；13%的消费者看中的是商家能做到货真价实。可见，广大的消费者最为关注的问题就是实在的价格、优质的产品。

5. 消费者认为商业欺诈的范畴

如图 3－22 所示，32%的消费者认为：以次充好/以假充真属于商业欺诈范畴；14%的消费者认为：掺杂/掺假属于商业欺诈范畴；13%的消费者认为：高价买到仿造名牌商品属于商业欺诈范畴。由此可见，广大的消费者希望商家销售的产品是货真价实的好产品，而不是假冒伪劣产品。

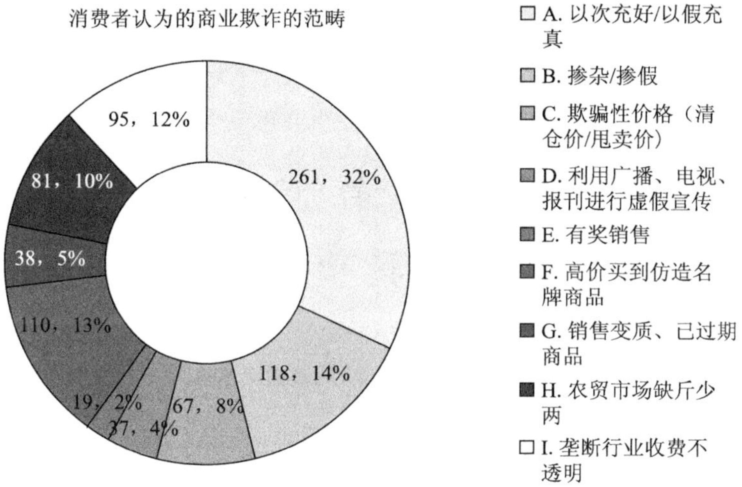

图 3-22 消费者认为商业欺诈的范畴

6. 造成目前存在商业欺诈现象的原因

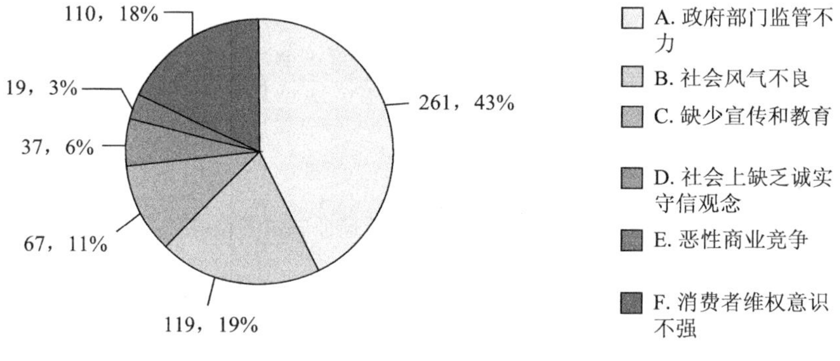

图 3-23 造成目前存在商业欺诈现象的原因

如图 3-23 所示，大部分消费者认为：之所以存在商业欺诈现象，是由政府部门监管不力、社会风气不良、消费者维权意识不强等因素造成的。

7. 网上购物这种新兴的商业手段商业诚信度如何

由图 3-24 可以清楚看到：大部分消费者认为网上购物这种新兴的商业手段商业诚信度非常好，只有 4% 的消费者认为这种购物方式商业诚信度很差。

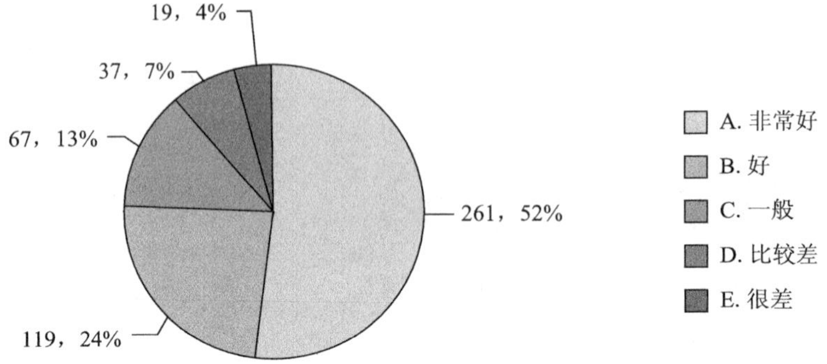

图 3－24　网上购物的诚信度评价

8. 在网上购物过程中遇到的违背商业诚信的情况

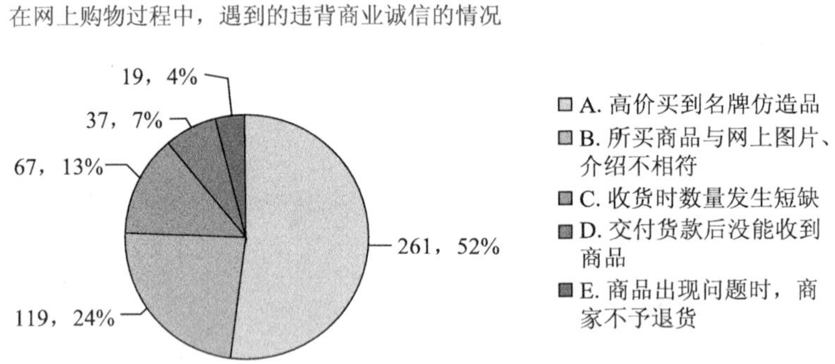

图 3－25　网上购物中违背商业诚信的情况

虽然大部分消费者都认为网上购物商业诚信度很好，但这种购物方式仍存在一些违背商业诚信的情况。如图 3－25 所示，52% 的消费者曾在网上购物过程中高价买到名牌仿造品；24% 的消费者曾在网上购物过程中遇到所买商品与网上图片、介绍不相符的情况。

9. 批发市场中诚信最好的市场

日常生活中，人们为了买到更经济的产品，经常去一些批发市场购物。如图 3－26 所示，大部分的消费者认为：批发市场中诚信最好的是北京服装批发市场。

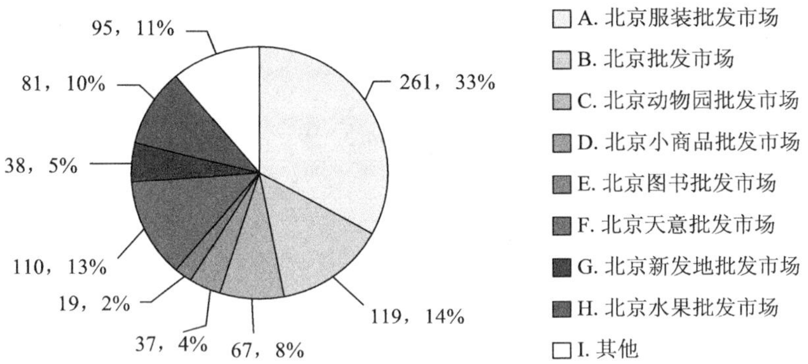

图 3－26　批发市场中诚信最好的市场

10. 大型高档商场中诚信最好的商场

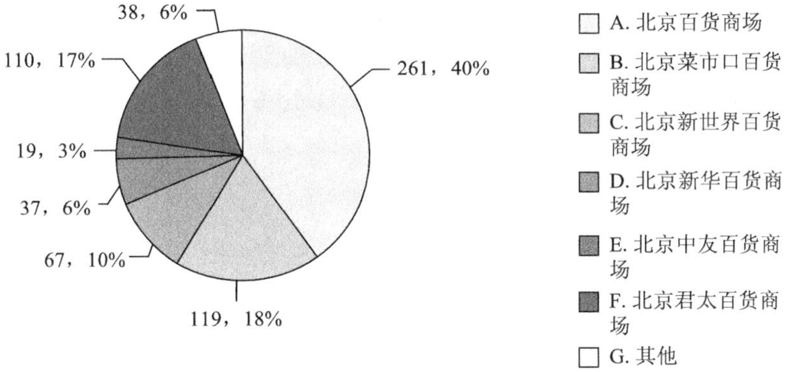

图 3－27　大型高档商场中诚信最好的商场

如图 3－27 所示,广大消费者认为:大型高档商场中诚信最好的商场是北京百货商场。

11. 消费者所选的商家商业诚信度高的原因

对于上述第 9、第 10 题广大消费者所选的答案,我们做了进一步调查,了解了大部分消费者所选的商家商业诚信度高的原因。如图 3－28 所示,52% 的消费者认为所选商家明码标价,不搞价格欺骗;24% 的消费者认为所选商家货真价实,买得放心。可见,消费者在购物时,对价格和产品的质量关注程度是十分高的。

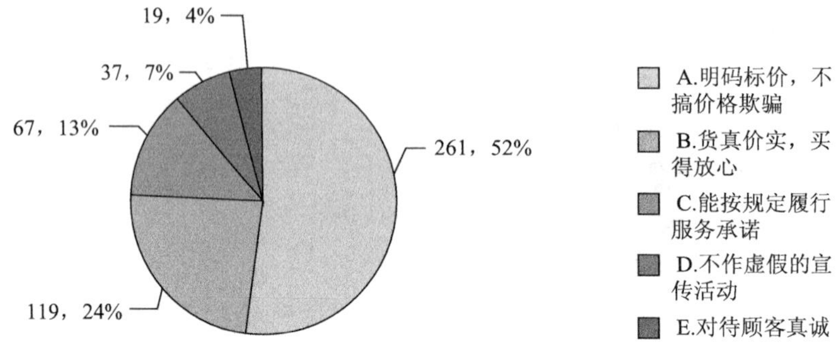

图3－28　消费者选择的商家诚信度高的原因

12. 提高企业诚信水平应采取的对策

商业诚信对构建一个优良的商业环境是十分重要的，那么企业应如何提高商业诚信水平呢？对此，我们也做了详细调查。大部分消费者认为最重要的是：加快信用立法进程，加大执法力度，加强商家的自主性。

13. 学校的诚信教育在树立商业诚信中的作用

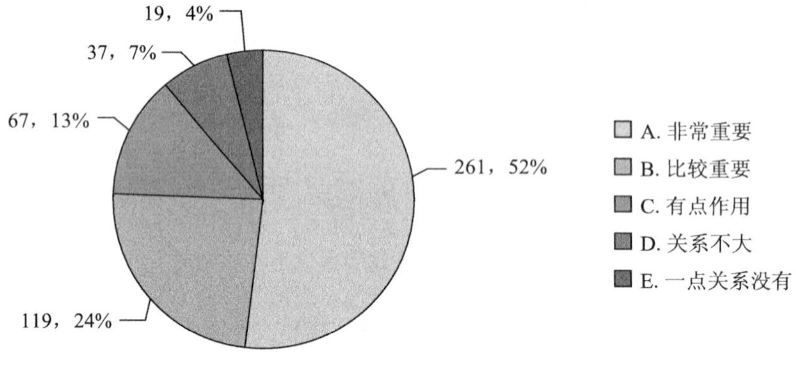

图3－29　学校的诚信教育在树立商业诚信中的作用

除了以上问题外，我们还对学校的诚信教育在树立商业诚信中的作用做了调查。如图3－29所示，52%的消费者认为：学校的诚信教育非常重要；24%的消费者认为：学校的诚信教育比较重要；只有4%的消费者认为：学校的诚信教育与树立商业诚信一点关系没有。因此，学校应该加大对学生的诚信教育。

调查结论

1. 我国商业诚信建设取得的主要成效

(1)随着社会主义市场经济发展与体制改革不断深化,国内企业不断适应经济全球化和科技进步加快的要求,积极推进企业诚信建设,经过坚持不懈的努力,诚信水平有了较大提高,有力支持了社会信用体系的建立和社会主义市场经济体制的完善。

(2)在网络如此不安全的环境下,大部分消费者仍能认同网上购物商业诚信度比较好,由此可以看出,我国网上购物的商业诚信度在大幅度提升。

(3)绝大多数大型商场、批发市场的商业诚信度是被广大消费者认可的。由此可见,随着市场经济的不断深化,企业已经越来越注重自身商誉的建立。

2. 我国商业诚信建设存在的主要问题。

(1)仍存在价格欺诈行为。

根据对上述调查结果的分析表明,广大的消费者在购物时频繁遇到的商业欺诈行为就是价格欺诈。作为一个消费者,关注商品的重要因素之一就是价格,他们希望买到价格合理或者经济实惠的商品,而众多的商家也正是抓住了消费者的这一弱点,进行商品销售的价格欺诈,通过各种手段误导消费者消费,这是一种明显的商业诚信度低的表现,这种行为不仅使消费者的权益受损,长此以往,商家得不到消费者的信任,自身的利益也会随之受到很大的影响。

(2)仍存在销售假冒伪劣产品的行为。

一些商家为满足个人私欲,销售假冒伪劣产品成为商业诚信建设的一大阻碍。假冒伪劣产品侵犯了广大消费者的权益,严重时,甚至危害广大消费者的人身安全。尤其是食品类假冒伪劣商品的销售,近些年,假冒伪劣食品危害人们健康的事件屡见不鲜,轻者使消费者感觉身体不适,严重的甚至会危及消费者的生命,使消费者对食品安全问题产生质疑。这种严重的商业不诚信现象,既危害广大消费者的利益,同时也扰乱了市场经济的稳定环境,给国家造成严重的损害。因此,商业诚信是构建和谐商业环境的前提。

调查建议

通过调查研究,针对以上问题提出如下建议:

(1)加快信用立法进程,加大执法力度。我国目前还没有构建有关诚信的体系机制，也没有出台有关诚信的立法，而就目前我国现有的各项法律来看，对于诚信问题的约束还很欠缺，处罚力度较弱，致使一些商家钻法律的空子，危害广大消费者的利益，同时使国家的利益受损，因此，建议相关部门能够加快信用立法的进程，加大执法的力度，使广大消费者的利益得到保障。

(2)制定统一的企业诚信建设评价体系。这一点对于规范商家、构建诚信的商业环境是十分重要的，只有相关部门制定了完善统一的企业诚信建设评价体系，商家才有遵守的依据，同时也能使广大消费者对商家进行评价，鼓励讲诚信的商家，引导诚信度低的商家不断改进。

(3)建立企业信用档案。这种手段较法律手段要相对柔和，可以不断激励商家努力争创商业诚信一级企业，也使广大消费者更加了解这些诚信商家，促进商家与消费者和谐环境的形成，达到多赢效果。

(4)加快经济体制改革步伐。我国目前虽然处于市场经济的环境下，但仍有一些体制不适合我国的经济发展，我们应及时地发现问题，加快经济体制改革的步伐，创造更加和谐稳定的市场经济环境。

(5)加大舆论监督和曝光力度。我们应充分利用各种舆论、曝光手段，打击诚信度低的商家，进而促使商家注重商业诚信，维护广大消费者的利益。

(6)加强商家的自主性，优化商业诚信环境。法律是一种较为强硬的手段，要从根本上杜绝商业不诚信的问题，光靠法律手段是不够的。我们提倡构建和谐社会，而和谐社会的本质就是以人为本，因此，我们要不断加强商家的自主性，促使商家自觉地构建和维护商业诚信环境。

(7)加强学校诚信教育。一个社会的诚信体系的构建，需要广大人民共同努力，学校教育是一个起点，因此，学院要切实抓好这个起点，加强学院的诚信教育，为社会培养讲诚信的、能财会商的优秀大学生。

活动与实践

1. 设计《诚信守诺广告》。
2. 利用网络查阅历届《感动中国十大人物》的做人做事先进事迹。
3. 阅读书目推荐。

诚信故事

【诚信故事】全国诚信模范——武秀君

武秀君，女，辽宁省本溪市本溪满族自治县南甸镇滴塔村村民。

武秀君夫妇从事建筑施工生意多年，凭借诚信经营，树立了良好的商业信誉。5年前，武秀君的丈夫赵勇因车祸去世，留下个人名义的外债270多万元、债权300多万元。武秀君在承受巨大痛苦的同时，仍然没有忘记诚信，顶着家庭和债务双重压力，走上了代夫还债之路。

武秀君一一打电话告诉债权人自己的电话号码，并将丈夫的欠款签字改成她自己的名字。账目不清，她打电话重新核对；没有找她要账的人，她主动打电话承诺一定把欠款还上。她领着工程队继续承揽工程，用挣来的钱、要来的欠款还债……就这样，5年里，她还清了数百笔欠款。别人欠她的钱，有的是折价偿还，有的始终拖欠，但都没有影响她主动还债。

武秀君第一个想到还钱的是一家银行的贷款。当武秀君克服困难把50万元全部还给银行的时候，这家银行的领导眼圈红了。为了帮助母亲还债，武秀君的家庭也行动起来，她大儿子出门尽量不坐车，节省下车票钱还债；上中学的小儿子一天只花1.5元，省下伙食费替母亲还债。当小儿子把自己省吃俭用省下来的380元钱存折递给妈妈时，母子二人抱头痛哭。

在武秀君还债的过程中，经常出现双方热泪盈眶的场面。有些债权人不好意思收，对她说人心都是肉长的，这样的处境就不要还了，但她仍然坚持还给人家。在武秀君看来，大家是因为对丈夫信任才赊账，这份诚信的建立不容易，做人要讲诚信！2005年，丈夫去世3周年祭日那天，众多曾经和武秀君有过经济往来的合作伙伴、个体老板、银行领导等近千人自发赶去看望。在大家眼里，武秀君的行为正是对诚信最好的诠释。

武秀君的事迹先后被中央电视台以及辽宁电视台的多个频道报道。2006年，本溪市将武秀君评为文明市民，颁奖典礼的颁奖词这样写道："她诚重如山，一诺千金，诠释着这个流金溢彩的时代最赞赏的诚信。人世沧桑，含泪坚强，最真最诚武秀君！"

【诚信故事】大学生诚信模范——王一硕

27岁的王一硕是河南中医学院硕士研究生。

2000年，当王一硕接到大学录取通知书时，面对每年6000元的学费，父母愁眉不展。为了减轻家里的负担，也为了不使两个妹妹失学，他决定放弃上学，去西安打工。学校了解到情况后，迅速为他争取了国家助学贷款，他带着万分的感激迈入大学校门，并顺利完成了学业。当学校号召大学毕业生积极参加志愿服务西部计划时，他当即下定了决心："是国家的助学贷款和学校领导老师的帮助圆了我的大学梦，在国家西部建设急需人才的时候，自己不能无动于衷。"在即将奔赴西部之际，王一硕带着一封感谢信来到给他贷款的银行行长的办公室，向支持他完成学业的银行表示感谢，并告诉行长："母校不仅教给我丰富的科学文化知识，更教会了我做一个诚实守信的人，我已被批准为一名西部志愿者，请你们记下我的联系方式，我保证尽早还清贷款。"

在西部期间，他充分发挥所学专长，服务于当地经济建设，积极带领当地群众发展中药材种植，自费为种植农户印发资料，帮助三家制药企业通过了 GSP 认证，高票当选陕西省杰出青年志愿者，还光荣地加入了中国共产党。

服务期满后，为了早日还清贷款，他决定一边打工一边复习参加硕士研究生考试。凭借自身的知识和在西部做认证时积累的经验，王一硕顺利地在一家企业找到了工作。他的诚实守信和工作能力得到了业内广泛认可，许多企业邀请他帮助做认证工作。

随着收入不断增加，王一硕归还国家贷款的能力也日渐增强。他认为，作为一名大学生，应该以诚信为本，以守信为荣。2005 年底，虽然离还贷期限还有 10 个多月，但他决定提前还贷。学校为他举行了还贷仪式，当他把自己辛辛苦苦积攒的 26770 元钱交还到发贷银行负责人手里时，全场响起热烈的掌声。

2006 年，王一硕被团中央评为第六届中国十大杰出青年志愿者，当选教育部 2006 年中国大学生十大年度人物。

【诚信故事】基层诚信模范——王乐义

王乐义，66 岁，山东省寿光市孙家集街道三元朱村党支部书记。

王乐义始终把诚信作为立身之本。他认为，无论什么职业，都要做老实人，说老实话，办老实事，用诚实劳动获取财富。他常说："我是党支部书记，在三元朱村，我说出来的话、办出的事就代表党的形象，我诚实做事，群众就相信，党的一级组织就有威信，就有凝聚力！"为了兑现自己上任时让群众致富的诺言,他先到农业大学拜师学艺,带上干粮三下关东取经,经过数百次试验,带领乡亲们发明了冬暖式大棚蔬菜生产技术。1992 年,又带领群众成功开发了无公害蔬菜生产技术,取得了国家质检局发放的无公害农产品标志证书,被农业部认定为国内首批"无农药残毒放心菜生产基地"之一。2001 年,他组织村民开展诚信创建活动,引导群众争创信用蔬菜基地、信用菜农、信用企业、信用经营业户,打造了"乐义蔬菜、实实在在"的三元朱村蔬菜品牌,给群众带来了实实在在的效益。现在,三元朱村的蔬菜畅销全国,出口到十几个国家和地区。2006 年,该村集体收入达 3560 万元,农民人均纯收入 10300 元。

王乐义常说:"天下农民是一家,自己富了不算富,大家都富才算富。"他是这么说的,也是这么做的。大棚蔬菜搞成功后,到三元朱村参观学习的人络绎不绝,他从不藏私,以诚待人,并和全体村民约定:"对前来参观的人要热情相待,毫无保留地把技术教给前来学习的农民兄弟。"17 年间,三元朱村无偿接待前来参观学习的农民超过 120 万人次,4000 多名农民技术员在王乐义的带领下,把大棚蔬菜种植技术传遍了全国 26 个省区市。王乐义本人也拖着患了癌症的身体,先后到全国 11 个省、区、市无偿传授大棚蔬菜技术,行程达几十万公里。2005 年 8 月,他冒着酷暑到新疆、青海、陕西等地指导蔬菜生产,在不到一个月时间里,行程 3000 多公里,帮助那里的农民兄弟解决了大量的蔬菜生产技术难题。同时,他在西北 5 省建立了培训基地,聘请专家授课,为当地 5000 多名农民送去了打开致富之门的钥匙。

王乐义先后被评为全国优秀共产党员、全国劳动模范、全国十佳优秀人才、全国农业科技推广先进工作者、全国农村学习"三个代表"重要思想基层干部标兵,被确定为"三个代表"在基层重大典型和全国保持共产党员先进性、建设社会主义新农村的重大典型。先后当选为党的第十五、第十六、第十七次全国代表大会代表。2004 年王乐义作为全国"农民增收致富奔小康"先进事迹报告团成员,做了巡回报告。2006 年 2 月,"王乐义同志先进事迹报告会"在北京人民大会堂隆重举行。人民日报、新华社、光明日报、经济日报、中央人民广播电台、中央电视台等中央新闻媒体对他的先进事迹进行了深入报道,引起了良好社会反响。

【诚信故事】企业诚信模范——尚金锁

河北柏乡国家粮食储备库主任尚金锁几十年如一日坚持诚信经营,创立企业名牌，赢得市场信任，使柏乡粮库实现连续20年盈利上台阶，人均创利、人均经营量、吨经营量费用开支3项主要经济指标连续10年在全国同行业名列前茅，由全省最小的一个基层粮站发展成为全国同级库中最大的粮库，先后荣获全国文明单位、全国五一劳动奖状、全国粮食系统先进集体等称号。

对国家讲诚信。他带领员工始终以强烈的事业心和责任意识、用一流的工作状态管理中央储备粮，用最完好的设施储存中央储备粮，用最先进的技术保管中央储备粮，用最优质的粮食轮换中央储备粮，确保中央储备粮数量真实、质量良好，确保国家急需时调得出、用得上。

对农民讲诚信。他组织起近2000人的农村粮食经纪人诚信队伍，通过加强职业道德教育、信息服务和业务培训，帮助农民种好粮、管好粮、卖好粮，把诚信服务延伸到千家万户。柏乡周边几个县的农民，宁可舍近求远，也把粮食卖到柏乡粮库，图的就是尚金锁领导的柏乡粮库服务好、信誉好、不压级压价。

对客户讲诚信。不欺、不瞒、不糊弄，重合同、守信用、注重产品质量、讲究货真价实，规规矩矩经商、堂堂正正做人，使柏乡粮库的贸易伙伴由几年前4个省市的十几家增加到25个省市自治区的300多家。

对银行讲诚信。柏乡粮库连续16年被评为全省金融信贷AAA企业，是全省唯一一家连续16年获此殊荣的企业，也是荣获中国农业发展银行首批黄金客户称号的全国唯一一家县级粮库。

尚金锁是第九届、第十届全国人大代表，全国劳动模范，全国五一劳动奖章获得者，享受国务院特殊津贴待遇的专家，担任中国粮食行业协会常务理事、中国粮食经济学会常务理事、中国粮油学会常务理事。人民日报、经济日报、中央电视台、河北日报、河北电视台等新闻媒体都报道过他诚信经营的事迹。2007年7月，中国储备粮管理总公司提出，把柏乡粮库作为“全国中储粮系统的党校”，并请尚金锁任校长。

【诚信故事】服务行业诚信模范——徐辉

51岁的徐辉是安徽省合肥市燃气集团蜀山区服务所副所长。

从事燃气服务工作18年来，徐辉始终践行自己对用户“不管有多难，只要你肯说”的诺言，将用户的事当成自己的头等大事，实现了服务及时率、处结率、满意率三个100%。

2002年冬天，省测绘局大院刘先生报修煤气管道堵塞故障，并告诉徐辉他本人生意忙，爱人上班请不了假。徐辉详细了解情况后，许诺当天下班后去他家修好。下班后，当徐辉冒雨赶到刘家时，却吃了个“闭门羹”。徐辉在黑暗寒冷的楼道里等了近两个小时，故障排除后，已是晚上10点。

“徐辉假日小分队”活动是2000年4月徐辉向用户的又一承诺。他带领小分队成员，无论寒冬炎夏，主动深入社区、学校，义务为用户服务。7年来，小分队共开展活动608次，出动人员3667人次，义务为21486户进行了维修，上门安检不计其数。2007年3月，“徐辉假日小分队志愿为民服务”名列合肥市“群众最满意的10件事”榜首。

14年来，徐辉还践行着自己“定期上门为10位孤寡老人服务”的诺言。2007年大年初四，徐辉难得有一个休息日，可他惦记他的10位老人。像这样的特殊用户，在合肥燃气集团蜀山服务所就专门登记了厚厚的三大本。当初只为解决几位行动不便的老人开展的“为孤老用户献爱心”活动，如今已发展到200多位“特殊用户”。徐辉和他的工友们每人选择10位孤老用户作为定向服务对象，定期主动到他们家中进行燃气检修、指导，宣传安全用气，有时还代行动不便的老人交煤气费，如果知道哪位老人生病了，还像亲人一样捧着鲜花上门看望。

【诚信故事】诚信导游文花枝

“我是导游，先救游客！”中国女孩文花枝在生死关头把生的希望让给游客，把死的威胁留给自己。她以不惜生命、先人后己的行动，兑现了诚实守信、服务游客的诺言。

2005年8月28日，陕西洛川，一场旅游途中突如其来的车祸，让原本充满欢声笑语的车厢顿时陷入了极度的恐慌之中。旅游大巴车被撞得严重变形，车内人员伤亡惨重，乱作一团。危急时刻，车厢里传来导游文花枝“挺住！加油！”的鼓励声。这个声音虽然微弱，却透着一股沉稳、坚定，像黑暗中的一线光，让受伤、受惊的游客在死亡的噩梦里看到生的希望。事后许多亲历者都说，正是这个很有穿透力的声音，给了大家支撑下去的勇气。其实，在这起6人死亡、14人重伤、8人轻伤的重大交通事故中，文花枝是伤得最重的一个，但重伤的她一直牢记着自己的神圣职责。当施救人员一次次向她走过来，她总是吃力地摇摇头说：我是导游，我没事，请先救游客！在长达两个多小时的救援时间里，她多次昏迷，但只要一醒过来，就不停地为大家鼓劲、加油。文花枝是最后一个被救出来的。她左腿9处骨折，右腿大腿骨折，髋骨3处骨折，右胸第4、第5、第6、第7根肋骨骨折。

由于延误了宝贵的救治时间，医生不得不为文花枝做了左腿截肢手术。她才20多岁，正是一个女孩最宝贵灿烂的青春年华。半个多月后，得知自己失去了一条腿的残酷事实，出事之后一直没有流泪的文花枝流泪了。但几分钟后，再抬起头的她眼里已没有了泪水，她还是像从前那样，总是用微笑面对一切。

文花枝一直是一个用真诚和微笑对待游客的阳光女孩。她常说：作为导游就是要把游客当成朋友和亲人。每带一个团，她都按事先的承诺服务；每到一个地方，她都提醒游客购物要谨慎；每到吃饭的时候，她都先安排好游客，自己最后才吃。游客称赞，她是我们人品上的“导游”，是我们职业道德的“导游”。

【诚信故事】伟人诚信——毛泽东还钱

1962年1月31日早晨，章士钊忽然收到毛泽东的请柬，邀他到丰泽园小酌。

“今天请乡亲们来，要陪一位客人。”当毛泽东见章士钊等被接到颐年堂前时，诙谐地说。“客人是谁呢?”章士钊觉得有点莫名其妙。

“你们都认识他。”毛泽东见章甚为疑惑的模样，故意不说出名字来，为这次家宴添上了一抹神秘色彩。“来了就知道了。也可以事先透一点风，也是你们的顶头上司呢。”

经这一说，章士钊等更觉诧异了。正猜测着，一位高个头戴眼镜的清瘦男子已在工作人员的引导下，进入了颐年堂的客厅。毛泽东迎上前去，与他握手，并拉他在自己身边坐下，然后环视了一下章士钊等人，微笑着说：“他是宣统皇帝嘛，我们都曾经是他的臣民，难道不是顶头上司?”

章士钊等这时才恍然大悟。于是，大家边吃边聊。吃完饭，毛泽东还与溥仪、章士钊等一起合影留念。

1962年12月26日，是毛泽东的生日。他设了两桌饭，除自己的亲属外，只邀请了4位老人作陪，他们是：程潜、章士钊、叶恭绰和王季范，并事先关照，每位来客可带一个子女。章士钊那次赴宴便带了女儿章含之同往。

在吃饭之前，毛泽东与章士钊等谈古说今，十分快活，接着便又问了4位老人儿孙辈的情况。

听说章含之在外国语学院英语系任教,毛泽东要她教自己读英文。

章含之原以为他是说着玩的,不料一周之后,果然派人打来了电话,并约她星期日下午去。

“去吧,他是很随和的。”当章士钊知道后,心里很高兴。“另外,”他一边说,一边拿出一套《智囊》的线装书,对她说,“去的时候,顺便把这套书带给主席。”

从此,章含之一边教毛泽东学英文,一边也就成了毛泽东向章士钊借书、还书的交通员,毛泽东对她说:“有借有还,再借不难。”

1963 年的一个冬天,毛泽东读完英文后,和章含之散步,闲谈中忽然想起了自己 1920 年向章士钊借的 2 万银元。他说了事情经过,对章含之说:“你回去告诉行老(章士钊字行严,毛经常称他行老),我从现在开始要还他这笔欠了近 50 年的债,一年还 2000 元人民币,10 年还两万。”

“是有这回事吗?”章含之如听传奇一般,回家问父亲。

章士钊哈哈大笑:“确有其事,主席竟还记得!”

没过几天,毛泽东的秘书果然送来了 2000 元人民币,并说:“以后每年春节送上 2000 元。”

“这怎么行?”章士钊十分不安地对章含之说:“主席当真还债了。你下次去主席那儿教英文,就说我不能收此厚赠,当时的银元是募集来的,我自己也拿不出这笔巨款。”

当章含之把父亲的话带给毛泽东时,毛泽东笑了,说:“你也不懂我,这是用我的稿费给行老一点生活补助啊!他给我们共产党的帮助哪里是我能用人民币偿还得了的呢?你们那位老人家一生无钱,但总自己掏腰包帮助别人,我要是明说给他补助,他这位老先生的脾气我知道,是不会收的。所以我说还债。你就告诉他,我毛泽东说的,欠的账是无论如何要还的。这个钱是从我的稿酬中付的。”

从此,每年农历正月初二这天,毛泽东的秘书总会送 2000 元到章士钊家中,章士钊推也推不掉。

【诚信故事】学者诚信——胡适拒绝做虚假广告

胡适有个族叔叫胡近仁,虽然只年长他四岁,却是胡适在家乡读书和写诗的引路人。后来胡适去美国留学,经常让家中寄家乡的茶叶以作馈赠礼品,胡近仁是经手此事者。胡适回国后到北大任教,这位族叔和他通信频繁，两人关系密切，胡适对自己婚姻的真实想法，都只向这位族叔透露。

后来胡近仁到上海开设了一家裕新茶叶店，可是生意欠佳，于是想借当时名气已经很大的胡适博士来替他做促销广告。1929 年，他给胡适写信，并附上拟好的"博士茶"广告词请胡适过目。广告中说，胡适早年服用此茶"沉疴遂痊愈"，还说"凡崇拜胡博士欲树于文字界者，当自先饮博士茶为盼"。照今日若干名人的标准看，点头同意做此广告乃是轻而易举之事，以胡适当年的名气，此广告面世后必有奇效，"博士茶"可能成为一名牌，畅销后定能给自己带来丰厚利润。何况退一步说，劝人喝茶也没坏处，广告即使夸张些也不会有什么不良后果。

然而胡适得知此事后，断然拒绝，他立即回信，明确表示：第一，所谓"沉疴痊愈"是欺骗人的话；第二，"博士茶"广告中不能使用胡适的名字，此广告"措词其实甚俗气、小气"；第三，所谓崇拜胡适需饮"博士茶"，"此是最陋俗的话，千万不可发出去"。当然胡适还是很看重和这位族叔的友谊的，信中诚挚地劝告族叔"当细心研究大公司、大书店之广告，自知近世商业中不可借此等俗气方法取胜利。如广告只可说文人学者多嗜饮茶，可助文思，已够了"。胡近仁最终听从了胡适劝告，没有打博士牌做茶叶广告，两人的友谊依然如初。

【诚信故事】诚信的科学家——邓稼先

邓稼先是我国著名的科学家，在氢弹和原子弹的研制中担负着非常重要的任务。他和诺贝尔物理奖获得者、美籍华人杨振宁从小就是好朋友。

他们的父母都是清华大学的老师，都住在清华园。很小的时候两个人就在一块儿玩，后来还在一个中学读书。他们俩都很聪明，但是性格不同，杨振宁比较机灵，邓稼先沉稳老实。可是他们都很敬重对方，以对方的优点为榜样互相学习。这样两人成了好朋友。

长大以后，他们都在美国留学，并且都学习理论物理学，搞原子核物理研究。邓稼先毕业后不久返回祖国，支持祖国的科技建设，杨振宁则继续留在美国搞科学研究。

邓稼先回国以后，被派去领导和组织原子弹的研制工作。经过多年的艰苦奋斗，1964 年 10 月 26 日我国第一颗原子弹试验成功。杨振宁知道了这个消息后很为自己的祖国高兴，同时他也很想知道自己的好朋友邓稼先是否也参与了原子弹的研究工作。但他知道这是国家机密，如果问邓稼先，会让他为难的,所以就一直没问过。

1971 年,杨振宁回国,邓稼先到首都机场迎接分别整整 20 年的老朋友,两人一见面就没完没了地聊了起来。但是由于邓稼先从事的工作都是国家机密,两人的谈话总是点到为止,尽量不涉及这方面的问题。可是杨振宁十分想知道邓稼先是否参与了原子弹的研究,于是就绕着弯子问他:“听说中国研究原子弹的专家中有美国人,有这么回事吗?”

这个问题让邓稼先很为难。如果回答说“没有”,就证明了自己很了解参加原子弹试验的成员,这实际上是承认了自己也参与了原子弹的研制;如果回答说“不知道”,又是在欺骗老朋友。于是他就想出一个既不泄密,也不欺骗朋友的办法,说:“我以后再告诉你吧。”

回去后,邓稼先把这个问题向上级汇报,最终得到周总理的批准,这才如实地回复了老朋友的问题。

推荐读物

书　名:《诚信:人生之基立身之本:大学生诚信教育读本》

出版社: 广东高等教育出版社

作　者: 李萍

简　介: 本书通过“诚信危机事件的回放”,让同学们了解我们遭受诚信危机意味着什么,并从历史对话、文化比较的视野理解诚信,使同学们以诚信承诺社会。

书　名:《商务诚信和企业经营管理人员职业道德教育读本》

出版社: 研究出版社

作　者: 邢慧丽　何忠国

简　介: 本书共分七章,讲解了商务诚信和企业经营管理人员职业道德的问题,内容包括商业诚信与市场经济、建立健全商务信用体系、企业经营管理人员的职业道德建设等。

书　名:《做诚实守信的人》

出版社: 人民大学出版社

作　者: 吴晶妹

简　介：本书旨在对大学生进行人文教育和道德教育，培养大学生的社会责任感，同时提高其诚实守信的意识，增强其守信的意愿，以提高大学生整体的诚信水平；也希望大学生能在学习过程中对本身有一个自查自省。

书　名：《一分钟中国经典诚信故事》

出版社：安徽文艺出版社

作　者：邸乘光

简　介：在中国历史上，有着许许多多的惊天动地、感人肺腑的诚信故事，这是我们今天进行诚信教育的重要资源。编写此本，旨在对我们正在进行的诚信建设、诚信教育有所裨益。

书　名：《公民道德教育与公民法制教育》

出版社：中国社会出版社

作　者：徐继超

简　介：道德与法律不仅仅是规范，同时还有提升公民主体意识，促进公民人格完善与精神完美的功能。公民道德教育与法制教育使公民在现实生活中规范自己的行为，实现对自身本质的理想超越。

第四章　责任素养教育

通过本章的学习，你将：

- 了解责任的内涵，理解责任与义务、职责与良心的区别和联系。
- 明确责任素养教育的意义，自觉培养责任情感，锻炼责任品质，努力成为不仅对自己负责，也能够对他人负责、对集体负责、对工作负责、对社会和国家负责的财贸人。
- 真正理解未来从事财贸职业岗位具备责任素养的重要性。

第一节　责任素养的内涵

一、责任素养教育的目标

在中国传统文化中，非常重视年青一代的责任教育，并把其教育的目标确定为“修身、齐家、治国、平天下”。孔子的“当仁不让”，孟子的“舍我其谁”，张载的“为天地立心，为生民立命，为往圣继绝学，为万世开太平”，顾炎武的“天下兴亡，匹夫有责”，范仲淹的“先天下之忧而忧，后天下之乐而乐”，李大钊的“铁肩担道义”，等等，不仅是中国历代知识分子的信仰，更是他们崇高责任感的人生实践。

在财贸素养中，责任是爱心素养的延伸，是诚信素养的支撑。负责任的爱才是真正的爱，负责任才能讲诚信。“一个有责任感的人，从容而不浮躁，充实而不空虚，真诚而不虚荣。”财贸职业岗位与社会经济发展、人民群众日常生活直接相连，其工作效果和服务质量直接影响着社会和谐和人们的生活质量。责任素养是从事财贸职业岗位工作者的必备素养，也是财贸高职大学生实现个人职业生涯发展的基石。

责任教育是学院高职学生入校后第三学期开设的财贸素养教育课程，但责任素养养成则是要贯穿大学三年全过程，乃至职业生涯全过程的教育。责任素养教育的目标是：

(1)引导大学生树立“天下兴亡，匹夫有责”的理想抱负和“先天下之忧而忧，后天下之乐而乐”的崇高志向。

(2)理解财贸人才的定位和职业特质，在学习中认识责任素养的内涵和意义，在实践中有意识地培养自己的责任素养，具备“对自己负责、对他人负责、对工作负责、对集体负责、对国家负责”的思想品质，能够在日常生活纷繁复杂的多元价值观中学会自觉选择正确的行为方式，能够以积极进取的心态面对日益变化发展的社会，履行自己的责任，为胜任未来财贸职业岗位需要做好准备。

二、责任素养的内涵

在人类社会，责任是道德的重要组成部分，伟大的哲学家黑格尔说：“道德之所以是道德，全在于具有知道自己履行了责任这样一种意识。”在一定意义上，道德就是自觉履行责任，责任约束着人们的思想和行为，记载和反映着人们的生活。当今社会，责任是一个使用频率越来越高的名词。人们赋予了责任多种内涵，提出了多种要求，使它具有多种不同的意思。为了准确把握责任的含义，对之从词义上辨析和从理论上定义很有必要。

(一)什么是责任

在古代汉语中，一般用“责”来表达“责任”的意思。根据《辞海》的解释，我们可以把“责”的用法大致归纳为以下几种：

(1)责任，职责。如负责。

(2)责问，责备。如斥责；自责。

(3)责罚。

(4)索取；责求。

“任”的用法，除了任用、职位、信任等外，在中国古代主要有两种含义：

（1）责任；职责。如诸葛亮《前出师表》："至于斟酌损益，进尽忠言，则攸之、祎、允之任也。"

（2）担当；承担。如任劳任怨。

在中国思想史上，责任最初包含两个方面的意思：一是表示臣民对君主、帝王对"天"的主动尽职和效忠；二是表示个人应对自身选择的行为所产生的不良后果和过失负责。这和责任在当代中国的用法基本上是一致的。在当代的语境中，责任的用法根据《汉语大词典》的词条可以分为：

（1）使人担当起某种职务和职责；

（2）分内应做的事；

（3）做不好分内应做的事，因而应该承担的过失。

在西方思想史上，责任是个古老的话题，早在古希腊时期就有人关注它。古希腊时期的波西多纽就著有《责任论》。苏格拉底把责任看做是"善良公民"对国家和人民服务所应具备的本领和才能。在柏拉图设计的理想国中，把人分成不同的等级，不同等级的人有不同的责任。亚里士多德认为，人应该为自己的行为负责任，"除非被迫而作恶，或以无知而作恶，否则都要惩罚。因为由于被迫和无知而作恶，没有责任"。培根将责任理解为维护整体利益的善，因此提出"力守对公家的职责，比维持生存和存在，更要珍贵得多"。康德认为，"责任就是由于尊重规律而产生的行为必要性"。人们履行自己的责任，就是善的美德，违背责任就是恶德。柏格森在他的学说中把职责当作伦理学最基本的概念，他说："职责，我把它看做是人们之间的约束，首先是我们自己对自己的约束。"西方思想史上对责任的论述还有很多，这里就不一一列举了。

每个人都因不同的社会身份而负有不同的责任。责任产生于社会关系之中的相互承诺。这种承诺，可以表现在方方面面，如对他人的承诺、分配的任务、上级的命令、职业的要求、法律规定、传统习俗、公民身份、道德原则等。在社会的舞台上，每个人都在扮演着不同的角色，是父母的儿女、老师的学生、同学的同学……将来，我们还要成为一名合格的职业人。一个人会随着所处环境和场所的变化，不断地变化自己的角色，也就承担不同的责任。也就是说，责任是与人的身份相联系的，社会分工中，从事某一职业的人就必须履行这一职业所要求的责任。

由此，我们认为责任的含义应当至少包含两个方面：一是指分内应做的事,即我们日常所讲的“应尽的责任”,是个人或群体组织应当承担的职责、任务和使命。二是指没有做好分内应做的事而必须承担的过失或责罚,也就是我们通常所讲的“应追究的责任”。

(二)有关责任的知识

1. 责任与义务

“义务”一词可以理解为被要求的行为,无论这一被要求的行为是来自他人的权利,还是来自法律、来自权威、来自良心等。当“要求”的观念日益突出时,它似乎成了“义务”概念的唯一成分,并且是本质的成分,而义务概念的其他构成观念——义务是应付给他人的某种东西,则日益被排除。因此,在广泛而又派生性的用法中,“义务”一词日益用于我们觉得我们必须(无论出于什么理由)做的行为。“义务”一词在英文中来源于希腊语“deon”,其含义就是“有约束力的责任”,可见,义务以责任规定自身。

就法学界的解释来看,义务相对的是权利,责任相对的是权力,在权利—义务关系中,权利与义务是相互的,而在权力—责任关系中,责任是强加的;义务因权利人弃权而不必履行,作为责任主体的国家有关职能机关却不能弃权,否则将构成失职。

2. 责任与职责

职责是与职业紧密联系的,简单地说,职责就是职业的责任。职业生活是人类“直接生活的生产和再生产”借以实现的一种普遍的基本形式,是人类社会生活得以发展的社会组织形式。马克思说:“人们为了能够‘创造历史’,必然能够生活。但是为了生活,首先就需要衣、食、住及其他东西。因此,第一个历史活动就是生产满足这些需要的资料,即生产物质生活本身。”这里所说的“生产物质生活本身”的活动,随着社会的发展就成为人们的职业活动。从事某种职业,既是人们谋生的手段,也是对社会和他人承担的责任。一个人一旦从事特定的职业,就与所从事的职业紧密地联系在一起,就直接承担着一定的职业责任。职业责任是社会健康发展的保证,社会的健康有序发展是建立在履行职业责任基础上的。

责任与职责是两个十分相近的概念,在实际生活中人们也总是把责任等同于职责。职责的字面意思就是职务上应尽的义务、职务范围内应做的事情。实际上责任的范围远比职责要广,责任包含职责,职责只是责任在职业领域的体现。现实生活要求我们不能简单地从职责角度理解责任,而必须给责任以更为宽广的定位。

3. 责任与良心

在汉语中,“良”的含义为“善”“好”,“良,善也”;“心”的含义为“心理”“思想”“意识”;“良心”合起来就是关于好、善的心理、思想、意识。所谓良心,就是人们对他人和社会履行义务的道德责任感和自我评价能力,是个人意识中各种道德心理因素的有机结合,是人们在履行责任过程中形成的一种道德意识。通俗地说,良心就是善良之心。

良心与道德责任相比,更具有主观性。良心比较强的个体会把自己的责任履行状况与道德责任感结合起来,履行了责任,良心上就感到满足、愉悦、放心、宽慰;未履行责任,良心上就会感到内疚、自责,甚至自尊心受损。一个人对他人讲良心,就是能够自觉地为他人尽责任并把它作为自己的一种责任。如果一个人对他人不能自觉地尽责任,没有对他人的深刻的责任意识,那么就很难说他有“真实的良心”。

4. 责任与社会角色

无论以何种角色行走于社会,我们首先是作为“人”而存在。我们在成为公民之前就已经是人。人,作为一个社会的成员而被赋予各种特殊身份或角色,如政治生活、经济生活、文化生活等各种社会生活领域里的不同身份,因此产生了与各种身份相对应的道德责任,所谓“为人臣止于敬,为人子止于孝,为人父止于慈”。但无论个体的社会角色如何多样,人,就其本质而言,首先是与其他动物异质的“人”。

责任就其本质而言,是社会生活和社会关系对人的现实要求。人们总是在一定的社会关系中,处于特定的位置之上,肩负着特定的使命,这是不以人的意志为转移的。人们之间客观内在的社会联系决定着人们的责任,人们只有切实担负起自己的责任,社会生活才能正常进行,社会和个体才能顺利发展。可以说,一个自觉自主的人,必然拥有一份不可推卸的责任。责任渗透于人的生活的方方面面,每个人无时无刻不在面临着一种考验和挑战,那就是对他人、对自然、对社会和对自身的责任。

5. 责任是人性的内在要求

责任是人性的内在要求,甚至可以说是责任使人成其为人。马克思说:“作为确定的、现实的人,你就有规定,就有使命,就有任务,至于你是否认识到这一点,那都是无所谓的。”这里“特定的”和“现实的”实际上就是指人所处的社会关系，而“使命”和“任务”就是社会关系对人的责任要求。更重要的是，每个人的本质都表现为每一个个体以自己的努力不断改变和完善着社会关系。因此，我们有理由说，没有责任就没有真正的人性，丧失责任这一根基，人性就会沦为兽性。正是责任的渗入，人性才得到了升华，人也才成为真正意义上的人。

6. 责任意识与责任行为

所谓责任意识，就是知道什么是责任，并自觉、认真地履行责任，把责任转化到行动中去的心理特征。现实中，有责任意识，再危险的工作也能减少风险；没有责任意识，再安全的岗位也会出现险情。责任意识强，再大的困难也可以克服；责任意识差，很小的问题也可能酿成大祸。有责任意识的人，受人尊敬，招人喜爱，让人放心。责任意识由责任心和责任感构成，责任意识支配责任行为，并通过责任行为体现出来；而责任行为的过程与结果对责任意识的发展同样会产生重大的影响，二者相互制约、相互区别并相互联系。大学生的责任感和责任心是构成大学生责任意识的两种要素。责任心是责任意识中的认知因素，是大学生的一个道德认识，它是大学生作为一个责任主体对自己所要承担的责任的一种认识，也可以称为责任观。责任感是大学生责任意识中的情感因素，是大学生的一种道德情感，它是大学生在承担责任、履行义务的过程中产生的情绪体验。大学生的责任心是产生责任感的基础，而责任心只有与责任感相结合，在责任感的激励下，才能成为激发和指导大学生责任行为的强大动机，成为促进大学生积极学习的重要动力，是大学生成人成才的重要标志，还是大学生毕业之后能够为大众服务、为社会作贡献的重要保证。

1998 年 10 月 5 日至 9 日，联合国教科文组织在法国巴黎召开了首次世界高等教育大会，这次会议通过了体现本次会议主题的重要文献——《面向 21 世纪高等教育宣言：观念与行动》。这个宣言在第一条“教育与培训的使命”中明确提出，高等教育培养的毕业生要“成为满足人类活动各方面需求的负责任的公民”，把“负责任”作为高等教育培养的人才的重要素质。大学生要有责任意识，在责任意识指导下才能有责任行为、完成任务的道德行为。

【故事】尽职尽责

几年前，美国著名心理学博士艾尔森对世界 100 个领域中的杰出人士做了一项问卷调查，结果让他十分的惊讶——其中61%的成功人士认为他们所从事的职业，并非他们内心最喜欢做的，至少不是心目中最理想的。一个人竟然能够在自己不太理想的领域里取得辉煌的业绩，除了聪颖和勤奋，靠的还有什么呢？艾尔森博士又走访了多位商界英才，纽约证券公司的金领丽人苏妮给了他一个满意的答案。苏妮出生于中国的一个音乐世家，她非常喜欢音乐，却阴差阳错地考入了大学的工商管理系。尽管不喜欢这一专业，但她学得很认真，每学期各科成绩均是优异。毕业时，她被美国麻省理工学院录取，攻读当时许多学生可望而不可即的MBA，后来成绩突出的她又拿到了经济管理专业的博士学位。但如今已是美国证券业界风云人物的苏妮，依然心存遗憾地说："老实说，至今为止，我仍说不上喜欢自己所从事的工作。如果能够让我重新选择，我会毫不犹豫地选择音乐。但我知道那只能是一个美好的假设，当前，我只能把手头的工作做好。"艾尔森博士问她："你不喜欢你的专业，为何你学得那么棒？不喜欢眼下的工作，为何你又做得那么优秀？""因为我在那个位置上，那里有我应尽的职责，我必须认真对待。"苏妮的眼里闪着坚定，"不管喜欢不喜欢，那都是自己必须面对的，没有理由草草应付，必须尽心尽力，那是对工作负责，也是对自己负责。"

苏妮的话很耐人寻味——因为我在那个位置上。可见，责任感是不同于爱好的特殊的情感。

【小提示】责任格言

梁启超：如果做某事，那就把它做好。如果不会或不愿做它，那最好不要去做。

门肯：责任就是对自己要求去做的事情有一种爱，人一旦受到责任感的驱使，就能创造出奇迹来。

丘吉尔：高尚、伟大的代价就是责任。

林肯：每个人都应该有这样的信心：人所能负的责任，我必能负；人所不能负的责任，我亦能负。

维克多·费兰克：每个人都被生命询问，而他只有用自己的生命才能回答此问题，只有以"负责"来答复生命，因此，"能够负责"是人类存在最重要的本质。

刘易斯：尽管责任有时使人厌烦，但不履行责任，只能是懦夫，是不折不扣的废物。

普列姆昌德：责任感常常会纠正人的狭隘性。当徘徊于迷途的时候，它会成为可靠的向导。

讨论与思考

1. 讨论责任素养学习目标，并制订你的学习计划。
2. 查阅相关资料，深刻理解爱心素养的内涵，并出书面交流材料。
3. 思考下列角色的责任：父母、教师、学生、商人。写出自己目前所扮演的角色及承担的相应责任，思考如何在生活中扮演好自己的角色。
4. 思考在生活中“谁在为我负责，我应为谁负责”。

第二节　对自己负责

倡导自我责任的最杰出代表，是德国著名哲学家海德格尔的一位名叫魏舍德尔（Wilhelm Weischedel）的学生。他曾于1933年出版了一部题为《责任的本质》的著作，专门阐述了自我责任的理念。在他看来，自我责任包含两个基本含义。第一种是指“在我自己面前产生的责任”，即自我产生的责任意识，是由于自己而不是因为其他主管或制裁机构强迫我产生的责任意识。我自己就是主管，能够对自己进行评判。为了能够对自己做出评判，我必须自己与自己保持距离，这样责任意识才能在我自己面前产生。第二种是指自己对自己、对自己行为的责任，即我对自己要负责。在魏舍德尔看来，自我责任意味着人的彻底自由；人正是由于他能为自己承担责任，他才是真正自由的。自我责任的意义还表现在：它是社会责任的主管。一个人必须首先有自我责任之感，才可能谈得到社会责任。即便是对上帝的宗教责任，也是以自我责任为基础的。深刻的自我责任意识是一切的根基，它构成了人生存的意义。只有对自我责任有一个正确理解，才有可能使人们有关存在的疑问得到解答。这与中国传统儒学所谓的“格物、致知、修身、齐家、治国、平天下”有异曲同工之妙。

对自己负责任是一个人成熟的标志。即一个人要懂得尊重自己的感情，尊重自己的理想，珍惜自己的宝贵年华和生命的活力，努力从自己一生的角度、从自己的理想出发来安排现实生活,学会克制自己本能的冲动,抵抗住外来的各种诱惑,在复杂的环境中,在成功与失败的冲击下,在欢乐与痛苦的体验中,永远充满与命运抗争的勇气,把自己一生的幸福都寄托在自己艰辛的努力之上,在生活的旅途中坚实地去追求自己的理想。任何可悲的奴性、无知的狂妄、对客观与主观的屈服,都是对自己的不负责任。每个人都应懂得,在这个世界上,能够从精神上毁灭你的只有你自己。对自己负责,就不可妄自菲薄,让家人替你操心;对自己负责,就不可自甘堕落,让自己误入歧途;对自己负责,就不可自暴自弃,让自己跌入低谷;对自己负责,就不可以甘当平庸之辈,而应朝着自己的理想和目标,奋斗不息。

【故事】三只青蛙的命运

三只青蛙掉进了鲜奶桶中。第一只青蛙说:“这是命。”于是它盘起后腿,一动不动地等待着死亡的降临。第二只青蛙说:“这桶看来太深了,凭我的跳跃能力是不可能跳出去的。我今天死定了。”于是,它沉入桶底淹死了。第三只青蛙打量着四周说:“真是不幸!但我的后腿还有劲。我要找到垫脚的东西,跳出这可怕的桶!”于是,它一边划一边跳,慢慢地,鲜奶在它的搅拌下越来越稠,最后变成了奶油块,在奶油块的支撑下,这只青蛙纵身一跃,跳出了奶桶。

一个人,不要总是埋怨自己的命运不佳,而是要珍视生命和自己的未来,自己对自己负责。在困难面前,你只要努力了,就有成功的机会。哪怕只有万分之一的机会,也千万不要放弃。一个人必须牢记一点:自己的出路在自己身上。当你以为出路是在别处或别人身上时,你是注定要失败的。一个人的成功取决于自己进取心和自我负责的心态。

人对自我负责,即是对自己的人生历程负责,其基本的要求就是珍惜生命,并追求有价值的人生。这是人自我责任的基础。做人的责任意识是从最初每个人对自己的生命爱护的原始欲望逐步发展为社会性自爱的。

当我们作为一个生命呱呱坠地,可能就已经习惯了父母的呵护与抚养:饥饿、寒冷、病痛、挫折……似乎都有人在为我们遮挡。而当我们一旦长大了,步入了社会,开始走向自己的生活,我们是否想过:自己能生存吗?能适应社会吗?能活得很好吗?从这一刻开始,我们的精神支柱就是我们自己,只有我们才能对我们自己负责。

一个人意识到自己的存在,认同自己的存在,是一件不简单的事;一个人能透视自己的命运,掌握自己的命运,更是件不容易的事。一个能充分认识自我并能掌握自己命运的人,才是一个对自己负责任的人。只有能对自己负责的人才有可能对家人、对社会负责,才会成为有爱心、有进取心、有成功心的人。所以要成大事,首先就要养成对自己负责的习惯。

我们面临的责任很多,第一个就是要对自己负责。如果一个人对自己都不知道负责任,对自己要做怎样一个人、怎样做人都稀里糊涂,想得很少、很浅、不负责任,甚至自暴自弃,那就谈不上他对其他方面的责任感了。如果一个大学生对自己的学习和进步,对自己将来的工作和事业都想得很少;对自己现在怎么做一个大学生,做一个什么样的大学生,对自己将来怎么成人、成才,怎么做人、做学问都想得很少;缺乏对自己未来的规划,整天稀里糊涂,这就是对自己不负责任的态度。这样,无论是对大学生自己来说,对自己的家庭、父母来说,还是对我们的国家社会来说,都是一大不幸、一大可悲。古人有言:“哀莫大于心死。”一个人如果对自己都心死了,对自己不再抱有期待与希望,对自己的前途发展采取不负责任的态度,那的确是最大的悲哀。

只有对自己负责,使自己有一颗独立的责任心,才可能承担起其他的责任。也许有人会对这种说法很不以为然,难道我们还有谁傻到对自己不管不问吗?仔细想一想,这确实不是危言耸听。对自己不负责任的大有人在,不是有许多人一直无所事事,从不严格要求自己,放任自流以至于一事无成吗?所以从广泛意义上来说,那些具备了自治自立能力而最终仍以失败告终的人基本上都是对自己不负责任的人。一个对自己都没尽到责任的人,又怎么能对家人对社会尽到责任呢?我们应该认识到这一点,并做好准备,成为一个能够承担责任,敢于面对责任的人。珍爱生命、保持身心健康、言行一致都是对自己负责的表现。

一、珍爱生命

人作为一个个体,首先要珍爱自己的生命,否则就是对自己不负责,更谈不上对他人、对家庭、对社会负责。人要有良知,要有人性,要有真善美的品质,要积极进取、努力向上,要珍爱生命,珍爱自己的生命是对自己负责的前提。“天地之间人为贵,头象天兮足象地。”的确,万物唯人最宝贵。“人最宝贵的东西是生命,生命属于我们只有一次。"生命是一种责任,承担和履行这种责任的过程,就是探索生命价值的过程。康德说过,珍重自己的生命是每一个人的道德责任。关爱自己的责任应当是其他所有责任的前提和基础。只有珍爱自己的生命,使自己拥有健康的身心,才能承担起其他的人生责任。一个珍爱生命的人,会对自己的生命负责,也会对他人的生命负责,会自觉地履行对他人、集体、社会的责任。比如一个失恋的大学生,如果他(她)珍爱生命,就不会为摆脱痛苦而采取自杀的极端方式,他(她)一定会通过心理调适走出困惑,因为轻生不仅是对生命的轻视,也是对家庭、朋友、社会不负责任的表现。珍爱生命还包括珍爱他人的生命,不侵犯他人的生命健康权。

珍爱自己的生命是对自己负责的前提,这就要求每一个人学会学好以下三件事:

(一)学会做人

学会做人,首先要正确认识自己,清楚自己应当做什么。其次,良好的品德是做人的首要条件,如果没有良好的品德,你可能会顺利通过面试被企业录取,也可能你有娴熟的技能,但终究会因为品德有问题而被炒鱿鱼。具有良好的品德,就会有良好的行为,生命就有意义和价值,也就会有成功的人生。

成功者之所以成功,在于做人成功;失败者之所以失败,在于做人失败。"会做人"是指一个人要具有良好的道德修养,并能按道德标准去处理好各种社会关系。做事要先会做人,是因为人格决定了做事的空间。"会做人"是立身成人之本。孔子说:"德之不修,学之不讲,闻义不能徙,不善不能改。"就是说道德不修养,学问不研究,这样听到了正义的道理也不能理解和实行,身上有缺点也不知道,不能改正。所以做人的道理知之越深,行之越多,做事就会越成功。不修养品德,不会做人,就失去了立身之根本,就不会,也不能做事。会做人的人有人缘,有得心应手的环境,做事的能力和特长能够得到发挥,短处也能够弥补,其事业就会发展上升,对社会做出贡献,获得社会认可。

中华五千年优良传统和时代的道德要求是做人的道理和标准。

1. 志存高远

想成就一番事业的人首先要立志,要有强烈的事业心。明代王守仁说:

“志不立,天下无可成之事……志不立,如无舵之舟,无衔之马,漂荡奔逸,终亦何所底乎?”人无志则无努力的方向与动力,不思进取,勿谈做事。立志要切合社会要求,符合道德标准,为向上向善之高远志向,且适合自身能力,能自励又可践行。

2. 诚实守信

诚实守信是做人最基本的道德底线,是为人处世的基本要求。在中国传统儒家伦理中,诚实守信被视为“立政之本”“立人之本”“进德修业之本”。孔子曾说:“民无信不立。”他把信摆到了关系国家兴亡的重要位置。清代王夫之说:“质以忠信为美,德行以好学为极。”诚实就是真实无欺,既不自欺,也不欺人。对自己,要真心诚意地为善去恶,光明磊落;对他人,要开诚布公,不隐瞒,不欺骗。诚实就是表里如一,说老实话,办老实事,做老实人。守信就是信守诺言,讲信誉,重信用,忠实履行自己承担的义务。守信以诚实为基础,离开诚实就无所谓守信。在社会生活中,每个人每天都要与他人或单位打交道,根据与他人、与单位达成的协议来安排自己的会议、学习、工作、劳动和其他活动。如果人人都不诚实、不守信,那么,人和人之间的一切交往都无法进行,一切学习、工作和劳动都无法开展,整个社会就会陷入一场无序、混乱之中。

3. 以礼待人

孔子说:“不学礼,无以立。”“博学于文,约之以礼,亦可以弗畔矣夫”,讲的是广泛地学习一切知识,用礼仪来约束自己,就可以不背离君子之道了。以礼待人,是营造为人处世良好环境之道。在现实生活中,以礼待人,一是要说真话不讲假话;二是要誉言多说,劝言好说,自夸之言少说,多协商方式少命令口吻,多恭敬少刻薄;三是要慎言,分场合说话,不造谣传谣,不说无根据的话;四是要无谗言,不说加害诽谤人的话,不搬弄是非。《劝学》曰:“言有召祸也,行有招辱也,君子慎其所立乎!”也就是说,做人要谨慎自己的言行。

4. 谦虚好学

谦虚谨慎是做人的一种态度,是一种美德,能使人学到他人的长处,使人冷静思考,这对一个人的立身创业至关重要。孔子说:“三人行必有我师。”唐代吴兢在《贞观政要・谦让》中说:“己虽有能,不自矜大,仍就不能之人求访能事。己之才艺虽多,犹病以为少,仍就寡少之人更求所益。”谦虚谨慎，低调做人，恭敬和气，心淡人静，知进知退，便会富有人缘，获人拥戴。

5. 自省知悔

曾子曰："吾日三省吾身：为人谋而不忠乎？与朋友交而不信乎？传不习乎？"人非圣贤，孰能无过？一个人能否及时反省与悔过、认识与纠正自己的过错和不足，往往是衡量一个人是否成熟、是否有修养的一个标准。孔子说："见贤思齐焉，见不贤而内自省也。"人不怕有不足或做错了事，就怕意识不到自己的错误，固执傲慢，执迷不悟，甚至对自己的错误言行加以掩盖和辩解。明代陈继儒说："执拗者福轻，而圆融之人其禄必厚。操切者寿夭，而宽厚之士其年必长。"人不固执，能经常反省自己，做错事能及时醒悟，认识到自己的缺点和不足，这本身就是一个进步，而纠正自己的不足，就能使人更加完美。

6. 崇能重友

崇敬有能力的人，尊重有才华的人，是良好人品的体现。崇能尊才能使自己有一个奋斗的目标与动力，经过奋斗最终也能成为有才华的人。人不应妒贤嫉能，不应为别人经历奋斗获得成功而感到心理失衡，更不应对有能力有才华的人施以恶行甚至暗中加害。个人的学识与能力是有限的，要增长能力、成就事业，需要"人和"的环境，事业上的朋友是自己能力的伸延。古人言："友以成德也，人而无友，则孤陋寡闻，德不能成矣。"孔子说："友直，友谅，友多闻，益矣。"人要讲交友之道，交德友能友，不能求人时讲友，达到目的后非友，要以诚待友，不能做过河拆桥甚至陷害他人的卑劣之事。

7. 尽职尽责

身在其职，则尽其责，说的是人要有担当，处在什么职位就要尽到什么责任。人的能力大小有差异，人的岗位千差万别，人的职责不尽相同，但是，一个人最能把握和做到的是：尽职尽责，做好本职工作。这是改变命运的第一步，也是最基础的一步。任何人都不要因为对自己的岗位不满意而对工作马马虎虎，只要在岗位一天，就要认真地履行职责一天，就要尽力把工作做到最好。只有这样，才能成为这一方面的专家，才能学到真正的本事，才能培养成功的特质，也才有可能取得更大的成功。人要有强烈的责任意识，对国家有忠诚的责任，对岗位有尽职的责任，对亲人有关怀的责任，对朋友有帮助的责任，等等。角色越多，承担的责任也就越多，所处的地位越高，肩负的责任也就越重。履行岗位职责，做好自己的工作，是天职，是责任，也是良知。

（二）学好专业

学好专业，掌握一技之长，是未来走向成功的基础。大学是人生难得的学习机会，大学生应该以学习为主，充分利用大学时光学好知识，才能为将来工作打好基础。在知识经济时代，社会对人才要求越来越高，高素质技能型人才为社会所急需。根据调查，目前社会各行业中的骨干90%接受过高等教育。在大学期间，要充分认识到专业学习的重要性，较好地围绕专业进行学习。无论学什么专业，关键是将自己所学的专业学好，要刻苦学习，认真修炼，见贤思齐，不断地对知识进行积累和更新。要有科学钻研精神和严谨的治学态度，全面提高自身的综合素质。

大学是一个靠自学的学习场所，而不是像高中那样有父母、老师跟在你后面督促你。在大学里要学会学习，不仅重视系统化知识的学习，而且要学会认知的手段；不仅要通过考试，而且应该有意识地培养思维能力。此外，更重要的是学以致用。古人讲："学而不能行谓之病。""不闻不若闻之，闻之不若见之，见之不若知之，知之不若行之。"徐特立老先生讲："只有书本知识，没有实际经验，谓之半知；既有书本知识，又有实际经验，知行合一，谓之全知。"这些名言警句充分说明了一个道理，那就是，做到学以致用，才能学好专业，才能做学问。

（三）学会做事

人的基本生活资料需要通过劳动、做事才能获得，所以，人活在世上必须要做事。一个人的各种素质也是在做事中逐步形成的。人的潜能在做事中得到开发，人的能力在做事中才能发挥，人的事业和成就在做事中取得，人的价值要在做事中得到实现。社会处处都是施展才华的舞台，会不会做事，能不能做成事，就看愿不愿意、善不善于利用能力，发挥作用。做事是立身成人之道。做事越多、付出越多，收获就越大；做事越少、惰性越大，收获就越小。只要养成做事的习惯，就会拥有越来越多奉献社会的资本。

学会做事，关键还要善于从小事做起。有很多有能力的人，一心只想做大事，不愿从小事做起，结果什么事也做不成。能看见小事的人才能看见大事，但只能看见大事的人，不一定能看见小事。一屋不扫何以扫天下？眼前的小事不做，就不可能去做看不见的大事。所以，学会做事，一是要把自己的能力发挥到最好、最全面;二是在自己能力范围内对社会做出贡献;三要从我做起,从小事做起。

【美文欣赏】石缝间倔强的生命

石缝间倔强的生命,常使我感动得潸然泪下。

是那不定的风把那无人采撷的种子撒落到海角天涯。当它们不能再找到泥土,它们便把最后一线生的希望寄托在这一线石缝里。尽管它们也能从阳光中分享到温暖,从雨水里得到湿润,但那一切生命赖以生存的土壤却要自己去寻找。它们面对着的现实该是多么严峻。

于是,大自然出现了惊人的奇迹,不毛的石缝间丛生出倔强的生命。

或者只是一簇一簇无名的野草,春绿秋黄,岁岁枯荣。它们没有条件生长宽阔的叶子,因为它们寻找不到足以使草叶变得肥厚的营养。它们有的只是三两片长长的、细瘦的薄叶,那细微的叶脉告知你生存该是多么艰难。更有的,它们就在一簇一簇的瘦叶下又自己生长出根须,只为了少向母体吮吸一点乳汁,便自去寻找那不易被觉察到的石缝。这就是生命。如果这是一种本能,那么它正说明生命的本能是多么尊贵,生命有权自认为辉煌壮丽,生机竟是这样的不可扼制。

或者就是一团一团小小的山花,大多又都是那苦苦的蒲公英。它们的茎叶里涌动着苦味的乳白色浆汁,它们的根须在春天被人们挖去做野菜。而石缝间的蒲公英,则远不似田野上的同宗生长得那样茁壮。它们因山风的凶狂而不能长出高高的躯干,它们因山石的贫瘠而不能拥有众多的叶片。它们的茎显得坚韧而苍老,它们的叶因干枯而失去光泽,只有它们的根竟似那柔韧而又强固的筋条,似那柔中有刚的藤蔓,深埋在石缝间狭隘的间隙里。它们已经不能再去为人们做佐餐的鲜嫩的野菜,却默默地为攀登山路的人充当了一个可靠的抓手。生命就是这样被环境规定着,又被环境改变着。适者生存的规律尽管无情,但一切的适者都是战胜环境的强者,生命现象告诉你,生命就是拼搏。

如果石缝间只有这些小花小草,也许还只能引起人们的哀怜,而最令人赞叹的,是那石岩的缝隙间还生长着参天的松柏,雄伟苍劲,巍峨挺拔。它们使高山有了灵气,使一切的生命在它们面前都显得苍白逊色。它们的躯干就是这样顽强地从石缝间生长出来,扭曲着,旋转着,每一寸树衣上都结着伤疤。向上,向上,向上是多么地艰难。每生长一寸都要经过几度寒暑,几度春秋。然而它们终于长成了高树，伸展开了繁茂的枝干，团簇着永不凋落的针叶。它们耸立在悬崖断壁上，耸立在高山峻岭的峰巅，只有那盘结在石崖上的树根在无声地向你述说，它们的生长是一次多么艰苦的拼搏。那粗如巨蟒，细如草蛇的树根，盘根错节，从一个石缝间扎进去，又从另一个石缝间钻出来。于是，沿着无情的青石，它们延伸过去，像犀利的鹰爪抓住了它栖身的岩石。有时，一株松柏，它的根须竟要爬满半壁山崖，似乎要把累累的山石用一根粗粗的缆绳紧紧地缚住，由此，它们才能迎击狂风暴雨的侵袭，它们才终于在不属于自己的生存空间为自己争得了一片天地。

如果一切的生命都不屑于去石缝间寻求立足的天地，那么，世界上就会有一大片一大片的地方成为永远的死寂，飞鸟无处栖身，一切依赖花草树木生存的生命就要绝迹，那里便会沦为永远的荒漠。如果一切的生命都只贪恋黑黝黝的沃土，它们又如何完备自己驾驭环境的能力，又如何使自己在一代代的繁衍中变得愈加坚强呢？世界就是如此奇妙。试想，那石缝间的野草，一旦将它们的草籽撒落到肥沃的大地上，它们一定会比未经过风雨考验的娇嫩种子具有更为旺盛的生机，长得更显繁茂；试想，那石缝间的蒲公英，一旦它们的种子撑着团团的絮伞，随风飘向湿润的乡野，它们一定会比其他的花卉生长得更茁壮，更能经暑耐寒；至于那顽强的松柏，它本来就是生命的崇高体现，是毅力和意志最完美的象征，它给一切的生命以鼓舞、以榜样。

愿一切生命不致因飘落在石缝间而凄凄怨怨，愿一切生命都敢于去寻求最艰苦的环境。生命正是要在最困厄的境遇中发现自己、认识自己，从而才能锤炼自己、成长自己，直到最后完善自己、升华自己。石缝间顽强的生命，它既是生物学的，又是哲学的，是生物学和哲学的统一。它还是美学的，作为一种美学现象，它展现给你的不仅是装点荒山枯岭的层层葱绿，它更向你揭示出美的、壮丽的心灵世界。

【故事】

年仅 37 岁的司马迁因仗义执言，为李陵辩护，而得罪了汉武帝，被处以腐刑。他蒙冤受辱，悲愤极了，痛苦不堪，想以自杀了结自己的一生。但他反复考虑："人固有一死，或重于泰山，或轻于鸿毛。"如果自己这样不清不白地自杀了，"若九牛亡一毛，与蝼蚁何以异"？他还想着：父亲生前嘱托自己写作《史记》的重任，自己还没有完成。如果自杀了，怎能对得起父亲，对得起祖宗？于是，他下定决心，忍受屈辱，在恶劣的政治环境中坚持下去，继续为完成《史记》的写作而奋斗！司马迁每到深夜睡不着时候，就推开窗子，展望繁星闪烁的星空，仿佛看到了不少历史人在遭难时怎样发奋著述的动人情景，他们一个个像明星一样照耀着自己的心灵！文王被囚禁起来了，却阐述了《周易》；孔子遭难了，仍编写了《春秋》；屈原被楚王放逐了，还创作了伟大的诗篇《离骚》；左丘明眼瞎了，他写成了《国语》；孙膑的膝盖骨被人挖掉，不能走路，却著作了《兵法》；吕不韦被排斥到蜀地去了，却编纂了《吕览》……这许多先辈人物不是自己学习的榜样吗？于是他拿起了笔，把全部的爱憎都倾泻出来，让它浸透每一个字、每一个句子。就是这样，司马迁从开始准备到写成，持续了18年的时间，终于写成一部伟大的著作《史记》，成为史学界千古之绝唱，绝代之离骚，对中国历史学的发展做出了非凡的贡献。

一个人活着应该有责任感，稍有挫折就选择结束生命来逃避，这种行为是自私的。如果一个人不珍惜自己的生命，他就是不负责任。

二、保持身心健康

身心健康是对自己负责的基础。健康是人生第一财富，因为一个体魄健壮、精力充沛的人，才能充分地施展才华，才能更好地造福于人民。否则，即使学识渊博、才华出众，也难以做出更大的贡献，比如有些出类拔萃之才，过早谢世，损失难以弥补。汉初的学者、政治家、辞赋家贾谊，年少时就以博学能文闻名，20出头被汉文帝招为博士，每有诏令出，诸老先生未能言，贾谊却能对答如流，深得文帝赏识。后贾谊因主张改革政治，屡遭权贵排斥，心情忧郁而死，年仅33岁。中唐时期浪漫主义诗人李贺，7岁便能即席赋诗，才华出众，抱负远大，但因生活困顿，加之目睹社会动荡黑暗而一腔悲愤，竟于27岁时辞别人世。这些稀世之才，或英年早逝，或壮年而殁，犹霜凋夏绿、雹碎春红，殊可痛惜。

在现实中，一个精明谨慎的商人一定知道怎样把每一分钱都花在最有效的地方。但有些人却把自己储存的体力，一天就用个精光；积蓄的脑力，一天就挖掘得一点不剩。常常这样，他们还能够做成什么大事呢？一个年轻人如果不时时注意积蓄自己的体力与脑力资本，不时时注意保持自己强健的体魄，那么他无疑是把自己的成功资本随便地丢弃。即使他的志向再远大，最后也无能为力，无法实现自己的目标，只能后悔。

我们经常可以看见一些年龄还不到30岁已显老态的青年人，他们经常抽烟、酗酒，晚上狂欢，白天睡懒觉，他们一开始也有着宝贵“资本”，即他们的脑力、才能和体格，这些东西样样都不在他人之下，但是随着年龄增长，脱离父母的照顾，自己又缺乏自理、自制能力，结果父母给打下的良好基础他们还不到中年就挥霍一空了。

保持一个健康的体魄，不仅在于一日三餐增加营养，多多休息，而且还应该多做运动，积极锻炼身体。运动对于维持一个人的健康至关重要，可是这往往被大多数人忽略了。人都有惰性，在没有人督促的情况下，惰性马上便显露出来。在年轻的时候，因为我们的身体还有点资本，所以许多人对参加锻炼不以为然。可是，一旦过了中年，当身体开始像破旧的机器一样出故障时，则大局已定，为时已晚。还有许多人称由于工作或者学习忙，根本抽不出空余时间锻炼身体，这当然是一个偷懒的借口，因为运动一不需要特定的场合，二不要指定的器材，到运动场锻炼固然不错，可在家里照样也能伸展筋骨。我们应该摒弃这种懒惰的想法，保持健康的体魄，以便为将来的事业打下基础，承担起对自己、对家庭、对社会的责任。

（一）健康的定义和标准

世界卫生组织对健康的定义是：“健康不仅仅是没有疾病，而且是身体上、心理上和社会上的完好状态。”即人的健康包括身体健康、精神健康和社会适应能力三个方面。健康的具体标准是：

1. 快食

所谓快食，就是吃得痛快。三餐的饮食吃起来感觉津津有味，能快速吃完一餐而不挑食。快食并不是狼吞虎咽、不辨滋味，而是吃饭时不挑食、不偏食，吃得顺利，没有过饱或不饱的不满足感。万一有持续性无食欲状态出现，应请教医生，看看是否肠胃或肝脏有毛病。

2. 快眠

快眠就是睡得舒畅，一觉睡到天亮。醒后头脑清醒，精神饱满。睡眠重要的是质量，如睡的时间过多，且睡后仍感乏力不爽，则是心理、生理的病态表现。快眠说明神经系统的兴奋—抑制功能协调，且内脏无病理信息干扰。

3. 快语

说话流利，语言表达准确、有中心，头脑清楚，思维敏捷，中气足，心肺功能正常。没有有话说而又不想说的疲倦之感，没有头脑迟钝、词不达意现象。

4. 快行

行动自如、协调，迈步轻松、有力，转体敏捷，反应迅速，动作流畅。证明躯体和四肢状况良好，精力充沛旺盛。因诸多病变导致的身体衰弱，均先从下肢开始。人患有内脏疾病时，下肢常有沉重感；心情焦虑，精神抑郁，则往往感到四肢乏力，步履沉重。

5. 目标坚定

意志持衡，感情丰富，热爱生活和人生，乐观豁达，胸襟坦荡。

6. 良好的性格

温柔和顺，言行举止得众人认可，能够很好地适应不同环境，没有经常性的压抑感和冲动感。

7. 良好的处世技巧

看问题，办事情，都能以现实和自我为基础，与人交往时能被大多数人所接受。不管人际关系如何变化，都能始终保持稳定、永久的适应性，能保持社会外环境和身体内环境之间的平衡。

8. 良好的人际关系

与他人交往的愿望强烈，能有选择地与朋友交往，珍视友情，尊重他人人格，待人接物能宽大为怀。既善待自己，自爱、自信，又能助人为乐、与人为善。

（二）心理健康的定义和标准

世界卫生组织对心理健康所下的定义是："心理健康是指在身体、智能以及情感上与他人心理不相矛盾的范围内，将个人心境发展成最佳的状态。"心理学家对心理健康的概念有以下几种说法：

心理健康是指人们对客观环境具有高效、快乐的适应状况。心理健康的人应保持稳定的情绪、敏锐的智能、适应社会环境的行为。

心理健康是指在知、情、意、行方面的健康状态，主要包括发育正常的智力、稳定而快乐的情绪、高尚的情感、坚强的意志、良好的性格及和谐的人际关系等。

心理健康是指人的一种持续的心理状态，主要在这种情况下能做良好的适应，具有生命的活力，能充分发挥其身心的潜能。

心理健康的具体标准是：

1. 正视现实

心理健康的人能和现实保持良好的接触，对周围的事物有清醒的、客观的认识；既有高于现实的理想，又不沉迷于过多的幻想；对生活中各项问题、各种困难和矛盾，能以切实的方法加以处理，而不企图逃避，处处表现出积极进取的精神。

2. 了解自我

心理健康的人具有自知之明，不但了解自己的优点、缺点及各方面条件，而且还了解自己的能力、性格、爱好以及情绪与动机，并据此安排自己的生活与工作，从而在求学、谋职或恋爱等方面做出正确的抉择，增加成功的机会。

3. 善与人处

心理健康的人乐于与人交往，既对别人施予感情，也能欣赏并接受别人的感情，因而能和多数人建立良好关系；在与人相处时，积极的态度（如尊重、信任、喜悦等）多于消极的态度（如嫉妒、怀疑、憎恶等）。

4. 情绪乐观

心理健康的人心胸开阔，情绪稳定、乐观，常向光明处去看，不往黑暗处去钻。热爱生活，积极向上，对未来充满希望，遇到烦恼能自行开解。

5. 自尊自制

心理健康的人谦而不卑，自尊自重，在社会交往中既不狂妄自大，也不退缩畏惧；在行为上独立自主，既能有所为，又能有所不为，只要是好的就主动去做，只要是坏的就自我克制，纵有引诱也不为之所动。

6. 乐于工作

心理健康的人能把自己的聪明才智在工作中发挥出来，并能从工作中得到满足感，工作对他来说不是负担而是乐趣。

（三）学会自控

古希腊人认为人的美德有十种，其中第四种美德就是自我控制。当代科学辞典对自我控制的定义是："是心理活动最重要的调节机制，也是心理成熟的最高标志。"现代医学词典对自我控制的定义是："是意志品质之一。指一个人不受外界诱惑因素影响，能够自己控制自己的情感和行为的能力，它又称自制力，表现为：迫使自己采取行动去执行已做出的决定，克服困难完成任务；善于抑制自己的感情冲动和行动，忍耐，理智。"

1. 良好的自控能力是一个人成熟的标志和必备素质

青少年刚踏上五彩缤纷的人生旅程，对复杂的社会认识尚浅，碰到矛盾容易激动，轻则出口伤人，重则心理失衡。人生气时会分泌毒素。美国生理学家爱尔马为了研究不同心理状态对健康的影响，曾设计了这样一个实验：把一支支玻璃管插在正好是0℃的冰水混合容器里，然后收集人们在不同情绪状态下的“气水”。爱尔马发现，当一个人心平气和时，他呼出的气冷凝成水后，水是澄清透明，无杂色的；悲痛时水中有白色沉淀；生气时有紫色沉淀。爱尔马把人在生气时呼出的“生气水”注射到大白鼠身上，大白鼠容易死掉。因此爱尔马认为，人生气达 10 分钟，耗费掉的精力不亚于参加一次 3000 米赛跑，生气时的生理反应十分剧烈，分泌物比在任何情绪时都复杂，更具毒性，因此爱生气的人很难健康。所以他告诫人们尽量不要情绪冲动。怎样才能情绪不冲动呢？让我们听听心理学家的建议吧：首先，要注意心理卫生，遇事要“三思而后行”。“思”什么？思前因、后果和方法。冲动情绪往往是由于对事物及其利弊关系缺乏周密思考，在遇到与自己的主观意向发生冲突的事情时，若能先冷静想一想，不仓促行事，情绪也就冲动不起来了。其次，要锻炼自制力，要做到处急不惊、宽以待人，不要动辄“兵戎相见”。倘若你是个“急性子”，更应学会自我控制，遇到巨大的精神刺激时，要学会“冷处理”。最后，要放宽自己胸怀和度量。要学会人际交往礼仪，做到克己让人，想开些，这样常能避免产生愤怒的情绪。还要加强自身的思想修养，提高文化和道德涵养，多看到并学习他人的长处。

【故事】钉钉子

从前，有一个脾气很坏的男孩。他的爸爸给了他一袋钉子，告诉他，每次发脾气或者跟人吵架的时候，就在院子的篱笆上钉一根。第一天，男孩钉了 37 根钉子。后面的几天他学会了控制自己的脾气，每天钉的钉子也逐渐减少了。他发现，控制自己的脾气，实际上比钉钉子要容易得多。终于有一天，他一根钉子都没有钉，他高兴的把这件事告诉了爸爸。

爸爸说：“从今以后，如果你一天都没有发脾气，就可以在这天拔掉一根钉子。”日子一天一天过去，最后，钉子全被拔光了。爸爸带他来到篱笆边上，对他说：“儿子，你做得很好，可是看看篱笆上的钉子洞，这些洞永远也不可能恢复了。就像你和一个人吵架，说了些难听的话，你就在他心里留下了一个伤口，像这个钉子洞一样。插一把刀子在一个人的身体里，再拔出来，伤口也难以愈合如初。”

人与人之间常常因为一些彼此无法释怀的坚持，而造成永远的伤害。

如果我们都能从自己做起，能够宽容地对待他人，相信一定能得到许多意想不到的结果。帮别人开启一扇窗，也就是让自己看到更完整的天空。

古人云："与人善言，暖于布帛；伤人以言，深于矛戟。"消极情绪对我们的健康十分有害，科学家们已经发现，经常发怒和充满敌意的人很可能患有心脏病，哈佛大学曾调查了1600名心脏病患者，发现他们中经常焦虑、抑郁、和脾气暴躁者比普通人高3倍。因此，可以毫不夸张地说，学会控制你的情绪不仅是你职业和事业的需要，也是你生活中一件生死攸关的大事。能否掌控好自己的情绪，是职业素养的最好体现。

【延伸阅读】马加爵事件

马加爵案已成为过去，但留给人们的思考却没有过去。马加爵残杀同学的原因是多方面的，但心理学家认为其根源仍然是他本人内在的病态人格和扭曲的性格。他外表朴实但内心极度自卑，他觉得在家族几个兄弟姐妹之中，人人都比他强；他敏感易被激怒，有时宿舍同学一起说笑，马加爵便认为笑声中包含对他的嘲弄，为此少不了动怒、吵架、摔门。他说话的次数越来越少，发脾气的声音却越来越大。随着时间推移，他同寝室室友之间的积怨也越来越深。由于家庭贫困，他的社会公平感严重缺失，认为社会存在极大的不公平，有的人生来就可以吃得好、穿得好，而自己只能在食堂打素菜、穿旧衣服，认为人生充满了艰难，处处都不安全，加之性格内向，自小沉默寡言，交往的朋友不多，久而久之产生了"我不好，你也不好"的人际交往模式。这种内心的压力无法排解，因此和同学发生一点争执就不可避免的采取了极端的发泄方式。

2. 健康情绪的特点和标准

情绪是对客观事物的一种主观体验，是对需要是否被满足和满足了多少的一种反映。真实的情绪伴随着生理和外在行为的变化。因此，主观感受、生理反应和外在表现构成了情绪的三要素。主观感受是指个体的主观心理感受，比如感受到愉快、欢乐、满意、狂喜等正性情绪，或体验到失望、难过、悲伤、恐惧等负性情绪；生理反应是当某种情绪出现时必然会产生一些生理性反应，比如心跳加快、脸色苍白、四肢无力、胃部不适等；外在表现包括面部表情、外部行为和语言，比如眉飞色舞表示愉悦、愁眉苦脸表示忧愁等。一般来说，需要被满足会产生积极情绪，需要得不到满足则产生消极情绪。人的需要多种多样,从物质到精神,从生存需要到成就需要,需要是否被满足以及满足多少使个体产生各种情绪。情绪的发生也常常是认知判断的结果。每个人都有自己的信念、价值观和人生观,因此对客观事物的情绪反应也是不同的。同一事件作用于不同的个体会产生不同的情绪反应。另外,对个人来说,刺激与情绪反应之间并没有固定的模式,随着身心的发展、对事物和情境知觉能力的提高,以及人格的成熟和应变行为的熟练,事件与情绪的联结也会发生变化。

情绪不仅影响身心健康,还影响日常学习、生活和工作等。在认识健康情绪之前,我们先来认识不健康情绪的特点。

不健康情绪有以下特点:

(1)情绪原因不明确。经常性地无缘无故地悲喜交集,多愁善感,消极悲观等。

(2)情绪反应不适度。情绪反应过于强烈或毫无反应。

(3)情绪反应持续过久。为一些无足轻重的小事便陷入无休止的烦恼中。

而健康情绪则有以下特征:

(1)以正向情绪为主。例如,愉快、满意、振奋、喜悦等。

(2)情绪体验丰富。保持对事物感知的敏感度和开放的态度。

(3)情绪稳定,能基本控制冲动。

(4)以合适的方式表达情绪,悦纳自己和别人。

(5)及时宣泄、转移和摆脱不良情绪的困扰。

健康情绪的标准是:

(1)开朗、豁达,遇事不斤斤计较,不为一些鸡毛蒜皮的小事动肝火或郁结于心。

(2)情绪正常、稳定,很少大起大落或喜怒无常,能承受欢乐与忧愁的考验。

(3)能给人以爱和接受别人的爱,待人热情,乐于助人,有同情心。

(4)谈吐风趣、幽默、文雅。

(5)自信、乐观、有主见,能独立解决问题,能创造性地工作。

(6)明智、少偏见,能正确认识自己和他人的长短处。

(7)对前途充满信心,富有朝气,勇于上进,坚韧不拔。

(8)能面对现实、承认现实和接受现实,并能按社会的要求行动。

(9)对平凡的事物保持兴趣,能不断从生活环境中得到美的享受、快乐的享受,会工作也会消遣。

(10)尊重他人,与人为善,能与他人和睦相处,并建立良好的人际关系。

我们可以按以上标准进行自我诊断。在现实中,一旦发现自己情绪不稳定,就加以调整改变,以促进身心健康发展。

消极的、不良的情绪对我们心身健康的危害很大,怎样才能克服消极的、不良的情绪呢?可以参考下面的建议进行调适:

(1)合理发泄。发泄是指人在不能用行动消除不良情绪时,改用语言宣泄,以求得内心痛快的一种方式。发泄一般是在背地里或与知心朋友进行。采取的形式是用过激的言辞抨击、抱怨恼怒的对象,或是尽情地诉说自己所认为的不平和委屈,等等。但需要注意的是,有不良情绪的人,欲采取发泄法来克服时,必须增强自制力,不要随便发泄不满或者不愉快的情绪。要采取正确的方式,选择适当的场合和对象。有的人不分时间、地点、场合,对着引起自己不快的对象大发雷霆,甚至采取违反道德、违反法制的攻击行动。这种直接发泄,常常引起不良后果。还有的人将不良情绪胡乱发泄,迁怒于人,找替罪羊。如:在工作中不顺心的丈夫回家后拿老婆孩子出气;在爱情上遭到挫折的服务员拿顾客出气;更有甚者,不管什么事,只要不合己意,便发牢骚,讲怪话,以此来发泄不满的情绪。这种发泄方法,不但于事无补,而且会影响团结、妨碍工作,对自己的成长和成熟也很不利。

(2)转移。转移是把隐藏在内心的不良情绪投射到他人身上,以求得解脱的一种心理现实。转移为什么能起到控制不良情绪的作用呢?心理学认为,在发生情绪反应时,大脑中心有一个较强的兴奋灶,此时如果另外建立一个或几个新兴奋灶,便可抵消或冲淡原来的中心优势。因此,当自己火气上涌时,有意识地做题或做点别的事情来分散注意力,或可使情绪得到缓解。如看电影、下棋、打球、散步等正当而有意义的活动,都可使紧张情绪松弛下来。有的人生起气来拼命干活,这既是一种转移,也是一种宣泄,不失为一个行之有效的制怒方法。但此时要提醒自己注意安全,因在愤怒的情况下,动作往往不够准确协调。

(3)自我控制。当遇到挫折、不幸,遇到令人不愉快和使人生气的事情时,自觉地克制自己,忍受内心的痛苦和不快,不发表激动的言辞,不进行冲动的行为,这便是忍耐。忍耐虽不等于问题的解决,但可以防止过激的行动。人在挫折面前,应当以对事物的理性认识来控制个人的情绪。当忍不住要动怒时,要冷静地审察情势,检讨反省,考虑发怒的后果,寻找其他更为适当的解决办法。经过如此"反思"便能消除或减轻心理紧张,使情绪逐渐趋于平复。

(4)自我安慰。当自己遭受挫折或无法实现目标时,为了避免精神上的痛苦或不安,可以找出一种合乎内心需要的理由来说明或辩解。如为失败找一个冠冕堂皇的理由,用以安慰自己,或寻找理由强调自己所有的东西都是好的,以此冲淡内心的不安与痛苦。

(5)幽默。是一种特殊的情绪表现。也是人们适应环境的工具。具有幽默感的人,生活充满趣味。许多看来令人痛苦、烦恼的事情,用幽默的态度去应付,往往能使人变得轻松起来。幽默的人,不开庸俗的玩笑,更不随便拿别人寻开心,而是以机智的头脑、渊博的知识,巧妙诙谐地揭露事物的本质与不合理的成分,既一语中的,又使人容易接受。在一些非原则性问题上,宁可自我解嘲也不去刺激对方、激化矛盾。不仅自己需要幽默感,而且别人的幽默也会给自己增加乐趣,促进自我心身健康。

有这么一个故事:有名官员,因长期工作繁冗,患有严重的抑郁症,时常发病。有一天,他因公坐船经过某地,忽然旧病发作;当地官员推荐了一位有名的老医生为他治疗。这位老医生在了解了他的病情后,对这位男性官员说:"你患了月经不调症。"该名官员听罢哈哈大笑,心想这位医生一定是眼睛昏花、脑子糊涂了。以后,每想起此事,就会哈哈大笑上一阵。在笑声中,他的病好了。这个故事说明那位老医生非常了解幽默对人身心健康的有益作用。大概是因为幽默能使人心身愉快,所以,很多人都喜欢听相声。幽默、风趣的说词,加上演员生动的表演,常常引起人们前仰后合地大笑,一天工作的疲劳,以及头脑中种种纷繁琐事,顿时云散烟消。英国有句谚语:"一个小丑进城,胜过一打医生。"

(6)升华。指将不为社会所认可的动机或欲望导往比较正确的方向,将情绪激起的能量引导至对人、对己、对社会都有利的方面去。遇到不公平的事情,一味地生气、憋气,或颓唐绝望,都是于事无补的。采取违反法制的报复行动更是下策。正确的态度应该是长志气、争口气,将挫折变成动力,做生活中的强者。补偿是情感升华的一种常见方法。所谓的"补偿",就是发挥自己的才智和特长,来弥补由于自己生理上或心理上的缺陷所引起的烦恼或痛苦等情绪。比如,有的人貌不惊人,就努力学习以培养内在美;有人学习成绩不好,就在劳动、体育上显示自己的才能。补偿的价值不仅仅限于消除不良情绪,更重要的是有助于个人对社会的永久适应。

【故事】神迹

法国一个偏僻的小镇,据传有一个特别灵验的水泉,常会出现神迹,可以医治各种疾病。有一天,一个拄着拐杖、少了一条腿的退伍军人,一跛一跛的走过镇上的马路,旁边的镇民带着同情的回吻说:“可怜的家伙,难道他要向上帝祈求再有一条腿吗?”这一句话被退伍的军人听到了,他转过身对他们说:“我不是要向上帝祈求有一条新的腿,而是要祈求他帮助我,叫我没有一条腿后,也知道如何过日子。”

讨论与思考

1. 以“我谈对自己负责”为主题,思考对自己负责的内涵和意义,并进行研讨。
2. 每年的6月26日是禁毒日,关注相关宣传并讨论“我谈珍爱生命”。
3. 世界上最难掌控的就是人的情绪,请你列举你进行不良情绪调节的方法。

活动与实践

1. 设计问卷,进行自我控制能力测试。
2. 每年的6月26日是禁毒日,参与“远离毒品,珍爱生命”的宣传和实践活动。

第三节　对他人负责

在我们成长的道路上,家庭、社会给予我们无限的关怀与支持。我们独立之后,理所当然应该回报他们,而这种回报也就是我们所要面临的责任:对家庭、对他人的责任。勇敢地承担责任,是有独立性的体现,也是成功者个人能力的体现。

一、对家庭负责

（一）家庭责任是社会责任的基础

列夫·托尔斯泰说过："一个人要是没有热情，他将一事无成，而热情的基点正是责任感。"家庭责任是社会责任的基础，古人云："一屋不扫，何以扫天下？"西塞罗认为家庭是"情感之国"，是公民政府的基础，也可以说是国家的"苗床"。家庭包含了一种在其他任何地方都难以找到的幸福因素，即恒久性。如果要做一比较，把道德责任分出主次的话，"首先是国家和父母，为他们服务乃是我们所负有的最重大的责任。其次是儿女和家人，他们只能指望我们来抚养，他们不可能得到其他人的保护。最后是亲戚朋友，在日常生活中他们往往能与我们和睦相处，而且其中绝大多数人都能与我们同舟共济"。

如果一个人对自己的家庭都不负责，我们怎么相信他能对整个社会和国家负责？我国传统儒学对"孝""悌""慈""敬""恭"等家庭道德规范做出了深刻的阐述，为我们理解对家庭的责任提供了丰厚的史料。中国的道德形成是以家庭为起点的，在家行孝、为国尽忠，所谓"父母在，不远游""父父，子子"等，都是中国古老的传统美德。虽然在现代社会中它们被赋予了新的含义，但其中的思想内核却不会过时。

当前，随着独生子女的增多，如何教孩子学会关心家庭、孝敬父母，已经成为一个日益普遍的社会问题。现代家庭绝大多数父母对子女疼爱有加，而忽视子女意志能力、自理能力、协作精神及责任感的培养。尽管有很多学生的家庭经济情况较差，但多数家长都有宁愿苦自己、不愿苦孩子的想法，宁愿自己省吃俭用也要为孩子创造良好的生活学习条件。而孩子们呢？不但没有体谅父母的良苦用心，反而觉得父母这样做是应该的，甚至有的学生埋怨家长无能，没能为他们提供更好的物质条件。很多独生子女在成长的过程中都是"三千宠爱集一身"，"4 +2 +1"的现代家庭模式使孩子越来越习惯了被关心、被重视，权利意识膨胀，却忽略了对父母、兄弟姐妹应有的感恩和力所能及的关爱。

责任起始于家庭，在家庭里，一方面，子女对父母承担着责任，另一方面，父母对子女也负有责任。同学之间、夫妻之间、主仆之间也有互相尊重的责任。家庭责任感非常重要，它不仅是一个家庭相亲相爱、携手共进的基础,更能使一个家庭在面对困难、身临逆境的时候,可以自然而然地感觉到来自家人的支撑。平时的互助协作、相互交流,无疑会使家人产生共同的希望和价值观,在相互的鼓励和帮助中渡过危机。爱家庭就等于爱自己。家庭是每个人成长的摇篮,是坚强的也是脆弱的,需要我们用心去维系。

我们作为家庭的一员,一直受父母的关爱、长辈的厚爱,承载着父母和长辈的希望。不仅有接受家庭无私馈赠的权利,而且也应该在能力许可的范围之内承担起对家庭的责任。我国古代思想家主张的所谓“齐家”,在某种意义上,就是要求人人必须具有对家庭的责任心。每个人都应当热爱自己的家庭,对家庭承担一定的责任。作为家庭的一员,不应单方面要求得到家庭的保护,而必须对家庭负责,对父母负责,使家庭美满幸福,父母愉快健康。对家庭负责要做到孝敬父母,孝敬父母也是今天对我们每个人的法律要求和应尽的道德义务。

(二)孝敬父母是对家庭负责的最好体现

对家庭负责,首先要做到孝敬父母。中华民族有着尊敬老人、赡养双亲的传统美德。早在春秋末期,孔子就大力提倡“孝悌”(孝是子女对父母的态度;悌是弟妹对兄长的态度)。“孝”一直是儒家重要的道德规范,主要要求就是要善事父母。孝,是一种永远不会过时的民族美德。古人把“养亲必敬”作为孝道的一种规定,既要赡养双亲,使父母得以丰衣足食,又要突出“敬”字,使父母得以颐养天年。孔子《论语·为政》:“今之孝者,是谓能养。至于犬马,皆能有养,不敬,何以别乎?”这些话说明了对待父母的“孝”最重要的是敬重和爱戴。敬爱父母,应该做到从“敬”和“爱”中,使父母在精神上得到宽慰。

我们从哪里来?听到这个问题,大家肯定都会说,是父母把我们带到世界上来的。但当我们来到世上的那一刻起,父母们却多了一项繁重的工作——照顾我们。尽管这是一种沉重的负担,但父母们却毫无怨言地抚养我们长大。为了给我们一个舒适的生活环境,他们总是那么辛苦,那么努力。小时候,我们总把这些当做天经地义,因为我们不了解,也不知道父母的辛苦。现在,当我们长成大人后,我们应当怀着一颗感恩之心去体谅父母,应该担负起照顾、孝敬父母的责任。中国是一个文明古国,自古讲求孝道。孔子言:“父母之年,不可不知也。一则以喜,一则以惧。”也就是讲,父母的身体健康,儿女应时刻挂念在心。但据有关报道,有近50%的学生竟不知道自己父母的生日,更谈不上对父母的生日祝福。孝,为人之本也,一个人只有懂得感恩父母,才能算是一个完整的人。而感恩父母、对家庭负责的最好体现,就是努力学习,不辜负父母的厚爱和期望。

有的大学生的确上了大学以后懂事了,知道关心家里的事了,力求分担一些,自己尽量节约一点。有的就不这样,想花钱就向家中要,来了钱就花。《中国青年报》曾发表过一篇报道——《躺在汇款单上的高消费》,就是专门评论这个问题的。大学生应注意强化自己对父母的责任感,应常想到父母为子女的成长付出的心血和寄托的期望。可怜天下父母心,哪家父母不曾为了子女的成长操心操劳,不日思夜盼子女成人成才?可是我们大学生并不是都懂得这些,并不都是对父母负责任的。

有人这么说:美国青年是不尊重父母,也不依赖父母;中国青年是依赖父母,而不尊重父母。当然,我们对这种简单化绝对化的说法是不同意的。但是,如果做儿辈的对自己双亲只有依赖性,而缺乏责任感,从父母那里承受了大量的爱,却报以一颗冷漠的心,那的确是可怕的。如果一个民族的青年人都是如此,那么这个民族的振兴与前途,是不会有希望的。一个充满希望的民族,必然是一个充满爱心和责任感的民族。

【延伸阅读】

电影《背起爸爸上学》讲述了一个16岁的农村少年,以优异的成绩考进了师范学校,面对瘫痪在床无人照顾的父亲,无奈之下决定背着爸爸走进校门,开始漫长而又艰辛的求学之路。现实生活中很多这样的感人例子:田志国(感动中国·二〇〇四年度十大人物)捐肾救母,洪战辉(感动中国·二〇〇五年度十大人物)带着妹妹求学12年。这些都是对家庭负责的表现。阅读相关材料并思考:如何对家庭负责?

现在的年轻人个性越来越强,但是家庭责任感未必递增。常常听说这样的故事:有的孩子长大成人后,自己搬到外面,却很少给家里写信打电话。

【延伸阅读】“辛酸父亲”的信

《中国青年报》2004年11月4日曾转发了一封署名为“一位辛酸的父亲”的家信,并报道了这封来信在大学生中引起的震动。来信是这样的:

亲爱的儿子:

尽管你伤透了我的心,但你终究是我的儿子。虽然,自从你考上大学,成为我们家几代里出的唯一一个大学生之后,心里已分不清咱俩谁是谁的儿子了。从扛着行李陪你去大学报到,到挂蚊帐缝被子买饭菜票甚至教你挤牙膏,这一切,在你看来是天经地义的,你甚至感觉你这个不争气的老爸给你这位争气的大学生儿子服务,是一件特沾光特荣耀的事。

的确,你考上大学,你爸妈确实为你骄傲。虽然现今的大学生也不一定能找到工作,但这毕竟是你爸妈几十年的梦想。我们那阵,上大学不是凭本事考的,要看手上的茧巴和出身成分,有些人还要用贞操和人格去换。这也就是我们以你为荣的原因。然而,你的骄傲却是不可理喻的。在你读大学的第一学期,我们收到过你3封信,加起来比一份电报长不了多少,言简意赅,主题鲜明,通篇字迹潦草,只一个“钱”字特别工整而且清晰。你说你学习很忙,没时间写信,但同院里你高中时代的女同学,却能收到你洋洋洒洒几十页的信,而且每周一封。每次从收发室门口过,我和你妈看着你熟悉的字,却不能认领。那种痛苦是咋样的,你知道吗?

后来,随着你读二年级,这种痛苦煎熬逐渐少了,据你那位高中同学说,是因为你谈恋爱了。其实,她不说我们也知道,从你一封接一封的催款信上我们能感受到,言辞之急迫、语气之恳切,让人感觉你今后毕业大可以去当个优秀的讨债人。

当时,正值你妈下岗,而你爸微薄的工资,显然不够你出入卡拉OK酒吧餐厅。在这样的状况下,你不仅没有半句安慰,居然破天荒来了一封长信,大谈别人的老爸老妈如何大方。你给我和你妈心上戳了重重一刀,还撒了一把盐。最令我伤心的是,今年暑假,你居然偷改入学收费通知,虚报学费。这之前,我在报纸上已看到这种事情。没想你也同时看到这则新闻,还及时娴熟地运用这一招,来对付生你养你爱你疼你的父亲母亲。虽然,得知真相后我并没发作,但从开学到今天,两个月里,我一想到这事就痛苦,就失眠。这已经成为一种心病,病根就是你——我亲手抚养大却又倍感陌生的大学生儿子。不知在大学里,你除了增加文化知识和社交阅历之外,还能否长一丁点善良的心?

一位辛酸的父亲

对家庭负责,要做到关心家庭经济状况,绝不盲目攀比。由于经济的来源方式及数量不同,各家庭会在消费方式、结构和水平上,显示出各种差别来。我们关心家庭经济,主要是指关心家庭的经济现状,体谅父母的劳动艰辛，量入为出，依据自身家庭经济实际安排好自己的经济开支，把握好自己消费的“度”，绝不盲目攀比。学生大多数具有明显的独立意识与倾向，并在行动中有所展示。研究显示：多数学生并不认为花父母的钱天经地义，甚至绝大多数的大学生都在学校社团以及社会中介的帮助下，找到了越来越多的兼职渠道。他们从校园内走到校园外，从家教走向写字楼，甚至开始了自主创业。但是，也有部分子女和父母之间存在勾通障碍，他们不了解父母的辛苦，不知道家庭收入的真实状况，盲目和其他人攀比，这样根本谈不上对家庭尽自己的责任。对家庭负责还表现在参与家务劳动上。家务劳动是家庭生活不可缺少的重要组成部分，从本质上说是家庭成员的自我服务和相互服务。在家庭中，不应该存在某些家庭成员不劳而获地享受其他家庭成员劳动成果的情况。我们的父母为我们的成长付出了艰辛的汗水，我们应当在力所能及的情况下参与家务劳动，分担父母的一份辛劳。上海某中学曾对初三学生做过一次家务劳动调查，结果令人震惊：这些初中学生对于自己应该做的事情做得相当少，也很少参加家务劳动。例如，“洗碗”一项，全班只有 12% 的学生“经常洗”，64% 的学生回答“很少洗”，还有 26% 的男生说“从不自己洗衣服”，只有 18% 的学生说“部分自己洗”。在我们不少的同学的心中，“母亲”几乎是“保姆”的同义语，母亲的责任就是为他们提供安逸舒适的生活、可口的饭菜，以及体面的穿戴。

根据教育学家的研究：两岁的孩子就应该懂得如何收拾自己的睡衣和玩具；一个 14 岁的少年应该有能力独立做大部分家务，如倾力负责照料自己的一切、决定菜单和烹调、收拾房间和管理自己的钱。我们如果过分地依赖父母，对我们的未来危害极大。参加家务劳动，是为了我们自己能成为生产型的和有责任感的人。孟子说过，天将降大任于斯人，必先苦其心志，劳其筋骨，空乏其身。人的一生当中，吃些苦、遭受些挫折，都有助于理解和适应社会，有利于人格的健全和责任心的养成。

（三）婚姻、家庭和责任

婚姻是人类社会的永恒话题。责任对维持婚姻的稳固起到很重要的作用，这一点是毋庸置疑的。有关部门做过相关调查：在 4800 份抽样调查中，90% 的人对“什么在维护婚姻中起着决定作用?”问题的答案是爱情。可是从法院民事庭提供的资料看，在 4800 对协议离婚案中，真正因感情彻底破裂而离婚的占不到 10%。看来真正维持婚姻的并不是爱情。所谓婚姻责任，是男女双方要对自己的小家庭共同承担的义务及自己在家庭当中享有的权利。责任包含权利和义务,妻子对丈夫的权利和义务、丈夫对妻子的权利和义务。这里所讲的责任清楚地规定了每个人的社会角色。责任与感情存在着以下区别:感情是起伏不定的,而责任则是稳定不变的;感情无法讲回报,而责任则规定着双方的付出与获得;感情不能要求对方而只能要求自己,责任则永远是对双方而言的。一个作家对此做了一个很好的比喻,她说:"如果说婚姻是河流的话,那么责任感便是这条河流的堤坝,没有责任的婚姻,必然如没有堤坝的河流一样,迟早会干涸。"

一个人,在你选择了成家的同时也就别无选择地承担了家庭责任,不管你愿意与否。责任是不可选择的,不去承担就是逃避。家庭成员之间不是服从与被服从、主要与次要的关系,他们是平等、互爱的关系。家庭不同于社会、不同于单位之处就在于家中充满自觉的爱,而这爱来源于每个家庭成员无私的奉献,这奉献源于对家庭的责任感。家庭中的每个成员其实在自己为对方做出牺牲时,其潜意识中都希望得到爱的回报,包括情感上的、言语上的和物质上的。因此说,家庭中的牺牲和奉献绝不应该是单方面的。在一个家庭中,只受用而无奉献的人是人世间最自私的人。追求个人理想的实现是崇高的,但以牺牲别人来成全自己,就显得渺小了。理想可以不去实现,但责任一定要负。

【故事】

小敏和小宁结婚了,他们都是所谓的"新新人类""白领阶层",两个人思想都很开放。婚前,两人就约法三章,婚后不干涉对方的生活,给对方绝对的自由。他们说彼此不要去承受"婚姻中不能承受之重"。婚后不久,这个家庭就亮起了红灯。家成了两人共同的旅社,谁也不愿为家务劳动牺牲自己的时间,至于妻子或丈夫应遵守的婚姻责任——忠诚、关爱、共同看望父母亲等责任,都成了他们彼此的负担,于是无休止的争吵就开始了,最后两人只好选择了分手。

那么,你怎么看待"家庭责任"?

二、对他人负责

这里的"他人"是指除个人和家庭成员之外的个体。人不是孤独存在的,在其周围还有众多生命存在。人是社会动物,其生产、生活离不开他人。

个人能够在社会中生存，是因为有他人的存在。如果没有他人的存在，社会就不称其为社会，个人也不能存在。人与人之间的这种相互依赖性，在生产力低下的原始社会是如此，在具有社会化大生产特征的现代社会更是如此。如：我们要吃饭，离不农民；我们要穿衣，离不开工人；我们会生病，离不开医生、护士；我们要理发，离不开理发师……人们的物质生活离不开他人，人们的精神生活也离不开他人。因为人们不仅有物质生活的需要，还有精神生活的需要。只有在群体之中，才会有表达和交往的对象，人的理想、信念、态度和价值观念等才能形成并得以实现。每个人都有不同的需要，既有衣食住行等物质方面的需要，又有娱乐、自尊和成就等精神方面的需要，而这些需要的满足是通过交往实现的。可见，个人只有与他人交往，才能自我满足。这就决定了人与人之间必须相互承担责任，每个人的生存都依赖于他人对其负责，是他人对其负责的结果。同样，个人的发展也必须依赖他人的帮助。个人的知识和能力不是先天就有的，也不能无所不知、无所不能，而是需要他人的帮助和教化。个人的成长进步是他人对其负责的结果，因此，每个人都有责任帮助他人发展。

当个人处在与他人的关系中时，在发展自己、要求自由的同时，必然也会产生这样一个问题：自己的行为是否有利于他人的发展，是否有碍于他人的自由？在以人为中心的社会，每个人都是目的，每个人都是中心，个人只有充分认识到这一点，并对他人的存在和发展充满同样的道德责任心，才能找到发展自己的机会。也就是说，人与人之间这种相互依赖性，决定了人与人之间必须相互承担责任，每个人的生存都依赖于他人对其负责，是他人对其负责的结果。因此，人生价值中，本身就包含着对他人承担一定责任。人生于世，不仅要对自己负责，更要对他人负责。

我国古代思想家所主张的“修己安人”，在一定意义上，讲的就是这个道理：“修己”——对自己负责；“安人”——对他人负责。孔子云：“己欲立而立人，己欲达而达人。”又说：“己所不欲，勿施于人。”这两句话也从正反两面说明了对己负责与对人负责的辩证统一。中国传统美德还强调与人和睦相处，对上下左右、尊卑长幼要谦虚礼让，“老吾老以及人之老，幼吾幼以及人之幼”。

因此，我们说责任是相互的。只有主动对别人、对社会负责任，别人和社会才会对你负责任，所谓“我为人人，人人为我”正是这个道理。

(一)尊重他人

对他人负责首先要做到尊重他人,包括我们不喜欢的人,要尊重别人的权利和作为人的尊严,要理解他人。要做到心中有他人,不能以我自己为中心,尊重并愿意考虑他人的不同意见和看法。要平等待人,对待他人像对待自己一样,这也是对他人人格的承认与尊重。

尊重他人是一种高尚的品德。

【故事】

周恩来同志有一次坐车外出,因急着赶路,汽车开得很快,路经一段积水的街道时,积水溅到躲闪不及的行人身上。周恩来发现后马上叫司机停车,亲自下车向行人道歉。又有一次,周恩来去某地视察工作,飞机着陆后,他同机组人员一一亲切握手致谢。这时,机械师正蹲在地上工作。周恩来同其他人握手后,就站在机械师身后等他,并示意别人不要惊动他。机械师工作结束后,转过身来才看到周恩来在身后,忙说:“对不起,总理,我不知道您在等我。”周恩来握着机械师的手笑着说:“噢,我没有影响您的工作吧!”

尊重他人,才能在交往中得到别人的尊重。马克思说:“你希望别人怎样对待自己,你就应该怎样对待别人。”在现实生活中,若能得到别人尊重,都是自觉地尊重别人的结果。周恩来总理之所以受到全国人民的衷心爱戴,在人们心中树起一座丰碑,一个重要的原因就是他时时处处都尊重别人。在我们的班集体里,有的同学之所以会受到大家的尊重,也在于他们能够尊重别人。反之,一个自以为比别人高明、唯我独尊的人,一个事事要别人迁就自己、服从自己的人,一个处处嘲笑别人、讽刺别人,甚至取笑别人生理缺陷的人,是没有可能得到别人尊重的。不懂得尊重别人,也就是不懂得尊重自己;只有尊重别人,才能得到别人对自己的尊重。

【故事】花花轿子人抬人

清末名商胡雪岩,自己不甚读书识字,但他却从生活经验中总结出了一套哲学,归纳起来就是“花花轿子人抬人”。他善于观察人,把握人的心理,把士、农、工、商等阶层的人都聚拢起来,以自己的钱业优势,与这些人合作。由于他能够尊重别人,虚心听取别人的建议,善于和他人合作,所以别的人也对他产生了信任。他与漕帮协作,及时完成了粮食上交的任务;与王有龄合作,王有龄有了资本在官场上发展,胡雪岩也有了机会在商场上发达。如此种种对他人尊重换来的他人对自己的尊重,使胡雪岩这样一个小学徒工变成了一个执江南半壁钱业的巨商。

做到尊重他人,要从平时的社会交往做起,从身边的小事情做起。如当你在车站候车室或机场候机室,听到别人高声谈话、旁若无人、粗鲁大笑,你会觉得讨厌。所以说我们自己也要从小事做起,注意自己的言行,并把这种注意力放到每一件事上。如:说话时要文雅,不要讲粗话俗语;打电话时要态度温和;受到别人误解的时候,先不要发火,要耐心地向别人解释;没有完全了解别人的时候,对人不要妄下结论,要耐心听别人的解释;等等。

尊重他人具体表现在要尊重他人的人格尊严,不伤害他人的自尊心,不伤害他人的感情。可是,在现实生活中,这种伤害他人自尊心和感情的现象经常存在的。比如,有的同学自以为比别人强,瞧不起人,说人"笨";有的同学背后议论别人的生活,或随意扩散对他人不利的言论,对他人的不幸更是幸灾乐祸;等等。尊重他人还要尊重他人的劳动,珍惜他人的劳动成果。但是,有些同学对别人的劳动成果没有丝毫爱惜之情。如,吃饭时,乱扔大米饭、馒头;随意损坏桌椅、电灯、墙壁;在公园和绿化地随意践踏;在打扫过的教室里随地扔纸;老师上课时,随意接打手机、出入课堂。这些行为,都是不尊重别人劳动的表现,不仅会伤害他人的心,而且是一种不道德的行为。尊重他人还表现在尊重他人的习惯上。世界上没有两个完全相同的人,这就使人们在交往中,不可能不出现矛盾。而且,由于人们的文化程度、身体素质、经济条件等方面不同,每个人也就免不了会有各种各样不同的习惯,因此在交往中,要学会理解人、宽容人、同情人,也就是说,要设身处地为他人着想,理解尊重别人的习惯。

(二)关爱他人

关心他人、乐于助人也是中华民族的传统美德。中国传统伦理道德强调"仁者爱人""泛爱众而亲仁""君子成人之美,不成人之恶"的思想。雷锋说:"活着就是为了使别人生活得更美好。"在学校生活中,同学朝夕相处,应当互相关心、互相爱护。同学病了,大家前去安慰、照料,祝他早日康复;同学思想上有了疙瘩,要帮助他提高认识,使他精神愉快;同学有了困难,要鼎力相助。

【故事】

有一天,上帝对一个教士说:"来,我带你去看地狱。"他们进入一个房间，许多人正围着一只正在煮食的大锅坐着，眼睛直呆呆地望着大锅，又饿又失望。他们每人手里都有一只汤匙，因为汤匙的柄太长，所以没法将食物送到自己的嘴里。

“来，现在我带你去看看天堂。”上帝又带教士进入另一个房间。这个房间跟上个房间的情景一模一样，也有一大群人围着一只正在煮食的锅坐着，他们的汤匙柄跟刚才那群人的一样长，所不同的是，这里的人又吃又喝，有说有笑。教士看完这个房间，奇怪地问上帝：“为什么同样的情景，这个房间的人快乐，而那个房间的人却愁眉不展？”上帝微笑着说：“难道你没有看到，这个房间的人都学会了喂对方吗？”

那么，这个故事说明了什么？联系大学的宿舍生活，谈谈如何对他人负责。

讨论与思考

1. 算一算“从上幼儿园开始，到上完大学，父母在你教育上要花多少钱”，这些钱占父母收入的多大比例。
2. 思考你是如何对家庭负责的，在孝敬父母、承担家务劳动方面有何具体行动。
3. 阅读下面的笑话，结合实际生活，以“我谈对他人负责”为题展开讨论。

   甲：新搬来的邻居好可恶，昨天晚上三更半夜、夜深人静之时突然跑来猛按我家的门铃。

   乙：的确可恶！你有没有马上报警？

   甲：没有。我当他们是疯子，继续吹我的小喇叭。

第四节　对集体负责

集体是由一定的权利和义务关系以及一定的组织系统联系起来的人的各种社会有机体。现代社会中人们每一项重要成就的取得，都离不开集体。离开集体，再优秀的人才也孤掌难鸣。

每个人都生活在一个或大或小的集体中，一个具有强烈集体责任感的人,不仅会密切关注集体的发展,而且会以主人翁的姿态积极投入集体的生活中去。对于大学生而言,集体是指学校集体、院系集体、班级集体。对集体负责就是要能够正确处理个人与集体的关系,个人的行为要遵循集体的规范、个人的利益要服从集体利益。要关心集体,积极参与学校、院系、班级、社团、社区的各项集体活动,行使好自己的各项权利,能够承担并完成集体赋予的任务,努力为集体建设和活动开展出主意、想办法、齐心协力、各司其职,做到义者竭其力、仁者播其惠、信者效其忠,努力为集体增添荣誉。

一个人的智慧和力量是有限的,但是,如果把个人的智慧和力量融入集体之中,就会变成取之不尽、用之不竭的集体智慧和力量,创造出非凡的成就。所以,每个人都应该把自己的精力和聪明才智融汇到集体的事业中,才能为祖国、为人民做出更多的贡献。奥斯特洛夫斯基说:“不论一个人怎样天才,但是集体总是比他更聪明更坚强。”“要与集体生活在一起,要记住,是集体教育了你。哪一天你若和集体脱离,那便是末路的开始。”这里的集体即指本单位的同事、同学、老师、领导。

古代有一位学者问他的学生:“一滴水怎样才能不干涸?”学生们面面相觑,回答不出来。学者告诉他:“把它放进大海中去。”一盘散沙,尽管它金黄发亮,也仍然没有太大的作用。但是如果建筑工人把它掺和在水泥中,就能成为建造高楼大厦的水泥板和水泥墩柱;如经化工厂的工人把它烧炼冷却,就会变成晶莹透明的玻璃。因此,我们说单个人犹如沙粒,只有融入集体中,能力才会大增,变成不可思议的有用之材。建筑工人最了解这一点:如一根宽 4 英寸、厚 2 英寸的横梁能承受 607 磅的重量,那么两根这样的横梁就应该能承受 1214 磅的重量,对吧？其实,两根这样的横梁能承受 1821 磅的重量。如果你把它们钉在一起,就能承受 4878 磅的重量。三根钉在一起能承受 8481 磅的重量。这就是集体的力量。

集体是个人成长的园地,而集体的存在和发展,也离不开它的每一个成员。“众人拾柴火焰高”,集体的力量是强大的,可是,这种大的力量,正是集合了一个个的个人力量的结果。一个学校、一个班集体,要成为先进的集体,需要全体老师、同学热爱自己的集体,发挥自己的作用。例如班级出墙报、黑板报,需要有许多同学投稿,还要有同学编辑、抄写、做美工,需要群策群力。学校开运动会,很多同学虽然不能上场参加比赛,却可以在场外为运动员呐喊助威,为运动员们送水、看管用品等。做这些事情,也是积极地为集体负责。集体就像一盆需要浇灌的鲜花，每个人都要以自己的实际行动去精心栽培它，对这盆花负责，这样这盆花才能开得美丽鲜艳。对集体负责具体表现在以下方面：

一、遵守集体纪律

法国社会学家涂尔干说："纪律就是道德。"即一个人如果不遵守纪律或无视纪律的约束，那就是没有道德。一个人的纪律性如何，能直接反映出他的思想道德水平。在纪律面前，任何人都不能特殊。道德修养高尚的人，不会破坏纪律，而会用纪律自觉地约束自己。在遵守纪律方面，周恩来总理就是我们的楷模。

1958 年，他率领国务院各部门领导人到十三陵水库工地劳动。一到工地，他就打听这里的时间和纪律制度。在劳动的一个多星期里，他每天劳动八小时，从不迟到早退，和大家一起在食堂吃大锅饭菜，并没有因为是总理而有什么特殊。总理这种严格要求自己、严肃对待纪律的高贵品质令人钦佩，令人叹服。

纪律是为维护集体利益并保证工作正常进行而制定的规则，是每个成员都要遵守的。纪律是各项事业胜利的保证，任何一个集体都有纪律，没有纪律就不能形成一个统一的集体，就无法有效地组织起工作、学习和劳动。

集体纪律具有统一认识、约束行动、使集体步调一致去夺取胜利的作用。集体中每一个成员不论处于什么地位，都应该要求自己遵守集体纪律。缺乏集体生活锻炼的人，往往自由散漫，容易做出不守纪律的行为。因此每位青年朋友都应该积极参加各种各样的集体活动，自觉接受集体生活的锻炼，在集体生活中克服自由散漫的缺点，养成良好的守纪律的习惯，形成以遵守纪律为荣、破坏纪律为耻的集体氛围。

（一）遵守秩序

秩序在字典里的解释是："有条理地、有组织地安排各构成部分以求达到正常的运转或良好的外观的状态。"在现实中，社会没有秩序，就会很乱；不遵守交通秩序，马路上就会混乱不堪，出现交通事故；学校缺少秩序，学校就会很乱；课堂上不遵守秩序，课堂就会很乱，听课效果就会很差；运动会没有秩序，竞赛项目就无法开展；活动中不遵守秩序，就不能达到理想的效果，就会显得组织人员散乱；军队没有秩序，就不可能有战斗力。

现实中，不遵守秩序的现象非常普遍，秩序在很多时候被大家认为无足轻重，但却是我们生活中最重要的准则。在班级做一个遵守秩序的人，你会得到来自同学的欣赏，来自老师的信任；在家庭学会遵守秩序，你会感受父母的温暖和亲情的关爱；在社会遵守秩序，你会收获踏实的幸福感和良好的公民意识。

学会遵守秩序，就是对他人负责，就是对集体负责。遵守时间的秩序，我们可以从容的安排学习、工作和生活；遵守课堂秩序，我们可以学得更深，学到更多，想得更远；遵守社会的秩序，我们可以体会到作为一个守法公民的荣誉感。

【故事】周总理借书

有一次周总理要用世界地图和有关的图书，派身边的工作人员到图书馆去借，管理人员说，按规定该书不能外借。于是，周总理冒雨亲自到图书馆阅读。当管理人员看到周总理亲自来借阅表示歉意时，总理爽朗地说："你把书籍管理的很好嘛！有一套制度很好，没有章程、制度，办不好事情，无论什么人都应该遵守制度。"

（二）遵守纪律是一种品格修养

从道德层面说，遵守纪律是良好道德和修养的体现。纪律是一种普遍存在的社会现象，养成遵守纪律的习惯对人的品格养成和发展有非常重要的作用和意义。

（1）有助于培养社会化意识。它可以让人在各种场合赞同或接受默许的行为准则。

（2）有助于培养成熟的人格品质。它可以让人在对持续的社会要求与期望做出反应的过程中，形成独立性、自信、自我控制、直面挫折等成熟的人格品质。

（3）有助于道德准则和道德义务的内化。它可以让人把外部的行为准则与自我要求有机地结合起来。一个人的道德责任感，如果没有道德准则的外部形式存在，它就不能够内化；实践证明，准则被内化后，外部的约束对于确保组织秩序有非常重要的作用。

（4）有助于产生安全感。它可以避免对自己的行为的迷惑和担心，降低过度的焦虑。实践证明，没有清晰的外部控制，人往往会手足无措、惶恐不安。

【延伸阅读】

青少年学生常常以别人也都这样干为理由而从事某种活动，他们的见解、信奉、爱好与憎恶往往都视集体而定。

现在青年学生中不少人常讲这么一句话："我就是我自己。"这是当代青年学生很强的自我意识、主体意识的一种反映。"我就是我自己"这话不错，有道理，但不完整、不全面。"我"固然是"我自己"，当然是"我自己"，任何一个人都应该意识到"我自己"，但是，任何一个人也不只就是"我自己"。因为每个人都不可能离开社会而孤独存在，都必须在这个社会中处于某一个角色地位，都必须与周围的人们发生联系。马克思有句名言："人的本质是一切社会关系的总和。"说的正是这个道理。

一个人如果不知道"我就是我自己"应该说是可悲的，也是可怕的。因为一个自我意识很弱的人，一个缺乏主体意识的人，往往会成为一个稀里糊涂的、自己都不懂得要尊重自己的人，自己都不知道要对自己负责任的可怜人。不懂得"我就是我自己"的人，也往往不会懂得"他人就是他自己"，不懂得尊重他人人格，甚至会成为一个可怕的"整人"的人。

一个人如果只知道"我就是我自己"，完全以我为中心而不顾其他，同样也是可悲的、可怕的。可悲的是，一个人如果只知道"我就是我自己"，而不知道"我又不只是我自己"，不知道自己与周围人的关系，不懂得从自己与周围人的关系来认识自己，应该说这种"我就是我自己"的自我意识、主体意识还只是处于低级发展阶段，还是很不成熟、很不完整的。将一个还是处于低级发展阶段还很不成熟完整的东西奉为自己的理想追求，那是很幼稚的表现。只盲目强调"我就是我自己"的人也可能成为对自己不负责任的人——"反正我就是我自己嘛！"可怕的是，这种完全以自我为中心的"我就是我自己"恶性发展的结果必然导致自己演变成为一个只顾自己、不顾他人的，只知道对自己"负责"、不知道对他人负责的，为了个人利益与发展不惜侵犯牺牲他人利益与发展的，极端自私的可怜人。

我们提出，大学生要注意强化对自己负责的责任感，它的完整概念应是："我就是我自己"，我必须对自己负责；"我又不只是我自己"，我还要对我周围的一切人负责；"我是社会主义中国的大学生"，我必须从大学生这一特殊的社会角色定位，对自己负责，对集体负责，对国家负责。

二、发扬团队精神

一根筷子容易被折断,但一把筷子就很难折断,这说明,团结就是力量。如果说纪律是一种强制约束力量,它能保证集体的统一,那么团结、民主的精神则是充分发挥集体作用、增强内部凝聚力的根本保证。

集体中人与人之间形成一种什么样的人际关系,往往与集体中的个人性格品质有关。心理学家把人际关系方面的性格品质分为人缘型和嫌弃型两类。人缘型具有下列性格品质:①尊重他人,关心他人,对人一视同仁,富有同情心;②热心集体活动,做工作负责可靠;③稳重、耐心、忠厚、老实;④热情开朗,喜欢交往,待人真诚;⑤聪颖、爱独立思考,学习、工作成绩优良,乐于助人;⑥重视自己独立性和自制能力的培养,并且有谦逊的品质;⑦具有多方面的兴趣爱好;⑧有审美的眼光,幽默感强,但不尖刻;⑨温文尔雅,仪表端庄等。嫌弃型具有以下性格品质:①以自我为中心,只关心自己,不为他人的处境和利益着想,有极强的妒忌心;②对集体工作缺乏责任感,敷衍了事,浮夸不实,或完全置身于集体之外;③虚伪固执,吹毛求疵;④不尊重他人,操纵欲、支配欲强;⑤对人淡漠,孤僻不合群;⑥有敌对、猜疑、报复的性格;⑦行为古怪,喜怒无常,粗暴,神经质;⑧狂妄自大,自命不凡;⑨学习工作成绩好,但不帮助别人,甚至轻视他人;⑩自我期望值很高,小气,对人际关系过分敏感;⑪势利眼,想方设法巴结领导而听不进群众意见;⑫学习不努力,无组织无纪律,不求上进;⑬兴趣贫乏;⑭生活放纵。

这两种人性格品质的根本差别在于,一个是处处想集体,想到他人,而另一个则是以自我为中心。我们提倡一切从集体利益出发,要在集体生活中磨炼个性,扬长避短,培养优良的个性品质。集体中的每个成员都应关心、帮助别人。一个人如果不能择善而行,不能团结别人,并且讳疾忌医,那对自己的人生道路将会产生不利影响。

(一)学会参与

参与,意味着责任。当前由于科技的发展,人与人之间的竞争越来越激烈,甚至到了非常严峻的境地。不善与人合作,不会与人合作的离群索居者越来越多。自私自利的个人主义思想,对在校学生也有不同程度的影响,比如,有的同学单纯追求学习成绩优秀,根本不愿意参加任何班集体活动,更不用说主动帮助学习上有困难的同学。在遇到集体利益和个人利益发生冲突的时候，寻找种种借口，满足个人利益。很多大学生入校时都是第一次离开父母，离开自己生长的环境，进入校园开始集体生活。如何与同学、朋友以及社团的同事相处就成为了大学生学习内容的一部分。参与宿舍、班集体、系（部、院）的各种活动既是学会与周围人相处的基础，也是大学生负责任的表现。

其实，学校就是社会的一个缩影，“麻雀虽小，五脏俱全”，大学生要培育对社会责任感，就要通过亲身参与集体的各种活动、承担各种各样的责任来获得直接而深刻的责任体验，并且要懂得，如果有责不担，将会失去在这个集体中的话语地位而游离于集体之外，将会受到相应的追究和惩罚而付出相应的代价。

长期以来，我们都习惯于小单元体的独立生活，关注于自我利益保护和小农意识的安居乐业，而对于社会公众事件，或集体的事情，则缺乏关心。不仅仅是普通民众的集体意识缺位，即使具有精湛技术、渊博知识和拥有一定社会地位的专业人士，都成为王晓波笔下的“沉默大多数”。我们历来崇拜英雄，在黑暗之中，总期待着某个伟人来改变一切，这种期待就是我们缺乏参与意识的表征。

参与是对集体负责任的一种表现。大家都熟知寓言故事《乌鸦参赛》：乌鸦明知自己歌喉不佳，但还是决定去参加歌唱比赛。每个人都有自己的缺点，但说不定它也是自己的独特之处。文中有一句话说得好：“如果百鸟一音，千鸟一曲，我们这个音乐会就失去了意义，退一步说，你唱得难听，难听到了极点，别的鸟谁也唱不出来，你的歌会因新奇而变得动听起来。”同样一个道理，如果学校组织一些活动，即使不是你的特长，你也应该积极参加，最重要的是一种参与精神，能够在大家面前表现出自己的独特之处，也是值得鼓励的。就像文中百灵鸟所说：“乌鸦，你是我们鸟类中的一员，不管你的声音怎样，你总是代表着你自己，即鸟类中的乌鸦，真正有价值的是自己的歌唱，因为这种歌唱是自己所特有的，是别人学不到的。”

【故事】乌鸦参赛

春天来了，万物复苏，新绿爬上枝头，花儿竞相开放，整个森林变得五彩缤纷，美丽极了。这么美的景象没有音乐的点缀实在是太可惜了。于是，被称为金嗓子的百灵鸟提议，举办一次歌唱会，动员森林里的鸟儿们积极参加，从而让美丽的森林被美妙的歌声环绕，变得充满生机和活力。消息发出后，百鸟奔走相告，报名者络绎不绝。

乌鸦虽然知道自己的声音难听，但还是鼓足勇气，下定决心去参赛。它的出现令百鸟们很惊讶。鸟儿们都很瞧不起它，它们忍不住叽叽喳喳起来。

黄莺说："它唱起来，比猪叫还难听！"

云雀说："它唱起来，比驴叫还讨厌！"

画眉说："它唱起来，比狗叫还刺耳！"

就这样你一言我一语地，鸟儿们把乌鸦批评得一无是处。

百灵鸟没有理会大家对乌鸦的讽刺，语重心长地说："乌鸦，你是我们鸟类中的一员，无论你的歌声悦耳还是不佳，你就是你自己，你就是乌鸦，我们鸟类的乌鸦。我们真正在乎的是每一种鸟类自己的歌唱，这是你特有的，别人也模仿不来，这就是你的风格。如果所有的鸟类都只有一种声音，那么我们这个音乐会就没有任何意义了。即使你唱得难听到了极点，其他的鸟儿谁也唱不出你的声音，那么你的歌也会因独一无二而变得新奇动听。我非常欢迎你加入我们，衷心地祝你成功！希望你唱出自己的歌！"

乌鸦就这样参赛了，它获得了鼓励奖。

（二）学会服从

服从是一个团队工作效率和个人社会生存的需要。服从上级就是服从组织。在组织中，没有服从，任何一种先进的管理制度和理念都无法建立和推广下去；没有服从，企业再好的计划也不能有效地贯彻执行。服从，是每一个员工必须具备的最基本的素质，没有服从意识的员工，不管他多么有能力，他的上司都不会器重他，因为他不服从上级的安排。领导只会重用那些懂得服从又有能力的人。服从上级就是服从组织，服从上级就是服从制度，服从上级就是尊重自己。

服从也分两种情况，主动服从和被动服从。主动服从的人懂得服从的艺术，做事有智慧，善于观察，凡事主动出击，常常能圆满地完成工作任务，并且收获很大。主动服从的人才能得到领导的重视和组织的认可。而被动服从的人则不懂得服从的艺术，仅仅把服从领导的安排当成应付公事，不重视信息的反馈，机械地做事，有时还怨天尤人，往往费力不讨好。

服从也是生产力，有了员工的服从，领导的意志才能有效地执行，团队才会有更高的工作效率，也会有更强的竞争力。

讨论与思考

1. 谈谈你是如何对你所在的集体负责的,包括宿舍、班级、系部、学校。
2. 阅读理查德·泰勒的《一切从零开始》,并谈读后感。

第五节　对国家负责

一提到对国家负责,很多人就会自然联想到有名的西点军校的校训"责任、荣誉、国家"这六个字,这是美国五星级上将道格拉斯·麦克阿瑟在82岁高龄时回到母校西点即席发表的一生中最后一次也是最感人的一次演讲中最核心的六个字,它后来成为西点军校的校训,现在已经传遍了全世界,不仅仅适用于军人,而且被众多世界知名的企业家和有识之士推崇。

"国家"一词,在唤起一种为国家利益和民族理想服务的献身精神时,与"祖国"一词的含义是统一的,通常是指一定的民族世代生于斯、长于斯的自然和社会因素的总称。所以从对国家负责的角度看,它是一定民族中每个人的权利,也就是说对国家负责的主体是非常广泛的。同样,对国家负责的要求也是非常广泛的,它既包括对国家的人民负责,还包括对国家的山河、物产和文化负责。古罗马哲学家西塞罗说:"当你以一种理性的眼光全面地考察了人与人之间的各种关系之后,你就会发现,在一切社会关系中没有比用国家把我们每个人联系起来的那种社会关系更亲密的了。"

国家是我们劳动的地方,是我们必须为了共同的福利而努力的杠杠支点。"国家不是个聚集体,而是一种联合体。"联合体意味着国家的存在与发展是符合个体的需要的,因此个体应自觉以国家成员的要求规范自己的思想和行为。个体和国家的关系是一荣俱荣、一损俱损。所以,把各自的个人利益与整个国家的利益融为一体,应当是所有人的主要目标。

国家民族的兴旺发达是个体生存和发展的基本条件,同时个体为社会尽责,也是国家民族兴旺的根本动力。因此,国家民族赋予个体切实担负起保家卫国、建设国家的责任。对国家负责,也是社会责任感的升华。我国古代思想家所主张的"治国、平天下",在某种意义上,就是指对国家的责任感,即是说每个人对自己的祖国,都负有义不容辞的责任。只有对国家、社会负责,才能促进社会的整体进步,才能获得个人利益的满足,实现个人价值。

在中华民族的历史上,人们对个人的命运和祖国的关系进行了深入的价值层面上的判断和抉择,将“治国、平天下”视为“大德”“大节”,“位卑未敢忘忧国”,并形成了公忠体国、忠谏报国、“鞠躬尽瘁、死而后已”,“天下兴亡,匹夫有责”的道义精神和爱国情怀。北宋的“杨家父子,一门忠烈”,南宋的岳母刺字“精忠报国”;近到2008年“5·12”大地震中,从5000米高空义无反顾纵身一跳的空降兵们,驾驶直升机转移伤员英勇牺牲的邱光华等烈士们……他们身上所体现的就是对祖国、对人民的高度责任感、荣誉感。

【故事】弦高犒师救国

郑国商人弦高和奚施,赶着12只牛准备到洛阳去做买卖。路上遇到了前来偷袭郑国的大批秦国军队。弦高情急,一面派奚施赶快回去报告,一面假装是郑国派来的使者求见秦国统军元帅。秦军元帅得报后大吃一惊,连忙接见了弦高,弦高镇定地说:我们国君早就知道你们要来,但很久未见你们到来,国君和士卒心里一直不安,是不是因为嫌我们国家穷,吃穿住用不足而不肯来郑。所以国君怕你们不来,特派我们牵来肥牛12只,还带有名贵璧玉以犒劳秦军。郑国得信后,立即加强戒备,严兵以待秦师。秦将商量,郑国已有准备,不可希冀速胜。如果攻之不克,围之无继,倒不如回去。于是放弃了偷袭郑国的计划,灭滑而还,郑国则安然无恙。

郑穆公用存国之赏赏赐弦高,弦高说:“因欺诈而得到赏赐,那么郑国的朝政就要废弛了。作为一个国家而没有信誉,是败国之俗。赏赐一人而败坏了国俗,聪明人是不会这样做的。”于是他“以其属徙东夷,终身不返”。

这是《左传》记述的普通的郑国商人弦高犒师的故事,在其他史书上也有记载。作为一个普普通通的商人,有如此的爱国之心,已成为万世商人的楷模。

一、对国家负责,是当代大学生必须具有的道德品质

对国家负责是最高层次的责任意识的表现。对国家负责的形式总是与时俱进、不断更新的,在不同的时代有不同的内涵,也有不同的形式。毛泽东曾指出:“爱国主义的具体内容,看在什么样的历史条件之下来决定。”江

泽民也强调:“爱国主义是一个历史范畴,在社会发展的不同阶段、不同时期有不同的内容。”从古代的“投笔从戎”“闻鸡起舞”,到上个世纪初“外争国权,内惩国贼”,再到改革开放后的“团结起来,振兴中华”,以及现在的构建和谐社会,可以说,不同时期的中国青年身上,始终涌动着具有不同内涵的对国家负责的高度责任感。大学生“对祖国的责任感”和“对时代的追求”,就是今天中国大学生对更多人的责任感的强化。这里需要进一步明确的是,大学生在考虑自己对祖国的责任和对时代的追求时,必须考虑到中国社会的最大多数人的利益和愿望,也就是广大人民群众的利益和愿望。从这个意义上说,今天,我们大学生要强化自己对更多人的责任感,也就是要强化自己作为社会一分子,对整个社会的责任感,明确自己对社会应尽的责任和义务。

对当代大学生而言,对国家负责,表现为应具有高度的政治责任感,维护国家统一,反对民族分裂;分析国际形势,认识社会发展规律,坚定共产主义信念。

坚持维护国家统一,是当前世界上主权国家的普遍做法。因为“国家的统一,人民的团结,国内各民族的团结,这是我们的事业必定胜利的基本保证。”(毛泽东)“国家统一、民族团结,则政通人和,百业兴旺;国家分裂、民族纷争,则丧权辱国,人民遭殃。”(江泽民)

二、大学生应具有崇高的历史使命感

具有历史使命感,就是不断增强忧患意识,把握历史脉搏,使自己的人生目标同社会的发展目标相一致。

忧患意识,作为一种社会意识,是指对国家和民族的现实或前途担忧的心理状态和思想观念,主要表现为一种奋斗意识、进取意识、自省意识和未来意识。作为一种奋斗意识所反映的是一种不甘落后、奋起赶超的精神风貌;作为一种进取意识则反映的是不满足于现状,始终保持着生机和活力,努力超越自我,向着更高目标奋然前行的豪迈气概;作为一种自省意识反映的是不断增强自我审度能力,在困难和挫折面前不惊慌失措,在胜利和成功面前保持清醒的头脑;作为一种未来意识体现的是勇于面向未来、肩负未来的勇气和决心。具体到每个人,就是以在自己的岗位和职业为国争得荣誉为最高使命。对在校学生而言,就是努力学习,增强技能,将来为社会贡献自己的一份力量。

【延伸阅读】高职学生缺乏责任心的各种表现和原因

高职学生已是成年人,他们对未来有设想,但是多数人只是从个人的发展和兴趣出发,大多数学生缺乏对家庭、社会的责任意识。很少有学生能自觉地意识到自己长大后应对父母、家庭、国家、社会承担责任,应对历史负责。在政治思想方面他们有爱国意识,但不会把爱国意识与具体行为相结合。他们平时看报只关心文艺明星、体育明星,对国内外政治、经济、军事的变化不太感兴趣。他们看电视时多数只看娱乐节目,其他节目较少涉猎,对许多社会热点和焦点问题一知半解。作为班级和学院中的一员对参加集体活动不积极,从来没有想过自己对集体应起的作用和有什么影响。在学习方面有相当一部分学生学习积极性不高,原因是自己不爱学当前专业。但是问他:“你想学什么专业?”他又答不上来,因为他没有想过。可以说这些同学对自己都不太负责任,何况为他人负责。上课迟到、早退现象比较严重的背后,是他们认为上不上课只关系到他个人。他们没有想过家长每年花许多学费、生活费供养他们上学到底是为了什么;更没有想过国家花了许多钱扩大高等教育规模,老师辛勤劳动图的是什么?在学习上有相当一部分学生只求及格,对知识不求甚解,有不懂的问题从不主动找老师请教。在学习中遇到困难,首先认为是老师教得不好,而不会想想自己是否努力。还有些学生考试作弊,被老师发现后,他们第一反应是希望老师能原谅自己,他没有勇气告知家长,更不想承担考试作弊的责任和后果。在生活方面,许多同学对家长依赖太多,日常生活中小件物品脏了,也要带回家让家长给洗。宿舍值日和教室值日不自觉,能不做就不做。平时学生普遍抱怨食堂饭菜太贵,同时在食堂饭桌上浪费现象又很严重。学生们对自己周围环境抱怨多,自己努力动脑解决少。在与朋友交往中希望得到帮助的多,想到应多关心帮助朋友的少。归纳上述种种现象,表明有相当比例的高职学生自我意识很强,但责任意识相对较弱。

为什么高职学生中责任意识缺乏比例会较高呢?主要原因是,许多学生是独生子女,从小得到家长和长辈们的很多关爱,在过度的关爱下形成了依赖性,家长们的包办代替削弱了他们个人的独立性和责任意识。家长们在家庭生活中给予了许多爱,但是忽略了对子女们的责任意识培养。另外,学校因升学率的压力,在对学生的教育中突出了对知识传授的要求,削弱了对学生思想品德培养的要求。同时，由于社会多元文化的影响，存在许多不良风气，严重地影响着学生的思想，学生们随着年龄的增长，自我意识增强，但是责任意识没有相应的教育和引导，所以还很缺乏。用人单位普遍反映：现在的大学生缺乏责任意识，但是大学生们自己却普遍不认可这一点。因为不知道什么是“责任意识”，所以也就不会认为自己缺乏“责任意识”。要使学生能更好地成长和进步，最有效的途径是加强责任意识培养。通过责任教育使学生们意识到，在家里他们是子女，在学校他们是学生，在社会上他们是公民，是全社会中的一分子，每个人对家庭、对国家、对社会都有一份责任。更何况他们是中华民族能有所作为的一代，中华民族的全面振兴就将在他们的手中实现，他们一生能成就的事业，是中华民族多少代人的梦想。今天，他们在学校的首要任务是学习，每个学生都应该勤奋学习、躬行实践，将来才能为自己、为家庭、为国家、为社会做出应有的贡献，即要把学生对学习态度的转变，作为考察责任主题教育成效的重要观察点。要通过责任主题教育培养高职学生的民族自尊心、自信心、自豪感，使他们对改革开放的大好形势有足够认识，对自己未来历史使命有足够认识，并把这种认识与自己平时的学习生活联系起来，解决思想理论认识与实际行为表现脱节问题；培养高职大学生的团队精神，强化个人行为服从团队利益的意识，帮助他们正确处理个人发展与社会需求的关系，鼓励和引导他们勇于承担自己应该承担的社会责任。其内涵就是让每个学生都明白，自己是祖国明天的建设者，一定要对家庭、社会承担起责任来。

【延伸阅读】怎样引导大学生对自己负责

责任是外界条件对行为主体的客观要求，是对人的行为的外在约束和规定。责任观，是个体认识责任、履行责任的态度，是一个人道德素质的核心要素之一。大学生责任观教育，就是在高校教育教学过程中，培养学生的责任意识，增强学生对祖国和民族、对社会和环境、对家庭和邻里、对自己的责任感和负责精神，形成良好的责任意识和责任品格，并转化为忠于祖国、献身社会、关心他人、保护环境、完善自我的责任行为。

责任依次分为对自我的责任、对家庭的责任、对他人的责任、对集体的责任、对国家和社会的责任、对人类的责任、对自然的责任等。作为21世纪的大学生，也作为一名18岁以上的成年人，首先要对自己负责，对自己的言论、行为负责，对自己的成长负责，对自己的心理健康负责，对自己的生命负责;对自己的身体健康负责;对自己的事业负责;对自己的情感负责;由己及人,由近及远,对自己的亲人负责,对周围人负责;再升华到对社会、对民族、对国家负责。

有许多学生习惯于遇到事情总是向外归因,把责任推给他人,从而失去了自我反思进而让自己成长的机会,现在我们的教育就是要把学生自我成长的责任还给学生,利用各种条件,创造各种机会,搭建各种平台,让学生锻炼和培养对自己的责任感,在学生出现错误和遇到挫折的时候,不是替学生解决问题,而是让学生自觉地接受惩罚,吸取教训,承担责任。

怎样引导大学生对自己负责?

第一,要避免对学生进行认知教育为主导的教学模式,要注重让学生自己在活动中通过规范操作性经验的积累获得与规范相一致的行为方式和行为习惯,让学生自己在真实的情境中真实地感受,使其内化为一种自觉的行动。坚持小处着眼、大处着手,实践与社会发展相协调。例如利用班会或团会、专题研讨会、辩论会、社会实践活动和社会公益活动等形式,让学生在群体中锻炼表达、沟通、组织等能力。宿舍是学生学习交往的重要场所,我们要重视学生与宿舍同学的关系,并从宿舍关系入手,发展到班级、系部。鼓励学生关心他人,互相帮助。从一点一滴的生活小事培养责任感。

第二,一切从学生的心理成长的需要出发。培养学生自己的事情自己做,其他能让学生做的事情,就大胆地安排学生去做,让学生在错误和挫折中得到经验和教训,获得能力和心理上的成长。让学生懂得:少给别人添麻烦,自己承担自己的责任才是一个心理成熟的人,才能成为真正的成年人。例如,大学生的主要任务是学习,只有把学业搞好,才能谈得上未来对国家、对社会负责任,否则不但无法承担社会责任,反而会成为社会的负担。因此,必须指导大学生集中精力学好专业理论知识,并紧密地与实践结合,真正做到学有所成、学有所为。同时,还要加强学生生活自理意识培养。现在大学生大都是独生子女,在家里深受父母溺爱,力所能及的事也由父母包办,造成生活自理能力较差。应加强学生生活自理意识的培养,让他们明白凡事依赖父母,是对自己不负责任的一种表现,使他们自觉增强生活自理能力,这有助于帮助学生顺利完成学业。

第三,培养大学生勇于承担过失的责任意识。大学生做错事时,往往缺乏承担过失的勇气,这是责任意识不强的体现。因此,应耐心地教育他们,只有那些什么都不做的人才会不犯错误。只要做事,就不可避免地会犯错误。犯一点错误不要紧,关键是要勇于承担责任与改正错误,用于面对严酷的现实,用于接受惩罚,积极地寻找解决问题的方法,善于把挫折变成成长的资源。鼓励大学生对自己的行为及其后果负责。一个人只有在他有意识地完全自由去行动时,他才能对他的行为负完全责任。

承担责任是痛苦的,而痛苦是成长的“增力器”。成长正如蝉蜕,过程是痛苦的,但是没有蜕变,就不会有力量的增强,更不会有新生。关于这一点,孟子有一段名言:“故天将降大任于是人也,必先苦其心志,劳其筋骨,饿其体肤,空乏其身,行拂乱其所为,所以动心忍性,曾益其所不能。”这段名言曾经激励古往今来千万豪杰,使其敢于承担苦难,走向新的起点。这就是痛苦的建设性作用。所谓建设性的痛苦,就是从其给人的感受来说,是无法接受的,但是从其给人带来的效果来看,却能使人进一步成长,因此你不能排斥它,而应该勇敢承担自己成长的责任,别人不能包办代替。

大学生是大学生活的主体,要增强他们的自我责任意识,启发大学生尊重自己的主体地位和主体人格,学会在各种利益冲突中独立地判断和选择,并对自己的行为后果负责。用全部的心力关注和实践自我的完善,使生命的价值不致因自己的懈怠而减少,这正是人所要承担的第一责任。如果一个人对自己都不能负责,对家庭、对他人、对集体、对国家、对社会负责就无从谈起。一个人要想有所作为,就要有责任心,因为要实现自制自立的成功人生,如果缺乏责任心的修养与确立,人生目标是根本无法实现的。责任是我们生存和生活的灵魂,没有它,人就是漂泊的浮萍,所以,大学生只有不断地加强责任修养,并外化为具体的责任行为,才能实现自己的远大理想和抱负,才能做一个有益于国家、有益于社会、有益于家庭和有益于自己的有价值的人。

讨论与思考

1. 结合“3·14”西藏拉萨打砸抢烧暴力事件和新疆乌鲁木齐“7·5”打砸抢烧严重暴力犯罪事件,谈谈维护民族团结和对国家负责的关系。
2. 以自己未来的岗位为基点,谈谈如何立足现在做到对国家负责。

第六节 在实践中提升责任素养

一、职业生涯规划大赛

（一）职业生涯规划大赛的意义

职业是人生活的重要组成部分，影响着个人的事业发展，影响着个人的家庭幸福程度。“如果我们选择了力不胜任的职业，那么我们决不能把它做好，我们很快就会自愧无能，并对自己说，我们是无用的人，是不能完成自己使命的社会成员。由此产生的必然结果就是妄自菲薄。”因此，我们在选择职业的时候，“应该遵循的主要指针是人类的幸福和我们自身完美的统一”①。因此，“选择职业是人生大事，因为职业决定了一个人的未来……选择职业，就是选择将来的自己”（罗素）。

进行职业生涯规划的过程也是审视自我、确定目标、责任感增强的过程。在职业生涯规划的过程中，每个人首先要审视自我，即根据“职业生涯规划测评”“360度评估”等方法，客观分析自己的职业兴趣、能力倾向、职业价值观、行为风格、个性特征等，了解自己喜欢干什么、能够干什么、适合干什么、最看重什么；然后通过多种途径（书籍、互联网、社会实践、专家咨询等）和方法（外部环境分析、目标职业分析、职业素质测评、优劣分析等），全面了解目标行业、目标职业、目标企业（用人单位）的相关资讯，结合自己的专业情况、就业机会、职业选择、家庭环境、社会需求等因素，理性评估职业机会，最终选择职业目标和路径；接着围绕职业目标的实现，制订具有针对性、明确性与可行性的行动计划。在此过程中，首先要学会自我评估，找到差距，明确目标，增强责任感。

在实际生活中，我们看到很多人由于对自己的不了解，选择了不适合自己的工作，在工作中没有快乐可言，或者产生职业倦怠，成了职业橡皮人，对工作失去了热爱，在职场中很无助或无奈，像在大海中漂泊的船只，找不到

---

① 马克思．青年在选择职业时的考虑[A]//马克思恩格斯全集（第40卷）[M]．北京：人民出版社，1982：6－7.

自己奋斗的职业目标和方向，更谈不上对自己和社会的责任了。因此我们说职业生涯规划是一种责任：对自己也对社会。

（二）职业生涯规划大赛

从一入学，学院就要求每个学生每个学期都撰写《职业生涯规划和成长记录》，这是引导大家“学会负责”的一种很好的形式。通过填写《职业生涯规划和成长记录》，可以引导学生按照职业的需求分析自己的优势和不足，理性地认识自我；了解每学期课程学习的目的以及对自己职业素养提高和养成的作用，制订自己学期学习和成材计划和目标。在学期末，要求学生总结一学期自己在思想意识、专业知识学习、专业技能掌握、专业素质提高等方面的进步和不足，一步一步地引导学生向有专业素养的应用型人才的培养目标靠近。

同时学院还为大家搭建了一个自我设计、自我评价的平台，即职业生涯规划大赛，目的是让每位同学在此过程中明确自己的职业价值取向，增强责任感。

二、“责任素养我行动”实践记录

“责任素养我行动”是根据财贸素养课程总体教学要求，学生在一个学期内完成知识学习、社会调研、自我行动、技能大赛、成果展示、考核评价六个环节。在诚信素养教育实施中，学生通过《责任素养教育手册》，将被动受教育转变为自我养成教育，将教育内容和实际行动有机结合，边学习边实践，在行动中学习知识、提升素养。《责任素养教育手册》的主要内容包括：

（一）知识学习

对知识学习的要求：

（1）选修《十大商帮》《北京商业规划》等财贸职业文化课程，到图书馆商书厅借阅至少3本相关书籍。以班级为单位开展知识竞赛。

（2）通过网络、图书馆等查阅并摘抄伟人、名人责任故事和案例。以班级为单位进行责任案例讨论。

（二）社会调研

社会调研活动是按照财贸素养教育培养目标的要求，有目的、有计划地组织学生带着责任问题到国家历史博物馆、北京市商业规划馆、北京王府井商业街参观调研考察，学生可以看到在学校里看不到的东西，学到课堂中学不到得知识，有利于增强学生的责任意识，是责任素养教育的有效途径和补充，在现实环境中去看、去问、去听、去思考、去探索责任价值的真谛。调研完成后，要求学生完成以责任为主题的调研报告，并结合知识学习，组织学生开展“我谈责任”主题交流会，并进行“责任素养教育学习奖”评审，成绩优秀者可获得“学习奖”，以此激励学生自觉养成责任品格，增强文化底蕴，建立职业使命，培养职业价值意识。

完成社会调研和主题研讨后，由班主任或辅导员对学生本阶段的责任素养教育成果进行考核，成绩占课程总分的30%。其中，知识部分考核可以采用闭卷考试，社会调研则根据调研报告和主题交流成绩进行评定，知识考核、调研报告两方面成绩各占1/2。此外，还要以班级为单位进行“学习奖”评比。

（三）自我行动

责任素养的养成主要在于日常的自我养成，而自我养成依靠自主行动，通过有目的的活动设计引导学生把责任素养教育融入日常学习生活的方方面面。开展的活动有争当师范学生、职业生涯规划等，从第一课堂到第二课堂，从班集体到宿舍，记录学生在这一学期内所做的至少10件以上个人责任素养养成方面的具体事例和成果。

此外，以班级为单位自主设计《责任度测试调查表》，根据调查情况进行班级责任度分析，对于不讲责任的现象进行研讨，实现负责任从校园生活开始。自我养成成绩考核占课程总分的30%。此外，还要以班级为单位进行“自我行动奖”评比。

（四）技能大赛

技能大赛是以财贸职业基本技能为载体，通过比赛方式提高学生职业素养，有目的培养财贸素养的一种教育方式。技能大赛遵循的宗旨是倡导职业素养、倡导职业规范、倡导职业能力，学生在竞赛环境中，在完成实际竞赛题目同时，有意识的培养自己的财贸素养。

责任素养教育技能大赛依托的财贸职业技能是《职业生涯规划》实训课程，学生完成实训学习任务，在大赛中提升责任素养和职业能力。

责任素养教育技能大赛成绩占课程总分的20%。“大赛奖”评比直接采用大赛评奖结果，获得“优胜奖”以上学生可获得“大赛奖”。

（五）成果展示

责任素养教育成果展示是责任素养教育成果推广转化的重要方式和手段，是落实素养教育目标的重要措施。成果展示活动为学生与学生之间、学生与学校之间搭起了相互交流、沟通的桥梁。采用成果展示的方式进行交流，使学生可以发现不足、发扬长处，这种方式更符合财贸素养教育的特点，可以使素养教育落到实处，是激励学生自主进行素养养成最开放、最直接的手段。

责任素养成果展示采用开放方式，具体包括：

（1）他人评价。采用《责任征求表》形式，请老师、班主任、辅导员、同学、家人对自己的责任素养进行评价打分。

（2）自我评价。对自己进行“责任度测试”，根据测试结果给自己评价打分。

（3）实物成果展示。提交一份代表个人责任素养，或提高责任素养的个人作品，如责任题材的照片、论文、总结、诗歌、相声、小品、DV、书法、绘画等，也可以是他人赠送的感谢信、锦旗等，记录校园内责任行动心得体会等的实物。

责任素养成果展示占课程总分的20%。此外，还要以班级为单位进行“成果奖”评比。

（六）考核评价

考核评价是责任素养课程教育教学的最后一个环节，综合以上五个方面的考核成绩后得到每一个学生责任素养教育课程的最终成绩，满分为100分。获得学习奖、行动奖、大赛奖和成果展示奖的学生可以获得主题教育奖“责任奖”。

责任故事

【责任故事】对社会负责——警魂不朽任长霞

任长霞，女，汉族，中共党员，河南省登封市公安局党委书记、局长。1964年2月8日生于河南省睢县。1983年加入公安队伍，做预审工作13年，在郑州公安系统、市政法战线及省预审岗位练兵大比武中均夺取过第一名，协助破获了大案要案1072起，追捕犯罪嫌疑人950人。1998年被任命为郑州市局技侦支队长后，她多次深入虎穴，化装侦察，亲自抓获了中原第一盗窃高档轿车主犯，先后打掉了7个涉黑团伙，抓获犯罪嫌疑人370多名，被誉为警界女神警。

2001年调任登封市公安局局长，为河南省公安系统有史以来的第一位女公安局长。她始终把人民群众的疾苦和安危放在心上，解决了十多年来的控申积案，共查结控申案件230多起。带领全局民警共破获各种刑事案件2870多起，抓获犯罪嫌疑人3200余人，有力地维护了登封社会治安和稳定的政治大局。

2001年4月，任长霞成为公安局长时，面临的形势非常艰难：民警队伍人心涣散，积案堆积如山，群众怨声不断，行风评议年年倒数第一。她深入基层调查摸底，跑遍了登封17个乡镇区派出所，找到了问题的症结所在。随即从"从严治警"入手，清除了队伍中的3个害群之马，15名长期不上班、旷工、迟到以及参与违法违纪行为的民警被开除和辞退。此举令民警队伍的精神面貌为之焕然一新。

在整顿队伍、严肃警风的同时，任长霞将全部精力集中到了破大案、破积案上，打响了一场又一场攻坚战。"4·15"东金店强奸焚尸案、"4·18"大冶镇火石岭村绑架案、"5·18"特大盗枪案、"5·28"石道杀人案、"7·2"唐庄杀妻杀子案等一系列大要案纷纷告捷。面对辉煌的战绩，干警和群众服了。大家都说："咱登封来了个女神警，案发一起就破一起。"

刑事犯罪案件破获了，任长霞又着手解决深层次问题。2001年4月23日，她从一封平常的群众来信中了解到，松颖避暑山庄老板王松纠集家族成员、两劳释放人员，在白沙湖一带横行霸道、敲诈勒索，致使上百人受到伤害，7人丧命，民怨极大。她决心挖掉这颗毒瘤。4月29日，王松手下的爪牙因参与犯罪被抓获，王松企图以钱开路，打通关节，救出这几个"弟兄"。5月1日晚，王松来到任长霞办公室，随手甩出一沓钱放在桌子上说："手下人捅了娄子，请任局长高抬贵手，网开一面。"任长霞严词拒绝，并借此机会，指令民警将王松一举擒获。

2001年4月25日，任长霞抽调20余名民警成立"控申专案组"，按照"立足化解，妥善处置"的思路，变上访为下访，变被动为主动，把控申工作查处信访积案作为一项"民心工程"，纳入工作的整体目标，她把每周六定为局长接待群众日，诚心倾听群众呼声。据不完全统计，3年来共接待群众3467

人次，使476户上访老户罢访息诉，被广大人民群众赞誉为“任青天”“女包公”。

一系列业绩的取得，源于任长霞对崇高理想的不懈追求和对社会的责任感。1983年，当英姿飒爽的任长霞警校毕业后来到郑州市公安局中原分局预审科当上一名民警时，她就在日记本中写下一段话：“能成为一名打击犯罪、保护人民的人民警察，能亲手抓获犯罪分子、还老百姓公道，是我的责任，也是我人生最大的追求。”也正是从这时开始，她就立下了将自己一生献给公安事业的誓言。

1992年11月，任长霞在郑州市公安系统和政法系统岗位练兵大比武中力克群雄，夺得双冠。1994年11月，又在全省预审岗位练兵大比武中夺得第一名。办案实践中，任长霞更注重探索和积累办案经验，提高审讯技巧。凭着自己娴熟的预审技能、顽强的工作作风，她直接审理了各类刑事案件1072起，追捕逃犯950人，在河南省预审战线上创造出了无人能比的成绩。

1998年，任长霞被提拔为郑州市公安局技侦支队支队长。她带领支队民警在短短两年的时间里，跑遍了全国20多个省、市，破获了近300余起抢劫、杀人等重特大案件，抓获了350多名犯罪嫌疑人。

2001年5月3日，登封市大冶镇西施村煤矿发生特大瓦斯爆炸事故，13名矿工遇难。任长霞在处理这起事故过程中得知11岁的女孩刘春玉的父亲遇难，母亲也因心脏病突发去世，刘成了一名孤儿，她便毫不犹豫地承担了小春玉生活和学习的全部费用。小春玉对记者说：“任妈妈让我重新得到了母爱，我为有这样的好妈妈感到骄傲！”

为了使更多的孩子得到救助，2002年1月，任长霞向民警发出倡议，在全局开展了“百名民警救助百名贫困学生”活动。目前全市有126名贫困学生得到了救助，重新回到了课堂。孩子们都亲切地称任长霞为“任妈妈”。

任长霞参加公安工作20多年以来，忠实履行人民警察的神圣职责，在平凡的岗位上做出了不平凡的业绩，曾荣立个人一、二等功各1次，三等功4次，荣获全国“五一”劳动奖章、“全国青年岗位能手”、“中国十大女杰”、“全国三八红旗手”、“全国优秀人民警察”、“河南省优秀人民警察”等称号40余次。

【责任故事】对家庭负责——捐肾救母

田世国，山东枣庄薛城区人，他不仅是一名好父亲，更是一名好儿子。

38 岁的他毅然为身患尿毒症晚期的母亲捐肾，延续母亲的生命，演绎了一段当代孝子的佳话，被评选为感动中国2004 年年度人物，评委会给他的颁奖词是：孝顺、孝心、孝道是对今天社会转型期人际情感疏离的感召，小羊有跪母之意，乌鸦有反哺之思。捐肾救母，大亲、大情、大义。

2005 年 2 月 17 日晚，中央电视台播出《感动中国 · 2004 年年度人物评选》颁奖晚会，田世国这位本来默默无闻的人与另外 9 位年度名人站在了同一个颁奖舞台上。不为别的，“谁言寸草心，报得三春晖”，一个“孝”字，牵动了整整 13 亿中国人民的心，生于齐鲁大地的这位铮铮汉子捐肾救母的举动生动诠释了中华民族传统文化中的孝之道。

2004 年 3 月，当得知 67 岁的母亲刘玉环被确诊为尿毒症晚期，生命岌岌可危时，田世国匆匆赶回山东老家，进门的一瞬间他已心如刀绞：母亲皮肤乌黑、嘴唇发紫、指甲发白，但她看见儿子回家就乐呵呵的，拿着个烧饼笑眯眯的。

由于肾功能衰竭，体内的水分排不出来，所以尿毒症患者几乎不能喝水。喝水就意味着有生命危险。老太太渴的时候，就用黄瓜切一片贴在嘴唇上，实在渴了，用矿泉水瓶的盖，倒一点点，润润嗓子，“怕一次倒多了，一下子忍不住全喝了下去”。

这个病引发了一系列并发症，老太太时常要忍受一根一尺长的针从背后插进去抽积水，这个痛苦是常人无法想象的。“受这份罪简直像是进了人间地狱，”田世国说，“我妈操劳一生，没享过什么福，身体一直不好，医生跟我们讲如果熬不过 3 个月就不行了。”

看着母亲受罪，田世国下定决心要“不惜一切代价”给母亲换肾，“哪怕她只能再多活一年、多活几个月，我都要给她换，咱不受这份罪”。

由于母亲刘玉环是 O 型血，肾源极其难找，几乎是不可能找到。时间一天天过去，田世国一家也越来越焦急，两个多月过去，一直没有找到合适的肾，思前想后，唯一的办法就是“割自己的”。

田世国一家兄妹 3 人，他是长子，下面还有一个弟弟和一个刚生完孩子的妹妹。兄妹 3 人争着把自己的肾换给母亲，田世国刚上初中的儿子也跟着“掺和”，提出：“不是说越年轻的肾越好吗？把我的给奶奶，我最年轻。”

争来争去争不出结果，田世国拿出长子的“威严”说：“行了行了，都别争了。”并排了个顺序：田世国、妹妹、弟弟。“大家按顺序去配型，配上了就用，不行再换下一个。”

然而，母亲是个个性很强的人，生病的时候就“想了断，别给孩子造成麻烦”。田世国深知，如果母亲知道儿子要换肾给自己，搞不好会走极端，跳楼自杀，唯一的方法就是“欺骗”母亲。于是，田世国兄妹为母亲编织了一个美丽的谎言：有个死刑犯愿意捐献肾脏。

2004 年 9 月 22 日，田世国来到上海中山医院为肾脏移植手术做血型配型测验，没想到刚刚生完孩子的妹妹竟然也同时送来自己的血样，田世国看见妹妹的血样，再也忍不住，38 岁的铁汉子眼泪哗啦啦流了下来。

上海中山医院的朱同玉教授被田氏兄妹深深打动，为田世国及其妹妹都做了配型测验。结果是兄妹俩都配上了。“我妈很聪明，看见我妹妹的血样时就追问了好多次。我怕瞒不住她，她万一知道了却装不知道，反倒弄出什么‘意外’来。”为了不让老太太起疑，田世国决定回山东老家“放烟幕弹”，他买好了 2004 年 9 月 26 日前往上海的票，到了家却不敢把买好票的事儿告诉妈，又觉得“爸心里藏不住事儿”，干脆连老爸也一起瞒了。

然而，怎样把老妈骗去上海，她又不会怀疑呢？田世国开始“铺垫”了。9 月 25 日，田世国懒洋洋地坐在沙发上说：“妈，我想吃个烧饼，你去给我买个烧饼回来好不好？”老爷子一听这话，可来气了：“你这么大个人了，还支使你妈，不知道自己去买啊？”老太太一听儿子想吃烧饼，追都追不及，拽着老爷子就出了门儿。

等老太太一回来，田世国就笑嘻嘻地说：“妈，妈，你不知道，你刚走朱教授就打电话来了，说可能有合适的肾源……”老太太拿着烧饼都愣了，眼睛一下子亮起来，田世国心里酸酸的：“她那个眼神，一抬头看着你，那种对生命渴望的眼神，真的，谁都想不到。我当时看到我妈的眼神，我在心里想，妈，我一定要救你，一定要坚持住，就这几天了。”

田世国佯装出门买票，走在大街上就想起母亲的种种经历，想起家里没什么轰轰烈烈的事，只有普普通通的母爱，只是普普通通的家庭，却让人无比眷恋。

手术安排在 2004 年 9 月 30 日进行。面对这个特殊的病例，上海中山医院全院医务人员都在帮田世国维护这个“美丽的谎言”。上海媒体从医院知道了这个感人的故事，前往医院采访，大家合伙“蒙”老太太：“人家朱教授技术好，让你帮忙宣传宣传。”

29日晚7时左右,护士把手术单交到田世国手里。看着手术单,田世国没有害怕,但却有另一种心情。“我对自己的手术放心,可对我妈的手术却更担心了。当时我跟我弟弟讲,我说12小时,千千万万不能离开妈一刻,千千万万盯死了,千万别让妈发现什么。”

与此同时,田世国继续欺骗母亲:“‘十一’有个案子,要回广州办,我办完了再过来看您,行不?”一听这话,老太太急急忙忙催儿子:“你回去啊,你快回去啊,这里有你弟弟在,不要你在这里瞎掺和。”就这样,“回广州办案”的田世国,于30日晚被推进了上海中山医院的肾脏移植手术室。

“田世国,田世国……”2004年10月1日凌晨1时,田世国在一群“慕名而来”的医生的呼唤下睁开眼睛。“你妈那边的手术特别好”,“你的一个肾比你妈的两个都大,这回她肯定够用了”,“从你身上到你妈身上,不到一分钟,肾就变成粉红色,就开始排尿了”,“我们还没遇到过这么成功的病例,以前换肾的要两三天,有的甚至要一两个月,肾才能开始工作”……

听到这些,悬心近半年之久的田世国一下子开朗起来。“很快乐,很开心,很开心”,“我觉得阳光都格外好起来,我已经活过来了,有盼头了,有奔头了”,“我知道电视台采访我老想引诱我哭,以前我是不能提,一提起我妈,我就受不了。现在任他们怎么说,我都哭不出来,真的哭不出来,你不知道我心里那个高兴啊,怎么都哭不出来”……

几天后,刚刚拆线的田世国给母亲打电话:“我的事儿办完了,我来上海看你吧。”刚拔掉各种医疗管子的老太太一下子“解放”了,急切地想找人说说话儿,高兴得不得了。

10月7日,“顺便来上海”的田世国勉强撑着身体,从上海中山医院6楼的病房走出来,走到7楼老太太的病房。知道内情的亲属给田世国搬来椅子,田世国刚想坐下,又一迟疑,想:“坐了待会儿站不起来怎么办?”于是田世国一手扶着床,一手抓住椅子,踮着脚、用背部靠着椅子,“大大咧咧”地跟老太太聊天。刚刚“解放”的老太太一下子话特别多,不到两三分钟,田世国就站不住了,赶忙“满不在乎”地说:“我还有点事,我先走了。”赶紧“溜之大吉”。

老太太依依不舍,田世国刚出门儿,她就嘟嘟囔囔向小儿子抱怨:“你看,你看,你看你哥哥,还说来看我呢,猴屁股跟火烧似的,没坐热就跑了……”

“我从医15年来从没见过，真是太了不起了，如果能有更多子女这样做，很多父母的生命就能延续。”为田世国实施手术的朱同玉教授深受感动。朱教授告诉记者，亲属间的活体移植是国家所鼓励的，卫生部对每例亲属间移植还有5000元奖励。常见的移植主要是长辈捐献给孩子，像田世国这样小辈捐肾给长辈的，从没见过。

手术后，母亲恢复得很好，田世国一家决定“别让老太太心里有个疙瘩，就让她永远生活在幸福的谎言里”。时至今日，老太太仍然不知道在自己身体里畅快工作着的肾是从儿子身上摘下来的。

【责任故事】当代大学生自觉履行社会责任的代表——徐本禹

徐本禹，男，1982年生，华中农业大学经济贸易管理学院1999级经济学专业学生，2003年，徐本禹以372分的高分考取了华中农业大学农业经济管理专业的硕士研究生。然而，2003年4月16日，徐本禹却做出了让所有人大吃一惊的决定：放弃攻读研究生的机会，去贵州省大方县大水乡大石村支教。2005年，徐本禹返回华中农业大学读研。

徐本禹出生于山东聊城的一个贫穷的农村家庭，他的父亲在小学教书教了一辈子，最多的时候每月能拿到270元的工资，最少的时候一个月只有十几元，直到2003年转为正式教师后基本工资才涨到了800元。这点工资几乎就是全家的收入。

家境贫寒的徐本禹考入大学后，学习和生活遇到很多困难，被列入特困生，并得到学校的资助、老师同学的关爱和社会的帮助。这化为强大的精神动力，激励他自强不息，立志成才，做一个对国家、对社会、对他人有用的人。他勤奋学习，成绩优秀，获得国家奖学金和学校“特困生自强奖学金”，并被评为学校三好学生和优秀毕业生。他在政治上积极要求进步，被评为学校优秀共青团员，当选为共青团湖北省第十一次代表大会代表，并加入了中国共产党。他满腔热情，积极投身社会实践，被评为湖北省大学生社会实践先进个人。他富有爱心，在大学期间节衣缩食，用自己勤工助学的微薄收入和刻苦学习所得到的奖学金，先后资助多名经济困难的同学，并积极为社会公益事业捐款。从2001年到现在，他一直在资助湖北沙市一名叫许星星的孤儿（曾获全国十佳春蕾女童称号），从未间断。他在自述中写道：“我唯一能做的就是把爱心传递下去，用自己的行动来帮助那些生活上需要帮助的人。”

2002 年 7 月,徐本禹参加学校组织的暑期社会实践,到贵州省大方县猫场镇狗吊岩村设在山洞里的为民小学支教一个月。这次社会实践使他更加深刻地认识了国情,激发了他强烈的社会责任感,决心以实际行动为改变当地贫穷落后的状况贡献自己的力量。返校时,孩子们依依不舍,他向孩子们承诺一年后再回去给他们上课。考上研究生后,他打算放弃深造机会,回到贵州践行自己“阳光下的诺言”。学校经过研究,决定为他保留研究生学籍两年,支持他的行动。

2003 年 7 月,徐本禹重返生活和工作条件十分艰苦的为民小学义务支教。当时团中央西部志愿者计划尚未实施,为了保证他的基本生活,华中农业大学团委和他所在的经济贸易管理学院为他提供了生活补助。后来,贵州团省委将他补入贵州扶贫接力计划。徐本禹深受感动和激励,每月从微薄的生活补助中节省出一半的钱,用来资助当地孩子上学。他的感人事迹经媒体报道后,社会各界纷纷伸出援手,使当地教育条件迅速得到改善,小学迁出山洞,搬进了新校舍,在校学生也由原来的不足 100 人增加到 250 多人。

徐本禹是“新时代大学生的楷模”,在徐本禹的感召下,全国各地高校先后有 40 多名大学生前往大水乡进行社会实践,现有 8 名社会人士来到当地长期义务支教。

徐本禹的身上不仅充分体现了当代大学生理想信念坚定、价值取向正确、积极进取、奋发成才、勇于战胜困难、乐于奉献社会的精神风貌,也体现了高等学校自觉履行社会责任、积极服务经济社会发展的良好社会形象。

【责任故事】做人应该有责任心——洪战辉

洪战辉,河南省西华县人,湖南怀化学院 2003 级学生,2005 年度感动中国获奖者。评委会给他的颁奖词是:当他还是一个孩子的时候,就对另一个更弱小的孩子担起了责任,就要撑起困境中的家庭,就要学会友善、勇敢和坚强。生活让他过早地开始收获,他由此从男孩变成了苦难打不倒的男子汉,在贫困中求学,在艰辛中自强。今天他看起来依然文弱,但是在精神上,他从来都是强者。

1982 年,洪战辉(小名洪全会)出生在河南省周口市西华县东夏亭镇洪庄村。在 12 岁之前,洪战辉和众多农村的男孩一样,有着一个天真烂漫的童年,父亲、母亲、弟弟、妹妹和他共同组成家庭,尽管生活很艰苦,但也很幸福。

1994 年 8 月底的一天，生活跟洪战辉开了个天大的玩笑，他的人生之路从此转弯。

那天中午，洪家发生了一件震惊全村的事儿——洪战辉的父亲洪心清突然发疯，不但把家里的东西都砸坏了，还殴打自己的妻子。洪战辉的妈妈看到这种情况，赶紧去叫人帮忙把洪心清送到医院。但是慌忙之中，却把只有 1 岁的小女儿留在了屋内。等大家赶到时，1 岁的妹妹已经被爸爸摔在了地上，送到医院时已经没气了。洪心清得了间歇性精神病，妹妹也永远离去了。

而此时的洪战辉，正上小学五年级，还不满 12 岁。这年的腊月二十三，疯疯癫癫的洪心清临近中午还没回家吃饭，洪战辉就和妈妈一起去找，在离村 5 里地的一棵树下，父亲不知从哪儿捡回一个被遗弃的女婴，眼里透出父爱。

无奈之下，天快黑的时候，一家人把孩子抱回了家。洪战辉一抱上小女孩，小女孩就直往他怀里钻，他想起了妹妹。洪战辉给女婴起名叫洪趁趁。

1995 年 8 月 20 日，吃过午饭后，母亲不停地忙着蒸馒头，直到馒头足以让一家人吃一周之后，她才停了下来。第二天，母亲不见了。她不堪家庭重担和疯丈夫的毒打，选择了逃离。

“娘，你去了哪里？回来吧……”弟兄俩的哭声在暮色中飘了很久。他们不想这样失去母亲，不想失去生活的依靠，洪战辉哭喊着和弟弟四处寻找妈妈，夜已经深了，但母亲始终没有回家。

似乎一夜之间，13 岁的洪战辉便突然长大了。他稚嫩的肩膀开始接过全家生活的重担：抚养幼小的洪趁趁，伺候病情不稳定的父亲，照顾年幼的弟弟，寻找出走的母亲。

此时，洪战辉已到西华县东夏亭镇中学读初中，学校离家有两三公里。每天上学的时候，怕患病的父亲伤害小妹妹，他就把小趁趁交给自己的大娘照看，放学回到家里，再忙着准备全家人的饭，还要抱着女婴向附近的产妇们讨奶吃。但天天讨奶也不是办法，洪战辉开始学着卖鸡蛋、卖冰棍挣钱买奶粉喂养妹妹。

在读初中的 3 年中，洪战辉无论是在早上、中午还是下午、晚上，都要步行在学校和家之间，及时照顾全家人吃饭。

1997 年 7 月，洪战辉初中毕业，成为东夏亭镇中学考上河南省重点高中西华一中的3个学生之一。

“接到录取通知书时,我正收拾行李准备出去打工。”洪战辉对记者说,“我要去挣钱读书,我要养家。”

当时清醒的父亲用家里的一袋小麦口粮换了50元钱,颤抖着递给洪战辉说:“娃儿呀!爸对不起你!考上了学却没钱上……”

16岁的洪战辉怀揣50元钱,只身一人冒着炎炎烈日跑到周口、漯河等地,因为又瘦又小,3天3夜连刷盘子洗碗的活也找不到,只得返回西华县城。此时,洪战辉已身无分文。

洪战辉的执着精神引起了一个中年人的同情。在软磨硬泡了两三天后,那位中年人在自己承建的装雨棚的工地上,给了洪战辉一份传递钉枪的工作。洪战辉拼命地干,一个暑假,他挣了700多元。

这年9月1日,洪战辉终于按时到西华一中报到了。而且,通过竞选,他当上了293班的班长。

在学校逐渐安定下来后,洪战辉就在学校附近租了一间房子,从家里把小趁趁接到了身边。他又开始像上初中时一样,每天奔波在学校与住处之间。一早,他要让小妹妹吃早点,再叮嘱她不要外出,然后上学。中午和晚上,他从学校打了饭,带回住处和小趁趁一起吃。

来到县城读书后,一切开支都大了起来,而且高中的学习压力也是初中所无法比的。但是洪战辉知道,如果失去了经济来源,给父亲治病、照顾妹妹生活以及实现自己美好的理想就都是空谈,打工挣钱成了洪战辉繁重学业之外最大的任务。

“没办法,我要读书,我要养家,就必须想办法挣钱!”从此,洪战辉在校园里,利用课余时间卖起了圆珠笔芯、书籍资料、英语磁带等。“鞋垫、袜子,只要能挣钱我都卖”。他用微薄的收入维持着全家的生活。

高中生像小商贩一样搞校园推销是被人瞧不起的事,甚至引起了一些师生的反感。一次在某班推销的过程中,该班班主任老师毫不留情地将他赶出教室:“你是来读书的还是来当小贩的?你家庭再困难,这些赚钱的事情也该你父母去做,你现在的任务就是好好学习!”洪战辉没有辩解,强忍住泪水,收拾了东西就走。

只要学校张贴停电通知,他就赶紧跑出去批发蜡烛,然后一个班一个班去零售;他卖的圆珠笔芯油多笔头小,价格又便宜,用着感觉不好时还主动包退包换。“其实，做再小的事，挣再少的钱，只要是努力得来的，一分一毫都值得自豪！”洪战辉说。

洪战辉边挣钱边学习和照顾小趁趁，还得定时给父亲送药。这种日子持续了一年多，在洪战辉上高二的时候，父亲的精神病突然又犯了。

父亲住院需要照顾、花钱，为了借钱，洪战辉跑了周围的几个村子，求了几乎所有的亲朋好友，但跑了两天才借来40多元钱。后来，西华县南关的一个油漆店老板邓阿姨知情后，向他伸出了援助之手，把看病所需的2000元钱送到了洪战辉家中。

生活的压力、家庭的现状逼迫洪战辉不得不辍学。高二时，洪战辉挥泪告别了难舍的校园。

回到农村老家后，他收拾农田，照顾父亲，闲暇的时候教妹妹识字，并在农闲的时候做点小生意，挣钱补贴家用，一年挣了六七千元。

到了2000年的时候，小趁趁已经6岁了，父亲的病情也稳定了下来。“不读书不学习没有知识是不行的！”洪战辉渴望再次回到校园读书。

刚好，洪战辉在西华一中的老师李永贵和秦鸿礼调到了西华二中。两位老师一直关心着洪战辉，他们让人给洪战辉捎信，希望洪战辉能重回高中学习。由于二中的高中部是新建的，洪战辉成了西华二中的一名高一新生。

洪战辉又把小趁趁带在身边，她也到了上学年龄了，秦老师帮助在附近找了所小学，小趁趁也开始上学了。

新的高中生活又开始了。和以往不同的是，在边挣钱边学习边照顾小趁趁的同时，洪战辉还多了一个工作——辅导小妹妹的学习。

洪战辉告诉记者，读高二时，他在学校附近的一家包子店干活，每月老板支付30元工钱，早上可以免费吃包子，他就多吃，午饭和晚饭就可以省下了。

生活在平淡中继续。2002年10月，父亲的精神病第三次犯了。他把父亲送到了一家精神病医院，可是交不起住院费。而且不久，正上初一且成绩全班第一的弟弟洪锦辉不辞而别，外出打工了。

10月底的一天，扶沟县一家乡镇精神病院被洪战辉的孝心所感动，答应免去住院费只收治疗费。洪战辉赶紧回家取住院用的东西，到家后又连夜骑上自行车赶往医院。家到医院有近50公里路，夜已经很深了，连续奔波3天的洪战辉极度疲惫，骑着骑着，眼睛就睁不开了，结果连人带车栽倒在路旁的沟里……等他醒来时,自行车压在身上,开水瓶的碎片散落一地。

也不知在沟中躺了多久,洪战辉想起了妹妹和父亲。他咬着牙对自己说:“我不能倒下,我倒下了,父亲的病就没人管了,妹妹就没人管了……我一定要考上大学,改变自己的命运!”他终于顽强地站了起来。

洪战辉告诉记者,他看到学生对复习资料的需求量很大,就利用星期天的时间,坐车到郑州批发图书回学校来卖。为了节省成本,从郑州汽车南站到西郊的郑州图书城,他有时步行几个小时,脚都磨出了血。

洪战辉的河南老乡杨宏志和宁丹都告诉记者,在河南省的西华县和邻近的太康县、扶沟县,2002 年前后的高中生,对洪战辉都有很深的印象,不少人还借钱给他做本钱,他常到学校的班级内推销书籍、笔芯等。他们就是在买资料时和洪战辉成为朋友的。

就是在那段时间里,洪战辉仅卖一本文言文翻译的资料,就卖了 5000 多册赚了两万多元。由于洪战辉的情况同学们都了解,再加上他诚信经营,生意很红火,甚至外校的学生也来他这里购买图书。

2003 年 6 月,断断续续读了 5 年高中的洪战辉,终于迈进了高考考场。

“也许,那时没人理解为何我能断断续续读 5 年高中而不放弃学业。5 年中,停学挣钱一年,5 年中我晕倒过 16 次,但每一次都站了起来!”洪战辉说,“5 年中我从没接受过一次捐款,但当我做小生意卖书时,班里的同学几乎把所有的生活费都借给了我!”洪战辉很是自豪和感动。

高考成绩公布后,洪战辉以 490 分的成绩被湖南怀化学院录取。可 5200 元的学费和要照顾妹妹让他很是为难!利用暑假,他打工挣了 2000 元,决定先到湖南看看,把妹妹托付给了大娘。

大学新生报到当天,他交了 1500 元学费后,就干起了老本行做了“小商贩”。当他看到许多报到的新生纷纷向家里打电话时,就四处打听,寻找电话卡的销售渠道。他找到一位电话卡销售商那里,把身上仅有的 500 元全部购买了电话卡,当天晚上就卖了 100 多张,两三天就赚了六七百元。

为了挣钱,洪战辉可谓想尽办法,后来他还逐渐代理了步步高复读机、电子词典和丁家宜化妆品在湖南怀化学院的总经销,他还垄断过学校 19 栋学生宿舍楼的纯净水供应、电话机的安装等。

2004 年春节,洪战辉回到河南老家,看到失学在家的小妹,非常愧疚。“无论如何,不能再让妹妹辍学,我要带着妹妹上大学!”洪战辉暗下决心。

回到怀化后，洪战辉开始为小趁趁联系学校。终于有一天，当他到鹤城区石门小学找校长提出妹妹插读的请求时，校长同意了。

怀化学院学生处副处长王荣告诉记者，学校了解到洪战辉的情况后，破例单独给他安排了一间寝室，方便他照顾妹妹。在学院的帮助下，洪战辉还在学院附近的怀化市鹤城区石门小学为妹妹办好了插读手续。

学校的老师也被洪战辉的事迹感动，一些老师纷纷捐款。有一次老师捐了3190元，当老师把这些钱交给洪战辉时，他却不接："比我困难的同学有的是，更重要的是我现在已经知道怎么去养活自己了。"洪战辉态度很坚决，无奈之下，学校只好冲抵了洪战辉的部分费用。大概一年后，系里师生又为洪战辉捐了一部分款，但这次洪战辉坚决拒绝了。学生处专门给他每月拨的200元补贴，反复催促他也不去领。

洪战辉说："我会牢牢记住每一个帮助过我的人，我要成立一个基金来帮助更多的人。"他强调说，这个基金是责任基金，而不是一般的爱心基金。我想用这种方式帮助那些人，等到那些人成功以后，也要把自己的一份力量重新注入这个基金。

推荐读物

书　名：《责任，责任，还是责任》

出版社：新世界出版社

作　者：蒋先润

简　介：本书内容包括：责任感是生存的基础；努力，勤奋，对自己负责；认真负责地做好每一个细节；勇于承担责任，让你脱颖而出；自身修炼是你的责任；责任心驱动最佳表现；等等。

书　名：《责任》

出版社：华艺出版社

作　者：刘丽

简　介：本书目的在于通过中学生们对此书的阅读、认知和感受，来明白责任在生命历程中的重要性，进而正视自己、完善自己。旨在让你成为一个有责任心、责任感的人，运用责任的力量，更好地服务你的生活、学习、亲情、友情等各方面。

书　名：《责任胜于能力全集》

出版社：中国商业出版社

作　者：唐风

简　介：本书包括"三思而后言，意味着一种责任""做事的准则——责任第一""工作中的责任心""社会责任有多重""责任是家庭和谐的基石"等五章。

书　名：《从责任走向优秀》

出版社：重庆大学出版社

作　者：曾国平

简　介：本书对"责任"这个概念进行了具体阐述，提出了"责任的价值""责任的行动"和"责任的经营"。

书　名：《责任胜于能力》

出版社：石油工业出版社

作　者：杨宗华

简　介：本书以责任与能力的关系为切入点，紧密结合当前的经济形势，通过对全球经济拐点下中国企业发展现状的分析，深入挖掘了中国管理者的思维方式及员工的工作心态，围绕如何成为一名负责任的优秀员工等问题展开讨论。

书　名：《珍惜工作不抱怨》

出版社：中国长安出版社

作　者：何山

简　介：本书明确指出了珍惜工作的深远意义与抱怨牢骚的非常之害，在此基础上，作者一并提出了许多细节制胜的个人和集体双赢发展模式。

书　名：《责任重于能力》

出版社：中国致公出版社

作　者：陈凯元

简　介：本书分十章，包括责任是你成功的基石、责任重于能力、工作就是责任等内容，详细阐述了“责任重于能力”的道理。

书　名：《做有责任心的人》
出版社：内蒙古人民出版社
作　者：张洪山
简　介：本书内容包括好心态就有美好人生、快乐的八项方法、如何使你在人际交往中更受欢迎、如何让对方心服口服等。

书　名：《赢在责任》
出版社：华夏出版社
作　者：邢群麟　赵红瑾
简　介：本书分为十二章，包括：责任：生命赋予我们的天职；责任：个人与企业双赢的关键；失败源自疏忽，灾难始于“失责”；责任就是竞争力；对工作负责，就是对自己负责；责任：完美工作的驱动力；等等。

书　名：《责任论》
出版社：上海人民出版社
作　者：谢军
简　介：本书从责任与人的生存和幸福的关系出发，系统探讨了责任的前提、责任的价值、责任的保障、责任的冲突与选择、责任的实现等问题，提出了研究责任问题的基本理论框架。

书　名：《责任与人生》
出版社：中国纺织出版社
作　者：刘加福
简　介：本书从做人要有担当开始，讲述了借口与责任、敬业与责任、忠诚与责任、行动与责任、热情与责任的关系，告诉人们责任会成就你的事业，会成就你的幸福人生。

书　名：《工作就是责任》Ⅱ
出版社：机械工业出版社

作　者： 李建立

简　介： 本书围绕“工作就是责任”这个核心，进一步提出“让承担责任成为一种职业习惯”这一工作理念，并从五个方面阐述了敢于承担责任的重要性。

书　名：《工作就是责任》

出版社： 机械工业出版社

作　者： 周永亮　李建立

简　介： 本书提出“工作就是责任”，对“责任”这个概念进行了深入具体的阐述，提出了“责任感的 5 项基本特征”“妨碍人们责任感的 4 种病症”以及“责任感修炼的 6 个步骤”。

第五章　严谨素养教育

通过本章的学习，你将：

- 明确严谨素养的基本内涵。
- 掌握严谨做人、严谨做事、严谨学习的基本方法。
- 辨别严谨与爱心、诚信、责任、创新之间的关系。
- 理解未来从事财贸职业岗位具备严谨素养的重要性。

第一节　严谨素养的内涵

一、严谨素养教育目标

严谨细致是一种工作态度，是一种职业素养，是责任心的最好体现。严谨细致，就是对所做的事情都能一丝不苟、精益求精，细微之处显示职业精神，细微之处显示境界，细微之处显示水平。要做到严谨，就是把做好每件事情的着力点放在每一个环节、每一个步骤上，不心浮气躁，不好高骛远；就是从一件一件的具体工作做起，从最简单、最平凡、最普通的事情做起，特别注重把自己岗位上的、自己手中的事情做精做细，做得出彩，做出成绩。财贸职业岗位“为人服务”的职业特性，决定了从事财贸职业岗位工作尤其要严谨细致，因此，严谨细致的职业素养对于财贸行业的未来建设者具有特殊的重要性。知识改变命运，拥有严谨的职业素养，在工作中凡事都能尽职尽责、严谨细致，我们将会与“称职”“优秀”“成功”同行。没有严谨细致、精益求精的工作作风，从个人到企业、国家，都不可能成就事业，更不可能赢得未来的发展。

严谨素养教育是学院高职学生入学后第四学期开设的财贸素养教育课程，但大学生的严谨素养养成则要贯穿大学三年全过程，乃至职业生涯全过程。严谨素养教育的目标是：

(1)让学生学习了解严谨素养的内涵，懂得严谨素养的重要性；

(2)掌握严谨做人、严谨做事、严谨学习的基本方法；

(3)在实际学习、工作、生活等实践活动中，培养严谨细致的态度和作风，为未来走向成功做好准备。

二、严谨的内涵

(一)严谨的含义

汉语词典对"严谨"一词的解释是："严密谨慎。"一般是指对待学习和工作的态度严肃，认真负责，一丝不苟。比如：严谨的工作态度、严谨的工作作风、严谨的治学态度等。

严谨的近义词有精益求精、一丝不苟。

精益求精的含义是：精：完美；益：更加。已经好了还要求更加好。精益求精成语的出处是：先秦·孔子《论语·学而》："《诗》云：'如切如磋，如琢如磨。'"宋·朱熹注："言治骨角者，既切之而复磋之；治玉石者，既琢之而复磨之，治之已精，而益求其精也。"精益求精的反义词是粗制滥造、得过且过。

一丝不苟的含义是：苟：苟且，马虎。指做事认真细致，一点儿不马虎。一丝不苟成语的出处是：清代吴敬梓《儒林外史》第四回："上司访知，见世叔一丝不苟，升迁就在指日。"一丝不苟的反义词是粗枝大叶、马马虎虎。

(二)严谨的内涵与特征

从古代，中国就不乏严谨做事的至理名言，严谨的内涵非常丰富。在现代应用中，"严"指紧密，没有缝隙；"谨"指慎重，小心。"严谨"主要指"严密谨慎"。

1. 严谨的内涵

(1)所谓"严谨"是指一种良好的思维品质，核心是思维严密的逻辑性。

(2)反映自我约束的能力及取得成就的动机和责任感，是指我们如何控制自己及如何自律，反映有计划、有条理以及做事善始善终的特点。

(3)严谨性由五个维度组成，分别是条理计划性、自我控制、责任心、能力和成就动机。

(4)严谨性表明一个人做事严谨、认真、踏实、细致、周全、有责任心，严谨性差的人则马虎大意、见异思迁、不牢靠、一知半解、似是而非。

《道德经·第六十四章》提到："民之从事，常于几成而败之，不慎终也；慎终如始，则无败事。"《论语·子路》："言必信，行必果，硁硁然小人哉"；《出师表》中有"近君子而远小人"。孟子有言："辟若掘井，掘井九仞而不及泉，犹为弃井也。"这些语句至今仍然脍炙人口。现今则常说：没有调查，就没有发言权；愚公移山、谦虚谨慎；堂堂正正做人，规规矩矩做事。这些经典的话语均指以严谨的态度做人做事。

在"爱心、诚信、责任、严谨、创新"财贸素养教育体系中，爱心是一种情感，责任是爱心的延伸和认知，无论是"爱心"情感，还是"责任"认知，最终都必须要落实到行为实践当中。对于财贸职业岗位来说，能够集中体现职业责任感的最核心最重要的职业行为规范则是诚信、严谨和创新。只有对一件事情有爱心，心存敬畏，由此产生强烈的责任感、使命感，严谨才会存在于一个人的身上，甚至内化并升华为一种可贵的品质。个人只有具备严肃谨慎、一丝不苟的态度，才能把事做对、做好，才能让爱心生根发芽，才能让诚信得到肯定，才能让责任落到实处。态度决定一切，具有为学勤奋严谨的态度，为人才能负责任、讲诚信。在校期间养成严谨为学的好作风，不但会影响到我们在校期间的学习，更重要的是会影响到我们一生如何为人，将使我们受益终身。

2. 严谨的基本特征

严谨的基本特征可以用四个字来概括，即精、准、细、严。

精：精是做精，精益求精，追求最好，不仅把产品做精，也把服务和管理工作做到极致，挑战极限。**准**：准是准确的信息与决策，准确的数据与计量，准确的时间衔接和正确的工作方法。**细**：细是工作细化、管理细化，特别是执行细化。**严**：严是严格控制偏差，严格执行标准和制度。

3. 严谨和细节

老子《道德经》说："天下难事，必做于易；天下大事，必做于细。"这告诉我们，要想成就一番事业，必须从简单的事情做起，从细微之处入手。汪中求先生在他的《细节决定成败》一书中写道:“在中国,想做大事的人很多,但愿意把小事做细的人很少;我们不缺少雄韬伟略的战略家,缺少的是精益求精的执行者;决不缺少各类管理规章制度,缺少的是规章条款不折不扣的执行。我们必须改变心浮气躁、浅尝辄止的毛病,提倡注重细节、把小事做细。”因此,做到严谨的前提就是注重细节,做事一丝不苟。

4. 严谨和务实

海尔集团总裁张瑞敏曾说过:“把每一件简单的事情做好就是不简单,把每一件平凡的事情做好就是不平凡。”它告诉我们一个务实的道理。我们都知道成语“好高骛远”,它的意思是比喻不切实际地追求过高过远的目标。它的出处是《宋史·道学传一·程灏传》:“病学者厌卑近而骛高远,卒无成焉。”务实就是从小事做起,把小事做好,脚踏实地,不好高骛远。小事不做,不能成就大事业,成就大事业必须从小事入手。冰心老人曾这样说:“成功之花,人们往往惊羡于它现时的明艳,然而当初它的芽儿,却浸透了奋斗的泪泉,洒满了牺牲的血雨。”因此,任何的成功背后,都有不为人知的奋斗和努力,付出了血汗才能到达成功的巅峰。

要在小事中积累工作经验,熟悉工作规范和流程,磨炼意志品质,练就成就大事的本领。人们常说的万丈高楼平地起,千里之行始于足下,水到渠成等,都揭示了严谨素养和务实精神的作用。著名散文学家秦牧先生写过一篇名为《画蛋·练功》的文章,为我们讲述了达·芬奇画蛋练功的故事。达·芬奇是意大利最杰出的画家,他画的《蒙娜丽莎》以其神秘的微笑倾倒了无数世人,他能有如此举世瞩目的成就与他小时候一次上绘画课学画蛋是分不开的。

【故事】秦牧——画蛋·练功

中外美术史上有些事情,可以说是相映成趣的。

中国唐代的吴道子有“画圣”之称。他二十岁开始学画,五十多年没有间断过艺术生活。他画的人物,前人形容它有“八面玲珑的妙处”。传说他初学画时画过许多鸡蛋,因此画起圆圈来,信笔一挥,就像用圆规画成一样,“令人看见惊栗”。

欧洲文艺复兴时代成为“画坛三杰”之一的达·芬奇画过《蒙娜丽莎》《最后的晚餐》和许许多多其他著名的画。据说,他小时候学画也是从画鸡蛋、画苹果开始的。他的老师起初总是要他画这类东西。达·芬奇不耐烦的时候，老师就这样告诉他道：“别以为画蛋很简单，很容易，要是这样想就错了，在一千只蛋当中没有两只形状是完全相同的。即使同是一只蛋，只要变换一个角度看它，形状便立刻不同了。例如，把头抬高一点，或者把眼睛看低一点，这个蛋的椭圆形轮廓也大有差异。所以，如果要在画纸上准确地把它表现出来，非下一番苦功不可。多画蛋，那就是训练眼睛去观察形象，训练手随心所欲地表现事物，等到手眼一致，那么对任何形象都能应付自如，这个基础工作必须首先做好。”达·芬奇听从老师的话，一步步努力，终于成为卓越的画家。中西画史上都有这么一桩轶事。这说明“千里之行，始于足下”的道理，是放之四海而皆准的。基础的功夫很重要。好像积木游戏，底下不端正，搭起来的东西就容易倾倒；就是不倾倒，也很容易歪歪斜斜。有些不是科班出身的演员，成为著名演员之后，仍然坚持练基本功，道理也正在这里。必须打好基础，才能够建造房子，这道理是很浅显的。但是好高骛远、贪抄捷径的心理，却常常妨碍人们去认识这最普通的道理。不但在开始学习的时候，应该从最基本的事情入手，就是到了获得卓越技能之后，也必须不断“练功”，这道理比上面的道理也许就要稍深一层了。有些有经验的作家谈到他们锻炼文笔的情况时常说：“我们每天都得写些东西，这样笔才不至于荒疏。每天一定要写两小时，没有材料写的时候，就写读书笔记。写书信，甚至描写窗外风景，这些东西不一定要拿去发表。经常这么练笔，真正写作起来才可以挥洒自如。”我想这些话是很有道理的。虽然不一定要天天写，但是经常“练功”是有必要的。比较成熟的艺术家如果不是经常“练功”，欣赏的水平一天天高了，而表现的技巧却没有相应提高，时长日久，就很容易形成“眼高手低”。程度不严重的“眼高手低”还不怎样碍事（也许眼力比手力高些是人们普遍的状态），程度一严重，就只好搁笔了。“眼高手低”常常是使许多原来的名家渐渐无声无息的重要原因之一。为了避免这种状况，“练功”就很重要。齐白石、徐悲鸿都留下许多类似速写素描的小画，数量之多颇为惊人。这就是他们经常“练功”的物证。梅兰芳、盖叫天等卓越表演艺术家，到了五六十岁、六七十岁，还是经常吊嗓子、练身段、温习腰腿功夫。他们所以成为“永葆其美妙青春”的优秀艺术家，这应该说是原因之一。不但戏剧家、画家要“练功”。作家也应该“练功”。“曲不离口，拳不离手”，这俗谚正好说明了练功的重要。看来是普普通通的练功，它已经超越“画鸡蛋”的初级阶段，具有维持和发展练功者的艺术水平的意义。

即使是世界的举重冠军、乒乓球冠军，也是非经常练习举重和打乒乓球不可的。画蛋、练功这样的事，应该贯穿艺术工作者整整的一生。

怎样才能具有严谨素养？严谨素养的获得大概来说有两种途径。生活中，常常由于敬畏和尊重之心而严谨。敬重感是对存在于客观世界中的真善美的一种深深抱有敬畏感和尊重感。比如医生对生命抱有敬畏和尊重，由此医生才能在治病救人时保持严谨的态度。教师对所从事的事业具有敬重之心，才会一丝不苟地工作，才会认真传道授业解惑。敬重存乎心，严谨的态度就会存乎心。学生对自己所学的专业具有敬重之心，就会严谨地对待学习。另外，严谨素养也可以通过有针对性的系统培训获得。

【小提示】严谨格言

老子：天下大事，必做于细；天下难事，必做于易。

周恩来：关照小事，成就大事。

张瑞敏：把每一件简单的事情做好就是不简单，把每一件平凡的事情做好就是不平凡。

汪中求：大礼不辞小让，细节决定成败。

戴维·帕卡德（惠普创始人）：小事成就大事，细节成就完美。

戴淮森·洛克菲勒：1%的错误会带来100%的失败。

讨论与思考

请阅读下面的故事，并在班级中讨论故事所揭示的内涵。

【故事】千里之堤，溃于蚁穴

中国古代有这样一个故事：

临近黄河岸边有一片村庄，为了防止水患，农民们筑起了长堤。一天，有个老农偶尔发现蚂蚁窝一下子猛增了许多。老农心想：这些蚂蚁窝究竟会不会影响长堤的安全呢？他要回村去报告，路上遇见了他的儿子。老农的儿子听后不以为然地说：那么坚固的长堤，还害怕几只小小蚂蚁吗？随即拉着老农一起下田了。当天晚上风雨交加，黄河水暴涨。咆哮的河水从蚂蚁窝始而渗透，继而喷射，终于冲毁长堤，淹没了沿岸的大片村庄和田野。

【故事】一屋不扫，何以扫天下

《资治通鉴》中写道：东汉有个少年叫陈蕃，他独居一室而庭院龌龊不堪，他父亲的朋友薛勤来看望他，问："你为什么不打扫庭院来接待宾客(孺子何不洒扫以待宾客)?"他却回答说："大丈夫处世，当扫除天下，安事一屋?"薛勤当然不客气，反驳道："一屋不扫，何以扫天下?"

活动与实践

1. 利用头脑风暴法，表达心中想到"严谨"时，涌现出来的词语。
2. 利用头脑风暴法，表达心中想到"不严谨"时，涌现出来的词语。

第二节　严谨做人

一、严谨做人的内涵

严谨做人，是指以严肃谨慎、细致周到、一丝不苟的态度做人，暗含细致、细心、小心翼翼、准确、精益求精等意思。

《论语》《尧曰》篇记载，孔子说："君子无众寡，无小大，无敢慢，斯不亦泰而不骄乎?"所谓"无敢慢"，即严谨的意思。《子路》篇记载，孔子说："君子泰而不骄，小人骄而不泰。"泰即如泰山之安之稳之庄之重，喻示品格，即为庄重、严谨的生活态度。无论关乎社会利益还是个人利益，无论是大事还是小事，都须保持严谨的做人风格。

个人持续地以"严谨"的态度做人，长而久之，就会内化为一种能力，这种能力对完成活动、提高效率具有直接影响。这种能力包括两方面：

一是严谨的思维能力。思维能力，是对事物的判断、分析、综合、抽象、概括的能力，是智力的核心。只见树木，不见森林，不算是严谨。成功需要细节，但严谨不仅仅是关注细节；具有严谨思维的人通常具有全局、系统的眼光和战略思维。我们都希望拥有健康的体魄、幸福的家庭、辉煌的事业，如果把这些看成目标，目标的实现则靠行动，不行动不会实现目标。成功的行动需要良好的决策，决策是思维模式，拥有严谨的思维能力是通往成功的桥梁。

二是严谨的行动能力。行动能力就是一种把想法变成行动，把行动变成结果，从而保质保量完成任务的能力。行动能力的强弱因人而异，同样一件事情由不同的人去做,往往会产生不同的结果。

如果说严谨的思维能力教会一个人如何系统、缜密地做事,是行动的依据,是指挥棒;行动能力则是把思维能力落到实处的能力,而不仅仅是纸上谈兵。

二、严谨做人的表现

培根曾经说过:"习惯是人生的主宰。"良好的行为习惯,是走向成功的必经之路。严谨素养就是一种习惯,主要体现在日常生活习惯、日常生活态度、工作态度、礼仪着装、待人处世、遵守规章制度、思维逻辑等几个方面。

(一)日常生活、工作习惯要严谨

日常生活习惯主要可分为空间定置习惯和时间定置习惯。

空间定置习惯:空间定置主要是指所有物品、材料、工具等都需要一个摆放次序,有一个固定的摆放位置。

汪中求先生曾对三家企业的 176 名办公室工作人员做过一次测验,得出的结果是,平均每天有 87 分钟在找文件、重新整理文件、找尺子圆规之类。这完全是因为没有经过定置管理训练的缘故。多数制造类企业的生产系统都推行过"5S"管理,生产现场的材料、半成品、成品、工具、工装、配件、耗材等的放置都很有序,即使人员换岗也不存在找不到东西的现象。

时间定置习惯:时间定置是指一些常规的、成周期的事情,应定时进行。

时间是人生最宝贵的资产,无论你珍惜还是浪费,他都会公平地为每一个人提供均等的机会。善待时间的人,往往能够抓住机会,进而获得成功;反之,可能一辈子忙忙碌碌,却碌碌无为。因此,养成良好的时间管理习惯,不仅能很好地工作和生活,还是一种良好的严谨素养,它能帮助你走向成功。

1. 学会诊断和分析自己的时间

学会诊断和分析自己的时间,就是知道自己的时间是如何分配的,这样就可以掌握生活规律,把状态最好的时间集中起来,专心去做最重要的事情。学会利用时间的最好办法就是善于制订和规划一天的时间表,在这个时间表中,将工作时间、学习时间、个人活动、休闲活动等项目按照预计时间、实际发生时间、每周占用比例进行填写。这样持之以恒，你就会发现，坏的习惯已经改掉，好的习惯已经养成。

2. 时间管理的方法

要做到对时间的管理，需要清楚以下问题：

(1)是什么占据了你的时间？

可以根据重要、不重要、紧急、不紧急四个标准进行排列和分析，从中会发现，浪费时间的因素很多，关键是学会控制。

(2)如何有效利用时间？

要做到有效利用时间，需要在日常养成这样的习惯：

一是需要对工作时间进行计划；

二是一定要完成工作目标规定的任务；

三是认真计划每一天；

四是坚决删除不必要的事情；

五是尽量避免干扰；

六是养成现在就做的习惯；

七是学会说“不”。

【故事】康德与时间

哲学家康德在柯尼斯堡大学教学时，每日起床、写作、讲课以及吃饭和散步，时间都非常准确。早晨，每当邻居看到康德教授携着手杖步出家门，走向两旁栽着菩提树的小路时，就知道是六点半了。如果自家的钟是六点三十五分，那一定是自家的钟快了五分钟，拨回来准没错。图片来源：http://baike.baidu.com/view/1752783.html

当然，我们不一定要像康德那样生活，但在工作学习中有良好的时间定置观念，能够有节奏、有次序地做事，减少由于需要等候、调整等浪费的时间，从而提高工作效率。

(二)日常生活态度要严谨

日常生活虽然平淡无味，却能很好地折射一个人的生活态度。如果一个人散漫懒惰，做起事情便会马虎大意，不牢靠。鲁迅先生不仅治学严谨，同时也养成了严谨的日常生活习惯。鲁迅先生在三味书屋读书时，喜欢种花，就向师友要来花籽，对照《花镜》，一盆一盆地栽种，并且一一插上标签，标明花名、品种、习性等，然后认真观察，仔细研究。当他发现实际种植中的情况与书上所记载的不同时，就根据实践经验，加上自己的批注。他读过的《花镜》一书上，这样的批注就有很多。

（三）治学、工作态度要严谨

日常生活态度要严谨，治学、工作态度更要严谨。《辞海》（1989 年版）即将问世之际，江泽民同志在 1989 年 3 月 15 日欣然命笔，为《辞海》题词："发扬一丝不苟、字斟句酌、作风严谨的《辞海》精神，为提高中华民族的文化素质而努力。"关于《辞海》编辑者们一个非常典型的有关严谨的事例是对"詹天佑钩"问题的处理。过去，许多报刊书籍都说火车上的自动挂钩是詹天佑发明的，因此称为"詹天佑钩"。有的回忆录还绘声绘色地描述了詹天佑发明火车自动挂钩的经过。根据这些材料，"詹天佑"一条的初稿就写上了这一点。讨论中有人提出异议，认为发明火车自动挂钩的不是詹天佑，而是外国人。于是编辑就把初稿中讲"詹天佑钩"的一句话删掉了。当时"左"倾思想泛滥，编辑竟为此挨了"崇洋媚外，不相信中国人的聪明才智"的批评。尽管如此，不少人仍反对写"詹天佑钩"。到底该不该写，要解决这个问题，唯一的办法是进行深入的调查研究。编辑部组织力量，核对了有关詹天佑生平事迹的中外书刊 15 种，访问了詹天佑的亲友和铁路上的老职工，举行座谈会，发出了调查信，最后查明火车自动挂钩确实不是詹天佑发明的，"詹天佑"条不应该有这个内容。正是这种严谨的工作作风，使《辞海》成为大家高度信赖的查询工具之一。

（四）严格遵守规章制度

规章制度中，大到国家宪法，小到部门规章或规矩，是对大家的基本要求，大家应当自觉遵守。我们暂不探讨宪法等高位的法律规范，只要我们把身边的社会公德、大学学习生活纪律、部门规章制度遵守好，就是严谨素养的体现。

其一，要不断强化公德意识，遵守法律规范，自觉维护公共秩序，在公共生活中认真践行社会公德和法律规范，做到知行合一。

其二，遵守大学学习生活纪律。纪律是集体生活中要求每个成员必须遵守的秩序、履行的职责。它是大学生学好专业文化知识、全面发展的重要保证,也是创造良好学习环境、建立优良校风、班风的重要保障。如迟到问题。学生上课迟到并非大事,偶有出现,用不着大惊小怪。偶尔迟到的学生,低着头、斜着身子溜进教室,不用责备,也不用呵斥。一个人一辈子从不迟到一次怕是十分困难的事,所以用不着管它。但多次迟到,或迟到成为流行病,连续3~5天迟到率都不低于3%,那就是大问题。它折射出的是一个大学生的精神面貌和学习态度,更反映出一个人不遵守规则和诚信的态度。一个连时间都不能遵守的人,还能指望他做什么呢?守时是守信,是对人的尊重,也是对自己的尊重,这样才能严于律己,有所建树。交往要守时、守约、守信,延误了时间要赔偿,不守协定会犯法,不讲信用遭投诉,这是国际通用的规则,一个交换频繁、联系复杂的竞争激烈的商品经济社会,缺少了守时这一共同规则,就无法运转。

其三,遵守企业规章制度。企业的规章制度是企业与劳动者在共同劳动、工作中所必须遵守的劳动行为规范的总和,是企业规范运行和行使用人权的重要方式之一。企业规章制度的主要功能,一是规范管理,能使企业经营有序,增强企业的竞争实力;二是制订规则,使员工行为合矩,提高管理效率。因此,企业员工能否严格遵守规章制度,能够充分体现部门管理的严谨性,同时也能体现员工个体的严谨性。

(五)思维逻辑要严谨周密

"严谨"也是指一种良好的思维品质,核心是思维严密的逻辑性。因此,思维逻辑严谨在严谨的诸多维度中具有重要地位。思维的严谨性体现为在研究问题时要遵守逻辑规则,做到概念清晰、判断正确、推理有据,它反映了思维活动中的严谨和缜密程度。思维的能力基本上分推演和归纳,前者指是否能举一反三,后者是把千头万绪的信息整理出条理,找到某种规则。

逻辑思维严谨周密是可以通过训练实现的。比如,参与辩论,训练准确的表述;训练严密推理,推理的每一步都要有根据,要符合逻辑要求;训练全面考虑,学会全面周密地思考问题,克服不缜密现象;尽可能用数据说话,用专有名词,用一二三四五分条陈述,用先说结论或结果,再说原因或过程的三段论的方式说话,复杂的事情或观点在最后做提示、强调或说明。参加会议,听别人讲话最好别忘了带上笔和工作笔记本,因为一般人很难记住 7 件以上不同的事情。

关于怎样培养严谨的思维,李开复给大家的建议是:

(1)学习的时候,要多问“为什么”,不要只是考试过关就可以了。

(2)针对某一个问题,问问你的老师、同学是怎么思考的。

(3)多做实践工作。经过多次实践,碰到新问题,你就可以用以前的思考、实践方式来解决。

(4)不是任何事情都非黑即白或一切问题都可以按部就班地解决的。通常的情况是:最好的计划就是尝试很多事情,每一件事情都有成功的机会,而每当一件事成功或失败后,再继续调整你的计划。

(5)学习数学,可以帮助你用逻辑方法解决问题。有些逻辑游戏也可以帮助提高逻辑思维能力,例如桥牌、象棋甚至更简单的游戏,像“Twenty Questions”就是看你能不能用 20 个“是否”的问题猜到别人想的任何一件事。

【故事】断句不严谨造成的哭与笑

儿子给父母写了一封信:“儿的生活好痛苦也没有粮食多病少挣了很多钱。”结果父母接信后一个哭,一个笑。为什么? 这是因为儿子没能合理地断句,句子结构不严谨,从而引起歧义。你能合理地断句吗?

答案:

儿子生活好痛苦,也没有粮食,多病,少挣了很多钱。所以就哭了。

儿子生活好,痛苦也没有,粮食多,病少,挣了很多钱。所以就笑了。

(六)礼仪体现严谨

礼仪是人在家庭活动、社会活动中必须遵循的规范。职业礼仪尤其是未来走向社会的大学生要学习和养成的素养,它有利于塑造你在职场上的良好形象,为你的成功加分。

礼仪包括仪容仪表规范、电话礼仪规范、会议礼仪规范、会面礼仪规范、谈话礼仪规范、涉外礼仪规范等。一个人不懂礼节,仪表邋遢,语言粗俗,则属于不严谨。纷繁的礼仪规范大致可归纳为以下几类:

1. 仪容仪表

《弟子规》要求:“冠必正,纽必结,袜与履,俱紧切。”这些规范,对现代人来说,仍是必要的。帽正纽结,鞋袜紧切,是仪表的基本要求。如果一个人衣冠不整，鞋袜不正，往往会使人反感甚至恶心，不愿与之亲近。当然，衣着打扮，必须适合自己的职业、年龄、生理特征、相处的环境和交往对象的生活习俗，进行得体大方的选择。浓妆艳抹，矫揉造作，只会适得其反。

（1）仪容规范。

仪容规范主要体现在发型修饰、面部修饰等方面，关键是整洁、庄重、自然。

（2）仪表规范。

仪表主要体现在服装和服饰两个方面。职业人士着装要遵循 TPO 原则，即：T 代表时间、季节、时令、时代；P 代表地点、场合、职位；O 代表目的、对象。因此，着装要考虑时间、季节、场合、民族习惯、身份、交流目的等要求，总体要大方、得体、和谐。

2. 行为举止

孔子说："君子不重则不威，学则不固。"这是因为，只有庄重才有威严；否则，即使学习了，也不够稳固。具体说来，要求做到"站如松，坐如钟，行如风，卧如弓"，就是站要正，坐要稳，行动利索，侧身而睡。在公众场合举止不可轻浮，不可亵慢，应该庄重、谨慎而又从容，做到"非礼勿视，非礼勿听，非礼勿言，非礼勿动"，处处合乎礼仪规范。

3. 言语辞令

语言是人们思想、情操和文化修养的一面镜子，即古人所谓"修辞立其诚，所以居业也"，并且要"言必信，行必果"。巧言令色的人，是不可能取信于人的。此外还要慎言。古人说，上天生人，于舌头上下有两排牙齿紧密围裹，又在外面包一层厚厚的嘴唇，就是要人们说话一定要谨慎。当然古人并不是要求人们少言语，而是说话要视具体情况，当说则说，当默则默。孔子说："可与言而不与之言，失人；不可与言而与之言，失言。知者不失人，亦不失言。"说的就是这个道理。

言语辞令反映出的很重要的一个方面就是一个人的语言文明程度，个体语言文明程度同时能够折射出一个国家的语言文明程度。比如接电话，电话接通后应当先说"你好！"，然后说明自己的单位和姓名，接下来要客气地问："请问您是某某单位吗？"如果打错电话，要礼貌地说"对不起，拨错电话了"。日常讲话，要以"谢谢"和"对不起"开头。如果你是领导，每次同员工谈话，员工做对了、做好了，就说"谢谢"；员工做错了、做砸了，也应先说“对不起”，比如“对不起，小王，你做错了，是我没交代清楚吧？”“对不起，张小姐，这事不对，是流程不清楚吗？”“对不起，老李，你又错了，可能是我们对你的岗位定得不对”。不说污言秽语，文明用语，净化社会人文环境，是建立和谐社会的重要方面。

针对不同的职业、身份、场合，有专门的礼仪规范。如果你能够遵守这些礼仪规范，就会给人留下严谨的、良好的印象，就会赢得他人的尊重。汪中求先生写给女儿的36条待人接物建议，很具体，很实用，很贴近现实生活，对于在校大学生颇有借鉴价值。

【小提示】汪中求先生写给女儿待人接物的36条建议

（1）遇上父亲的同事或朋友不知如何称呼时，以“叔叔”“伯伯”“老师”称之，毛泽东当年就要求儿子毛岸英称比自己小六岁的李银桥为叔叔。

（2）遇长辈、师友，按照礼仪习惯是由长者先伸出手，如果是异性，你也可以大大方方先伸出手来。

（3）进电梯，如果没有电梯司机，一般是下属或晚辈先进电梯，为他人控制梯门的开合。出电梯，要按住开梯按钮让他人先出。但如因人多而你在门边，也可以先出。

（4）与师长同车，通常让师长坐在司机身后的右侧座位。与师长关系特别亲密的人开车时则一般可以理解为副驾驶位为尊，也有些地方以司机右后位为尊。一般你应该最后上车帮师长关好车门，然后坐车内空余的座位。

（5）与师长同行，可让师长走前面，自己侧后随之。

（6）在马路上与师长同行，则可把较安全的一侧留给对方。

（7）上楼梯、台阶，在湿滑处、易碰头处，均应及时给师长提示。

（8）与师长同行尽可能为他提行李。如果师长要帮助你提行李，可以成全其绅士风度，但不宜让自己两手空空。

（9）上妆迎客是对他人的尊重，但知识女性不宜化浓妆，也不要当他人的面补妆。

（10）赴宴不要过早上席位，跟随上席先坐末座，当然也不必过于拘泥，最终客随主便就是。

（11）在不用分座次的情形下，最好不要坐在光线过强的地方。

（12）会客不要穿崭新的衣服，最好也不是刚做的发型。但衣服缺纽扣或袜子有孔洞也很不好，万一有此情形，应在对方注意到时微笑道歉，无须一直遮掩。

（13）作为晚辈，刚走上社会，倒茶、斟酒之类，多做无碍。

（14）在正式会客或交流中（包括宴席上，尤其会议桌上），不要玩手机（包括发短信）。不得已要用手机，也应离席并向主持人或身边人示意致歉。

（15）咳嗽、打喷嚏、擦口鼻、掸衣上脏物之类，尽可能背身过去处理。假如觉得动作很大并时间来得及，可离席处理，之后向主持人或身边人轻声致歉或以微笑示意。

（16）师长抽烟，不要表现出不悦，但可以健康理由建议少抽。如果在禁止吸烟的场合，则礼貌地提示其换至吸烟室。

（17）与师长交谈，说话语速要适中，不宜过快。

（18）与人交谈，少用或尽量不用“然后”“再就是”“知道吗”“吔”等属于学生化的口语，应在走出大学校门前通过训练调整过来。

（19）说话时可以手势助之，但频率不宜过高，且幅度不宜过大。比如挥手不过头，横摆不过肩。

（20）对于某一领域不了解是正常的，学习的一个目的就是发现并弥补自己的空白领域。因此对话或陪客时，若专业不对口或知识结构不具备，可以少说话，但不可表现出漠视，要配以会意的点头和微笑。

（21）在一般的交流中（有英文环境或与外籍人士交往除外），最好不要插入英文单词，实在要用也当随之译出中文。

（22）师长交代事项，最好即时以纸笔记下。

（23）接待你的地方如接待条件不好，倒的茶水也一定要喝，可以不喝完。

（24）任何情况，酒都可以不喝，可用替代品，且应征得或说服主陪同意。

（25）如有跳舞场合，要大方出场，但要适可而止，切忌卖弄或垄断现场。

（26）因受到师长的接待，离开后应于下飞机或下火车时向其报平安。

（27）对师长的劝诫、建议或批评，事中表示接受，事后如可能应以电话、短信或电子邮件方式向其表示感谢或言明自己的进一步理解。

（28）师长来短信应回复，哪怕“知道了”“好的”“明白”“OK”也行。

（29）给人去短信，应留下自己的姓名。如对方连你的姓名也可能记不住则应留单位或相识之场合（确认非常熟悉并一定存有你的号码者除外）。

（30）给人回信或去电子邮件，最好每次都在最后一页的左下方留下自己的联系方式（非闺密一般不留住宅电话）。

（31）收到师长转交或邮寄来的礼物，应及时告知收到，并真诚地表示喜欢或言明对此礼物的理解。

（32）离席时，应将坐椅推入桌下放好。

（33）出门时，应轻放回弹之门。

（34）关车门，最好一次关牢。但不宜产生重重之声响，切忌使人误以为你扫兴而去。

（35）分别时，有人送你，应放下车窗玻璃告别，挥手示意。

（36）客人离去，应送至楼下或电梯口。如送到车旁，应待车开动后目送客人离开可视范围再返回。

备注：

汪中求，江西九江人，毕业于九江学院中文系，深造于清华大学继续教育学院，当过3年农民，上过5年讲台，干过2年秘书。1992年进入商界，先后就职于香港恒雅（深圳）公司、清华同方、泰豪科技等知名企业。14年的企业生涯，从业务员做起，区域经理、分公司经理、企划部经理、营销总监、总经理逐阶而上，足迹遍布28个省、市、自治区，审定和签订了超过2000份合同协议。现在任北京博士德文化发展有限公司首席管理顾问，北京汪中求细节管理咨询有限公司董事长、首席咨询师。

2003年8月，出版《营销人的自我营销》一书，被誉为“中国5000万营销人第一堂必修课”，其“做人优先于做事”的立意，更使该书在营销圈外亦传播甚广。2004年1月，推出《细节决定成败》一书，提出“精细化管理时代——细节决定成败”的观点，被誉为“扎在当今社会浮躁穴位上的一根针”，在全国范围内掀起了“细节管理”研究实践的热潮。该书被中国书刊发行协会评为“全国优秀畅销书”，汪中求被第二届中国职业经理人年会评为“2004年度中国十大优秀管理培训师”。

在现代职场中，职业礼仪很重要，秘书待人接物的20条建议对大学生也很有借鉴价值。

【小提示】秘书待人接物的20条建议

(1) 必须有更多付出，不能太计较时间和报酬；

(2)不会摆弄文件夹，不宜当秘书；

(3) 常用电话号码、重要客户和合作者的联系尽可能熟记；

(4) 学会记录，只要在场能记录的别落下，说不定什么时候有用；

(5) 开会少发言、勤记录，记住是列席；

(6) 有调查研究和了解情况的权力，但绝对没有指令权；

(7)为了写东西，多做标准文本准备；

(8) 对其他同事不可有撒娇之气；

(9) 无论对上、对下，多用"请"和"谢谢"准没错；

(10)不要上网做与工作无关的事，也许别的同事可以；

(11)手机永远是振动，网上QQ也不要有唧唧的叫声；

(12)要细心，学会在小事情上为领导补缺；

(13)常规性的琐碎事务，不要让人有半点不放心；

(14)适时地提示，温和地提醒；

(15)不是上司问及，不议论同事的不好；

(16)如果一周以上都觉得没什么事情做，该考虑换岗或辞职；

(17)少喝酒，不能醉，如果上司老让你喝酒甚至不在意你醉酒，就已经不是真正的秘书；

(18)穿衣服以职业装或工装最好，不要为了取悦别人穿太性感的衣服；

(19)异性秘书，对上司的生活部分不宜太关心，对上司的家人彬彬有礼就够；

(20)切不可产生办公室恋情，如有萌芽立即走人。

对于在校学生来说，也有需要遵守的礼仪规范，下面就是供大家参考的"学生礼仪"。

【小提示】学生礼仪

1. 学生的仪容、仪表、仪态的礼仪

衣着得体:中小学生的日常着装要符合年龄特点,特别是符合学生身份,整洁大方。

女生不化妆、不戴饰物、不烫发,男生不留长发。

参加集会、听讲时坐正立直。坐正:头正颈直,上体与坐椅靠背基本垂直。立直:抬头挺胸,上体、双腿与地面垂直。

行走稳健:行走姿势正确,步幅适中,稳健有力。在楼道、教室行走时,慢步轻声;在街道上,靠右行走;不摇肩晃臀,不多人勾肩搭背行走。

谈吐举止文明是仪表的综合要求。与人交谈时,态度诚恳,语言文明。待人接物中,表情自然,动作大方。

2. 学生的体态、行动的礼仪

微笑是对他人表示友好的表情,不露牙齿、嘴角微上翘。

鞠躬是下级对上级、晚辈对长辈、个人对群体的礼节。行鞠躬礼时,脱帽、立正,双目注视对方,面带微笑,然后身体上部向前倾斜自然弯下,低头眼向下看。有时为深表谢意,上体前倾可再深些。

握手是与人见面或离别时最常用的礼节,也是向人表示感谢、慰问、祝贺或鼓励的礼节。

握手前起身站立,脱下手套,用右手与对方右手相握。

握手时双目注视对方,面带微笑。

一般情况下,握手不必用力,握一下即可。老友间可握得深些、久些或边问候边紧握双手。

多人同时握手不要交叉,待别人握后再伸手,依次相握。

招手:在公共场合远距离看到相识的人或送别离去的客人,举手打招呼并点头致意。

鼓掌是表示喜悦、欢迎、感激的礼节。双手要有节奏地相击,鼓掌要适时适度。

右行礼让:在校园、上下楼梯、楼道或街道上行走时,靠右侧行进。遇到师长、客人、长、幼、妇、残、军人进出房门时,主动开门侧立,让他们先行。

3. 学生与人交往时的基本语言礼仪

尊称(敬称):长辈、友人或初识者称“您”。对师长、社会工作人员要称呼职务或“老师”“师傅”“叔叔”“阿姨”等,不直呼其姓名。

对他人提出要求时说“请”;与人打招呼时说“您好”;与人分手时说“再见”;给人添麻烦时说“对不起”;别人向自己致谢时回答说“没关系”;得到别人帮助表示感谢说“谢谢”。

4. 升国旗、唱国歌的礼仪

参加仪式的学生要衣着整洁,系好衣扣、裤扣,戴好红领巾,脱帽,面向旗杆方向立正站好。不得交谈、走动或做其他动作。升国旗奏国歌时,面对国旗行队礼或注目礼,直到国旗升至杆顶。

国歌是音乐形式的国家象征。唱国歌时要立正站好,目视前方,神态庄重,歌词正确,音调准确,声音洪亮。

5. 学生校内礼仪

进校第一次见到师长,要止步立正鞠躬问好,如“老师好!”“校长好!”。人多时,可以点头示意问候。见到同学,可点头致意,招手问好。

上下课起立,站在座椅一侧,双手自然下垂,向老师行注目礼。

课上准备提问或回答问题先举手。正确动作是:端坐座位上,右肘放在桌面上,上臂上举,右手五指并拢,指尖向上,等老师允许再起立发言。

进入老师办公室或居室喊“报告”或敲门,声音以室内人听见为适度。在社会交往中,进入他人房间也须先敲门,未经允许不得擅自入内。

6. 学生迎宾礼仪

宾客来访,要起立迎接,面带笑容,主动问候“您好!”“欢迎您来!”等回答客人提问要起立。为客人让座、送水;客人与家长谈话时要回避;客人离去,起身送至门外。

7. 学生家中礼仪

就餐先请长辈入座,自己方可就位,就餐中也要礼让他人。

离家前,向家长打招呼:“我走了,再见!”归家说:“我回来了!”

见家长离家或归家,主动招呼,递接物品。

讨论与思考

1. 生活中严谨做人的点滴，身边严谨做人的事例。
2. 如果做人方面常常有不严谨的问题该怎么办？

活动与实践

1. 你是如何在实地考察中发现严谨问题的？最触动你的是什么？你从中学到了什么？
2. 收集严谨缺失的案例。
3. 试着做一份《时间汇总表》，记录你的生活、学习和工作的时间，要求自己养成管理时间的严谨习惯。

第三节 严谨做事

一、严谨做事的内涵

严谨做事，大致包含两个递进的维度。

第一，关注细节。对细节一丝不苟、严肃认真。这一层意思主要指一件小而简单的事情，做起来没多大困难，一般不需要作详细周密的规划，只要心思缜密，一丝不苟地做既可较好地完成。

第二，学会筹划。对于比较复杂、有一定难度、系统的事情，严谨做事就是认真筹划，周密部署，有程序、有章法，一步一个脚印地、善始善终地把工作向前推进，或者说，是按照前期准备—计划阶段—实施阶段—控制阶段—评价阶段这五个阶段，脚踏实地地逐步推进工作。

我们还以《辞海》编纂工作为例。编纂组织工作包括建立编纂工作的组织机构，确定和贯彻编纂方针，确定全书的规模和结构条数，字数，普通词语条目和百科条目的比例，百科条目中各科的分配数等并加以实施；物色适当的主编、编委和作者，妥善处理各方面的关系，确定选词原则和方法、释义原则和方法乃至统一用语、夹注外文、字体、注音、历史纪年、数目字的写法等技术规格，各道工序的步骤、进度及其互相配合、密切协作，等等。要把这样一件艰难的工作做得适当、合理、井然有序、环环紧扣，必须运筹帷幄，未雨绸缪。《辞海》的编纂，没有严谨细致的工作态度和工作作风，是不可能成功的。

在现实中，不能把这两个维度割裂开来，第二个维度以第一个维度为基础和保障，系统复杂的事情由若干个小而简单的事情组成，需要按照一定程序和步骤逐个完成，每一阶段的成功完成都有赖于每一件小事的一丝不苟、严肃认真和谨小慎微。

严谨做事需要有严谨做事的能力，这种能力是一种认识能力，是把握问题、分析问题、解决问题的能力，是善于认真做事，从小事做起，注重细节，在实干中积累起来的能力。

二、严谨做事的体现

（一）注重细节，把小事做好

美国质量管理专家菲利普·克劳斯说："一个由数以百万计的个人行动所构成的公司经不起其中1%或2%的行动偏离正轨。"世界文豪伏尔泰也曾说："使人疲惫的不是远方的高山，而是你鞋里的一粒沙子。"大量成功和失败的企业案例都告诉我们，世上从不缺乏雄才伟略的战略家，缺少的是精益求精的执行者。在现实中，工作有大事小事之分，但任何惊天动地的大事，都是由一个又一个小事构成的。万里长城是无数工匠一砖一砖垒起来的，高楼大厦是从地基开始一层一层盖起来的。在大的企业，或者在小的企业，都需要人员分工，都需要从技术、管理各方面进行协调、配合，在一个科学严谨的组织系统中生产和工作，才能做到有条不紊，才能创造利润和价值。世界一流企业的杰出员工的共同特点，就是能做好小事，能够抓住工作中的一些细节。

1. 细节决定成败

下面我们讨论这样一个问题：有一条由100个岗位串联而成的生产线，如果每一个岗位的质量合格率是99.9%，请计算整条生产线的合格率。

答案是：90%。

在实际工作中，如果只有99.9%的正确率的话，那么就会产生以下问题：

每天会有 12 个新生儿被错误交到其他父母手里；

每天有 20000 封信分错；

每天大约喝 15 分钟脏水；

每周有 5000 件手术事故；

每天有 2～3 次航空事故；

每年有 20000 份药方错误；

每月发生 7 小时停电；

一年中有 103260 份所得税报表处理错误；

每天有 114500 双不成对的鞋子被装船运走……

2. 把简单的事情做好就是不简单

成功，就是将简单的事情重复地做好。美国 GE 公司前总裁杰克·韦尔奇对如何才能成功所做出的回答是：“一旦你产生了一个简单而坚定的想法，只要你不停地重复它，终会使之变成现实。”很多人希望成功，但总是将行动停留在梦想阶段，不愿意做小事，只想成就大事，结果只能看着别人成功。

已故管理学大师彼得·德鲁克举过一个生动的例子：比如我们生产 100 个灯泡，每个灯泡亮的可能性是 99%。那么，如果 100 个灯泡全部通电，所有灯泡亮的可能性就是 0.99 的 100 次方，结果是 0.366，还不到一半。

但是，如果我们每个人都能够把自己的事情做好，把小事做好，学习 GE 公司的六西格玛管理方法，把每个灯泡亮的可能性提高到 99.9999%，再给所有灯泡通电，而所有灯泡亮的概率则是 0.999999 的 100 次方，结果是 0.9999，几乎是百分之百。这就是 99% 与 99.9999% 的区别。

3. 不做差不多先生

大概、差不多、少许、若干、无数等一些模糊的、不严谨的词汇在社会上使用频率极高。如我们在做菜时，对调料的要求，都是盐少许、醋少许、酒若干。这种模糊表达严重地影响了我们的行为方式。胡适先生专门写了一篇《差不多先生传》的文章批评对事物的这种不认真、不严谨的态度。

【故事】差不多先生

有一个“差不多”先生。他常常说：“凡事只要差不多，就好了。何必太精明呢？”他小的时候，他妈叫他去买红糖，他买了白糖回来，他妈骂他，他摇摇头道:“红糖白糖不是差不多吗?”他在学堂的时候,先生问他:“直隶省的西边是哪一省?”他说是陕西。先生说:“错了。是山西,不是陕西。”他说:“陕西同山西不是差不多吗?”后来他在一个钱铺里做伙计,他也会写,也会算,只是总不精细,十字常常写成千字,千字常常写成十字。掌柜的生气了,常常骂他,他只是笑嘻嘻地赔小心道:“千字比十字只多一小撇,不是差不多吗?”有一天,他忽然得一急病,赶快叫家人去请东街的汪先生。那家人急急忙忙地跑去,一时寻不着东街汪大夫,却把西街的牛医王大夫请来了。差不多先生病在床上,知道寻错了人,但病急了,身上痛苦,心里焦急,等不得了,心里想到:“好在王大夫同汪大夫也差不多,让他试试看吧。”于是这位牛医王大夫走近床前,用医牛的法子给差不多先生治病。不上一点钟,“差不多”先生就一命呜呼了。“差不多”先生差不多要死的时候,还断断续续地说道:“活人同死人也差……不多……”

【故事】每个人都错了一点点

当巴西海顺远洋运输公司派出的救援船到达出事地点时,“环大西洋”号海轮已经消失了,21 名船员不见了;海面上只有一个救生电台有节奏地发着求救的信号。救援人员看着平静的大海发呆,谁也想不明白在这个海况极好的地方到底发生了什么,从而导致这条最先进的船沉没。这时有人发现电台下面绑着一个密封的瓶子,打开瓶子,里面有一张纸条,21 种笔迹,上面这样写着:

一水理查德:3 月 21 日,我在奥克兰港私自买了一个台灯,想给妻子写信时照明用。

二副瑟曼:我看见理查德拿着台灯回船,说了句这小台灯底座轻,船晃时别让它倒下来,但没有干涉。

三副帕蒂:3 月 21 日下午船离港,我发现救生筏施放器有问题,就将救身筏绑在架子上。

二水戴维斯:离岗检查时,发现水手区的闭门器损坏,用铁丝将门绑牢。

二管轮安特尔:我检查消防设施时,发现水手区的消火栓锈蚀,心想还有几天就到码头了,到时候再换。

船长麦凯姆:起航时,工作繁忙,没有看甲板部和轮机部的安全检查报告。

机匠丹尼尔:3 月 23 日上午理查德和苏勒的房间消防探头连续报警。我和瓦尔特进去后,未发现火苗,判定探头误报警,拆掉交给惠特曼,要求换新的。

大管轮惠特曼:我说正忙着,等一会儿拿给你们。

服务生斯科尼:3 月 23 日 13 点到理查德房间找他,他不在,坐了一会儿,随手开了他的台灯。

大副克姆普:3 月 23 日 13 点半,带苏勒和理查德进行安全巡视,没有进理查德和苏勒的房间,说了句"你们的房间自己进去看看"。

一水苏勒:我笑了笑,也没有进房间,跟在克姆普后面。

一水理查德:我也没有进房间,跟在苏勒后面。

机电长科恩:3 月 23 日 14 点,我发现跳闸了,因为这是以前也出现过的现象,没多想,就将闸合上,没有查明原因。

三管轮马辛:感到空气不好,先打电话到厨房,证明没有问题后,又让机舱打开通风阀。

大厨史若:我接马辛电话时,开玩笑说,我们在这里有什么问题?你还不来帮我们做饭?然后问乌苏拉:"我们这里都安全吗?"

二厨乌苏拉:我也感觉空气不好,但觉得我们这里很安全,就继续做饭。

机匠努波:我接到马辛电话后,打开通风阀。

管事戴思蒙:14 点半,我召集所有不在岗位的人到厨房帮忙做饭,晚上会餐。

医生莫里斯:我没有巡诊。

电工荷尔因:晚上我值班时跑进了餐厅。

最后是船长麦凯姆写的话:19 点半发现火灾时,理查德和苏勒的房间已经烧穿,一切糟糕透了,我们没有办法控制火情,而且火越烧越大,直到整条船上都是火。我们每个人都犯了一点错误,但酿成了人毁船亡的大错。

看完这张绝笔纸条,救援人员谁也没说话,海面上死一样的寂静,大家仿佛清晰地看到了整个事故的过程。

我们干工作一定要认真严谨,千万不能像"差不多"先生和"每个人都错了一点点"故事中的人这样马马虎虎,否则,不仅会害了自己,还可能害了别人。欲在社会上立足,打算在事业上干出点名堂,没有严谨的工作态度是不行的。

(二)求真务实,学会严谨工作

务实是成功的阶梯。一个人要想成功,就要务实,一个企业要成功,也要务实。

下面我们讨论这样一个案例:

【故事】

一个日本女大学生利用假期到日本东京帝国饭店打工,被分配到的工作是在洗手间清洗厕所。第一天当她刚把手伸进马桶刷洗时,差点当场呕吐。勉强撑过几日后,实在难以为继,她遂决定辞职。但就在此关键时刻,大学生发现和她一起工作的一位老清洁工,居然在清洗工作完成后,从马桶里舀了一杯水喝下去。大学生看得目瞪口呆,但老清洁工却自豪地表示,经他清理过的马桶,是干净得连里面的水都可以喝下去的!

这个举动带给这位大学生很大的启发,令她感到无论干什么工作,都有理想、境界与更高的品质可以追求,而工作的意义和价值,不在其高低贵贱如何,只在默默从事工作的人能否把重点放在工作本身,去挖掘或创造其中的乐趣和积极性。

此后再进入厕所时,大学生不再感觉苦,而视其为自我磨炼与提升的道场,每次清洗完马桶,也总自问:"我可以从这里面舀一杯水喝了下去吗?"

假期结束,当经理验收考核成果时,这位女大学生在所有人面前,从她清洗过的马桶里舀了一杯水喝了下去!这个举动同样震惊了在场的所有人,尤其是经理,他认为这名大学生是他们必需的人才!毕业后,大学生果然顺利进入帝国饭店工作。而凭着这种把简单的事情做好、从基层做起的精神,37 岁以前,她是日本帝国饭店最出色员工和晋升最快的人。37 岁以后,她步入政坛,得到当时日本首相的赏识,成为日本内阁邮政大臣!这位女大学生就是野田圣子。

工作本身没有贵贱之分,不同的只是人们对待工作的态度。看一个人能否把事情做好,关键也在于他对待工作的态度。如果轻视自己的工作,看不起自己的工作,找不到工作的乐趣,就会倍感艰辛和苦恼,自然也就不会成功。阿里巴巴 CEO 马云说过:"因为我们务实,所以我们只做今天能做的事情。可以想到后天更美好,但今天首先要务实。”

1. 学会务实,要把工作当成一种快乐

把工作当成一种快乐,就会对工作保持乐观的态度,做事就会用心、就会处处严谨细致。要做到这一点需要在工作中注意克服抱怨、浮躁情绪。对于刚刚走上工作岗位的毕业生来说,工作往往是最基层的,工资也是最低的,最容易产生抱怨、浮躁情绪,导致不厌从基层干起,一上班就抱怨,频繁跳槽,等等。这时一定要记住:不要抱怨,不要觉得大材小用,因为所有成功者都是从最基层做起、从基层工作中汲取经验的,只要坚持,注意养成良好的工作作风和态度,就能发展,就能成功。

2. 学会工作,养成系统、规范、高效的工作方法

生活需要技巧,工作更需要方法,如何找到科学、高效的工作方法,不仅体现了工作能力,更体现出了科学严谨的职业素养。

(1)学会系统化思考和解决问题。

学会系统化思考和解决问题,就能克服急于求成的浮躁心理,还可以用最少的时间、最少的资源实现目标,甚至可以在竞争中争得先机。

请大家完成下面的游戏,测试你的系统化能力。

游戏名称:看谁的速度最快。

要求:请在三分钟内阅读完下面的指示,然后根据指示进行。

具体内容:请阅读并完成下面问题,先做完的同学,大声喊:“我最快!我最快!”

①请在这张纸的左上角写下今天的日期(如:2003-03-15)。

②在这张纸的右上角写上姓名。

③将您在左上角写的日期圈起来。

④在这张纸的右下角画五个正方形。

⑤在每个正方形的四边周围画三个小圆圈。

⑥在刚才所画的正方形中央画一个十字。

⑦在这张纸的左下角签上您父亲的名字。

⑧在签名下写三个“好”字。

⑨请大声喊一声“我最快”。

⑩在这张纸背面写下 70 乘以 40 的答案。

⑪将第八句中的“好”字画一个圆圈。

⑫再在这张纸的背面写下23乘以32的答案。

⑬从上题的答案减去23再减去32等于多少。

⑭请把以上单数题的数字画上一个圆圈。

⑮请把以上偶数题的数字画上一个三角形。

⑯现在你已经仔细读完了，请只做第1、第2题。

完成上面的游戏后，请大家讨论三个问题：

一是为什么你没有在规定时间内完成任务？

二是为什么我们在解决问题时往往只看到问题的表面，而忽略不明显但很重要的地方？

三是这个游戏告诉我们什么道理？

(2)学会5S工作方法。

5S管理起源于日本，即整理（SEIRI）、整顿（SEITON）、清扫（SEISO）、清洁（SETKETSU）、素养（SHITSUKE）五个项目，因日语的罗马拼音均以"S"开头而简称5S管理。通过规范现场、现物，营造一目了然的工作环境，培养员工良好的工作习惯，其最终目的是提升人的品质，养成严谨良好的工作习惯，革除马虎之心，凡事认真（认认真真地对待工作中的每一件"小事"），遵守规章制度，自觉维护工作环境，文明礼貌，这样可以最大限度地提高工作效率。其中每一个S的内容是：

①整理。将工作场所所有东西均区分为有必要的与不必要的；把必要的东西与不必要的东西明确地、严格地区分开来；不必要的东西要尽快处理掉。目的是：腾出空间，空间活用；防止误用、误送；打造清爽的工作场所。

②整顿。对整理之后留在现场的必要的物品分门别类放置，排列整齐；明确数量，有效标识。目的是：工作场所一目了然；打造整整齐齐的工作环境；除去找寻物品的时间；消除过多的积压物品。

③清扫。将工作场所清扫干净；保持工作场所干净、亮丽。目的是：消除脏污，保持职场内干净、明亮；稳定品质；减少工业伤害。

④清洁。将上面的3S实施的做法制度化、规范化。目的是：维持上面3S的成果。

⑤素养。通过晨会等手段，提高员工文明礼貌水准，增强团队意识，养

成按规定办事的良好工作习惯。目的是:提升人的品质,使员工对任何工作都认真严谨。

采用5S管理模式,可以实现系统化工作,这样工作时,就不会杂乱无章,就会有条不紊,就会在最短时间、用最少的资源完成任务。

(3)学会PDCA工作方法。

PDCA循环又叫戴明环,是美国质量管理专家戴明博士首先提出的,它是全面质量管理所遵循的科学程序。全面质量管理活动的全部过程,就是质量计划的制订和组织实现的过程,这个过程就是按照PDCA循环,不停顿地、周而复始地运转的。

PDCA是由英语单词Plan(计划)、Do(执行)、Check(检查)和Action(处理)的第一个字母组成的,PDCA循环就是按照这样的顺序进行质量管理。全面质量管理活动离不开管理循环的运转,也就是说,改进与解决质量问题,要运用PDCA循环的科学程序。不论提高产品质量,还是减少不合格品,都要先提出目标,即质量提高到什么程度,不合格品率降低多少,要有计划。计划不仅包括目标,而且也包括实现这个目标需要采取的措施。计划制订之后,就要按照计划进行检查,看是否实现了预期效果。通过检查找出问题和原因。最后还要进行处理,将经验和教训制定成标准、形成制度。

PDCA循环作为全面质量管理体系运转的基本方法,其实施需要搜集大量数据资料,并综合运用各种管理技术和方法。

PDCA循环的特点有三个:

①各级质量管理都有一个PDCA循环,形成一个大环套小环、一环扣一环、互相制约、互为补充的有机整体。

在PDCA循环中,一般来说,上一级的循环是下一级循环的依据,下一级的循环是上一级循环的落实和具体化。

②每个PDCA循环,都不是在原地周而复始运转,而是递进提高,每一循环都有新的目标和内容,这意味着经过一次质量管理循环,就能解决一批问题,使质量水平有所提高。

③在PDCA循环中,A是一个循环的关键。只有查找出原因,才能纠正偏差,达到预期目标。

(4)学会表格化工作法。

表格化工作方法,就是以表格为载体,对工作进行标准化管理。表格化管理是提高管理水平,尤其是管理效率,做到“事有所知,物有所管。人尽其职,物尽其用”的较好方式。有助于帮助实现目标,还可以帮助提高工作效率,因为表格可以让要完成的任务一目了然,所以表格还可以调动工作积极性。

管理表格化是企业规范化管理的主要实施途径,也是个人严谨工作作风的表现。在企业中,表格化是落实制度的重要途径。它具备简洁、明了、易操作的特点,易把制度化的东西转化为可实际操作的东西。

表格还是 PDCA 管理循环最直观的表达,可以将纷繁复杂的管理工作分门别类,会让工作变得条理清晰,避免无序造成的时间和费用的浪费。各种表格及其中的栏目,其实是在告诉你,这些工作都是你必须要做好的。通过表格,可以反映每个人的业绩。但业绩其实只是一个结果,结果的好坏是如何得来的,又可以通过研究表格得知。

讨论与思考

有一位名人说过:“硬件项目的管理更多地体现为细节的管理,细节到每个设计、每次改动、每天操作。”上海地铁一号线是由德国人设计的,看上去并没有什么特别的地方,直到中国设计师设计的二号线投入运营,才发现其中有那么多的细节被二号线忽略了。结果二号线运营成本远远高于一号线,至今尚未实现收支平衡。

(1)三级台阶的作用。

上海地处华东,地势平均高出海平面就那么有限的一点点,一到夏天,雨水经常会漫进一些建筑物。德国的设计师就注意到了这一细节,所以地铁一号线的每一个室外出口都设计了三级台阶,要进入地铁口,必须踏上三级台阶,然后再往下进入地铁站。就是这三级台阶,在下雨天可以阻挡雨水倒灌,从而减轻地铁的防洪压力。事实上,一号线内的那些防汛设施几乎从来没有动用过;而地铁二号就因为缺了这几级台阶,曾在大雨天被淹,造成巨大的经济损失。

(2)对出口转弯的作用没有理解。

德国设计师根据地形、地势,在每一个地铁出口处都设计了一个转弯。这样做不是增加出入口麻烦吗?不是增加了施工成本吗?当二号线地铁投入使用后,人们才发现这一转弯的奥秘。其实道理很简单,如果你家里开着空调,同时又开着门窗,你一定会心疼你每月多付的电费。想想看:一条地铁增加点转弯出口,能省下了多少电?每天又省下了多少运营成本?

(3)一条装饰线让顾客更安全。

每个坐过地铁的人都知道,当你距离轨道太近的时候,机车一来,你就会有一种危险感。在北京、广州地铁都发生过乘客掉下站台的危险事件。德国设计师们在设计上体现着“以人为本”的思想,他们把靠近站台约50厘米内铺上金属装饰,又用黑色大理石嵌了一条边,这样,当乘客走近站台边时,就会有了“警惕”,意识到离站台边的远近。而二号线的设计师们就没想到这一点,地面全部用同一色的瓷砖,乘客一不注意就会靠近轨道,非常危险,地铁公司不得不安排专人来提醒乘客注意安全。

(4)不同的站台宽度给人的舒适度不同。

每次我到上海的时候,都体会到两条地铁舒适度的巨大差异。一号线的站台设计宽阔,上下车都很方便,而当你转入二号线后,就感觉窄窄的让人难受,尤其遇到上下班高峰。在上海这种大都市,二号线站台显得非常拥挤。

(5)为什么省掉站台门。

德国设计师在设计一号线时,一是为了让乘客免于掉下站台,二是为了节省站台的热量,每处都设计了相应的站台门,车来打开,车走关上。而中方的施工单位可能是为了“节省成本”,居然没安站台门,当然,更不可能理解德国设计师的用心了。

活动与实践

1. 学着把上面讲到的培养严谨工作作风的方法应用到自己的实际学习、工作中。
2. 要求自己养成严谨做事的习惯。

第四节　严谨学习

严谨治学，是为学所必需的精神，代表了一个人的学习习惯和态度，是个人获得成功的保证。严谨是一种科学品质，是缜密的思维和求真务实的治学风格。做到严谨治学，就要求我们面对学业，必须具备执着的精神，从实际出发，踏踏实实，不摆花架子，在严谨基础上追求创新。

事实证明，事业上的成功，总是眷顾那些严谨、踏实、治学有方的人。元素周期率的发现，和门捷列夫严谨、周密的科学作风很有关系。只有具备了这样的素质，才有可能从几十种杂乱无章的元素原子量中发现规律。“溴”元素的发现过程，也很说明问题。在这以前，曾经有两位科学家在自己的实验中发现了同样一种液体。其中一位因为治学不严谨，误认为是氯化碘，一项重大发现因他的粗心、轻率而擦肩而过；而另一位因治学严谨，确认其是一种尚未发现的新元素，后经巴黎科学院鉴定证实，定名为“溴”。由此可见，严谨的治学作风对于发展科学文化和培养优秀人才具有十分重要的意义。

【故事】苏步青不放过一个标点符号

苏步青(1902—2003)，浙江平阳人。1927 年毕业于日本东北帝国大学数学系，后入该校研究院，获理学博士学位。回国后，受聘于浙江大学数学系。1952 年全国院系调整，到复旦大学任教，任教务长、副校长、校长等职，1983 年起任复旦大学名誉校长。历任第七、第八届全国政协副主席，第五、第六届全国人大常委，民盟中央副主席。1955 年当选为中国科学院数学物理学部委员，兼任学术委员会常委，专长为微分几何，创立了国内外公认的微分几何学派。撰有《射影曲线概论》《射影曲面概论》等专著 10 部。研究成果“船体放样项目”“曲面法船体线型生产程序”分别荣获全国科学大会奖和国家科技进步二等奖。

中国在 20 世纪 50 年代向苏联“老大哥”学习，为了从苏联引进数学教材，本来会日文、英文、法文、德文和意大利文的苏步青开始学习俄文，并且把俄文数学书籍如《解析几何》《几何基础》翻译成中文，提供给浙江大学及其他高等学校作为数学教材。到了 60 年代中期，文化大革命把他定为

“国民党残余势力”“反动学术权威”，不许他从事教学和科研工作，但他还是想法子协助一些想做数学研究的年轻人。

1969 年春天，他被安排在“理科大批判组”翻译数学资料。和他同一组的青年数学教师许永华偷偷地告诉他自己正私下研究抽象代数，并且担心所写的论文无处发表。

苏步青就鼓励他：“让他们去反对，你搞你的。有空到我家走走，也许我能帮你一点忙。”许永华就把自己的一些论文交给苏步青看。

过了几天，在一个黑夜，苏步青打着手电筒，摸黑到许永华的家，从口袋掏出许永华的论文交还给他。

许永华打开一看，论文上面多处留着老师工整的字，一些错误的标点都改正了。以后在苏步青的推荐下，许永华的第一篇论文在 1975 年《数学学报》发表，论文中的两个定理引起外国数学家的兴趣和重视，被国外数学家称为“许—托曼那加定理”。1981 年年初，许永华被提升为复旦大学数学系教授。

一、学习需要养成严谨的日常习惯

严谨不等同于严厉，更不是刻板。作为一名学生，为学务必要严谨，这就需要从一点一滴做起，从身边小事做起，在作业、论文、报告和考试等方面要讲诚信。但是，最近几年，高校学术道德、学术规范缺乏，在全国高校乃至社会各界都引起高度关注。高校学生治学风气是否严谨，直接影响社会经济发展及其道德准则。

鲁迅先生严谨治学的精神值得我们学习。鲁迅先生读书学习有一个良好的习惯，那就是他绝不把一个认不真读不准的字和词轻易放过去。他为了要弄清一个字的音、义，有时要查几本字典、辞典，不到有了百分之百的把握，从不似懂非懂地读它、用它。像这样严肃认真、一丝不苟的事例很多。他为了查一个故事，就翻了 3 部蒙古史；他翻译《死魂灵》时，“字典不离手，冷汗不离身”；他为了整理《嵇康集》，先后对照 5 种版本，又从《晋书》《三国志》等 20 多部书中搜集佚文，手抄 3 遍，校斟 4 次，虽一字之疑，也反复推敲，审慎定夺。正是由于这种严肃认真、一丝不苟的治学态度，才使鲁迅先生所掌握的知识都极其严密和准确。

要用心血做学问，用生命写文章。但是，现代学生普遍存在下面 20 种不良学习习惯,基本反映了一个学生学习时的不严谨,会严重影响学习效果。

现代学生学习普遍存在的20种不良习惯是:

(1)学习时间不固定,不制订学习生活作息时间表;

(2)课堂上思想开小差,精力不集中;

(3)自习课目标不明确,东翻西看,浪费时间;

(4)不准备工具书,需要查辞典、字典时,还嫌麻烦,马马虎虎地应付学习;

(5)爱面子,不懂不会也不问;

(6)学习时沉迷于空想;

(7)快下课时就听不进去了,早早把书包收拾好,心中开始想着课后的娱乐活动;

(8)下课马上放松自己,从来不想想这堂课都学了些什么;

(9)做作业前不看书,做完作业不相信自己,总要找人对对答案才放心;

(10)作业本、作文本、考试卷发到手,看完分数就扔到一边,不认真分析检查;

(11)做作业或复习时,常做一些小动作;

(12)遇到好电视就忘记做作业;

(13)边做作业,边听音乐;

(14)学习时常说闲话;

(15)学习完把书本随便一扔,再学习时现用现找,浪费时间;

(16)平时不复习,考试开夜车;

(17)考得不好却不愿听批评;

(18)喜欢哪科学哪科,偏科;

(19)情绪波动大,因喜怒哀乐的情绪而影响学习;

(20)基础没打好,变得灰心,自暴自弃。

二、专业学习需要养成严谨素养

财贸类专业涉及以“财”和“贸”为主的专业,包括金融证券、会计审计、信息物流、工商管理、连锁经营、国际商务等。财贸专业基本上都与数字、条例规范等打交道，体现了很强的严谨性，严谨素养是从事财贸职业岗位的必备职业素养。另外，财贸专业属于现代服务业，现代服务业岗位与人打交道，具有“为人服务”的职业特质，因此严谨的职业精神尤为重要。在校学生除了学习需要养成严谨的日常习惯外，在专业学习中，也非常需要具备严肃谨慎的作风、态度和行为习惯。

（一）会计工作需要严谨

会计是以货币为主要计量单位，采用专门方法，对单位经济活动进行完整、连续、系统地核算和监督，通过对交易或事项进行确认、计量、记录、报告，提供有关单位财务状况、经营成果和现金流量等信息资料的一种经济管理活动。会计基本职能是核算和监督，侧重于对资金的反映和监督。因此会计工作是一门很精准的工作，要准确地核算每一项指标，牢记每一条税法，正确使用每一个公式。常常跟数字打交道，需要稳中有细、严肃严谨地对待。

我国会计记账、处理规则都是按《中华人民共和国会计法》和《会计准则》要求制定的。会计工作又要遵守税收法规、工商行政管理法规，这就要求会计人员要严格按照制度办事，遵守会计工作中一条非常重要的原则——谨慎性原则。可见，严谨在会计工作中的作用相当重要。谨慎性原则对于会计系统的影响就像水沁入土壤一样，使得整个会计体系到处都有它的痕迹。谨慎性原则包括会计确认、计量、报告等方面谨慎稳健的内容。它是针对经济活动中的不确定性因素，要求人们在会计处理上保持谨慎小心的态度，充分估计到未来可能发生的风险和损失，尽量少计或不计可能发生的收益，使会计报表使用者、企业决策者提高警惕，以应付纷繁复杂的外部经济环境的变化，把风险损失缩小或限制在极小的范围内。

会计工作如同科学研究，需严肃严谨。会计制度在建立时就从互相监督和相互协调的角度建立了严谨处理程序，只要严格按程序工作，就能使各种数据准确对应。会计数据是企业决策的关键，会计工作人员只有在处理数据上认真仔细，分析财务数据时严谨周密，才能保证企业有良性发展。

（二）审计工作需要严谨

审计是审计机关依法独立检查被审计单位的会计凭证、会计账簿、会计报表以及其他与财政收支、财务收支有关的资料和资产，监督财政收支、财务收支真实、合法和效益的行为。错综复杂的经济业务体现在会计账簿上，违法违规问题隐藏其中，不经过严谨细致的查证分析，就不会发现疑点和问题。同时，审计行为是在审计法律规范体系约束下进行的，只有严格执行审计程序、审计质量控制制度、审计准则，严谨细致地取证、处理、处罚，才能确保审计工作和结果经得起检验。

（三）企业采购管理需要严谨

企业采购中，尽量降低采购成本，采购到质优价廉的物料；进行供应商管理，为采购活动选择最佳供应商；加强对采购活动的内部控制，避免采购各环节的失控现象，防止采购中的舞弊行为。

由于采购工作的性质，在企业采购中采购人员吃回扣不是个别现象。对采购实施严谨细致的管理以降低成本非常必要。汪中求先生曾对六家超市集团做过调研，采购人员吃回扣的平均比例是采购总数的4%，即常说的“四个点回扣”。于是在与某超市高管进行多次研究后，确定了下面几条企业采购规则：

第一，选点与下单分开。比如，采购白酒。先让采购部两人去对某一种类白酒的八家企业做调研，列出各企业的产品、价格、交货、付款四个元素的优劣势，采购决策小组开会讨论，定下两家作为该类白酒供货商；然后，另派两人去这两家谈合同，包括数量、价格、交货频次、付款节奏及其他条款的确定。采点的不定点，定点的不出面签约，当然签约的人也不负责验收和付款。这样采购决策分成了几个子模块分开操作，使权力不至于过度集中。

第二，大宗采购每一子模块的操作都为两个人同时进行。采购活动“一人不谈判”，如同财务“一个人不成账”。两人同时进行，当然有主次，在培养助手的同时，也有助于于监督。这样费用增加了，但舞弊的隐患少了。助手一般2~3个月换一次，或交叉派助手。犯罪心理学分析，一个人犯罪，担心的不是案发后的惩罚力度多大，而是担心被发现的可能性有多大。一个采购骨干两年下来前后会跟5~6个人合作，不可能每个助手都串通，否则暴露的机会就太大了。

第三，所有采购部门工作人员都不得与供方有任何私人交往，这是铁的纪律，一经发现或查出即施以处罚甚至开除。

（四）销售管理需要严谨

任何一个岗位或者流程，都有科学的标准，需要科学的训练。对严谨的追求是可以衡量的，衡量的尺度就是制定出相应的标准和规范。在 ISO 管理体系中，所有合同都必须要经过评审的检查，并达到标准。评审时，审核员发现客户已经在合同上签字，却根本没有本公司销售经理的签名，按合同程序的要求，这就是一个不合格项。在中资企业中，审核员发现问题后，会在“纠正措施”上填“没有签名的地方补上”。德国企业处理方法却完全不同，发现没有签名，不是简单的补上，而是查找原因，并进行分析。分析发现销售经理经常出差，无法及时在合同上签字，这说明程序文件不具操作性，应该修改程序文件为“当销售经理不在时，要授权给代理人”，然后在“纠正措施”上填“更改×××号程序文件”。德国企业就是凭着这种审慎严谨、一丝不苟的做事风格，成就了戴姆勒、西门子、大众等世界级企业巨头，同时也打造了“德国制造”这个几乎成为产品品质保证代名词的国家品牌。

（五）现代商务合同需要严谨

商务合同是一种特殊的应用文体，重在纪实，用词行文的一大特点就是准确与严谨。如：

1. 酌情使用公文语惯用副词

商务合同属于法律性公文，所以英译时，有些词语要用公文语词语、特别是酌情使用英语惯用的一套公文语副词，就会起到使译文结构严谨、逻辑严密、言简意赅的作用。但是从一些合同的英文译本中发现，这种公文语通常被普通词语所代替，从而影响到译文的质量，如下边几个例子就说明了这一问题。

[例 1] 本合同自买方和建造方签署之日生效。

This contract shall come into force from the date of execution hereof by the Buyerand and the Builder.

[例 2] 下述签署人同意在中国制造新产品，其品牌以此为合适。

The undersigned hereby agrees that the new products whereto this trade name is more appropriate are made in China.

2. 谨慎选用极易混淆的词语

英译商务合同时，常常由于选词不当而致词不达意或者意思模棱两可，有时甚至表达的是完全不同的含义。因此了解与掌握极易混淆的词语的区别是极为重要的，是提高英译质量的关键因素之一。用典型实例论述如下：

[例1] shipping advice 与 shipping instructions.

shipping advice 是"装运通知"，是由出口商（卖主）发给进口商（买主）的。然而 shipping instructions 则是"装运须知"，是进口商（买主）发给出口商（卖主）的。另外要注意区分 vendor（卖主）与 vendee（买主），consignor（发货人）与 consignee（收货人）。上述这三对词语在英译时极易发生笔误。

[例2] abide by 与 comply with.

abide by 与 comply with 都有"遵守"的意思。但是当主语是"人"时，英译"遵守"须用 abide by。当主语是非人称时，则用 comply with 英译"遵守"。

三、撰写论文需要严谨

作为一名在校学生，经常会按老师要求完成一定的论文写作，尤其是毕业论文更加重要。毕业论文是高等院校毕业生提交的一份有一定的学术价值的文章。它是大学生完成学业的标志性作业，是对学习成果的综合性总结，是大学生从事科学研究的最初尝试，是在教师指导下所取得的科研成果的文字记录，也是检验学生掌握知识的程度、分析问题和解决问题基本能力的一份综合答卷。

论文写作主要在4个方面体现严谨的重要性，一是论文结构要严谨，二是语义表述要严谨，三是文字书写要严谨，四是论文参考文献标注要严谨。

（一）论文结构要严谨

论文的审题、立意、选材都需要有严谨的思维，否则就会出现审题不准，立意偏颇，中心不突出，材料与主题脱节等现象。文章结构"严谨"的意思是具有明确的论文结构意识，各结构要素之间形成有机的整体，彼此呼应，前后照顾，衔接上有章法，不但中心内容突出，而且各部分相对均衡，未出现旁逸斜出的突兀之感。

论文结构问题主要有以下几种：

一是没有中心。从内容上看，多数表现为离题；从结构上看，则是文章线索分散。

二是逻辑混乱。事先没有通盘考虑，想一段写一段，写到哪算哪，不尊重事物的内在联系和客观规律,思路缺乏条理性。

三是层次不清。表现为层次之间内容杂糅交错,在某一段里硬将几层意思塞进来,以致破坏了段意的单一性、内容的完整性和容量的适度感。

四是缺乏联系。表现为内容转换过程中不会用过渡性语句,前面提到的问题在后面没有着落,后面出现的内容不见前面有铺垫。

五是首尾失当。在论文中,开头出现的主要问题有:入题太慢,东拉西扯,扣题不紧;或者将一个故事的大意(包括过程和结局)都概述出来(后面再去具体叙述),降低了文章的可读性;或者故作深沉,无病呻吟,空发议论。诸如此类的问题,难以勾起读者的阅读欲望,使文章的表现力大打折扣。结尾出现的主要问题有:偏离主旨,胡乱延伸,画蛇添足;爱说大话,空喊口号,令人生厌;缺少相关结局的必要交代,给人留下没有结尾的印象;前面用笔过多,因时间关系而草草收尾;等等。

(二)语义表述要严谨

严谨准确性是论文写作的重要特点,尤其是对于公文、科技文、新闻,可以说是其基础和生命,切忌语义表述模糊。否则会误导读者,影响公信力。

有这样一个“断句不当闹笑话”的事例:某单位召开干部大会,一领导宣读文件,竟把文中“已经取得文凭的和尚未取得文凭的干部”这句话,分开断成“已经取得文凭的和尚”与“未取得文凭的干部”,惹得台下顿时哄堂大笑,他却浑然不知,反而生气地又拍话筒又敲桌子地斥责台下:“你们还笑?往后干部不好好学习可不行了,现在连和尚也得有文凭,何况你们这些干部呢!”断句不当都能闹出这样的笑话,当写新闻、公文、论文时,修饰表意不严谨,后果会不堪设想。

(三)文字书写要严谨

遣词用字不严谨,有错别字,如把“作报告”写成“做报告”;其他同音同形字混用更是屡见不鲜,例如“辨别”误为“辩别”,“妥帖”写成“妥贴”,“年成丰歉”写成“年成丰欠”,“坐”“座”错用,“另”“零”不分,“代”“带” 混淆,等等,尤其“的”“地”“得”的错用,就更是普遍。上述谬误的发生,除了文字基本功确实较差外,主要原因还是学习作风不够严谨,犯的都属于“低级错误”。

我们万万不能小瞧这些因为一时不严谨出现错别字的危害,后果有时将不堪设想,“一撇呜呼”的故事就给予了我们警示。

【故事】一场战争败在一个错字上

1930 年 4 月，阎锡山与冯玉祥结成反蒋联盟，发动了讨伐蒋介石的中原大战。为了集中精锐兵力歼灭蒋介石在河南的有生力量，阎锡山和冯玉祥召开了联席军事作战会议，共同制定了精密的作战计划。会上决定，阎锡山和冯玉祥各派出一支精锐部队，在河南省的沁阳县会师，集中兵力，以压倒性的优势合围，一举聚歼驻在河南省的蒋介石军队。

沁阳在河南省的北部，离黄河北岸 70 公里，这个地方北靠山西，而阎锡山的军队绝大部分驻扎在山西。之所以选择沁阳为两军的集结地，当然是信赖阎锡山部队的地缘优势。对阎锡山来说，沁阳离山西较近，进可攻、退可守，非常有利。

散会后，冯玉祥的作战参谋很快就拟定了一份调动部队的紧急命令：

"命令某某部，昼夜兼程，直插沁阳，与阎锡山部会师……"

谁知这个撰写命令的作战参谋官，地理知识甚少，做事粗心大意，把沁阳的"沁"字，多写了一撇，写成了"泌"字，这样一来，集结地点"沁阳"变成"泌阳"。偏偏河南省真的有"泌阳"这地名，这泌阳却在河南省的南部，离湖北省只有几十公里路程。当时湖北还是蒋介石重兵驻防之地，在那里集结当然对冯阎联军不利。

冯玉祥这支奉调集结参战的部队长官，接到调动军令后，非常惊讶：总部到底是怎么搞的？怎么能到泌阳与阎锡山部会师？这是靠近蒋介石势力范围的地方啊！但是因为冯玉祥平时治军颇严，军令如山，部下养成了"军人以服从命令为天职"的习惯，故他不再向总部再次询问，立即带领部队星夜赶赴离真正会师地点相隔 200 多公里的泌阳，准备与阎锡山会师去了。

再说阎锡山部队按预定时间赶到沁阳，左等右等，眼看会师时间已过，还是看不到冯玉祥部队的影子。阎锡山部队因人数少，不敢单独作战，眼看不妙，立即打电报询问冯玉祥，冯玉祥向参谋部一查，才知道奉调的部队已经奉命挥师南下，背道而驰，赶去泌阳了，而蒋介石的部队却已经在湖北集结，离泌阳很近，调去的部队眼看就要被蒋介石部队重重包围。冯玉祥大惊，急令撤退，但想完成原定的作战计划已经来不及了。就是粗心参谋多的这一撇，使阎锡山和冯玉祥的联军陷于被动，导致联合作战计划失败，这位参谋也因这一撇断送性命，受到军法处置，被枪决了。

(四)论文参考文献标注要严谨

在学术研究中,抄袭、剽窃、修改或伪造实验统计数据、粗制滥造、学术腐败的学术事件时有发生,人们称之为“学术自杀”,严重影响了学术在人们心目中的崇高性和公信力。香港中文大学以学校正式文件的形式,对“抄袭”“惩戒”“引用文字须知”等做了明确的说明和规定。例如《香港中文大学教育学院(1996—1997)》这一文件汇编中,专有“引用他人著作须知”一节。其中“抄袭行为”被界定为:①抄录已出版或未出版之资料而不加引号,不论逐字抄录或更易数字(未出版之资料包括课堂作业及课堂笔记);②意译或摘录他人著作而不加注明;③借用他人的论点而不加注明;④引述“事实”(人所共知而无须印证之事实除外)或研究成果而不注明出处。有关引用文字须知则规定:①所引用之文字无论长短,均须加引;②无论摘要、意译、抄录或同时兼以多种方式引用他人之论著,均须将出处按该学科常用方式清楚注明;③附参考资料目录。此外还有对“惩戒”的具体规定。

当然,区域不同,参考文献格式不尽相同。下面仅就中国内地写作时一般的参考文献格式和规范进行介绍。

标注参考文献需要严谨的规范和格式。

1. 区别直接引用与间接引用

一手资料直接引文:如引用的内容与原文完全一致,则用引号,并注明来源及页码。一手资料间接引文:如果是归纳他人观点,解释性地引用他人的成果,则不用引号,也不需要注明来源。二手资料间接引文:如果是在阅读 A 的文献时发现被其引用的另一作者 B 也有值得引用的观点,则引用的方式为:B(1989)曾指出……转引自 A(1995)。这里要求 A 和 B 均必须出现在参考文献中。

2. 直接参考文献的格式

(1)参考文献的类型及其标识。

①根据 GB3469 规定,以单字母方式标识以下各种参考文献类型:

参考文献类型	专著	论文集	报纸文章	期刊文章	学位论文	报告	标准	专利
文献类型标识	M	C	N	J	D	R	S	P

②对于专著、论文集中的析出文献，其文献类型标识建议采用单字母“A”；对于其他未说明的文献类型，建议采用单字母“Z”。

③对于数据库（database）、计算机程序（computer program）及电子公告（electronic bulletin board）等电子文献类型的参考文献，建议以下列双字母作为标识：

电子参考文献类型	数据库	计算机程序	电子公告
电子文献类型标识	DB	CP	EB

④电子文献的载体类型及其标识。

对于非纸张型载体的电子文献，当被引用为参考文献时需要在参考文献类型标识中同时标明其载体类型 。本规范建议采用双字母表示电子文献载体类型：磁带（magnetic tape）——MT，磁盘（disk）——DK，光盘（CD - ROM）——CD，联机网络（online）——OL，并以下列格式表示包括了文献载体类型的参考文献类型标识：[文献类型标识/载体类型标识]。

如：DB/OL——联机网上数据库（database online）；DB/MT——磁带数据库（database on magnetic tape）；M/CD ——光盘图书（monograph on CD - ROM）；CP/DK ——磁盘软件（computer program on disk）；J/OL ——网上期刊（serial online）；EB/OL——网上电子公告（electronic bulletin board online）。

以纸张为载体的传统文献在引作参考文献时不必注明其载体类型。

(2)各类参考文献条目的编排格式及示例。

①专著、论文集、学位论文、报告。

[序号]主要责任者．文献题名[文献类型标识]．出版地：出版者，出版年：起止页码（任选）.

[1]刘国钧，陈绍业，王凤翥．图书馆目录[M]．北京：高等教育出版社，1957：15 -18.

[2]辛希孟．信息技术与信息服务国际研讨会论文集：A 集[C]．北京：中国社会科学出版社，1994.

[3]张筑生．微分半动力系统的不变集[D]．北京：北京大学数学系数学研究所，1983.

[4]冯西桥．核反应堆压力管道与压力容器的 LBB 分析[R]．北京：清

华大学核能技术设计研究院,1997.

②期刊文章。

[序号]. 主要责任者. 文献题名[J]. 刊名,年,卷(期):起止页码.

[5]何龄修. 读顾城《南明史》[J]. 中国史研究,1998,(3):167－173.

[6]金显贺,王昌长,王忠东,等. 一种用于在线检测局部放电的数字滤波技术[J]. 清华大学学报(自然科学版),1993,33(4):62－67.

③论文集中的析出文献。

[序号]. 析出文献主要责任者. 析出文献题名[A]// 原文献主要责任者(任选). 原文献题名[C]. 出版地:出版者,出版年:析出文献起止页码.

[7]钟文发. 非线性规划在可燃毒物配置中的应用[A]//赵玮. 运筹学的理论与应用——中国运筹学会第五届大会论文集[C]. 西安:西安电子科技大学出版社,1996:468－471.

④报纸文章。

[序号]. 主要责任者. 文献题名[N]. 报纸名,出版日期(版次).

[8]谢希德. 创造学习的新思路[N]. 人民日报,1998－12－25(10).

⑤国际、国家标准。

[序号]. 标准编号,标准名称[S].

[9]GB/T 16159－1996,汉语拼音正词法基本规则[S].

⑥专利。

[序号]. 专利所有者. 专利题名[P]. 专利国别:专利号,出版日期.

[10]姜锡洲. 一种温热外敷药制备方案[P]. 中国专利:881056073,1989－07－26.

⑦电子文献。

[序号]. 主要责任者. 电子文献题名[电子文献及载体类型标识]. 电子文献的出处或可获得地址,发表或更新日期/引用日期(任选).

[11]王明亮. 关于中国学术期刊标准化数据库系统工程的进展[EB/OL]. http://www.cajcd.edu.cn/pub/wml.txt/980810－2.html, 1998－08－16/1998－10－04.

[12]万锦坤. 中国大学学报论文文摘(1983—1993). 英文版[DB/CD]. 北京:中国大百科全书出版社,1996.

⑧各种未定义类型的文献。

[序号]. 主要责任者. 文献题名[Z]. 出版地:出版者,出版年.

讨论与思考

1. 讨论如何把上面讲到的严谨学习方法应用到自己的实际学习中。
2. 通过日常行为养成严谨学习习惯的途径有哪些?

活动与实践

1. 从小事做起,在班级中开展"上课十不"严谨学习活动。
2. 在作业、论文、报告等方面学习正确参考、使用文献的方法,培养严谨素养。

第五节　在实践中提升严谨素养

一、办会技术实训

以办会技术实训课程为载体,通过办会技术训练,培养严谨素养。

办会技术实训项目在校内以班会、晨会、社会实践总结会、辩论赛、讲座、运动会、毕业论文答辩会、职业技能展示会、毕业典礼等真实工作任务形式开展,校外以商品营销展示、学术会议等专业会议形式进行。由模拟实训、真实环境的实训、顶岗实训等实训环境构成多维立体、层次递进的办会技术实训体系。

由于会议的类型、作用和规模不同,会务工作重点和要求也各有侧重,但基本的办会技术大同小异,一般分为会前准备、会间服务和会议评估三个阶段。

(一)会前准备

会前准备工作包括确定会议名称和会议议题、确定会议召开地点、起草会议通知、准备会议资料、布置会场、确定会议期间的工作事项、其他需要准备的有关事项等。

1. 确定会议名称和会议议题

会议的名称根据会议要研究解决的主要问题来确定。会议议题是指会议内容、会议任务、会议议程、会议期限、会议出席领导、参会人员等。

2. 确定会议召开地点

会议议题确定以后,根据会议内容、参会人员等确定会议地点。具体包括:预定会议场所、预计参会人数、考虑参会人员食宿和交通;会议场地的多媒体设施、横幅、水牌、绿色植物摆放、参会领导及嘉宾桌签等;会议主持人台签、演讲台等。

3. 起草会议通知

会议通知一般包括"八要素",即会议名称、主要内容、参加人员、报到时间、会期、会址、参会人员要求、会议费用,另外还有其他注意事项。

4. 准备会议资料

会议资料包括软件资料和硬件资料。

软件资料包括资料袋、会议日程安排、会议所提供的资料、会议发言人员的讲话材料(包括多媒体电子材料)、参会人员通讯录等。

硬件资料包括方便参会人员使用的记录本、纸、笔,投影设备、摄录像设备等。

5. 布置会场

会场可以根据会议的规模要求进行多种形式的布置,比如听课式、圆桌讨论式等。具体内容包括:

(1)会议悬挂横幅、标语、位置选择等。

(2)会议现场用音响设备、照明设备、多媒体等设备调试,会议速录人员设备和位置等。

(3)会议使用的文具、会议资料袋、饮料摆放等。

(4)参会人员座位安排。主要是三项工作:一是布置主席台。主要包括悬挂会标(会标要悬挂于主席台前沿上方)、摆放背景、排定座次、架设并调试话筒。主席台座次要按照"中为主、左为上"的惯例排定,党的会议应按照党委正副书记的顺序安排,行政会议按照编制序列安排。如上级领导参加会议,应安排中间就座,拿不准的要及时请示。二是会场座区的布置。按照与会人员的多少摆放桌椅,一般要将正式出席人员安排在会场靠前和中间位置,列席人员要安排在靠后或两边位置。三是分会场的布置。如需分组讨论或召开对口会,要设分会场;如有首长参加,要及时通知;各分会场要相对集中,不要太分散。另外,对会场的供电、供暖(冷)、音响等设备要考虑到、检查好。要备好发电设备,以防停电。应当事先摆放好参会领导和嘉宾的名签。

(5)会议签到地点、桌椅、签到簿、入场凭证、资料发放等。

(6)高规格的会议,还应当中间安排茶歇,需要事先准备好茶歇场地、服务人员,以及饮料、水果、点心等。

6. 其他需要准备的有关事项

(1)会议筹备负责人、团队成员构成与分工等。大型会议保障任务重,要组织召开协调会,明确分工、明确时限、明确责任、明确要求。要成立筹备处,下设会务组、材料组、宣传组、后勤保障组(包括医务人员)、安全保卫组等。会议开始后,筹备处即转为大会秘书处。办中小型会议则不必设筹备处,只需固定几个人主要负责会务工作即可。

(2)会议经费预算报告。

(3)会议安全保障措施。

(4)会议效果问卷准备。

(5)会议简报、会议讲话稿准备等。

(6)会议编组、作息时间、住宿房间、就餐桌位、会务组房间及电话号码、文化娱乐安排、注意事项等。

(二)会间服务

当会议筹备工作完成后,接下来就是会议的正式召开。要使会议开得顺利的圆满,实现会议目标,做好会间服务工作非常重要。

1. 会议报到

会议报到是会议成功的开始,要安排专人负责会议报到工作,事先设计好会议报到流程,包括迎宾礼仪、接洽、信息登记、发放资料、问题解答等环节。报到结束,统计参会人数、核发会议证件和有关材料,并及时向分管领导汇报报到情况。

2. 做好会议记录

会议记录真实记载会议情况,反映会议内容和进程,是非常重要的档案材料,关键在于准确、完整。它是写好会议简报、会议纪要的基础。会议记录一般包括两方面内容:

(1)会议组织情况。是指会议名称、时间、地点、参会人员等。

(2)会议进行情况。是指会议议题、主题发言、讨论发言内容,以及会议形成的决议等。

会议记录采用的方法有摘要记录和详细记录。一般会议常用摘要记录法,而重大会议使用详细记录法。

会议记录的重点包括:

(1)围绕中心议题开展的会议活动内容;

(2)领导、嘉宾的主题讲话;

(3)会议形成的结论;

(4)会议中进行的有影响的活动等。

3. 做好会间服务工作

(1)在会议中陪同领导看望与会人员;安排组织医务人员巡诊;为与会人员订购返程车船票;等。会议期间还要做好防火、防盗、防食物中毒等工作。

(2)撰写会议简报和会议纪要。

(3)将会议材料整理归档。

(4)整理会议经费账目。

(三)会议评估

会议评估是指对会议全过程进行总结、评议。具体包括会前准备工作评估、会中工作评估、会后效果评估和会议参会人员反馈意见等。

对于办会技术实训课程,学生可以通过网络学习相关课程知识,也可以寻求指导教师的帮助。实训任务完成后,学生参加学院统一组织的办会技术大赛,所有选手在统一环境中,通过竞赛系统答题,或通过角色扮演完成竞赛。在规定时间内,计算机判分和专家、评委判分相结合。

大赛成绩合格由学院统一颁发“办会技术大赛”证书,根据竞赛规程,学生还可以获得相应奖励。其中,个人奖包括:第一名授予“办会能手”奖;第二名至第十一名授予:“办会优胜”奖。其他选手授予“参与”奖。团队奖包括:综合评分第一名的代表队获优秀团队奖;其他代表队获团队组织奖。

二、“严谨素养我行动”实践记录

“严谨素养我行动”是根据财贸素养课程总体教学要求,学生在一个学期内完成知识学习、社会调研、自我行动、技能大赛、成果展示、考核评价6个环节。在严谨素养教育实施中，学生通过《严谨能力教育手册》，将被动受教育转变为自我养成教育，将教育内容和实际行动有机结合，边学习边实践，在行动中学习知识、提升素养。《严谨素养教育手册》的主要内容包括：

1. 知识学习

对知识学习的要求包括：

(1) 选修《办会技术实训》《办公事务实训》等财贸通用能力课程，到图书馆借阅至少3本严谨素养培养相关书籍，以班级为单位开展知识竞赛。

(2) 通过网络、图书馆等查阅并摘抄伟人、名人严谨故事和案例。以班级为单位进行严谨素养的案例讨论。

2. 社会调研

(1) 按照财贸素养教育培养目标的要求，有目的、有计划地组织学生带着严谨问题到商业企业、北京科技馆等参观调研考察。

(2) 调研完成后，学生完成以严谨为主题的调研报告。

(3) 开展"我谈严谨"主题交流研讨会，以此激励学生自觉养成严谨的作风。

(4) 完成社会调研和主题交流研讨后，由班主任或辅导员对学生本阶段的严谨素养教育成果进行考核，成绩占课程总分的30%。其中，知识部分考核可以采用闭卷考试，社会调研则根据调研报告和主题交流成绩进行评定，知识考核、调研报告两方面成绩各占1/2。此外，以班级为单位进行"严谨素养教育学习奖"评比。

3. 自我行动

严谨素养的养成除了训练以外，还在于日常的自我养成，而自我养成依靠自主行动，通过有目的的活动设计引导学生把严谨素养教育融入日常学习生活的方方面面。

开展的活动有：①严谨做人；②严谨做事；③严谨学习等。学生在这一学期内就至少10件以上的个人严谨素养养成方面的具体事例和成果进行展示。

此外，以班级为单位自主设计《严谨度测试调查表》，根据调查情况进行班级严谨度分析，对于不严谨现象进行研讨，实现严谨从校园生活开始。

自我养成成绩考核占课程总分的30%。此外，还要以班级为单位进行

“自我行动奖”评比。

4. 技能大赛

严谨素养教育技能大赛依托的财贸职业技能是办会技术，学生完成实训课程学习任务，在“办会技术大赛”中提升严谨素养和职业能力。

严谨素养教育技能大赛成绩占课程总分的20%。“办会技术大赛奖”评比直接采用大赛评奖结果。

5. 成果展示

严谨素养成果展示采用开放方式，具体包括：

(1)他人评价。采用《个人严谨征求表》形式，请老师、班主任、辅导员、同学、家人对自己的严谨素养进行评价打分。

(2)自我评价。自己对自己进行“严谨度测试”，根据测试结果自己给自己评价打分。

(3)实物成果展示。提交一份代表个人严谨素养，或提高个人严谨素养的作品，如严谨题材的照片、论文、总结、诗歌、相声、小品、DV、书法、绘画等，也可以是他人赠送的感谢信、锦旗等，记录校园内严谨学习的心得体会等的实物。

严谨素养成果展示占课程总分的20%。此外，还要以班级为单位进行“成果展示奖”评比。

6. 考核评价

考核评价是严谨素养课程教育教学的最后一个环节，综合以上5个方面的考核成绩后得到每一个学生严谨素养教育课程的最终成绩，满分为100分。获得严谨素养教育学习奖、自我行动奖、办会技术大赛奖和成果展示奖的学生可以获得主题教育奖“严谨奖”。

严谨故事

【严谨故事】毛泽东改词

毛泽东1935年10月的词《念奴娇·昆仑》写道：“而今我谓昆仑：不要这高，不要这多雪。安得倚天抽宝剑，把汝裁为三截？一截遗欧，一截赠美，一截留中国。太平世界，环球同此凉热。”1963年毛主席把“一截留中国”改为“一截还东国”，并做说明“忘记了日本人民是不对的”。这就是政治家的正确、严谨的态度，充分彰显了老一代伟大政治家严谨的思维逻辑。

【严谨故事】周恩来严谨精细的领导作风

周恩来在为中国人民的解放事业和共产主义事业英勇奋斗的一生中，形成了独特的领导风格和领导作风。他饱满的革命热情、顽强的斗争意志、无私的奉献精神和严谨精细的领导作风，永远值得各级领导干部学习。郭沫若曾对此做过生动形象的描述。他说周恩来思考事物的周密有如水银泻地，处理问题的敏捷有如电火行空，而他一切都以献身精神应付，就好像永不疲劳。

在外事活动中，他经常教育外事工作人员“外事无小事，必须做过细的工作”。他率先垂范，身体力行。凡是和外宾同坐一架飞机时，他总是关照机组人员送水、送饭要先外宾，后自己；宴会后返回时，关照司机不要超外宾的车。凡是招待外宾的饭店、宾馆内挂的毛主席语录，他总是一遍又一遍地亲自审阅译文；对于招待重要外宾宴会的菜单，他都亲自审查过目。一次，非洲某国使馆的二秘和他同乘一架飞机。机组人员先送水给他，他立即说：“要首先送给外宾，不要先送给我，不要有大国沙文主义。”

周恩来严谨精细的领导作风，贯穿于他革命的一生，事事闪烁着他睿智的光辉和无与伦比的回天之力。

【严谨故事】德国人的严谨

德国和德意志民族向来以严谨、认真、执著闻名于世，德国人的社会生活中也浸润着这些理念。

超市购物袋上的果蔬营养成分表

在卡尔·马克思故居纪念馆隔壁的超市购买水晶葡萄，到收银台付款时，收银员拿出购物袋盛装，只见那红黄相间的透明薄膜购物袋两面密密麻麻地印着德文表格，甚是奇怪。经打听，原来购物袋上印着的是德国市场上所出售的全部水果和蔬菜内含营养成分一览表（其中包括热量、水分、维生素和矿物质含量），购买者一目了然，可根据各自的摄入需求和食用喜好，自主选购。在购物袋上印满果蔬营养成分表，虽为举手之劳、成本小，却充满了人文关爱。

令人眼睛一亮的展览服务清单

在德国科隆国际家用电器博览会的推介会上，一份份印制精美的展览服务清单令与会者眼睛一亮、心头一喜。这张“展会纵览——参展商、专业观众及媒介须知”只有薄薄三页纸，除了写明提供购票、酒店住宿、交通、银行、翻译等常规服务外，还开出一张详尽的附加服务明细表，包括快递、照片冲洗、与参展相关的行业协会信息、国际贸易新闻支持、法律、保安、休息及洗漱室、医疗站、邮局及媒体服务、运输代理、失物招领等。博览会期间，参展商和观众可凭有效门票，在科隆市内及周边地区免费乘坐所有地铁、火车和公共汽车的二等车厢。为了帮助家电销售商提升商业宣传效率，主办方还许诺在家博会举行期间，邀请优秀设计师、造型师，为各国销售商讲解如何布置商店的家电橱窗。科隆家博会主办方之所以注重“服务细节”，投参展商和受众所好，目的是为了招揽更多的参展商和观众，在全球塑造和推销科隆家博会的品牌形象。

名副其实的火车时刻表

德国的火车四通八达，且换乘便捷，简直可与中国城市的公共汽车网络媲美。和中国一样，在德国换乘火车也有时刻表。但德国的火车时刻表，不是以车次排序的“车次表”，而是真正意义上的时刻表，严格以“时刻”顺序排列，即从凌晨 1 时到深夜 24 时，每个时间区域内，都一趟（次）不漏地详细列出往返目的地的双向车次时间，而且还非常清晰地标明每趟（次）列车是否设有餐车，是否可携带自行车（包括是否有车架），是否有卧铺、躺座或咖啡供应等。读着这样周到的火车时刻表，着实让人温馨愉悦。

废弃物投置识别

全国统一垃圾箱各国各地都有，司空见惯，但是对废弃物的投置分类，德国却是在欧洲各国中最为看重的，而且管控得最为严格。无论是现代都市还是乡村小镇，全国街头巷尾的垃圾箱款式、造型、功能和颜色全部统一，一般都呈菱形，组合式设置，且分有四种颜色，设有四个投入口，分别醒目地标有玻璃、纸张、果壳和包装材料，图文并茂，不管大人小孩投扔垃圾，决不会弄错。

【严谨故事】一个连简历都保管不好的人

一个连简历都保管不好的人是管理不好一个部门的。细节能够表现整体的完美，同样也会影响和破坏整体的完美。《武汉晨报》有这样一份报道：江汉大学应届毕业生陈某因为一份简历而使他在应聘时栽了跟头。

事情的经过是这样的：参加招聘会的那天早上，小陈不慎碰翻了水杯，将放在桌上的简历浸湿了。为尽快赶到会场，小陈只将简历简单地晾了一下，便和其他东西一起，匆匆塞进背包。

在招聘现场，小陈看中了一家深圳房地产公司的广告策划主管岗位。按照这家企业的要求，招聘人员将先与应聘者简单交谈，再收简历，被收简历的人将得到面试的机会。

轮到小陈时，招聘人员问了小陈三个问题后，便向他要简历。小陈受宠若惊地掏出简历时，这才发现，简历上不光有一大片水渍，而且放在包里一揉，再加上钥匙等东西的划痕，已经不成样子了。小陈努力将它弄平整，递了过去。看着这份伤痕累累的简历，招聘人员的眉头皱了皱，还是收下了。那份折皱的简历夹在一叠整洁的简历里，十分显眼。

三天后，小陈参加了面试，表现非常活跃，无论是现场操作 Photoshop，还是为虚拟的产品做口头推介，他都完成得不错。在校读书时曾身为学校戏剧社骨干社员的小陈，还即兴表演了一段小品，赢得面试负责人的啧啧称赞。当他结束面试走出办公室时，一位负责的小姐对他说："你是今天面试者中最出色的一个。"

然而，面试过去一周了，小陈依然没有得到回复。他急了，忍不住打电话向那位小姐询问情况。小姐沉默了一会儿，告诉他："其实招聘负责人对你是很满意的，但你败在了简历上。老总说，一个连简历都保管不好的人，是管理不好一个部门的。你应该知道，简历实际上代表的是你的个人形象。将一份凌乱的简历投出去，有失严谨。"

这件事给了小陈深刻的教训，从此，他变得细心起来。他深切感到，决定事情成败的，有时往往只是一个小小的细节。

简历既是进行自我营销的工具，也代表着个人的形象，所以，在应聘时一定要写好简历，更要保存好简历。

要展示完美的自己很难，它需要每一个细节都完善；但毁坏自己很容易，只要一个细节没注意到，就会给你带来难以挽回的影响。

【严谨故事】品牌的严谨

品牌故事是另一种形式的广告，是品牌发展过程中与消费者之间情感的传递。所有的成功品牌都有一个共同的特点：品牌故事非常清晰，品牌特征非常鲜明，用多种渠道来传播自己的品牌故事。那么品牌故事是怎样创造出来的呢？广告只能让消费者在看到这些广告的瞬间记住品牌的名字，对品牌要表达的理念并没有深刻的认识，而品牌故事是品牌在发展过程中将其优秀的方面梳理、总结出来，并且形成一种清晰、容易记忆又令人浮想联翩的可传播的形象。

LV(路易威登)是一个有着一百多年历史、曾为皇室服务的、奢华的、以皮具而著称的品牌,从一介皮匠到为路易十三服务,具有传奇的故事背景,然而仅仅靠这些故事并不足以提升品牌的核心价值。

所以,有关LV对产品质量的苛刻要求在业界和消费者中流传着许多脍炙人口的故事:LV皮具使用的所有拉链,出厂前都要经过数千次的反复开合及破坏性试验;其皮具在加工成型后,还要进行红外线、紫外线、耐腐蚀以及高处摔下等破坏性试验;值得一提的是,在原材料的采购上,LV严格选用英国、法国某一产地的上好牛皮,以至于连著名的宝马汽车公司都对外宣称其车内的坐椅选用的是LV的皮革。从某种意义上说,正是这些故事建立了LV在消费者心中无与伦比的高品质形象。

【严谨故事】曾子杀猪的故事

曾子,又名曾参,春秋时期鲁国人,是孔子的学生。曾子深受孔子的教导,不但学问高,而且为人非常诚实,作风严谨,从不欺骗别人,对于自己的孩子也是说到做到。

有一次,曾子的妻子要上街,儿子哭闹着要跟去,妻子就哄他说:"你在家等我,回来给你杀猪炖肉吃。"孩子信以为真。

妻子回来,见曾子正磨刀霍霍准备杀猪,赶忙阻拦说:"你真的要杀猪给他吃?我原是哄他的。"曾子认真地说:"对小孩子怎么能欺骗呢?我们的一言一行对孩子都有影响,我们说了不算数,孩子以后就不会听我们的话了。"他果真把猪杀了。曾子言传身教,以身作则,为后世所传颂。

【严谨故事】郑和下西洋的船队

郑和下西洋在我国历史上是浓墨重彩的一笔。然而郑和成功的背后是幸运,是奇迹,还是严密的组织?

1405年(永乐三年)7月11日,郑和率二万七千八百余人,从南京、太仓一带至福建长乐太平港扬帆出海。庞大的大明船队,从此开始长达28年的海外宣扬国威和寻求贸易的远航。郑和下西洋的船队是一支规模庞大的船队,完全是按照海上航行和军事组织编成的,在当时世界上堪称一支实力雄厚的海上机动编队。很多外国学者称郑和船队是特混舰队,郑和是海军司令。人数众多、组织严密的郑和下西洋船队,是根据海上航行和担负的任务，采用军事组织形式组建的。

其实，朱棣才是大航海的决策者和组织者。从船队出海的第一天起，他就在陆地上指挥、控制和支持着这一伟大的航程。他下令在江浙、福建、广东、湖北一带造船，并在全国范围扩大瓷器、丝绸、茶叶等出口货物的生产。同时，借大航海之机实施永乐中兴战略，开始编纂《永乐大典》，疏浚大运河。他还与姚广孝微服私访，恢复生产，与民休息。徐皇后也厉行节俭，并抱病亲身劝桑，从而使国家迅速实现了复兴，为下西洋提供了源源不断的物质保障。

可见，为大家所熟知的郑和下西洋的丰功伟绩，从根本上说，也要归功于朱棣严谨、细致的组织工作。

【严谨故事】晋商的“号规”

晋商是一个特殊的群体，也是一个值得人敬佩的群体。不是因为他们赚了大钱，而是因为他们不畏艰难的精神。在没有汽车火车等现代交通工具的年代，他们迈动着双脚，丈量着从山西到西北的广袤大地，并且最终在人地生疏的西北落地生根，把生意慢慢地做大。晋商除了不畏艰难的精神，成功的另一主要原因恐怕就属严谨的“号规”了。

晋商“号规”极严，无论掌柜、伙计、学徒，均须遵守。晋商有谚称：“家有家法，铺有铺规。”兰州市永登县境内保存着民国六年的《大顺成号规》，从这份号规上我们能够看到清末民初晋商的管理制度。这些制度虽然简单，却具有超出今天人们所能想象的效力。在甘肃的商帮规定，如果因违反“号规”而被除名者，别的商号也不予录用。这是晋商赖以安身立命的根本。

大顺成是专门经营布匹的商号，当时永登县共有15家布匹商号，大顺成是其中比较大的一家。大顺成“号规”共有八条，每条下面都有详细的解说，显示了晋商严谨的经营作风。其内容是：“不许随便出入，恣意游荡，凡出不得超过两钟(头)，更不得过夜；不许自尊自大，任意妄为及日夜贪睡，躲懒偷安；不许在外赊取货物，挪借银钱，与号内注账；不许任意支使并悬空银钱；不许与己亲厚友转借银钱；不许嫖妓、玩赌、吸洋烟；不许在号内交接不肖，招留闲人；不许暴殄天物，偷漏号事，私行宴客，接待优人。”当时，各个商帮之间来往密切，一旦被清除出号就意味着彻底失去进入商号的机会。

【严谨故事】内联升鞋的档案信息管理制度

内联升当年制胜的绝招是《履中备载》。每定做一双朝靴，都要量尺寸、试穿、修改，反复好几次，于是赵廷想出一个好办法，将所有在内联升定制过鞋的清政府大小官员本人及其家属的姓名、职务、靴鞋尺寸、式样及特殊要求和爱好等信息，汇编成《履中备载》。日后这些人若再需要买鞋靴，店伙计就会根据《履中备载》的相关记载，把靴鞋按客人的要求制好后，如期送货上门。客人不用往来劳顿，就能穿上合脚合意的靴鞋。

【严谨故事】2008 年奥运转播工程

2008 年奥运转播是一项基于新制作理念、具有挑战性的艰巨工作。央视技术制作中心录制二部在线包装团队负责完成奥运转播模板制作和应用任务，在线包装模板涉及 5 个频道、6 个演播室在线包装制作和播出。内容包括制作、测试修改、培训运行等许多工作环节。要想在短短两个半月中完成国际团队通常需要半年或 1 年才能完成的工作，科学有效的工方法和工作流程至关重要。在奥运项目中，在线包装设计方为英国 Red Bee 公司，央视数码承担在线模板的制作工作，是工作流程中至关重要的一个环节。在图形制作上要严格按照设计方的规范来实现设计，在功能实现上又要充分考虑节目方的使用需求。这是一个非常庞杂的项目，为此项目小组制定了严谨的项目流程，包括建立岗位职责和工作流程、建立严格的规范、研究讨论、模板检测、模板的操作培训。那种难度不是通过华丽的包装可攻克的，而是需要以严谨的项目流程为支撑的整体运作和执行力。这是这次奥运项目中最为宝贵的一份财富，也是出色完成任务的核心所在。

推荐读物

书　名：《细节决定成败（白金版）》

出版社：新华出版社

作　者：汪中求

简　介：聪明，可以理解为正确认知世界的能力，中国人造字就是想告诉我们任何人只要耳聪目明就算聪明。但如今却造就出大批的精明之人。所谓精明我以为就是急于表现聪明，争名争利、争风争气，小胜一分便自以为得逞，聊以自慰，于是就不讲求规则，不顾及规范、标准甚至底线。其实，所有人只需要迟钝一点、愚笨一点、木讷一点，就会变得高明起来，高明实际上就是善于掩饰聪明,没有必要去要弄脑子里头隐藏着的小聪明。数百年前的“权谋”,上个世纪的“厚黑”,近十几年的“忽悠”,实在害苦了中国人,实在深深地腐蚀了这个原本很伟大的民族。中国人的聪明,实在常常用得不是地方!

开放的中国在学欧美,其实学欧美的技术、法制虽然都有益,但重要的是要学人家的态度,那种在中国人看来并不精明的踏实态度——是什么说什么,该怎么做就怎么做,不拐弯抹角,不投机取巧,不要小聪明走捷径,不用全部的智慧去琢磨潜台词、话外音,不机关算尽地去对着政策找对策。总之,中国人其实只需要笨一点点。

有了这种调整的心态,把聪明和才智放到规律的研究、科学的探索、真善美的思考上去,细节就不再是需要强调的观念,不再是需要议论的话题。

书　名:《细节导师:世界500强工作规范》

出版社: 国际文化出版公司

作　者:［加］查耐　郑海娟译

简　介: 在商业竞争越发激烈的今天,拥有具备良好职业素养的人才已经成为世界500强企业成功的关键要素。对于一家企业而言,无论规模大小,员工职业素养和职业行为的规范程度都直接影响着企业的管理成本、运转效率,甚至决定着企业的存亡。

诚实、敬业只是一个具备良好职业素养的员工最基本的品质。培育了大多数世界500强企业的西方发达国家,它们的工商企业在经历了百余年的竞争和发展后,形成了一整套相对成熟、完善的员工职业素养和职场工作的培训规范。其中不仅包括自动自发、富有责任感、没有任何借口等抽象概念,而且蕴藏着大量简洁、高明的处理工作细节的实用策略,如一次请假、一次会议、一次应聘面试,甚至是“如何处理小道消息”“如何与难缠的人打交道”这样的职场细节等。工作中几乎所有细节都将在本书中得到细致、清晰的解答。

本书由美国管理协会约请查耐先生依据自身经验及大量资料创作完成,协会专家组最终审定并向全体成员及社会各界强力推荐,这是一部企业人力资源部门的必备书,也是个人职场进阶的必读书,自问世以来受到来自包括世界500强企业在内的众多企业、管理层和员工的广泛赞誉,被称为

"员工职业训练第一书"。

书　名:《态度决定一切》

出版社:中华工商联合出版社

作　者:卓越

简　介:"态度"是指一个人做事的细节精神,它能以周密、踏实的方式成就别人不能成就的事情。在许多成功的条件中,我们想说的是:态度决定一切!什么样的人才能做成自己想做到的事?就是有积极态度的人……积极的心态能激发你的潜能,能让你做任何事情都是快乐的,能让你感到人生是美好的。这是一本极具价值的人生指南,它能迅速提高你对生活的感知力,并帮助你确立和提升自己的人生定位。充满睿智、富于创意的言语能让你以更加积极的态度去面对朋友、家人、工作和自己,并以感恩之心去面对生活的每一天。正确选择比努力更重要,把握解决问题的关键点就是态度,从此"态度决定一切"!

书　名:《世界上最神奇的 24 堂课》

出版社:新世界出版社

作　者:[美]查尔斯·哈奈尔　福源 译

简　介:在美国,由于本书涉及精神、心理等方面某些不合时宜的内容,于 1933 年被列为禁书,直到 70 年后的 2003 年才得以解禁。

《世界上最神奇的 24 堂课》被禁之后,该书就成为一些特权人物的个人专读著作。当时,甚至需要花费 1500 美元方能得到一份手抄本,而 1500 美元相当于那时一个人两年的薪水。

近些年来,在硅谷有一个人尽皆知的秘密。那就是:每个创业者都是通过研习哈奈尔先生笔耕的结晶,从而掘到了自己的财富。从硅谷起家的百万富翁和亿万富翁,几乎每个人都读过这本《世界上最神奇的 24 堂课》。由于本书被禁多年,直到近年才得以重见天日,因此一度在硅谷掀起了一股销售热潮。

拿破仑·希尔,世界最著名的成功学畅销书作家之一。通过本书他写出了自己的成功学著作,并得以致富,每年获取财富 105200 美元,而当时美国人均收入不过 750 美元。他因此专门为本书写了感谢信。

在本书出版之后，许多成功的商界人士将本书列为其必读著作。同时，这些人士又不希望其他人读到本书，因为本书会令他们突破局限，并获得财富和成功。

书　名：《话说晋商(图文商谚本)》

出版社：中华工商联合出版社

作　者：张正明　马伟

简　介：晋商与犹太商人、威尼斯商人并称世界三大商人。在清朝，全国排名前16位的大财团都在山西。仅仅把山西几个县城中富户的家产相加，数量就超过了一亿两白银。这个数量甚至比当时国库存银还要多。晋商为中国近代十大商帮之首，曾称雄商界500年。

本书讲述在中国历史上跨越明清两朝、足迹遍天下、兴盛繁华达500余年的晋商的传奇故事，介绍他们发迹的秘密、致富的源泉、营销的高招、财务的智慧、制度的创新、对社会危机的应对，以及衰落的原因。信息是他们赚大钱的千里眼、顺风耳；名牌是他们稳操胜券的黄金屋、聚宝盆；周到服务、薄利多销是他们积少成多的源泉；以销联产、销运结合是他们财运亨通的法宝；"来回脚"和赊销是他们一石二鸟的营销秘术；善用外语是他们成为世界商人的通行证。

书　名：《佩蓉谈商务礼仪》

出版社：中华工商联合出版社

作　者：[美]蒋佩蓉　西木译

简　介：本书与其他礼仪类图书最根本的不同是对动机的理解不同。出于恐惧的动机，我们做出规避惩罚的行为；而出于实现特定理想、努力满足他人期望的动机，我们更有力量，从而超越期望，实现自我。反映在礼仪上，一种礼仪教人如何规避陋习，以免于失礼的恐惧和担心；一种礼仪教人只有获得免于恐惧的自由，拥有高度的自我认知能力，才能游刃有余地表达出内心的自信和全部的创造力。那么，这种礼仪的力量从何而来？它存在于我们内心的深处，我们不必一味追赶或效法西方，我们还要寻求发掘中国的传统文化之中很多美好的品质，这些品质能使我们重新建立世界性的礼仪，正如我们之前所做到的。

在涉及每个具体的商业情景之前，本书为大家勾勒了一幅礼仪的基本图画。首先，礼仪是关于做人的道理而不是做事的道理。其次，尊重他人必先尊重自我，我们尊重自己到什么地步，我们尊重他人才会到什么地步。最后，礼仪的终极目标不是去赢得商业合约，不是去建立互利的关系，而是为自己赢得尊重和友谊，这种尊重和友谊是超越一切的。所以，无论你是在学校、公司、媒体、社会组织还是政府的环境中，都请记住这个学习礼仪的最高目的。

第六章　创新素养教育

通过本章的学习，你将：

- 了解创新素养的内涵和重要性。
- 掌握创新思维的含义、影响因素以及创新精神的内容。
- 能够应用创新方法提高自己的创新能力。

第一节　创新素养的内涵

一、创新素养教育目标

中国人自古就富有创新精神和创新能力。以“四大发明”为代表的中国古代科技在世界史上长期处于领先地位，英国著名科学史专家李约瑟博士在其巨著《中国科学技术史》中介绍了中国古代的发明和发现后说：“可以毫不费力地证明，中国的这些发明和发现远远超过同时代的欧洲，特别是15世纪之前更是如此。”不畏挫折，百折不挠，不甘穷困，矢志不渝，不甘平庸，勇于超越等都彰显了中国人的创新品格。在改革创新的时代，“创新”成为高职人才的必备职业素养，是指在严格执行职业工作规程和规范的基础上，能够创造性地开展工作，努力革新工作方法，提高工作效益和服务水平。知识改变命运，创新成就未来！没有创新意识和创新能力，从个人到企业，再到国家，都不可能赢得未来的发展。

创新素养教育是学院高职学生入学后第五学期开设的财贸素养教育课

程，但大学生的创新素养养成则是要贯穿大学三年全过程，乃至职业生涯全过程的教育。创新素养的教育目标是：

（1）让学生学习了解古代商人、现代商人勇于创新的伟大精神，激发创新动力，懂得创新素养的重要性 ；

（2）培养创新思维，掌握创新方法；

（3）在实际学习、工作、生活等实践活动中，培养坚定意志，以及克服困难、敢于创新的品格和创新能力。

二、创新素养的内涵

（一）创新的定义

中文“创新”一词出现较早，但其含义与现代不同，古汉语中的“创新”主要是指制度方面的改革、变革、革新和改造，并不包括科学技术的变革。从目前已有的文献史料来看，“创新”一词最早见于三国时期的《魏书》：“革弊创新者，先皇之志也。”这里的“创新”指的是制度方面的兴利除弊之意。

现代汉语中“创新”一词的词义较之古汉语又有新的发展，1999 年出版的《辞海》里讲：创是“始造之也”，是首创、创始之义；新是初次出现，与旧相对。创新有三层含义，一是抛开旧的，创造新的；二是在现有的基础上改进更新；三是指创造性、新意。

在英文中，Innovation（创新）一词起源于拉丁语，其有三层含义，第一指的是更新，第二指的是创造新的东西，第三指的是改变。而创新作为一种理论，最初由美籍奥地利经济学家，哈佛大学教授 J. A 熊彼特（Joseph A Schumpeter）提出，他在 1912 年德文版《经济发展理论》一书中首次使用创新（innovation）一词，第一次把创新引入了经济学领域，他认为创新就是要建立一种生产函数，实现生产要素的从未有过的组合。

随着社会的发展和知识的扩散，“创新”已经成为多学科多领域广泛运用的一个词，从不同角度各人有不同理解。

美国《创新杂志》对创新所下的定义是，“运用已有的知识想出新办法、建立新工艺、创造新产品” 。简单地说，创新是人类主体在处理和客体的关系中弃旧图新、破旧立新的独创性活动过程及结果。

管理学和经济学上的创新有其特定的含义：创新是新产品的开发、新市场的开拓、新生产要素的发现、新生产经营管理方式的引进及新组织形式的实施。如《管理是金》一书定义"创新"：形成创造性思想并将其转换为有用的产品、服务或作业方法的过程，即富有创新力的组织能够不断将创造性思想转变为某种有用的结果。

综合各种研究和各个领域的创新定义，我国学者唐五湘在其《创新论》一书中，总结归纳了五种主要的关于创新的定义，即：

(1)创新是开发一种新事物的过程；

(2)创新是运用知识或相关信息创造和引进某种有用的新事物的过程；

(3)创新是对一个组织或相关环境的新变化的接受；

(4)创新是指新事物本身；

(5)创新是产生新思想并付诸行动。

这些定义从不同侧面反映了创新的本质特征。

综上所述，创新是一个内涵丰富的、综合的概念，具有目的性、能动性、规律性、变革性、新颖性、发展性和价值性等特征。"创新"从本质意义上理解，可以概括为：人们为实现一定目的，遵循事物发展的规律，对事物的整体或其中的某些部分进行变革，从而使其得以更新和发展的活动。这种更新与发展，可以是事物的一种形态转变为另一种形态，也可以是事物的内容与形式由于增加新的因素而得以丰富、充实、完善等，还可以是事物内部构成因素的重新组合，这种新组合导致事物的结构更合理、功能更齐全、效率更提高。对学生而言，创新主要是指学生能够以自己独特的方法学习知识、思考问题，创造出新的理论与实践成果。

【故事】有多少水?

从前，有个国王在大臣们的陪同下，来到御花园散步。国王瞧着面前的水池，忽然心血来潮，问身边的大臣："这水池里共有几桶水?"众臣一听面面相觑，全答不上来。国王下旨："给你们三天时间考虑，回答上来重赏，回答不上来重罚!"眨眼三天到了，大臣们仍一筹莫展。就在此时，一个小孩走向宫殿，声称自己知道池塘里有多少桶水。国王命那些战战兢兢的大臣带小孩去看池塘。小孩却笑道："不用看了，这个问题太容易了!"国王乐了，说："哦，那你就说说吧。"孩子眨了眨眼说："这要看那是怎样的桶。如果和水池一般大，那池里就有一桶水；如果桶只有水池的一半大，那池里就有两桶水；如果桶只有水池的三分之一大，那池里就有三桶水，如果……""行了，完全正确!"国王重赏了这个小孩。大臣们为什么解不开国王的问题呢？就在于他们全掉进了常规思维的陷阱，被思维定式所困，越思考陷得就越深，越不能自拔。而那个小孩并没受到人们常规思维的限制，撇开了池塘里水的多少，而从桶的大小的角度来思考，问题一下子就迎刃而解。这说明，要跳出思维陷阱进行非常规思考，有时只需换一种思维方式或换一个思维角度。

（二）创新的基本特征

1. 积极的求异性

创新本质上应该说是一种积极的求异性，即它体现出与其他常规思维活动形式所不同的独到的创新意义。创新就是思维活动求异性内在本质的体现。这个特征是贯穿于整个创新活动过程之始终的。也就是说，不论是在思考问题的方式与方法，还是思维活动的过程与结果等方面，它都表现为与传统思维活动存在着不同。

2. 主动性

人的创新活动是一种高级的、自觉的活动。在进行创新活动的全过程中，主体必然会调动自身一切积极因素，包括心理活动因素、思维活动诸要素和其他社会环境因素等，从而使主体始终都处于一种积极而兴奋的最佳状态，体现出一种积极主动追求思维创新目标的运动趋向性。

3. 突发性

人类科学发现历史表明，在很多情况下，人的创新活动是在潜意识与显意识相互贯通的过程中形成的。在这个思维活动过程中，思维诸因子相互碰撞，在某一个关节点，新的思想便一触即发，妙思如泉涌。而这个思维创新特征实际上体现了人的创新运动由量变到质变转化的内在规律性。

4. 互补性

人类的创新活动作为一种高级的整体性思维过程，是一种由诸如抽象（逻辑）思维、形象思维、发散性思维、收敛性思维等多种思维活动因素、思维活动能力及其活动形式组成的系统化过程。一般说来，一种创新性的思维或多或少都会与一个社会系统的价值观和标准具有一定的相容性。这样一来，创新的元素就可与其他元素相互作用、相互补充、相互协同构成新的思维方式。

总而言之，创新是一种由具有独特创造性的主体，即人类，综合运用逻辑思维与非逻辑思维、形象思维与抽象思维等多种思维方式，通过跨越性、求异性、顿悟性的高级思维运动，实现创造性目标的思维活动。通过这种思维活动不仅能揭露客观事物的本质及其内部联系，而且能在此基础上产生新颖的、独创的、有社会意义的思维成果。

创新是人类思维的高级过程，是人类意识发展水平向更高阶段迈进的标志。

【故事】石头汤

一个暴风雨的日子，有一个穷人到富人家讨饭。

“滚开！”仆人说，“不要来打搅我们。”

穷人说：“只要让我进去，在你们的火炉上烤干衣服就行了。”仆人认为这不需要花费什么，就让他进去了。

这个可怜人请厨娘给他一个小锅，以便他“煮点石头汤喝”。

“石头汤？”厨娘说，“我想看看你怎样能用石头做成汤。”于是她就答应了。穷人于是到路上拣了块石头洗净后放在锅里煮。

“可是，你总得放点盐吧。”厨娘说，她给他一些盐，后来又给了豌豆、薄荷、香菜。最后，又把能够收拾到的碎肉末都放在汤里。

当然，您也许能猜到，这个可怜人后来把石头捞出来扔回路上，美美地喝了一锅肉汤。

如果这穷人对仆人说：“行行好吧！请给我一锅肉汤。”会得到什么结果呢？结果是十分明显的，他一定会被拒绝。这就是创新思维的力量！因此，伊索在故事结尾处总结道：“坚持下去，方法正确，你就能成功。”

【小提示】创新格言

江泽民：创新是一个民族进步的灵魂，是国家兴旺发达的不竭动力。

爱因斯坦：想象力比知识更重要，因为知识是有限的，而想象力概括着世界的一切，推动着进步，并且是知识进化的源泉。严格地说，想象力是科学研究的实在因素。

郭沫若：科学也需要创造，需要幻想，有幻想才能打破传统的束缚，才能发展科学。

陶行知：有发明之力者虽旧必新，无发明之力者虽新必旧。

李四光：一些陈旧的、不结合实际的东西，不管那些东西是洋框框，还是土框框，都要大力地把它们打破，大胆地创造新的方法、新的理论，来解决我们的问题。

李政道：一个人想做点事业，非得走自己的路。要开创新路子，最关键的是你会不会自己提出问题，能正确地提出问题就是迈开了创新的第一步。

讨论与思考

请阅读下面的案例，并在班级中讨论案例所揭示的内涵。

【案例 1】有笼必有鸟

一位心理学家曾和乔打赌说："如果给你一个鸟笼，并挂在你房中，那么你就一定会买一只鸟。"

乔同意打赌。心理学家买了一只非常漂亮的瑞士鸟笼给他，乔把鸟笼挂在起居室桌子边，结果每当人们走进来时就会问："乔，你的鸟什么时候死了？"

乔立刻回答："我从未养过一只鸟。"

"那么，你要一只鸟笼干吗？"

乔无法解释。

后来，只要有人来乔的房子，就会问同样的问题，乔的心情因此变得很烦躁，为了不再让人询问，乔干脆买了一只鸟装进了空鸟笼里。

心理学家后来说，去买一只鸟比解释为什么他有一只鸟笼要简便得多。

【案例 2】狗鱼

有一种鱼叫做狗鱼。狗鱼很富有攻击性，喜欢攻击一些小鱼。科学家们做了这样一个实验：把狗鱼和小鱼放在同一个玻璃缸里，在两者中间隔上一层透明玻璃。狗鱼一开始就试图攻击小鱼，但是每次都撞在玻璃上。慢慢地，它放弃了攻击。后来，实验人员拿走了中间的玻璃，这时狗鱼仍没有攻击小鱼的行为。这个现象被叫做狗鱼综合征。

第二节 创新思维

一、什么是创新思维

创新是人类历史发展的原动力，是人类生存进化的内在客观需要，是经济发展的唯一途径，是人类社会文明与进步的必然选择。人类在 20 世纪创造的社会物质财富和精神财富超过了过去所有世代的总和，其直接原因就是在这个世纪里，人类进行了大量的理论创新、体制创新和技术创新，而这都离不开人的创新思维。理论和实践都昭示了，我们思维的根本目的在于创新。

创新思维是创新的基本前提和必要条件，从这个意义上说，创新的核心是创新思维。人的一切创新都始于思维的创新，在实践中的创新每一步都离不开思维上的创新。任何创新活动的开展，既离不开知识、智慧与经验，更离不开创新思维。创新思维是创新活动的开端，是产生创新活动的灵魂和源泉。

（一）创新思维的含义

创新思维有广义与狭义之分。广义的创新思维是指人们在提出问题和解决问题的过程中，一切对创新成果起作用的思维活动。狭义创新思维是指人们在创新活动中直接形成的创新成果的思维活动，如灵感、直觉、顿悟等非逻辑思维形式。

1. 创新思维和一般思维的区别

（1）思维形式的反常性。体现为思维发展的突变性、跨越性或逻辑的中断，这是因为创新思维主要不是对现有概念、知识的循序渐进的逻辑推理的结果和过程，而是灵感、直觉或顿悟等非逻辑思维形式。

（2）思维过程的辩证性。体现为抽象思维：非逻辑思维、发散思维、收敛思维、求同思维、求异思维等。创新思维实际上是各种思维形式的综合体。

（3）思维空间的开放性。体现为多角度、全方位、宽领域地思考问题，而不再局限于逻辑的、单一的、线性的思维，形成开放式思维。

（4）思维成果的独创性。体现为创新成果的新颖性和唯一性。

（5）思维主体的能动性。体现为一种有目的的活动，而不是客观世界在人脑内简单、被动的直映，充分显示了人类活动的主动性和能动性。

2. 创新思维和大脑的关系

科学家们研究认为，人脑是由万亿个脑细胞构成的，平均重量在1300克左右，虽然只占我们体重的2.3%，但却要消耗身体能量的20%。在万亿个脑细胞中，大约有1000亿个是活跃的神经元细胞，但我们只用到10%。每个神经元细胞可长出多达2万多个树枝状的树突以存储信息并接收从其他细胞输入的信息，每个神经元细胞沿着叫轴突的主要通道通过电脉冲将信息传输到其他神经元细胞和身体的其他部位,而轴突外层包裹着起绝缘作用的髓磷脂鞘,绝缘性能越好,传输速率越高,速度可高达352千米/小时。当信息到达另一神经元的连接点时,脉冲会引起化学反应,并启动神经传输信息。而所有的连接点又被多达9千亿个将大脑各部分粘合起来的神经胶质细胞所包围。

每个人的大脑有以下部分构成:

(1)大脑的左右两个部分。两个部分中间通过由多达3亿个细胞组成的胼胝体相连。左脑的主要功能是理性、分析和逻辑思维;右脑的主要功能是形象、非逻辑和创新思维。

(2)小脑。也称爬行动物脑,它控制着大脑的本能,如我们的呼吸、心跳、平衡、运动等诸多本能。

(3)边缘系统,也称古哺乳动物脑。它控制着吃奶、情感、记忆等。

(4)大脑皮层,也称新哺乳动物脑。人的大脑皮层特别发达,有2毫米厚,成熟的皮层有6层,是黑猩猩的4倍,从而使人成为独一无二的智慧生物。它负责观察、交谈、思考、分析、推理、创新等。

(5)"六个通道"。人脑通过视觉、听觉、嗅觉、味觉、触觉和所做这六个基本通道与外界进行双向交流。

(6)"七个智力"。每个人至少有七种不同类型的智力中心。一是语言智力,即读、写与词语交流的能力,这一能力在作家、诗人身上得到高度发展;二是逻辑智力,即我们的计算与推理能力,这在科学家、数学家、律师和法官身上得到极大发展;三是音乐智力,在作曲家、指挥家和一流的音乐家身上有明显的发展;四是空间智力,表现在建筑师、雕塑家、画家、航海家和飞行员身上;五是运动智力,在运动员、舞蹈家、体操运动员等身上有很好地体现;六是人际智力,即与他人相处的能力,是营销员、鼓动家、外交家应有的能力;七是内省智力,即洞察能力和了解自己的能力。

(二)创新思维的内涵

思维被誉为地球上"物质的最高的精华",创新思维就是最美花朵中的奇葩、思维中的精品、智慧的结晶。它是人类创造力及创新活动的思维基础,尤其在以知识创新和智力竞争为标志的当代社会发展中有着极其重要的作用。

创新思维是相对于习常性思维而言的,它是一种超出已知的认识范围、具有开创意义的思维活动。它是人们面对新的问题和领域，运用新的认识方法，开创新的认识成果的思维。因此可以说创新思维就是必须产生新东西、必须出“新”的思维。从结构层面看，创新思维的本质就在于主体根据解决问题的需要，通过调整与顺应，使自己的思维突破和超越原有的思维结构。从机制层面看，创新思维的本质在于逻辑与非逻辑的统一，在于实现思维素材的超逻辑组合。

一般认为，创新思维主要包括以下方面的内容：

(1)创新思维是人类思维活动的高级形式；

(2)创新思维的产生必须突破旧的思维模式；

(3)创新思维虽要以逻辑思维为主导，但同时必须有非逻辑思维参与；

(4)创新思维是一个以发散思维为主要思维形式的多元综合系统。

创新思维就是客观需要的推动下，以新获得的信息和已储存的知识为基础，综合地运用各种思维形态或思维方式，克服思维定式，经过对各种信息、知识的匹配、组合，或者从中选出解决问题的最优方案，或者系统地加以综合，或者借助类比、直觉、灵感等创造出新方法、新概念、新形象、新观点，从而使认识或实践取得突破性进展的思维活动。

【故事】牛顿与苹果

有一天傍晚，沉思中的牛顿(见图6－1)下意识地向后院的苹果园走去。园子里，苹果树上挂满了成熟的苹果，空气中充满着沁人心脾的果香，对此，牛顿全然不觉。

突然，“吧嗒”一声，树上一个熟透了的苹果掉落在地上。牛顿的思路一跳：咦？苹果为什么不往天上掉？难道是什么力量在吸引着它？

牛顿立即进行了联想：一个人站在山崖上，把一块石头轻轻地抛出，石头就会落到不远处的地上；如果他用的力更大，石头就会落得更远；若力足够大时，这石头就将不再落到地面上，而是围绕地球旋转起来；要是地球没有引力，这石头就会朝着他抛出的方向照直飞去。

推而广之，月球以一定的距离绕地球转动，就是因为月亮总是向地球下落的缘故。引力就像一头拿在小孩手中，一头拴着小石头的绳子一样，牵引着小石头绕着小孩的手滴溜溜地转圈。

牛顿豁然开朗：只要证明地球对月球的吸引力确实就是月亮绕地球运行所需的向心力，那么行星之间相互都有吸引力的结论就是正确的了。

图6-1 牛顿

结果,牛顿的计算证明了引力的存在,他还找出了计算引力的公式:在同一时间里,月球向地球下落的距离是苹果下落距离的三千五百五十分之一。也就是说,引力的减弱同距离的平方成反比。

牛顿由此证明,地球吸引苹果的力和地球使月球围绕自己转动的力,以及太阳使行星围绕自己转动的力,都是相同的。古希腊人说的三类运动实际上受同一规律支配着,天地万物的运动用这一规律就可以概括。

就这样,牛顿完成了人类认识自然的历史上第一次理论大综合,把人们过去一向认为截然无关的地球上物体的运动与天上神圣的天体运动囊括进一个严密的理论之中。由于牛顿引力定律证明,不论天上地下,任何两个物体之间都具有这种引力,所以人们又把它叫做"万有引力"。

伟大的牛顿,以敏锐的眼光,从人们熟视无睹的苹果落地的现象中,捕捉到真理之光。

二、创新思维的具体表现形式

创新思维的关键在于能够多角度、多侧面、多方向的看待和处理问题。创新思维有很多种形式,主要有:

(一)发散思维

发散思维的概念,最早由美国科学家托巴斯·康恩提出,是指在对事物或问题的研究中,保持思想活跃和开放状态。它是典型、艺术化的思维,能使我们对工作、生活和学习产生激情(浪漫),是智慧的发源地,是兴趣(幽默)的体现。能够从一个问题(信息)出发,突破原有的框框,充分发挥想象力,经不同的途径、方向,以新的视角去探索,重组眼前的和记忆中的信息,产生出多种设想、答案,使问题得到圆满解决。它是科学研究和科技发明中所运用的一种重要思维方式,是组织管理中所运用的一种重要的思维方式,是每个人应当掌握并能够运用的一种创新思维方式。

【案例】铅笔的用途

1983 年,一位在美国学习的法学博士普洛罗夫在做毕业论文时发现:50 年来,美国纽约里士满区一所穷人学校圣·贝纳特学院出来的学生犯罪记录最低。

普洛罗夫在将近 6 年的时间里进行调查,只问一个问题:“圣·贝纳特学院教会了你什么?”共收回了 3756 份问卷。在这些问卷中有 74% 的人回答:在学校里知道了一支铅笔有多少种用途,入学的第一篇作文就是这个题目。

当初,学生都知道铅笔只有一种用途是写字。后来都知道了铅笔不仅能用来写字,必要时候还能用来替代尺子画线;还能作为礼品送给朋友表示友爱;能当商品出售获得利润;铅笔的芯磨成粉后可以做润滑粉;演出的时候可以临时用来化妆;削下的木屑可以做成装饰画;一支铅笔按照相等的比例锯成若干份,可以做成一副象棋;可以当做玩具的轮子;在野外缺水的时候,铅笔抽掉芯还能当做吸管喝石缝中的水;在遇到坏人时,削尖的铅笔还能作为自卫的武器;等等。贝纳特学校让这些穷人的孩子明白,有着眼睛、鼻子、耳朵、大脑和手脚的人更是有无数种“用途”,并且任何一种“用途”都足以使我们成功。

(二)联想思维

所谓联想,就是根据当前已知的事物、现象、概念,连带想到与之相关的其他事物、现象、概念的思维活动。因此,联想思维是指由某种事物联想到另一种事物并产生认知的心理过程。也可以理解为:将表面看来互不相关的事物联系起来,从而实现创新思维。这种思维可以扩展思路,把握规律。比如:从水池放水时出现的旋涡现象联想到地球磁场磁力线的运行方向,从藤萝蔓的盘旋上升能联想到天体的运行,从水面上木头漂浮、铁块下沉这个自然现象联想到浮力再到发展出造船业,从偶然看到的事物的不连续性联想到量子,从运动、质量、引力联想到时空弯曲,从意识的作用能联想到宇宙全息,等等,都属于联想思维。联想思维包括:

(1) 接近联想。由一事物联想到在时间上或空间上相接近的另一事物。比如:由山上可以割破皮肤的野草受到启发,发明了锯子;从鸟和蜻蜓的飞行中受到启发,发明了飞机;从鱼儿可以在水中有沉有浮中受到启发,发明了潜水艇;等等。

（2）对比联想。由一事物联想到和它具有相反特点的另一事物。比如：由黑暗想到光明，由水想到火，由战争想到和平等。

（3）相似联想。即由一事物想到另一个与它性质上接近或相似的事物。比如：由蓝天想到白云，想到太阳，想到资源的开发和利用等。

（4）关系联想。即由事物所具有的各种关系而形成的联想思维。如《“钱”的来历与联想》。

【案例】荷兰生物学家列文虎克发现微生物

1675年的一天，天上下着细雨，列文虎克在显微镜下观察了很长一段时间，眼睛累得酸痛，便走到屋檐下休息。他看着那淅淅沥沥下个不停的雨，思考着刚才观察的结果，突然想到一个问题：在这清洁透明的雨水里，会不会有什么东西呢？于是，他拿起滴管取来一些雨水，放在显微镜下观察。没想到，竟有许许多多的“小动物”在显微镜下游动。他高兴极了，但他并不轻信刚才看到的结果，又接了几次雨水，却没有发现“小动物”。过几天后，他再接雨水观察，又发现了许多“小动物”，于是，他又广泛地观察，发现“小动物”在地上有，空气里也有，到处都有，只是在不同的地方“小动物”的形状不同、活动方式不同罢了。列文虎克发现的这些“小动物”，就是微生物。这一发现，打开了自然界一扇神秘的窗户，揭开了生命的新篇章。列文虎克正是通过联想而获得这一发现的。

【案例】响尾蛇导弹的研制

20世纪50年代的一天，一位生物学家哈恩托和一位导弹专家博格纳聚会。交谈中，生物学家说到有一种奇特的蛇，叫响尾蛇，它的眼睛已经退化，但是，它的动作却极为敏捷，可以毫不费力地捕捉到老鼠或其他小动物。这是因为它的鼻子和眼睛中间有一个小“颊窝”，这是一个奇特的热敏器官，能够接收小动物身上发出的红外线，对携带能量最多的波段反映最为强烈。说者无心，听者有意。博格纳马上由响尾蛇联想到导弹。他想，飞机在飞行中，尾部要放出高温气流，红外线肯定强烈。如果在导弹的头部装上一个类似响尾蛇的“颊窝”的红外线探寻装置，导弹不就有如装上眼睛去主动追寻飞机了吗？不久，一种命名为“响尾蛇”的空对空导弹就研制出来了。本来，响尾蛇和导弹是两个不相干的东西，但是，博格纳却由响尾蛇联想到红外线，联想到导弹，从而研制出“响尾蛇”导弹，一连串的联想，催生了一个新的发明。

【案例】互利双赢的推销

国外有家食品公司，既经营鲜牛奶，又经营面包、蛋糕等食品。该公司出售的牛奶质优价廉，每天都能在天亮以前就将牛奶送到订户门前的小木箱内。牛奶的订户不断增多，公司获利越来越大。可是这家公司经营的面包、蛋糕等食品，虽然也质优价廉，由于门市部所在的地段较偏僻，来往的行人不多，营业额一直不大。公司很多人建议通过电视台和报纸做广告来扩大影响，可老板采取的却是这样一个办法：设计、印刷一种精美的小卡片，正面印各种面包、蛋糕的名称和价格，卡片的背面是订单，可填写需要的品种、数量和送货时间，及顾客的签名。每天把它挂在牛奶瓶上送给订户，第二天再由送奶人收走，第三天便能将所订的面包、蛋糕等食品随同牛奶一起送到订户家中。结果，该公司的面包、蛋糕等食品也销量大增。

【案例】达·芬奇的联想

达·芬奇曾经建议人们：如果你注意墙上的污痕、烟灰，云彩的形状，泥浆的形式等，你就可以联想到树、战斗、平原、人物，然后再把这些与自己想要解决的问题联系起来，就可以得到无尽的启发。据说，有一次，达·芬奇站在一口水井旁，他注意到一块石头投入水中会产生波纹，并且水的波纹在扩散，一直到波纹完全消失。几乎就在同时，附近教堂的钟声敲响了。本来这是两件独立发生的事。他却把两件不同的事联系起来想，导致他发现了声音也是以波的形式传播的。

（三）逆向思维

逆向思维也叫求异思维，它是对司空见惯的似乎已成定论的事物或观点反过来思考的一种创新思维方式，它是创新思维中最主要、最基本的方式。比如留传至今的“司马光砸缸”的故事，就事一个典型的逆向思维。有一次，司马光跟小伙伴们在后院里玩耍。院子里有一口大水缸，有个小孩爬到缸沿上玩，一不小心掉到缸里。缸大水深，眼看那孩子快要没顶了。别的孩子们一见出了事，吓得边哭边喊，跑到外面向大人求救。司马光却急中生智，从地上捡起一块大石头，使劲向水缸砸去，水缸破了，缸里的水流了出来，被淹在水里的小孩也得救了。当有人落水，常规的思维模式是“救人离水”，而司马光面对紧急险情，运用了逆向思维，果断地用石头把缸砸破，“让水离人”，救了小伙伴性命。逆向思维与常规思维不同，逆向思维是反过来思考问题，是用绝大多数人没有想到的思维方式去思考问题。运用逆向思维去思考和处理问题，实际上就是以“出奇”去达到“制胜”的目的。逆向思维具有以下特点：

1. 普遍性

逆向性思维在各种领域、各种活动中都适用。现实中，逆向思维也有无限多种形式，如软与硬、高与低、上与下、左与右等。无论那种思维方式，只要从一方面想到与之对立的另一方面，都是逆向思维。

2. 批判性

正向思维是指常规的、常识的、公认的或习惯的想法与做法；而逆向思维则是对传统、惯例、常识的挑战，它能够克服思维定式，破除由经验和习惯造成的僵化的认识模式。

逆向思维是一种科学复杂的思维方法，在运用它时，一定要对所思考的对象有全面、深入、细致的了解，遵循具体情况具体分析的原则，决不能犯简单化的毛病，简单化只能产生谬误。因此，运用逆向思维，需要把握住以下三点：

一是当面对新问题时，可以将通常思考问题的思路反过来，用通常来看是对立的、似乎根本不可能的办法去思考问题。

二是当面对难题时，不要沿着固有思路去思考问题，要善于从与它相反的方向寻找解决问题的办法。比如：在日本有一个人，他想发明一种圆珠笔，并试图解决圆珠笔最令人头痛的漏油问题。冥思苦想了好久，就是找不到解决的办法。后来，他反过来想，圆珠笔漏油，一般发生在写了两万字之后。那么，造一种写两万字就能用完的圆珠笔，问题不就解决了吗？新式圆珠笔问世之后，果然很受人们的欢迎。

三是当面对特殊问题时，不是从彼一问题中来寻找解决此一问题的办法，而是相反，就从此一问题本身来寻找解决它的办法。免疫理论的创立和付诸实践，就是这种思考方法的结果。当时，面对给千百万人的生命造成严重威胁的瘟疫，许多科学家都在寻找一种能防治瘟疫的药物，而巴斯德却沿着和大家相反的方向去思考，给人或动物注射少量的菌苗，增强其免疫力而达到防疫的效果。巴斯德获得了成功。

在现实生活中，有许多通过逆向思维取得成功的例子可以给我们启示：

(1)洗衣机的脱水缸。脱水缸的转轴是软的，用手轻轻一推，脱水缸就东倒西歪。可是脱水缸在高速旋转时,却非常平稳,脱水效果很好。当初设计时,为了解决脱水缸的颤抖和由此产生的噪声问题,工程技术人员想了许多办法:先加粗转轴,无效;后加硬转轴,仍然无效。最后,他们运用逆向思维,用软轴代替了硬轴,成功地解决了颤抖和噪声两大问题。

(2)破冰船。传统的破冰船都是依靠自身的重量来压碎冰块的,因此它的头部都采用高硬度材料制成,而且设计得十分笨重,转向非常不便,所以这种破冰船非常害怕侧向漂来的流冰。前苏联的科学家运用逆向思维,变向下压冰为向上推冰,即让破冰船潜入水下,依靠浮力从冰下向上破冰。新的破冰船设计得非常灵巧,不仅节约了许多原材料,而且不需要很大的动力,自身的安全性也大为提高。遇到较坚厚的冰层,破冰船就像海豚那样上下起伏前进,破冰效果非常好。被誉为"本世纪最有前途的破冰船"。

(3)中国发明家苏卫星。苏卫星发明的"两向旋转发电机"诞生于1994年,同年8月获中国高新科技杯金奖,并受到联合国TIPS组织的关注。1996年,丹麦的一家大公司曾想以300万元人民币买断其专利。"两向旋转发电机"的发明,也应归功于逆向思维。传统发电机共同的构造是有定子和转子各一个,定子不动,转子转动。而苏卫星发明的"两向旋转发电机"的定子也转动,发电效率比普通发电机提高了4倍。苏卫星运用逆向思维让定子也"旋转起来",这是他的思维基础,也是他对创造发明思想的一大贡献。

(4)反复印机。日本是一个经济强国,但又是一个资源贫乏国,因此他们十分崇尚节俭。当复印机大量吞噬纸张的时候,他们一张白纸正反两面都利用起来,一张顶两张,节约了一半。日本理光公司的科学家通过逆向思维,发明了一种"反复印机",已经复印过的纸张通过它以后,上面的图文就会消失。重新还原成一张白纸。这样一来,一张白纸可以重复使用许多次,不仅创造了财富,而且节约了资源。

【案例】犹太人的逆向思维

一天,犹太富翁哈德走进纽约花旗银行的贷款部。看到这位绅士很神气,打扮得又很华贵,贷款部的经理不敢怠慢,赶紧招呼:

"这位先生有什么事情需要我帮忙的吗?"

"哦,我想借些钱。"

"好啊!您要借多少?"

"1美元。"

“只需要1美元?”

“不错,只借1美元。可以吗?”

“当然可以,像您这样的绅士,只要有担保多借点也可以。”

“那这些担保可以吗?”

犹太人说着,从豪华的皮包里取出一大堆珠宝堆在写字台上。

“喏,这是价值50万美元的珠宝,够吗?”

“当然,当然!不过,您只要借1美元?”

“是的。”犹太人接过了1美元,就准备离开银行。

在旁边观看的分行行长此时有点傻了,他怎么也弄不明白这个犹太人为何抵押50万美元就借1美元,他急忙追上前去,对犹太人说:“这位先生,请等一下,您有价值50万美元的珠宝,为什么只借1美元呢?假如您想借三四十万美元的话,我们也会考虑的。”

“啊,是这样的:我来贵行之前,问过好几家金库,他们保险箱的租金都很昂贵。而您这里的租金很便宜,一年才花6美分。”

三、创新思维的基础

(一)创新思维的知识基础

对知识与创新思维的关系,目前主要有以下三种观点:

1. 张力观

张力观认为:对于创造性思维而言,并非知识越多越好,知识与创造性之间呈一种倒U形关系,中等程度的知识水平才最有利于创新思维能力的发挥。该理论认为,一方面,一个人要想在某领域有所建树,他就必须具备该领域的知识;另一方面,该领域的知识经验太多,又会使人墨守成规,难以有所创造。

2. 地基观

地基观认为:知识越多越利于创造性思维能力的发挥。它认为知识与创新思维能力有正相关的关系,知识越多越丰富,创造性思维能力就越强。知识就如同地基一样,越扎实,建起的高楼大厦就越牢固。

3. 知识的质量并重观

知识的质量并重观认为:知识的质量共同影响创造性的高低,掌握大量知识,是进行创新思维的必要条件,但创新水平的高低还受制于知识掌握的质的状况。有利于创新发展的知识学习应该实现以下“五化”：

(1)知识的概念化。

知识的概念化是指学生在学习时能借助于书面文字的表达在头脑中真正建立起科学的概念,达到真正的深刻理解。20 世纪 40 年代,格式塔心理学家韦特海默就批评传统教育鼓励学生采用死记硬背语句、生搬硬套题的方式去学习,阻碍了学生创造性思维潜力的发挥,不利于学生创造性思维能力的培养,在学科知识的学习中,学生往往是在课堂上或书本上学习,在这种条件下学习抽象的概念或原理时,如果学生自己能够结合自己的实际生活经历“举例说明”,并且举例新颖恰当,而不是照搬课本上的例子,那么,学生就能够在感情经验的基础上较好地掌握抽象的知识,在理解了抽象的概念和原理之后,如果能够进一步设想这些抽象的知识能够用到哪些实际情况中去,甚至自编一些应用题,就能起到促进知识概念化的积极作用。因此,为了真正的掌握知识,必须设法在新学知识和已有知识经验之间建立起内在联系,并在此过程中提高深入理解知识的能力。

(2)知识的条件化。

知识的条件化是指不仅会运用所学知识,而且知道所学知识在什么情况下有用。学生平时学到的知识有时会不知道在什么情况下使用,因此学到的知识就变成了僵死的知识。僵死的知识只能在一个有限的背景中才能提取出来,如仅在与当初知识获得时的条件相似的背景中才能加以应用,尽管未来它们可以应用于更广泛的各种各样的场合。这样的学习对创新思维能力的提高没有任何作用。为了提高知识在解决实际问题中的可提取性和可应用性,在学习知识时有必要同时考虑这些知识在课堂之外的背景中的应用条件,特别是在与学习知识时的背景迥然不同的条件下使用,它将有利于学生创新思维能力的培养。

(3)知识的结构化。

知识的结构化是指将逐渐积累起来的知识加以归纳和整理,使之条理化,做到纲举目张。当知识以一种层次网络的方式进行排列时就可以大大提高知识检索效率。运用大容量的知识组块进行思维,有助于问题解决。在短时记忆容量范围内进行思维操作,有助于使心理视野更广阔。同时,运用大容量的知识单元进行思考时,从一个单元跳到另一个单元,思维的跨度就大,跳跃性就强,创造性就高。

(4)知识的自动化。

知识的自动化是指最基本的知识要达到熟练掌握的程度,能够在运用知识时不假思索。古语“熟能生巧”正是说明,知识创造性的灵活运用与其熟练掌握是密切相关的,许多实验也证明熟练的、自动化的知识有助于创新思维。

(5)知识的策略化。

知识的策略化是指学习学科知识时,运用关于学习策略和思维策略的知识指引自己的学习。学生要掌握关于如何进行创造性学习和创新思维的策略性知识,并运用这些策略监控自己的学习和思维的进程。学生在学习时必须掌握批判性思维策略,求异性思维策略,探索性思维策略,信息性思维策略以及创造性想象策略等多种思维策略。

【案例】将牙膏开口扩大 1 毫米

美国有一间生产牙膏的公司,产品优良,包装精美,深受广大消费者的喜爱,每年营业额蒸蒸日上。

记录显示,前十年每年的营业增长率为 10% ~20%,令董事部雀跃万分。

不过,业绩进入第十一年、第十二年及第十三年时,则停滞下来,每个月维持同样的数字。

董事部对此三年业绩表现感到不满,便召开全国经理级高层会议,以商讨对策。

会议中,有名年轻经理站起来,扬了扬手中的一张纸对董事部说:“我有个建议,若您要使用我的建议,必须另付我 5 万美元!”

总裁听了很生气说:“我每个月都支付你薪水,另有红包奖励。现在叫你来开会讨论,你还要另外要求 5 万美元是否过分?”

“总裁先生,请别误会。若我的建议行不通,您可以将它丢弃,一毛钱也不必付。”年轻的经理解释说。

“好!”总裁接过那张纸后,阅毕,马上签了一张 5 万美元支票给那年轻经理。

那张纸上只写了一句话:将现有的牙膏开口扩大 1 毫米。

总裁马上下令更换新的包装。

试想:每天早上,每个消费者多用 1 毫米的牙膏,每天牙膏的消费量将多出多少倍呢？

这个决定，使该公司第十四年的营业额增加了32%。

（二）创新思维的人格基础

人格是一个人的整体心理面貌，是在一定社会历史条件下，个人所具有的个性倾向性和经常稳定地表现出来的心理特征总和，心理学家研究表明，人格与创新思维之间有密不可分的内在联系。创新人格的形成对于个体创新思维的形成和发展具有十分重要的意义，创新人格是创新思维的先导。高创造性的人一般具有以下人格特征：

（1）兴趣广泛，对创造有强烈的好奇心。

（2）目标专一，有毅力。这主要表现为坚持不懈地努力，百折不挠，不达目的不罢休，顽强地克服困难，敢于冒犯错误的风险，标新立异。

（3）独立性强、创造性高的学生往往喜欢独立行事，很少依附众议，热爱生活，有抱负，有强烈的独立性要求。

（4）自信心强，深信自己的所作所为是值得的，即使受到别人的嘲讽，也不改变信念。

（5）高创造性的学生情感丰富，对创造充满热情，有高度责任感，易冲动，有时比较调皮，甚至放荡不羁，精力旺盛。

（6）一丝不苟，总是用严峻的眼光审视周围，不会人云亦云，而是勤奋好学，孜孜不倦，锲而不舍地探索世界。

（7）想象力丰富，敢于幻想。

（8）喜欢提问，不随大流。

【故事】都市里的悬崖

日本最大帐篷商——太阳工业公司董事长能村先生想在东京建一座新的销售大厦。善于动脑筋的他想，在寸土寸金的东京只建一座大厦，不仅一时难以收回成本，而且大厦的每日消耗也是一笔不小的开支。怎样能做到既建了大厦，又可以借此开拓新的市场呢？

有了这样想法的能村先生特别关注生活里的一些热点问题。当时，攀岩热正在日本兴起，且大有蓬勃发展之势，这令能村先生茅塞顿开：何不建一座都市悬崖，满足那些都市年轻人的爱好？经过调查研究，能村先生邀请了几位建筑师反复研讨，决定把十层高的销售大厦的外墙加一点花样，建成一座悬崖绝壁,作为攀登悬崖的练习场。

半年后,一座植有许多花木青草的悬崖,便昂然矗立在东京市区内,仿佛一个多彩而意趣盎然的世外桃源。练习场开业那天,几千名喜爱攀岩的血气方刚的年轻人,兴高采烈地聚集此处,纷纷借此过一把攀岩瘾。

在东京市区内出现了从前在深山峻岭才能看到的风景,这一下子吸引了人们的目光,每日来此观光的市民不计其数。而一些外地的攀岩爱好者闻讯后,也不辞辛苦到东京一显身手。

接着,能村先生又恰到好处地抓住了这种轰动效应,在公司的隔壁开了一家专营登山用品的商店。很快,该店便因货品齐全,占据了登山用品市场的榜首地位。

"越能利用有利用价值的东西就越能赚钱。"这是能村先生的经营之道,而他也正是在这一理念的引导下,把大楼的外墙建成都市里的悬崖,从而赚了大钱。

四、创新思维的影响因素

"没有做不到,只有想不到"成为创新的代名词。人人都想创新,人人都可创新,了解影响创新思维的因素,可以帮助我们克服不利因素,提高创新能力和创新素质。

(一)内部因素

日常经验和心理学实验研究都证明,内在动机比外部动机更有利于个体创造活动和创造性的发挥与发展。克鲁奇菲尔德以屈从外部压力和创造性思维之间实质性的差异为出发点,指出"屈从于压力,会在人身上诱发各种与创造性过程不相协调的动机"。根据他的意见,屈从于压力将导致外部的、沉浸于自我的动机。在这种动机中,创造性解决问题的方法是达到较长远目标的一种手段,它同内在动机截然不同,在内部动机中,创造性动机本身就是一种目的。在描述屈从于压力为什么会损害创造性思维的原因时,克鲁奇菲尔德说:"外界的屈从压力和内部的屈从强制使创造者的主要努力常常变成直接指向为团体所接受和所奖励的目标,以及避免被抛弃和被惩罚的目标。解决问题本身变成次要的东西,他沉浸于工作的动机在衰弱。由于对工作以外的目标,尤其是对该情境潜在的威胁表现出焦虑时,他的认知过程就变得不灵活了,他的洞察力就变得不敏捷了。"

常见的创造性内在动机主要包括求知欲和好奇心、成就动机以及喜爱挑战。求知欲、好奇心及对所从事活动的热爱是最基本,也是最重要的创造性动机。求知欲和好奇心是人的天性,很多人正是由于强烈的求知欲和好奇心驱使才终生进行创造发明;成就动机是指人们希望从事对他们有重要意义的活动并在活动中克服障碍、施展才能、力求取得完满结果的一种动机。一般而言,成就动机的高低由“力求成功”的需要和“避免失败”的需要两种成分的构成状况来决定。如果“力求成功”的需要高于“避免失败”的需要,那么成就动机的分数就高,反之就低。研究还发现,创造性高的人容易接受挑战性任务的鼓舞,喜欢接受挑战是高内部动机的标志,每个人或多或少都有挑战心理,愿意战胜别人,这种挑战是创造性的重要内在动机。

(二)外部因素

外部动机是指个体在外部的要求和外力的作用下所产生的行为动机,如为了得到奖赏和逃避惩罚。研究发现,外部动机对创新的影响有两面性。首先,研究者认为外部动机不利于创新思维的产生,评价(特别是竞争性评价)以及奖赏等外部动机对创新思维的产生有消极作用。同样,当一个人在别人的注意下工作,强烈地感觉到别人在注意自己、评价自己时,会很不利于创新思维的产生。巴润认为创造者在产生创造行为的时候,会使自己从心理上同别人隔离开来,就是为了最大限度地减轻人与人之间相互干扰带来的不利影响。阿玛拜尔认为外部动机对创造性的可能存在不利影响,在外部动机的驱动下人们把注意力分配到外部目标和即将做的事情两方面,不利于创造性的产生。同时,有研究证明,信息型的外部动机对创造性有积极的促进作用,它为创造者提供信息或让人更好地完成任务并能与内部动机一起起作用。

讨论与思考

1. 请阅读下面的案例,并在班级中讨论案例所揭示的内涵。

【案例1】被百万年薪聘请的年轻人

有一个山区,由于交通不便、信息闭塞,经济十分落后。农民们世代以耕作为生,没有其他谋生之道。改革开放后,有两个年轻人最早发现了商机。原来,这个村子什么都缺,唯独丰裕的是石头。两个青年一同开山,一个把石块砸成石子运到路边，卖给建房的人；一个直接把石块运到码头，卖给杭州的花鸟商人，因为这儿的石头奇形怪状，他认为卖重量不如卖造型，3年后，他成为村上第一个盖起瓦房的人。

后来，不许开山，只许种树，于是这儿成了果园。每到秋天，漫山遍野的鸭梨招徕八方客商，他们把堆积如山的梨子成筐成筐地运往北京和上海，然后再发往韩国和日本。因为这儿的梨汁浓肉脆，味道纯正无比。

就在村上的人为鸭梨带来的小康日子欢呼雀跃时，曾卖过石头的那个果农卖掉果树，开始种柳。因为他发现，来这儿的客商不愁挑不到好梨子，只愁买不到盛梨子的筐，5 年后，他成为第一个在城里买房的人。

再后来，一条铁路从这儿贯穿南北，这儿的人上车后，可以北到北京，南抵九龙。小村对外开放，果农也由单一的卖果开始谈论果品加工及市场开发。

就在一些人开始集资办厂的时候，一个村民在他的地头砌了一垛 3 米高、百米长的墙。这垛墙面向铁路，背依翠柳，两旁是一望无际的万亩梨园。坐火车经过这儿的人，在欣赏盛开的梨花时，会突然看到四个大字——可口可乐。

据说这是五百里山川中唯一的一个广告，那垛墙的主人凭这垛墙，第一个走出了小村，因为他每年有 4 万元的额外收入。20 世纪 90 年代末，日本丰田公司亚洲区代表山田信一来华考察，当他坐火车路过这个小山村时，听到这个故事，他为主人公罕见的商业化头脑震惊，当即决定下车寻找这个人。

当山田信一找到这个人的时候，他正在自己的店门口与对门的店主吵架，因为他店里的一套西装标价 800 元的时候，同样的西装对门标价 750 元；他标价 750 元的时候，对门就标价 700 元。

一月下来，他仅批发出 8 套西装，而对门却批发出 800 套。山田信一看到这种情形，非常失望，以为被讲故事的人欺骗了。当他弄清真相之后，立即决定以百万年薪聘请他，因为对门的那个店也是他的。

【案例 2】牛仔大王——李维斯

当年，李维斯这位德国移民像许多年轻人一样，带着梦想前往美国西部追赶淘金热潮。

一天，一条大河挡住了他前往西部的路。苦等数日，被阻隔的行人越来越多，但都无法过河。于是陆续有人向上游、下游绕道而行，也有人打道回府,河边怨声一片。

而心情慢慢平静下来的李维斯想起了曾有人传授给他的一个“思考制胜”的法宝,是一段话:“太棒了,这样的事情竟然发生在我的身上,又给了我一个成长的机会。凡事的发生必有其因果,必有助于我。”

于是他来到大河边,“非常兴奋”地不断重复着对自己说:“太棒了,大河居然挡住我的去路,又给我一次成长的机会。凡事的发生必有其因果,必有助于我。”

果然,他真的有了一个绝妙的创业主意——摆渡。没有人因吝啬一点小钱而不坐他的渡船过河。他人生的第一笔财富居然因大河挡道而获得。

一段时间后,摆渡生意开始清淡。他决定放弃,并继续前往西部淘金。来到西部,四处是人,他找到一块合适的空地方,买了工具便开始淘起金来。

没过多久,有几个恶汉围住他,叫他滚开,别侵犯他们的地盘。他刚理论几句,那伙人便失去耐心,一顿拳打脚踢。无奈之下,他只好灰溜溜地离开。好不容易找到另一处合适地方,没多久,同样的悲剧再次重演,他又被人轰了出来。在他刚到西部那段时间,多次被欺侮。终于,最后一次被人殴打之后,看着那些人扬长而去的背影,他又一次想起他的“制胜法宝”。“太棒了,这样的事情竟然发生在我的身上,又给了我一次成长的机会,凡事的发生必有其因果,必有助于我。”他真切地、兴奋地反复对自己说着。终于,他又想出了另一个绝妙的主意——卖水。

西部不缺黄金,但自己无力与人争雄;西部缺水,却似乎没什么人想到它。不久他卖水的生意便红红火火。慢慢地,也有人参与了他的新行业。再后来,同行的人越来越多。

终于有一天,在他旁边卖水的一个壮汉对他发出通牒:“小个子,以后你别来卖水了,从明天早上开始,这儿卖水的地盘归我了。”

他以为那人是在开玩笑,第二天依然来了,没想到那家伙立即走上来,不由分说,便对他一顿暴打,最后还将他的水车也拆烂。

李维斯不得不再次无奈地接受现实,当那家伙扬长而去时,他立即开始调整自己的心态,再次强行让自己振作起来,不断对自己说着:“太棒了,这样的事情竟然发生在我的身上,又给了我一次成长的机会,凡事的发生必有其因果,必有助于我。”

他开始调整自己注意的焦点,发现来西部淘金的人,衣服极易磨破,同时又发现西部到处都有废弃的帐篷，于是又有了一个绝妙的主意——把那些废弃的帐篷收集起来，洗干净。就这样，他缝成了世界上第一条牛仔裤！

由于牛仔裤耐磨耐穿，深受矿工、农夫和牛仔们的欢迎，产品往往供不应求，订单源源不断地涌来。从此，李维斯一发不可收拾，最终成为举世闻名的"牛仔大王"。

2. 创新思维小测试：阅读下面的问题，测试你的思维定式。

有一个聋哑人去五金店买钉子，他把两个手指并拢放在柜台上，用另一只手做锤击的动作，店主给他拿来了钉子，他高兴地走了。接着进来一个盲人想买一把剪刀，他应当怎样表示才能买到自己想要的东西？

第三节 创新精神

一、什么是创新精神

创新精神是人以自己的行动能动地创造性改变自然和社会的实践精神，是人的本质属性的综合表现，是人主动超越自我、在勇于创造中不断提升生命质量的人生信念。

创新精神体现着这样的价值观：

1. 超越自我

创新精神首先表现为超越自我的精神，这是创新精神的质的规定性。人的存在是一个不断超越自我的存在，且这一超越是自发的和主动的。任何创新都是从创新者超越自身开始的。

可能有时候创新者并没有明显地意识到这一点。不管是物质的创新，还是思想理论的创新，都需要建立在创新者已有的基础之上，或是对基础的否定，或是对基础的重构，本质上只能是一种超越，即对自我价值观或知识或行为方式的超越。创新者如果封闭自我，丧失主体性和主观能动性，是不可能有所创新的。

超越自我的精神是一种人生精神，体现了人生的不断进取和提升。离开了人的发展本身，创新精神很容易异化为一种压迫性的精神。在以往的时代，人生也总是在超越的，但更多的是物质性的超越。创新精神作为知识经济时代的精神，一方面表示创新在人的生存属性中起主导作用，另一方面表现出人的超越的深度和进度，亦即基于生存方式转型意义上的超越性存在。当创新精神立足于人的超越，成为驾驭物质、知识创新的精神时，创新者激发的才不是某种技能性的或某个时段的创新。

2. 提升生命质量

这是创新精神的目标指向。创新精神指向成功和幸福人生的精神追求，是一种生活的精神。创新是每个人的权利，自我实现是每个人的需要。如果说创造与创新有区别，创造是创新的表现之一的话，那么，创新导致的不仅仅是某个发明创造或由此带来的名利，也不仅仅是超越的意愿或动机，它最终的目标是成功的人生，提升生存质量，提高生活品位，促进人的更全面、自由的发展。在这里，创新融于生命过程之中，成为生命质量提升的一个个“节点”。这一提升体现了个体追求主观、客观世界统一的精神，创新精神体现了个体内在的自我超越，对主观世界的不断提升，对由创造性成果构成的客观世界的追求和超越，达到自我实现与外在成就的和谐。

3. 实践精神

创新精神表现为一种实践的精神，这是创新精神的前提和实现途径。创新精神不是纯粹意义上的思辨精神，只能在实践中体现形上和形下的统一。离开了实践，创新既失去了意识的源泉，也失去了实现的可能。作为一种实践精神，需要社会发展提供整体环境和条件支持，并能体现在生产、生存活动中。创新作为人本质属性的反映，在知识经济时代被垂青并担负起解放自我、发展自我的职责。实践的精神要求创新者自觉追求创新的自我实现价值与社会价值的统一，通过创新推动人的发展和社会进步。

【故事】两个皮鞋推销员

有两个皮鞋推销员到太平洋上一个偏僻的岛上去推销皮鞋。一个推销员来到岛上以后，发现岛上所有人都是赤脚，竟没有一个人穿鞋子。看到这种情况后，他向公司发电报说：这个岛上的居民都没有穿鞋子的习惯，鞋子在这里根本没有市场，皮鞋在这里没有销路。第二个推销员来到这个岛上，当他发现岛上居民都没穿鞋子后，欣喜若狂，心想这里会有很大的市场销售空间。于是，他在本地小住了几日，充分了解当地居民的脚型和消费习惯，然后做了一份详细的市场调查报告交到了公司老板那里，并建议根据岛上居民的生活习惯生产适销对路的皮鞋。不久，当地人看到了这样的广告：一个当地人模样的壮汉，脚穿皮鞋，肩扛虎、豹、狼、鹿等猎物，威武雄壮，煞是好看。人们看了这张广告，纷纷打听在哪儿能弄到那广告画面上的壮汉脚上穿的东西，纷纷购买广告上的鞋子。

二、创新精神的内容

1. 自信精神

自信是驱动创新者进取的原动力，表现在创新者充分肯定自己，敢于表达自己、推销自己、证实自己。任何一个人要想有所创新，对自己的信任是必要的前提。从心理学对创造性的研究成果来看，自信的精神是创新者普遍的人格特质。对创新者来说，自信是指“对自己有信心，以及对你的罪名有勇气承担。这其实是两个部分，彼此互补的”。对自己有信心，更有可能赢得别人对自己的信心。同时，自信还包括“不要怕孤单”、对自己独立判断的确信、不妥协，甚至不怕走到他人意见的对立面，当然，自信来自清醒的自我意识，与盲目自大保持着必然的距离。

2. 冒险精神

冒险精神是一种勇气，是一种挑战精神。冒险实际上就是要承担一定的风险。冒险是人的天性。创新是对未知的、不确定的，甚至是尚未存在的探索和求证，无论从创新者的主观愿望来看，还是创新的成果所要面临的外界评价，都是一种冒险，甚至可以说，每一次创新都是一次冒险。在一定的社会关系、社会文化中，创新作为一种文化变迁，作为一种自我超越，其发生将导致既有平衡被打破，这种平衡既有社会秩序、阶层流动、价值观、社会常识等方面的，也有人际关系方面的。这些物质、精神、文化的“既有”既是创新产生的土壤，也有可能成为创新的阻碍。尤其对个体来说，创新是思想、心理斗争的产物，每一次创新都是对其生存界限的一次突破和重新确定，这既可能会给创新者带来来自社会的和自我实现的奖赏，也可能会被视为怪异而不被接纳或暂时不被接纳，甚至造成人际冲突和内心焦虑。创新需要勇气，不管这种勇气是来自孩童时代或孩童般的“无知”，还是决意的行为。

3. 批判精神

批判精神是创新精神的风格特征之一。无论是对传统、定论、定性，还是对自己、权威、英雄，创新意味着打破、颠覆和解构，相对于原来的“有”（这个“有”可能是实物或可验证的理论，可能是传统的思维组合基础上的推导方式）创新只能在批判和质疑的前提下产生。批判是创新的先锋，批判意味着对确定性的怀疑和对多种可能性的找寻，在“事物”的对立面或侧面或背面才有可能显现创新契机。

【故事】哥伦布立蛋

哥伦布发现新大陆后，返回英国，女王为他摆宴庆功。

酒席上，许多王公大臣、绅士名流都瞧不起这个没有爵位头衔的人，纷纷出言讥讽哥伦布。

“没什么了不起的，我出去航海，照样也会发现新大陆！”

“驾驶航船，只要朝一个方向前进，就会有重大发现！”

“太容易了！这种事谁碰上谁出名！”

“哥伦布这家伙运气真好！”

哥伦布微笑着听完了大家的讽刺和挖苦，起身说：“各位尊敬的先生、女士，现在请大家做一个游戏——哪位能把鸡蛋在桌子上立起来？”

许多人跃跃欲试，但没有人能够把椭圆形的鸡蛋立在桌子上。

“我们立不起来，你也不能立起来！”于是有人说。

哥伦布拿起鸡蛋向桌子上轻轻一磕，鸡蛋的大头就凹了下去，哥伦布从容地把鸡蛋立在了桌子上。

“这太简单了，谁不会呀！”大家嚷嚷道。

“是的，这方法的确很简单，我说过了，这仅仅只是一个小游戏而已。”哥伦布笑着说，“但问题是，在这之前，你们为什么都没有想到过这个方法呢？”

4. 负责精神

知识经济背景下创新所具有的生态创新出身、知识创新所具有的经济伦理价值等使创新与创造拉开了距离，创新本身就内含了责任意识，创新精神是一种对社会对他人负责任的精神。在创新过程中，创新者的自主性、创造性与能动性必然要受到包括道德规范在内的善的力量的制约，协调个体行为与社会行为之间的矛盾和冲突，使自己的创新造福于人类。负责精神体现了创新精神的品性，融合于创新者生存精神中，才能带来创新者自身精神境界的提升。

5. 执着精神

执着的精神是一种坚持的精神和毅力。创新既可能遇到拒绝、排斥、不理解，甚至是压制等外在的障碍，也可能遇到内在的障碍。遇到内在障碍比外在障碍更能考验一个人的坚持。执着精神同时体现为一种献身精神。

6. 奉献精神

奉献精神表现为创新者信奉人生的价值在于奉献，而不是索取，虽苦犹荣，乐在其中。西方学者在讨论创造力、创造性形成时，极少提及奉献精神。这一现象既可以从创造与创新的区别来解释，也可以从西方社会高度发达的市场机制和商业机制来理解。在讨论创新精神时，作为一种引导人生的精神，如何对待个人回报和利他行为的关系？笔者以为，奉献精神更能也更应成为创新者的内驱力。如果创新仅仅出于功利需要，那只是非连续的发明创造，只是生活的一个片段。尽管这里也有成就动机，但是外在的。个人回报确实也能激发创新，但对照创新作为人最有价值的生命活动及其所带来的生存方式的转变，还不是一种人生的信念和精神，只有奉献精神才有普遍的人生价值。

【故事】篮球的故事

据说篮球运动刚诞生的时候，篮板上钉的是真正的篮子。每当球投进的时候，就有一个专门的人踩在梯子上把球拿出来。为此，比赛不得不断断续续地进行，缺少激烈紧张的气氛。为了让比赛更顺畅地进行，人们想了很多取球方法，都不太理想。有位发明家甚至制造了一种机器，在下面一拉就能把球弹出来，不过这种方法仍没能让篮球比赛紧张激烈起来。

有一天，一位父亲带着他的儿子来看球赛。小男孩看到大人们一次次不辞劳苦地取球，不由大惑不解：为什么不把篮筐的底去掉呢？一语惊醒梦中人，大人们如梦初醒，于是才有了今天我们看到的篮网样式。

去掉篮筐的底，就这么简单，但那么多人都没有想到。听来让人费解，然而这个简单的“难题”的确困扰了人们多年。可见，无形的思维定式就像那个结实的篮子禁锢了我们的头脑，使得我们的思维就像篮球被“囚禁”在了篮筐里。

三、创新精神与优势发挥

实践证明，很多具有创新精神的成功者，成功的前提是充分了解自己的优势所在，根据自己的优势寻找目标和定位。成功心理学的理论告诉我们，判断一个人是否成功,最主要看他是否最大限度地发挥了自己的优势。优势是指一个人在某方面具有突出的知识和才能,一般包括:在语言表达、人际关系、组织协调等方面的一般优势;与工作有关的专业优势;体育运动方面的优势;绘画、歌舞等艺术表现优势;等等。一个人的优势直接影响其社会活动、职业活动的效率和效果,能够发挥优势。就说明你拥有了与他人竞争的优势,优势可以帮助你创新,可以帮助你走向成功。畅销书《现在,发现你的优势》一书的作者白金汉对优势的定义是:“做某件事的持续的近乎完美的表现”。又说:“若想使某件事成为你的优势,你就必须能始终如一地做好它。”因此,每个人都有创新的优势,只有了解自己的优势,科学的利用自己的优势,选准目标和定位,持之以恒地坚持,才能实现创新。比如,杨振宁的实验能力相对较差,他的导师泰勒帮助他把注意力从实验物理学转到了理论物理学的研究重点上,便有了杨振宁对宇宙不守恒的研究,从而获得诺贝尔物理学奖。爱因斯坦的思考方式偏向直觉,他没有选择数学而是选择更需要直觉的理论物理作为事业的主攻方向,成为一个世界级的物理学大师。

【案例】寻找你的职业原乡

在机械工业出版社出版的《准备人生的盛宴》一书中写道:

张琴芳今年26岁,她的最大兴趣在于园艺。园艺以及庭院设计在她的生活中占据了很重要的地位,但她仍没有自信能把她的兴趣变成一份可从事的职业。

张琴芳出生于一个知识分子家庭,她上了大学,并取得了文学学士学位。随后,她做了一系列的工作,主要是流浪者之家、青年旅社的工作人员。她想换一份更有创造性的工作,于是辞了职,加入了一家剧场,并在夜校继续学习艺术、制陶、绢网印刷以及写作。

随着时间飞逝,张琴芳日渐感到收入稳定对她的重要性,于是她希望能够重返社会工作。然而,她在这方面的重新求职并不成功,这使她有了尝试全新的职业的念头。

张琴芳的经历,显示了她的主要兴趣在于实践性的工作,而非看护职业。她曾经是一名成功的社会工作者,只因她能在遇到危机时保持镇静。然而,当需要做决断时,她就表现得不那么突出了。显然,张琴芳对于使用工具和材料,制造出可触摸实体的工作非常在行。此外,她还有一种艺术表现欲。将这些线索综合起来看,她所适合的是自我受雇的职业,而每项证据都将她推向将兴趣职业化。具体来说,要不从事制陶,要不就做园艺工作,摆在张琴芳面前的有许多值得考虑的选择,包括农业与园艺学课程。两年后,她成立了自己的公司,主营园艺活动、花园设计及修建,同时还在成人学习班教授有关课程。

这个案例告诉我们,每个人最好的成长方向就在其最强的先天优势上。成功职业之道在于最大限度地发挥优势、控制劣势,而不是把重点放在克服劣势上。

讨论与思考

请阅读下面的故事,并在班级中讨论故事所揭示的内涵。

美国作家唐纳德·克里夫顿在他的《飞向成功》里向我们讲述了一个被职业经理人广泛流传的寓言故事:不能让猪去唱歌,兔子学游泳。

为了和人类一样聪明,森林里的动物们开办了一所学校。

开学典礼的第一天,来了许多动物,有小鸡、小鸭、小鸟,还有小兔、小山羊、小松鼠。

而学校为它们开设了5门课程,唱歌、跳舞、跑步、爬山和游泳。

当老师宣布,今天上跑步课时,小兔子兴奋地一下在体育场地跑了一个来回,并自豪地说:我能做好我天生就喜欢做的事!而再看看其他小动物,有撅着嘴的,有耷拉着脑袋的。

放学后,小兔回到家对妈妈说,这个学校真棒!我太喜欢了。

第二天一大早,小兔子蹦蹦跳跳来到学校。

老师宣布,今天上游泳课,小鸭也兴奋地一下跳进了水里。

天生恐水、祖上从来没有会游泳的小兔傻了眼,其他小动物更没了招。

接下来,第三天是唱歌课,第四天是爬山课……以后发生的情况,可想而知,学校里每一天的课程,小动物们总有喜欢的和不喜欢的。

第四节　创新能力培养

一、创新动机的激发与培养

（一）激发和培养兴趣

当一个人对某种事物发生兴趣时，他就会产生强烈的好奇心，主动地、积极地、执着地探索该事物的奥妙。在创造性的思维的过程中，兴趣具有巨大的推动力，激发学生的想象力和创造性。因此，家长、教师应着力激发学生的创造兴趣。

1. 更多的选择自由

学校、家庭常常会建议学生“你做这事情好”“你以后从事这职业有前途”等，但常忽略他们喜欢什么、兴趣和爱好是什么，对方没有选择的机会。允许学生自由地选择自己喜欢的领域，鼓励和支持他们的选择，就会使他们充满热情，勇于创新。例如，教师允许学生选择课题中喜欢的主题，并尊重他们的选择，积极给予必要的帮助。父母善于发现孩子的爱好，给孩子创设丰富多彩的生活环境，并鼓励他们克服所碰到的困难。

2. 寓快乐于任务

学校、家庭要通过多种多样的形式使学生充分认识创新的重要性，展现该领域的价值和魅力，并通过各种方法，使学生从中体会快乐。例如，家长可以结合孩子的兴趣，多让孩子接触大自然、接触社会等。教师应该努力采取多样化的教学方法和教学手段，巧妙运用具体的激发兴趣的方法，如创设情景、巧妙设计、演讲辩论、联系社会关注的热点问题等。

（二）激发成就动机

家庭和学校要为学生提供具有挑战性的任务，学生的创新往往被好奇心、求知欲所驱使，重复性的任务往往使他们觉得枯燥，只有挑战性的任务才能使他们的好奇心和求知欲得到满足，激发强烈的创新动机。

（三）创设有利于激发创新内部动机的外部动机

创新的外部动机对创新有不利的一面，也有积极的一面。教师、家庭运用恰当的奖励方式来激发有效的外部动机,对学生予以适当的奖励,即能表达对学生的认同,又能给他们证明自己的机会。同样,对学生的评价反馈应是信息性的、无威胁性的,这也将提高学生学习的内在动机。

(四)营造宽松自由的环境

学生在轻松自由的心理状态下才可能有丰富自由的想象力和创新的灵感。学校和家庭应该给学生营造一个宽松、民主、自由的环境,鼓励“异端邪说”,淡化“清规戒律”,这才有助于学生打破自我束缚,清除对尊重事物的拒绝心理,打破仰视权威的自卑心理,从而提高创造性。因此,家庭中应给学生创造一种和善、温馨和民主的气氛,在这种气氛下孩子和父母之间存在着积极的交流,很小的孩子也会尝试着提出新颖的主意,使自己的行为方式更加独特。对教师来说,在课堂教学中应尊重学生主体地位,主动自觉地构建创新性的心理氛围,让学生处于一种轻松的心理状态,积极思考,驰骋想象,敢于标新立异、打破常规,大胆怀疑一切。同时,教师应重视学生的学习过程、学习方法及解决问题的独立性,不要过度关注学习成绩和考试分数,使学生处于紧张、压抑、苦闷的情绪之中。心理负担过重,学生就难以展开想象,更谈不上灵感,创新思维自然难以得到发挥。

【故事】和尚分粥

一个寺庙住着七位和尚,他们要分粥吃。

起初,他们商议决定,选出一位德高望重的老和尚,让他主持分粥。一开始老和尚分得比较公平,大家基本都能吃饱。但是,很快大家就发现有人在贿赂老和尚,老和尚的勺子开始偏了,多数人吃不饱饭了。于是大家又开会决定,一人一天,轮流分粥。一开始也比较公平,但是不久大家又发现,只有轮到自己分粥那天,自己才能吃饱,其余六天都得饿肚子。他们又一次开会,并且请来一位寺外的和尚介绍了经验,最后决定:不论是谁,只要愿意为大家分粥,为大家服务,都会受到大家的欢迎,都会得到大家的敬意,只是有一个条件——粥分好后,得让大家先挑选钵子,剩下的最后一钵粥留给分粥者自己。就是说,分粥者一旦分不公平,粥少的钵子必然得由分粥者端起,他就得饿肚子。从此以后,大家每天都能吃饱了。

二、提高知识掌握的质量

教师向学生传授知识要力求做到知识的概念化、条件化和结构化,对于基本知识的学习，努力促使学生达到自动化，并有意识地向学生传授策略化的指示。

（一）促进知识的概念化

促进知识概念化的根本措施是训练学生在学习时在新学的书面文字和头脑中的某些相关的已有经验之间建立起内在的、科学的联系。如果建立不起这种联系，学生就只能死记硬背语句，生搬硬套例题，这样做的结果是阻碍了创新思维潜能的发挥，不利于创造能力的培养。为了促进知识的概念化，在知识的学习中要注意两个问题：

1. 在感性经验的基础上学习抽象的概念

当学习一个抽象的概念的时候，如果不具备必要的感性经验，就很难真正形成这个概念。学生在学习新的科学概念时，有必要在科学实验中进行亲身探索，积累起科学实验的感性经验，并在此基础上形成科学概念。

2. 把抽象的概念和实际运用相结合

对学科知识，学生往往是在课堂上或书本上学习，不可能总是在实践环境中学习。在这种条件下学习抽象概念或原理时，如果学生自己能够结合自己的实际生活经历“举例说明”，而不是照搬书上的例子，那么，他就能比较好地掌握抽象的知识。在理解抽象概念或原理之后，如果能够进一步设想这些抽象的知识能用到哪些实际情境中去，甚至自编一些应用题，就能起到促进知识概念化的积极作用。

（二）促进知识的条件化

为了提高知识在解决实际问题中的可提取性和应用性，在学习知识的时候应考虑这些知识在课堂之外的背景中的应用条件，并尽可能设想所学知识在更多的情况下使用，特别是在与所学知识的背景迥然不同的条件下使用，这本身就是一种创新思维能力的表现。

（三）促进知识的结构化

为了促进知识的结构化，知识积累到一定量的时候，教师就要进行归纳整理，自己编制能够真正体现层次网络的结构图或结构提纲。同时，学生自己也要善于经常性地将所学知识按照其内在联系进行归纳总结，使所学知识纲要化，从而在运用知识时能够运用大容量的知识组块进行思考，增强直觉思维的能力。

（四）促进知识的自动化

知识有效学习的条件之一是自动化，就是说，许多基本知识的运用要达到十分熟练的程度。自动化从何而来呢？靠的是练习。但反复练习又意味着学生负担的加重，因此，教师在教学中应注意处理好学生练习与负担之间的关系，在教学中贯彻以下原则：

1. 提高练习密度

提高练习中使用所学知识的次数和时间。为了提高练习密度可采用以下措施：减少书写时间、面向全体学生提问、练习难度要循序渐进及运用解答好的习题进行练习。

2. 减轻大脑负担

有实验证明，习题中只有已知条件而无问题（未知）的练习方式，有利于学生在学习中降低脑力负荷，促进新学知识更快地达到熟练自动化程度。

3. 增强目标意识

提高学生练习的自觉性，是提高练习效率的重要方式之一，而增强学生练习的目标意识是提高练习效率的重要手段之一。为了增强练习的目的性，应指导学生注意先学习后做作业，做完作业后要及时地进行自我评价。

4. 提倡精讲多练

在课堂上教师不要重复自己并不十分重要的言语，不重复学生的回答，向学生提问需要较多时间回答和需要学生深入思考的问题，留出较多的时间来让学生练习。多练并不意味着搞题海战术，要讲究科学性，讲求高效率。

（五）掌握学习的策略

在教学中，教师应有意识地向学生传授策略性的知识，提高学生的元认知能力。

1. 向学生传授策略知识

学生应该掌握的思维策略主要有：批判性思维策略，求异性思维策略等。

2. 训练学生应用策略调控自己的学习进程和解题过程

第一，自我定向。客观认识自我的学习能力和水平，制订学习计划，关注“学什么”“为什么学”“怎样学”等问题，经思考、选择、内化为个人的具体学习目标和学习策略。

第二，自我评价。对学习目标、策略、方法、计划、层次、效果等进行自我反思与评价。

第三，自我调控。不仅能对照目标找到差距，而且能及时地查找原因，调节自己的学习目标、策略和方法。

【故事】半桶水原理的启发

战国时代，有几批人相互混斗，最后，这几批人一起来到了一个荒无人烟的地方。因为长时间的混战，使得他们都很口渴，刚好在这个时候，走在最前面的秦国人看见了一桶水。

现在的整体局势是这样的：秦国人最强，但也不能吃掉六国的总合，其他六国虽然小，但合起来对付秦国也可以，另外六国则势均力敌，单打独斗，谁也杀不了谁。由于秦国的人马最强，又是走在最前面，所以是第一批看见这桶水的，因此，他们最先开始喝那桶水。秦国的几个人喝完水后，发现还有大半桶水(大约3/4)多余。那么现在对秦国来说，最好的处理这多余的大半桶水的办法是什么？

前提：他们装也装满了，不能再带走，也不能再喝了，而其他六国的那些人就要来了。有人可能会说倒掉剩余的水。但正确的答案却是：秦国的战士们喝完后，刚想倒掉水，却被将军叫住了，将军对战士们说：“把那水留着些。”战士们很奇怪，说：“我们只要把水倒掉，他们就全活不成了。”将军说：“如果把水倒掉，他们六国就会团结起来继续寻找新的水源。而更可怕的是，通过一起找水源，他们会很有感情，日后会更加团结，那么，我们要一一消灭他们就难了。”然后，将军又看了看多余的水后，说：“现在还有多少水？”战士们说：“还有3/4呢，足够他们六国的人一起喝的。”将军于是说：“我们这边的人数，相当于他们六国的总人数，那么，我们喝1/4，他们加起来大约也就喝1/4，那么，还有2/4，也就半桶的水会多余。如果他们一看见水很充足，就不会拼命抢水喝了。你们把3/4的水再倒掉5/8，但务必留大约1/8的水给他们。”

于是，战士们把大部分水都倒掉了，只留下1/8的水在那里。六国的人来了后，一看见水，都跑了过去，等到发现水不多了时，就快速地抢了起来。结果，六国的战士相互残杀，只有几个活了下来。他们回到本国后，都会对自己国家的人民说，那另外的五国是如何的卑鄙。

三、培养创新人格

一个人的创新思维能力与其人格特征存在着密切的联系，因此，培养学生的创新思维能力的一个重要方面就是创新人格的培养，家庭和学校的教育在此起着重要的作用。

（一）家庭是培养创造性人格的理想环境

家庭是创新性人才的摇篮。诺贝尔化学奖得主、英国科学家彼得曾说，“儿童是天生的科学家”，“5 岁以前的孩子都是科学家”。而儿童在家庭的时间，约占其全部生活时间的 2/3 以上。有的学者认为，人的一生的性格、特质，90% 是在幼年时期受父母熏陶形成的。因此，家庭的生态环境影响对创新性人才早期培养乃至终身成长具有特殊的意义。

良好的环境能使孩子的性格活泼、乐观，心情舒畅，孩子容易产生愉快的情绪体验和积极向上的探索精神，在这种环境中成长的孩子往往具有较强的好奇心和求知欲。因此，在家庭教育中，家长应把孩子看成与自己地位平等的家庭成员之一。有些家长为了不让自己的孩子输在起跑线上，整天逼着孩子学这个学那个，从来都不顾及孩子的想法和意愿，强迫幼儿去做一些不太适合他们年龄特点的事，从某种程度上阻碍了孩子的发展。家长在家庭中应该营造一个自由宽松的环境，有意识培养孩子的独立性，容许他们有自己的想法、做自己想做的事情，鼓励孩子说出自己的独特见解，不按成人的思维方式来要求孩子。例如，当孩子独立完成了一件作品或一件事的时候，家长不能过于苛求于作品或事件本身的质量或程度，而应关注在这件作品或事件制作的过程中孩子的动手动脑等方面的能力，多鼓励、多肯定，以激发他们的创造性。

（二）学校是培养创新性人格的育人环境

学校是培养人才的基地。教师在学生创造性人格形成的过程中起着非常重要的作用，因此，教师应从各个方面注意对学生创造性人格特征的培养。首先，教师本身应具有创造性，善于吸收最新的教育科研成果，将其积极地运用于教学中，并且有独特见解，能够发现行之有效的教学新方法，其自身的自信心强、好奇心重、兴趣广泛、言谈自由、开放等创造性人格对学生具有潜移默化的影响。其次，教师要热爱创造型的学生。创造型的学生在班级中通常是不太受欢迎的，他们的行为不合群，也不友好，而且对集体活动的兴趣也很小，由于传统教学观念的影响，教师们喜欢规规矩矩、百依百顺的学生，课堂上讨厌质疑问题，这极大地阻碍了学生创造性人格的发展和培养。教师应该看到，在那些调皮，甚至越轨行为中，很可能包含了学生的天真和创造性的幼芽。教师的教学风格也是影响学生创造性人格培养的因素之一，教师的教学风格生动有趣，能赋予教材以新意和活力，这将极大促进学生的创造性人格的培养。

1. 树立创新教学观，加强启发式教学

培养学生的创新思维能力要求教师有新的教学观和恰当的教学方法。教师要利用各种教学手段给学生以主动探究、自主学习的空间和氛围，尽可能多地给学生提供探究的机会，尽可能多地选择和使用有利于发展学生主体性和创新思维能力的教学方法。

(1)树立创新教学观。

培养学生创新思维能力要求教师的观念要有一个根本性的改变。从教师的教学观念来看，要求教师实现从注重知识传授、培养传承型人才的传统教学观念，向重视创新思维能力的培养、造就创新型人才的新的教学观念转变。采用讨论、争论、辩论学习方式；认真对待学生提出的问题；帮助学生消除心理障碍，使学生敢于提问题；教学生如何寻找解决问题的方法；培养学生质疑能力，提高学习主动性。

教师在教学中要有目的的设计一些开放性和有挑战性的问题，不以权威态度对待学生，推迟向学生预示结果和方法、推迟判断，重视学习策略，给学生以主动探究、自主学习的空间。在教学中，教师能使学生进行创新性学习。创新性学习表现为学生具有强烈的求异思维、批判意识，能摆脱教师、教材及自身思维定式的束缚。学生通过进行创新性学习逐步养成自学能力、独立思考能力和积极学习的态度，能够经过自己的努力独立获得新的知识、技能，能够学会独立思考，并掌握解决问题的方法，能够形成积极的学习态度和创新热情。只有这样，学生的整体素质才会得到提高。

(2)加强启发式教学。

在教学过程中，改变灌输式的教学方法，加强启发式教学，能够培养学生的学习兴趣和求知欲望，调动学生学习的积极主动性，提高他们发现问题、分析问题、解决问题的能力，有力地促进其创造性思维能力的形成和发展。

【故事】捉鱼

家长带着儿子去池塘捉鱼。

捉鱼前家长叮咛儿子:“捉鱼时不要弄出声响,否则鱼就会吓得逃往深处,无法捉了。”儿子照办了,果然他们满载而归。

一天儿子独自去捉鱼,竟捉得更多。家长惊喜地问:“你是怎么捉的?”儿子说:“您不是说一有声响鱼就逃往深处吗?我先在池塘中央挖了一个深坑,再向池塘四周扔石子。待鱼逃进深坑之后,捉起来就容易多了,就像是在瓮中捉鱼。”

这则故事给予人们很多启示。家长的经验是正确的,因为他是根据鱼儿的生活习性在捉鱼。儿子吸取了家长的经验,但是没有迷信家长,而是用一种批判性的眼光看问题,克服了经验的局限性。因此,儿子的做法也是正确的,他也是根据鱼儿的生活习性在捉鱼。不同的是,家长掌握的是在岸上捉鱼的规律,孩子又找到一条在水中捉鱼的规律。

①深入了解学生,为启发式教学创造条件。

教师要启发学生,首先要深入了解学生实际情况,根据学生已有的条件和可能,提出与学生内心需求相适应的问题,从而做到难易适当,把学生学习的积极性充分调动起来。

②设疑质难,调动学生思考问题的积极主动性。

教师在吃透教学内容的基础上,抓住教学重点,设计一些新颖别致、妙趣横生的问题,引导学生在学习过程中发现问题,并设法解决问题,激发其求知欲,充分实现由教师“一言堂”、学生做“观众”向学生提问题、教师做解释的方向转变,从而培养学生独立思考问题的能力。

③因材施教、灵活多样,激发学生的学习兴趣。

在教学中,教师要因材施教,对基础较好的学生提出较高的目标,对基础较差的学生提出较低的目标,让学生感到学有所获、学有所进,增强其自信心。

④教学过程中要尽量多地使用信息技术。

教师要充分利用信息技术和资源,科学地安排教学过程的各个环节和要素,这是培养学生创新思维能力的关键。信息技术在教学中的运用有利于学生探究性能力的提高。信息技术可以作为学习对象、学习工具和教学工具,能够增强学生主动学习、独立学习和终身学习的意识,这是学生走向社会、适应社会发展必不可少的一环。

2. 建立和谐融洽的师生关系

良好的师生关系并不复杂,一方面是教师对学生的关心和爱护,另一方面是学生对教师的尊敬和信赖。教师和蔼的态度、亲切的目光、真诚的信任和鼓励,是学生乐学的动力。实现师生关系的和谐不仅是发挥教师主导作用和学生主体作用的需要,也为教学过程中教与学之间信息的传递与反馈提供了有利条件,为学生创新思维能力的充分发挥提供良好的氛围。要处理好师生关系要注意以下几点:

(1)以爱为本,多一点尊重和信任。

爱心是和谐师生关系的基础。教师的爱来源于对学生深刻的认识和了解。知之深,才能爱之切。学生年龄虽小,但也有着同成年人一样的情感世界,懂得快乐与痛苦、羞愧与恐惧,有自尊心和荣誉感。教师对学生应多一点耐心,少一点急躁:多一些宽容,少一些指责。

尊重和信任是沟通师生情感的桥梁。可以说,尊重是爱的别名。尊重学生,就是尊重学生的人格,允许学生在思想、感情和行为中表现出一定的独立性,给他们提供更大的独立思维空间。把学生作为与自己平等的人来对待,尊重他们的意愿和情绪,乐于倾听他们的意见和要求。

当然,教师的爱绝不是对学生放任自流,一味迁就,而是爱中有严,严而有度。严父型也好,慈母型也好,良师也好,益友也好,都必须以爱为前提。教师的爱是一种责任,因为爱,才会有师生情感的共鸣、才会有教和学的同步、才会有师生角色的互换、才会有师生教学的互补。

(2)发扬民主,讲求一点"参与效应"。

教师要善于为学生创设一种宽松、安全、愉悦的学习氛围,给学生成功、快乐、友爱的享受。教师要充分发扬教学民主,使学生能自由表达、自由参与、充分发挥自己的创造性思维能力。人人都有一种参与意识,都希望自己拥有一定的发言权和自主权,如果适时让学生们体会到"我长大了"的成人感,重视并满足他们的参与意识,他们就会以积极合作的态度在课堂教学中发挥其主体的作用。可见,教学的民主是建立和谐的师生关系的动力所在。

(3)注重个性,多一点欣赏眼光。

教师真诚的期待不仅能激发学生积极向上的热情,而且深刻地影响着学生智力和个性的发展。如果师生关系中没有真诚的欣赏,任何学生都可能失去自信心。所以,适度的表扬和鼓励,能让学生品尝到成功的喜悦,在被欣赏的愉悦体验中奋发、崛起、张扬个性、更具有创造性。不容怀疑,每一个学生都有闪光点可以被挖掘、关键是怎样挖掘、何时挖掘。对学生而言,被人欣赏特别是被老师欣赏无疑是一种幸福,更是一种信任。而教师欣赏学生也是一种境界和美德,是一种沙里淘金、发现绿洲的快乐。

3. 培养学生自主学习的能力

学习能力是学生在学习活动中表现出来的一种综合能力。具有这种能力的学生有强烈的求知欲,善于运用科学的学习方法,合理安排自己的学习活动。善于积极思考,敢于质疑问难,在学习过程中表现出强烈的探索和进取的精神。为了提高学生的自主创新学习能力,教师在教学中应着力培养学生的以下几种能力:

(1)培养自我激发学习动机的能力。

学生要重视并及时调整自主学习的理念与指导思想,激发“我要学”的学习动机,做学习的主人。要主动确定学习目的,制订具体的能够达成的学习目标,在学习中体验成功,并对已取得的成绩进行自我奖励等。

(2)培养自我识别能力。

如通过章节测验、学业考试了解自己对知识、技能的掌握情况;要根据自己的知识水平、理解能力、个性特点,了解自己的学习特点和学习风格,找到最适合自己的个性化的学习方式和学习策略。

(3)培养自我选择能力。

要善于选择学习工具,从各种渠道获取信息,自主决定学习内容,灵活选择学习材料。如要学会在网上寻找自己所需要的资料。

(4)培养自我组织规划能力。

计划性是自主学习的保证,因此,学生科学、合理地自我组织、制订学习计划是非常重要的。

(5)培养自我培养能力。

主动培养自己的学习能力,不仅要掌握所学的知识,更重要的是要掌握学习的方法,提高对知识的思考和运用能力。要加强自律能力的培养,学会对自己的学习行为、情感进行控制和调节,以保证计划的实施。

(6)培养自我监控能力。

自我监控能力即控制整个自我学习过程的能力。在学习中要尝试自我识别、自我组织、自主选择学习策略,要学会自我评价,不断总结经验教训,根据学习的实际情况调整学习的进度和方法，积极探索构建适合自己特点、最佳的自主学习模式。

四、创新能力培养的途径

创新能力人皆有之，不分民族、不分性别、不分肤色，但创新能力不是天上掉下来的，而要靠后天的开发和努力。创新能力的培养，主要有以下三个途径：一是加强知识储备；二是创新思维训练；三是克服定式思维障碍。

（一）加强知识储备

创新不是凭空设想，它需要科学的根据和扎实的基础知识。基础知识是人们学习和掌握专业知识和技能技巧的支撑点，是人类文化积淀的基点和起点。不能想象，一个连文化基础知识都缺乏的知识贫困者，会是一个拥有高精尖科学知识的应用人才。创新能力的提高是建立在扎实深厚的文化知识和专业理论知识基础之上的，这是提高一个人综合素质的前提条件。在创新能力积累中，不能好高骛远、急于求成，要刻苦学习，努力掌握文化知识和专业知识。在知识学习中，除了有意识的培养自己的自主意识、意志力和注意力之外，还应注意培养自己的发散思维，大胆质疑。如在数学课上，可以从多方面、多维度寻找解决问题的方法等。提出问题本身就蕴含着创造性思维的火花，只有善于发现问题和提出问题，才能在此基础上思考和寻求解决问题的方法。为此，要遇事多问几个为什么，大胆质疑，不唯书不唯上，在提问的过程中，不仅可以获得知识，也提高了创新意识。

（二）创新思维训练

1. 头脑风暴法

目的是引导团队成员的创造性思维，并能够创造性解决问题。

具体做法：

把大家分成若干个由4～6人组成的小组。每个小组的任务是在60秒钟内，尽可能多的想出大头针的用途。每一个小组指定一个记录员，负责记录想法的数量和内容。1分钟以后，各小组汇报想到的数量和内容。

2. 六顶思考帽

六顶思考帽是英国学者爱德华·德·波诺（Edward de Bono）博士开发的一种思维训练方法，它是一个全面思考问题的模型。它提供了“平行思维”的工具，避免将时间浪费在互相争执上。强调的是“能够成为什么”，而非“本身是什么”，是寻求一条向前发展的路，而不是争论谁对谁错。运用波诺的六顶思考帽，将会使混乱的思考变得更清晰，使团体中无意义的争论变成集思广益的创造，使每个人变得富有创造性。

现实中，任何人都具有以下六种基本思维功能，这六种功能可用六顶颜色的帽子来做比喻：

白帽子：白色是中立而客观的颜色，代表着事实和资讯。白帽子是中性的事实与数据帽，具有处理信息的功能。

黄帽子：黄色是乐观的颜色，代表与逻辑相符合的正面观点。黄帽子是乐观帽，具有识别事物的积极因素的功能。

黑帽子：黑色是阴沉的颜色，意味着警示与批判。黑帽子是谨慎帽，具有发现事物的消极因素的功能。

红帽子：红色是情感的颜色，代表感觉、直觉和预感。红帽子是情感帽，具有形成观点和感觉的功能。

绿帽子：绿色是春天的颜色，代表创意。绿帽子是创造力之帽，具有创造解决问题的方法和思路的功能。

蓝帽子：蓝色是天空的颜色，笼罩四野，控制着事物发展的整个过程。蓝帽子是指挥帽，指挥其他帽子，管理整个思维进程。

在具体问题面前，我们往往不知道什么时候该戴哪顶帽子。一个团队的成员常常在同一时刻戴着不同颜色的帽子，因此导致思想混乱、相互争吵和错误的决策。六顶思考帽代表了六种思维角色，涵盖了思维的整个过程，既可以有效地支持个人的行为，也可以支持团体讨论中的互相激发。六顶思考帽在实际中的应用步骤是：

第一，陈述问题事实（白帽）；

第二，提出如何解决问题的建议（绿帽）；

第三，评估建议的优缺点：列举优点（黄帽），列举缺点（黑帽）；

第四，对各项选择方案进行直觉判断（红帽）；

第五，总结陈述，得出方案（蓝帽）。

作为一种思维工具，六顶思考帽被美、日、英、澳等50多个国家政府在学校教育领域设为教学课程。同时也被世界许多著名商业组织采用，作为创造组织合力和创造力的通用工具，包括微软、IBM、西门子、诺基亚、摩托罗拉、爱立信、波音公司、松下、杜邦以及麦当劳等。

例如：德国西门子公司有37万人学习波诺的思维课程，随之产品开发时间减少了30%。英国Channel 4电视台说，通过接受培训，他们在两天内创造出的新点子比过去6个月里想出的还要多。英国的施乐公司反映，通过使用所学的技巧和工具使他们仅用不到1天的时间就完成了过去需1周才能完成的工作。芬兰的ABB公司曾就国际项目的讨论花了30天的时间，而现在，通过使用横向思维，这一过程仅用了2天。J. P. Morgan通过使用六顶思考帽，将会议时间减少80%，并改变了他们在欧洲的公司文化。麦当劳日本公司让员工参加“六顶思考帽”思维训练，取得了显著成效——员工更有激情，坦白交流减少了“黑色思考帽”的消极作用。在杜邦公司的创新中心，设立了专门的课题探讨用波诺的思维工具改变公司文化，并在公司内广泛运用“六顶思考帽”。

（三）克服定式思维障碍

所谓“思维定式”，就是“习惯性的思维”。人们在长期的生活中往往会习惯于用一种固定的思路去考虑问题、把握事物，久而久之，思维就会陷入机械呆板的模式中去，从而妨碍了灵活性与创造性的发挥。所以，我们必须突破惯常的思维方式，克服惯常心理的影响，这样才有利于创新能力的发展。

克服定式思维障碍的有效办法是善于提出问题。爱因斯坦在回答他为什么可以做出创造时说：“我没有什么特别的才能，不过喜欢寻根刨底地追究问题罢了。”他甚至认为，提出问题比解决问题更重要。俗话说：学问学问，一学二问。在我国古代，人们很早就注意到质疑对学习和学术研究的重要意义。古人云：前辈谓学贵有疑，小疑则小进，大疑则大进。孔子鼓励学生“每事问”。学者黄宗羲指出：大疑则大悟，小疑则小悟，不疑则不悟。马克思则提出要怀疑一切。巴尔扎克认为：“打开一切科学的钥匙，都无异议的是问号，我们大部分伟大发现应归功于为何，而生活的智慧大概就在于逢事都问个为什么。”

测试1：阅读下面的问题，测试你的思维定式。

在荒无人烟的河边停着一条小船，这只小船只能容纳一个人。有两个人同时来到河边，两个人都乘这条船过了河。请问：他们是怎样用最短的时间过河的？

测试 2：两条火车轨道除了在隧道内的一段外都是平行铸设的。由于隧道的宽度不足以铺设双轨，因此，在隧道内只能铺设单轨。一天下午，一列火车从某一方向驶入隧道，另一列火车从相反方向驶入隧道。两列火车都以最高的速度行驶，然而，它们并未相撞。这是为什么？

讨论与思考

1. 讨论并回答：什么是创新？创新有哪些基本特征？
2. 讨论并回答：创新思维包括哪些内容？
3. 在平常的学习或工作中，是什么阻碍了你的创新思维？
4. 就如何提高自己的创新能力谈谈你的个人看法。

活动与实践

1. 开展一次校园问卷调查活动，以组为单位拟定一份创新能力测试问卷，面向学校同学自由发放进行调查，做出数据统计，最终分析出我们学校大学生的创新思维能力状况。
2. 回答下面的问题，寻找自己的创新优势：
   (1) 自己最擅长的事情是什么？
   (2) 自己最感兴趣的事情是什么？
   (3) 自己最想成为什么样的人？
   (4) 阻碍自己进步的最大障碍是什么？
   (5) 分析自己需要改善和改进的方面。

第五节　在实践中提升创新素养

一、"财贸杯"创业计划大赛

以创业计划大赛为载体，在解决实际问题中培养创新能力和创新精神。

（一）创业计划大赛的宗旨

创业计划大赛的宗旨是：培养大学生的创造能力和创新精神，提高大学生创业意识和创业素质，增强并完善与创新能力相关的研究、经济、管理、法律及实际运作等方面的知识和能力，培养学生的团队精神，营造浓厚的大学生创新创业氛围。

（二）创业计划大赛内容与要求

1. 能力培养要求

具体包括五个方面能力的培养：

（1）捕捉市场商机能力；

（2）市场调研分析能力；

（3）选址能力；

（4）经营管理设计能力；

（5）团队合作能力。

2. 大赛内容要求

学生由3～7人组成一个团队，按企业负责人、营销、财务等岗位分工合作，共同完成经营项目选择、选址、市场调研和市场分析、营销计划、财务计划、风险预测、制定管理规范、编制创业计划书、公司开业注册、经营前的工作准备等任务，最终形成创业计划书。具体内容见表6－1。

表6－1　创业计划大赛竞赛内容

<table>
<tr><th>能力</th><th>工作任务</th><th>工作内容</th><th>工作岗位</th></tr>
<tr><td colspan="2">熟悉公司创办的基本条件和流程</td><td>企业创办应具备的条件
企业创办的工作流程和内容</td><td rowspan="5">全体人员分工协作完成</td></tr>
<tr><td colspan="2">创办人的准备</td><td>明确创办人应具备的素质及心理准备</td></tr>
<tr><td colspan="2">选择投资合作人</td><td>选择投资合作人</td></tr>
<tr><td>捕捉市场商机的能力</td><td>选择经营项目</td><td>学生分组，每组准备创办一个企业
选择经营项目，通过市场调查对所选项目的可行性进行分析</td></tr>
<tr><td>选址的能力</td><td>企业选址</td><td>通过市场调查，选择经营场地，如便利店（或小超市）、小饭店、美容美发店、度假村（或小旅店）、小科技开发公司等项目经营场所</td></tr>
<tr><td rowspan="3">市场调研分析的能力</td><td rowspan="3">市场调研和市场分析</td><td>根据经营项目及周边环境确定市场调研的内容和方法</td><td rowspan="3">市场负责人</td></tr>
<tr><td>根据确定的市场调研内容和方法进行市场调研</td></tr>
<tr><td>依据市场调研情况及结果，编制市场调研报告</td></tr>
</table>

续表

能力	工作任务	工作内容	工作岗位
经营管理设计的能力	营销计划	编制市场营销计划	
	财务计划	筹资 投资计划 成本费用支出预测 收入预测 利润预测 盈亏分析	财务负责人
	风险预测	经营风险预测	
	制订管理规范	制定公司章程或合伙协议	投资合作人
		组织机构的设置和人员招聘计划	公司和人事管理负责人
		建立各种规章及管理制度	
	编制创业计划书	确定创业计划书的格式与内容 编制创业计划书 准备创业计划书汇报与答辩	公司和各项业务负责人
	公司开业注册	熟悉企业注册登记的有关规定及流程 工商注册公章备案及刻制 企业法人代码登记 税务登记 银行开户	全体人员
	经营前的工作准备	制订经营前的工作准备计划	全体人员

3. 大赛模拟实训环境

在公司内部模拟设立董事长或执行董事、董事、监事、经理、财会负责人、市场及其他业务负责人岗位，如图 6－2 所示。

公司创办涉及的外部行政机构或单位的场景设置：银行、工商局、所在地国税局、所在地地税局、所在地公安局、指定刻字社、技术监督局、劳动和社会保障部门、统计部门，以及有关的项目审批主管机关等有关部门或单位。

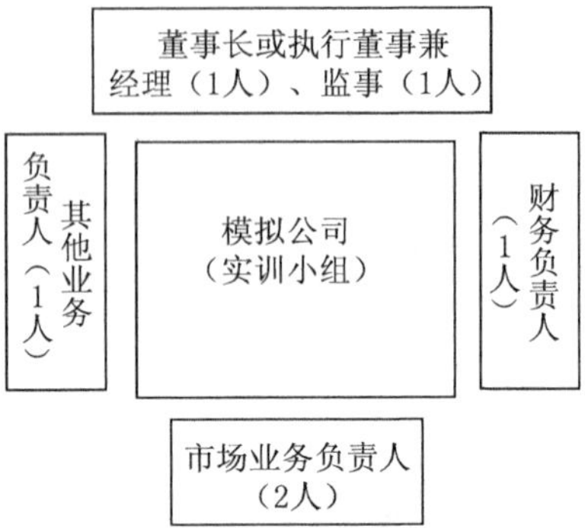

图 6－2　办公室内部环境

4. 大赛指导教师

大学生创业计划大赛实行“导师制”，配备实际经验丰富的导师，对有意向创业和已经创业的学生进行跟踪，提供咨询和指导。

5. 参赛要求

大赛分为以下阶段（见图 6－3）：

（1）组队选题阶段。学生开始组队选题，可以自由组队或各院系组织学生组队，每个团队由 3 ~7 人组成。团队对课题进行筛选，然后进行初步的课题研究及市场调查，然后完成一份 3 ~4 页的创业计划大纲。

（2）项目初评阶段。各团队开始项目的申报，上交创业计划大纲。学校组织专家对参赛作品进行初评，对评选出的优秀作品给予资助，促使其进一步研究完善。

（3）评奖阶段。对参赛作品进行评奖，对获奖作品给予再资助，使其成为具有一定市场前景的产品或服务。创业计划报告书要求有文字版和电子版两种。选送优秀作品参加全国“挑战杯”创业计划大赛。

（4）奖项设置。比赛由专家视其实际应用价值大小确定其获奖等次。设置一等奖、二等奖、三等奖、参与奖，学校将为获奖者颁发荣誉证书。

教师指导学生选址

创业团队讨论创业项目

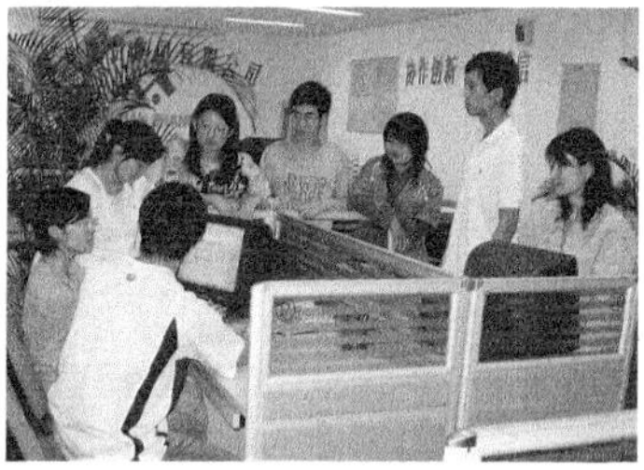

教师指导学生进行方案设计

创业汇报演讲

图6－3 创业计划大赛

二、“创新能力我行动”实践记录

“创新能力我行动”是根据财贸素养课程总体教学要求，学生在一个学期内完成知识学习、社会调研、自我行动、技能大赛、成果展示、考核评价六个环节。在创新能力教育实施中，学生通过《创新能力教育手册》，将被动受教育转变为自我养成教育，将教育内容和实际行动有机结合，边学习边实践，在行动中学习知识、提升素养。《创新能力教育手册》的主要内容包括：

（一）知识学习

对知识学习的要求：

（1）选修《公司运营实训》《企业创办实训》等财贸通用能力课程，到图书馆借阅至少3本创新能力培养相关书籍，以班级为单位开展知识竞赛。

（2）通过网络、图书馆等查阅并摘抄伟人、名人创新故事和案例。以班级为单位进行创新案例讨论。

（二）社会调研

社会调研活动是按照财贸素养教育培养目标的要求，有目的、有计划地组织学生带着创新问题到商业企业、北京科技馆等参观调研考察，学生可以看到在学校里看不到的东西，学到课堂中学不到得知识，有利于增强学生的创新意识，是创新能力教育的有效途径和补充，让学生在现实环境中去看、去问、去听、去思考、去探索创新价值的真谛。调研完成后，要求学生完成以创新为主题的调研报告，并结合知识学习，组织学生开展"我谈创新"主题交流会，并进行"创新能力教育学习奖"评审，成绩优秀者可获得"学习奖"，以此激励学生自觉养成创新意识，增强文化底蕴，建立职业使命，培养职业价值意识。

完成社会调研和主题研讨后，由班主任或辅导员对学生本阶段的创新能力教育成果进行考核，成绩占课程总分的 30% 。其中，知识部分考核可以采用闭卷考试，社会调研则根据调研报告和主题交流成绩进行评定，知识考核、调研报告两方面成绩各占 1/2 。此外，还要以班级为单位进行"学习奖"评比。

（三）自我行动

创新能力的养成主要在于日常的自我养成，而自我养成依靠自主行动，通过有目的活动设计引导学生把创新能力教育融入学生日常学习生活的方方面面。开展的活动有创新学习、创新做事等，从第一课堂到第二课堂，从班集体到宿舍，记录学生在这一学期内所做的至少 10 件以上的个人创新能力养成方面的具体事例和成果。

此外，以班级为单位自主设计《创新能力测试调查表》，根据调查情况进行班级创新能力分析，对于影响创新的障碍和现象进行研讨，实现创新从校园生活开始。

自我养成成绩考核占课程总分的 30% 。此外，还要以班级为单位进行"自我行动奖"评比。

（四）技能大赛

技能大赛是以财贸职业基本技能为载体，通过比赛方式激发学生提高职业素养，有目的地培养财贸素养的一种教育方式。技能大赛遵循的宗旨是倡导职业素养、倡导职业规范、倡导职业能力，学生在竞赛环境中，在完成实际竞赛题目同时，有意识的培养自己的财贸素养。

创新能力教育技能大赛依托的财贸职业技能是《创业计划大赛》实训课程，学生完成实训学习任务，在"创业计划大赛"中提升创新能力。

创新能力技能大赛成绩占课程总分的20%。“大赛奖”评比直接采用大赛评奖结果,获得“票据优胜”奖以上学生可获得“大赛奖”。

(五)成果展示

创新能力教育成果展示是创新能力教育成果推广转化的重要方式和手段,是实现落实素养教育目标的重要措施。成果展示活动在学生与学生之间、学生与学校之间搭起了相互交流、沟通的桥梁。采用成果展示的方式进行交流,使学生可以发现不足、发扬长处,这种方式更符合财贸素养教育的特点,可以使素养教育落到实处,是激励学生自主进行素养养成最开放、最直接的手段。

创新能力成果展示采用开放方式(见图6-4),具体包括:

(1)他人评价。采用《个人创新能力征求表》形势,请老师、班主任、辅导员、同学、家人对自己的创新能力进行评价打分。

(2)自我评价。自己对自己进行“创新能力测试”,根据测试结果自己给自己评价打分。

(3)实物成果展示。提交一份代表个人创新能力,或提高创新能力的个人作品,如创新题材的照片、论文、总结、诗歌、相声、小品、DV、书法、绘画等,也可以是他人赠送的感谢信、锦旗等,记录校园内创新学习、创新做事心得体会等的实物。

创新能力成果展示占课程总分的20%。此外,还要以班级为单位进行“成果奖”评比。

(六)考核评价

考核评价是创新能力课程教育教学的最后一个环节,综合以上五个方面的考核成绩后得到每一个学生创新能力教育课程的最终成绩,满分为100分。获得学习奖、行动奖、大赛奖和成果展示奖的学生可以获得主题教育奖“创新奖”。

指导教师在2004级物流管理专业毕业生王学彬开的服装店里考察

指导教师在2004级物流专业毕业生任立军开的物流公司里考察

2007级连锁专业学生刘佳豪开的饰品店

图6－4　学生创业成果

创新故事

【创新故事】中国神农——袁隆平

20 世纪 60 年代初期,一场罕见的饥荒席卷神州大地,安江农校宁静的校园也无法幸免。袁隆平为这沉痛的现实深深感到不安。在这种情况下,青年袁隆平响应党的号召,和学生们一起来到黔阳县的硖州公社秀建大队支农。生产队长老向企盼地对他说:“袁老师,听说你正在搞科学试验,如果能研究出亩产 800 斤、1000 斤的新稻种,那多好啊!我们就可以不怕饥荒了,苦日子也就可以结束了。”老队长的话又一次唤醒袁隆平藏在心底的童年之梦,从那一刻开始,他将“所有人不再挨饿”奉为终生的追求。

“三年困难时期,我亲眼见过有人饿死倒在路边、田坎上,很多人因饥饿得了浮肿病。当时我们农校的老师被下放到艰苦的地方锻炼,在集体食堂里,我们吃的菜就是一大锅红薯藤,加一小酒杯的油来煮,跟猪食差不多。饭是双蒸饭,用水蒸了两次,饭粒儿看起来大,吃下去一会儿就饿,整天想的就是能吃顿饱饭就好了。”

“人类能否战胜饥饿?我认为主要靠科技进步,再有一个和平环境,通过不断研究,取得农业科技的不断提高,就能解决饥饿问题。我是学农的,每年做点优产育种研究。日有所思,夜有所梦,我曾经做过一个好梦,梦见我们试验田里种的水稻,像高粱那么高,穗子像扫帚那么长,粒子像花生米那么大,我们几个朋友累了,坐在稻穗下面乘凉。”

回忆起当年的那场灾难,袁隆平那种济世情怀,那种对生命的真挚的呵护与关爱,让人分明感受到了一位伟大科学家内心的崇高与博大。

梦当然只是梦。为了通过科研的力量在实践中一步步实现这个梦,袁隆平以一种义无反顾的精神一头扎进了杂交水稻这个世界性的难题中。不为别的,就为了让现实中落后、贫困的农村能变得富饶而美丽。为此,他所经历的困苦与磨难超出了常人的想象。但他数十年如一日地坚持着、努力着。“真的,我从没后悔,我这个人有点痴,认准的路一定要走到底。”他一直这样说,也一直这样做。杂交水稻已成为他生命中不可或缺的一部分。

培育杂交水稻,是他生命中最强的音符。

对于一个几千年来受贫穷与饥饿折磨的民族,有着高产量的杂交水稻良种来帮助解决吃饭问题,这是一个多么巨大的贡献啊!难怪一些地区的农民称他为当代“神农”,而国际同行称他的研究是“全人类的福音”。他先后获得了国内国际多项顶尖大奖,身兼数十个学术和社会职务。浩瀚宇宙中,以他的名字命名的小行星稳定运行;风云市场上,以他的名字命名的股票隆重上市。袁隆平,由安江农校的一名普通教师,终于登上了中国“杂交水稻之父”的宝座。

不知多少人梦寐以求的辉煌、荣耀、名利,却丝毫也没有使袁隆平发生任何改变,他还是始终如一的恋着杂交水稻事业。从播种到收获,他依然风尘仆仆地骑着摩托车去试验田;从春夏到秋冬,他依然分秒必争的察看着育种基地。他心中想的只有他的试验,只有他的杂交水稻。

推荐读物

书　名:《创造天下:训练创新能力和创新执行能力》

出版社:清华大学出版社

作　者:王达林

简　介:本书介绍了创造学的基本内容和相关学科的最新成果。结合大量案例,不仅探讨创造性活动、创造性主体、创造性思维等基本原理,还揭示了创造性活动的规律,讲解了创造技法等内容,建构了一个具有自主创新特色的比较完整的创造学理论体系。

书　名:《为叫花子做的策划:创新让你脱颖而出》

出版社:中国档案出版社

作　者:宣钟

简　介:这是一本启发人如何创新的书。这是一本指导人如何创业的书。这是一本教普通人如何脱颖而出的书。创新,不仅仅是大公司、大人物的事,小企业、小公司、小人物、小创业者面临的竞争更激烈,要想生存和发展,更需要突破,更需要创新。

书　名:《不对称创新》

出版社:北京师范大学出版社

作　者:吴振海

简　介:作者基于对战略、创新和营销理论的跨领域研究,在对全球近百个以弱胜强的商战案例进行系统剖析的基础上，提出创新是以弱胜强、后来居上的唯一途径，但是要想成为成功的创新者而不是铺路石，挑战者的战略思想必须有别于市场领先者——这就是不对称创新。不对称创新立足于强大对手优势中所固有的弱点，既注重创造与其没有竞争互动、具有“温水煮青蛙效应”的不对称局势，同时也关注为客户创造价值。

书　名：《培养企业的创造型人才：让思维再创新》

出版社：重庆大学出版社

作　者：曾国平

简　介：创新，改变世界，也改变着一个人、一个企业乃至一个国家的命运。经济学家熊彼特说：“企业家不是投机商，也不是只知道赚钱、存钱的守财奴，而应该是一个大胆创新敢于冒险，状况于开拓的创造型人才。”

本书以什么是思维创新、如何提升思维创新能力为主线，辅以大量国内国外经典案例，阐述道理之后留给读者思考的余地。全书语言通俗易懂，文笔流畅，且奇思妙语迭出，为开启思维之门提供了一把宝贵的钥匙。相信读者在轻松阅读的同时，会对如何“让思维再创新”豁然开朗。

书　名：《王者的智慧——新经济时代的创新思维方法》

出版社：山西人民出版社

作　者：王健

简　介：新经济时代中如何脱颖而出？又怎样成为时代的领头羊？

答案只有一个：创新！

本书正是这样一本教你如何创新的思维训练书。

本书从创新的概念，以及创新需要具备哪些能力开始介绍，然后作者条分缕析、抽丝剥茧，一一分析了权威思维、偏见思维、惯性思维的弊端所在，敲碎了原有思维的壁垒，说明如何掌握新的思维方法，最后教读者怎样巩固和加强已经学到的思维方法。全书深入浅出，灵光和真知灼见随处可见。在创新已成为时代主旋律的今天，相信本书能对寻求突破的个人或企业甚至国家有所启示。

第七章　综合实践与财贸素养证书

通过本章的学习，你将：

- 了解财贸素养综合实践是爱心、诚信、责任、创新、严谨五素养要素在实际工作中的综合实践和运用。
- 把握财贸素养综合实践的过程、课程化、评价原则、评价方法与体系。
- 了解如何在顶岗实际工作中开展财贸素养综合实践，提升财贸素养。
- 深入了解财贸素养证书的内涵，以及获取财贸素养证书的相关规定和考核办法。

第一节　财贸素养综合实践

一、问题的提出

21 世纪，科学技术迅猛发展，国际竞争日趋激烈。综合国力竞争实质就是劳动者素质的竞争，本质是人才的竞争。人才竞争对国民创新精神和实践能力提出了高标准、高要求。众所周知，我国传统教育体制存在一些与现代人才培养要求不相适应的弊端，例如教学内容陈旧，教学方法脱离学生已有的知识和经验，教学要求脱离了社会实际。这样的教学往往以学校、课堂、书本为中心，难以真正培养学生的创新精神和实践能力。

为解决传统教育教学存在的不足，培养适应首都经济社会发展要求的应用型财贸高职人才，促进人的全面发展，学院在所有大学生中实施以“课程化、全程化、企业化”为特点，以“加强素质教育，强化职业道德”为出发点，以实践能力、创新精神培养为宗旨，以人的全面、可持续发展为目标的财贸素养教育。通过开设“爱心、诚信、责任、严谨、创新”五板块课程，实现财贸素养教育课程化；通过将五板块课程从第一学期到第五学期贯穿始终的学习和在顶岗实习中进行财贸素养综合实践，实现财贸素养教育全程化；特别是通过校内大学生“一条街”岗位体验和到企业顶岗实习，学生接受财贸素养教育的环境由仿真到真实，由课堂到企业，由理论到实践，使财贸素养教育与企业真实工作、真实环境和真实特点紧密结合，实现财贸素养教育企业化。

说明：财贸素养教育课程化指的是按照素养教育内容内在的固有逻辑，依次从第一至第五个学期分别建设“爱心、诚信、责任、严谨、创新”五门素养课程，每个学期按开设一门素养课程，在毕业前的第六学期进行财贸素养综合实践。

财贸素养教育不是空洞的理论说教，不是可有可无的理论知识，也不是为求新而“创造”的体系；相反，财贸素养教育的提出，既有科学充分的依据，又有明确的目标和方向，反映了时代和社会对人才的要求，对于大学生的就业、创业和未来发展具有现实意义和长远价值。因此，财贸素养教育符合学生、企业和社会的需要，得到了学生、企业和社会的高度认可。也正是从这个意义上，我们说财贸素养教育是综合实践体系。

二、财贸素养综合实践的实施

财贸素养综合实践决不是前五个学期“五板块”知识和课程的机械叠加，事实上，它既是相关内容的自然延续和必然要求，也是对它们的提升和深化，同时还是财贸素养教育不可或缺的重要环节，有着相对独立的、不容忽视的价值和功能。

1. 财贸素养综合实践在实施中须遵循的原则

（1）体现爱心。爱人、爱己、爱岗敬业、爱护设备设施；爱心在生活、工作的点点滴滴中体现出来。

（2）讲求诚信。

（3）注重责任。

（4）凸显严谨。

(5)着眼创新。着眼于学生创新意识、创新精神和创新能力的培养,是财贸素养综合实践价值与目标最本质的体现。着眼创新的根本目的在于,要以培养今天的学生适应明天的社会生活为己任,尽可能创造条件,让学生在积极探索、主动实践的过程中,不断有所发现、有所思考、有所创新,具备初步的怀疑精神和批判精神,具有独立思考问题的能力和解决问题的能力,为将来成为创新人才奠定基础。

(6)立足实践。在书本知识的学习理解和掌握的基础上,让学生亲身参与、主动实践,在实践中运用所学知识解决各种实际问题,提高解决实际问题的能力;实践要侧重让学生能够自己发现问题、提出问题、解决问题,特别是学生能够面对工作岗位的各种现实问题,综合运用所学知识,主动去探索、发现、解决问题,通过亲力亲为,获得解决问题的真实经验,从而培养实践能力。

2. 财贸素养综合实践实施途径

(1)知识应用。

(2)校内大学生"一条街"岗位体验。

(3)校内岗位综合模拟实训。

(4)假期社会实践。

(5)企业真实工作岗位实习(重点和核心)。

3. 财贸素养综合实践实施保障

(1)加强学习,更新观念。

加强学习、转变教育观念是财贸素养综合实践活动成败的关键。通过学习,要从根本上转变教师的实践观、人才观和学习观,把创新意识和实践能力的培养渗透到一切实践教育行动之中。

(2)健全组织,多方配合。

财贸素养综合实践必然要求全体大学生,尤其是应届毕业生全员参与,更需要学院、家庭、社会和用人单位大力参与和支持。因此,未来协调和组织开展各项综合实践活动,必须健全组织、加强领导,需要多方配合才能奏效。

(3)加强联系,取得支持。

财贸素养综合实践形式多样、内容多元、涉及面广,需要建立学校各院系、各有关实习实训部门、社区、企业及家长多方参与实践活动的新机制,积极利用各种社会资源，增进学校与社会的密切联系，以综合培养学生的爱心、诚信、创新、严谨和社会责任感。

三、财贸素养综合实践评价

1. 财贸素养综合实践评价目的

对财贸大学生进行全员的、全方位、全过程评价，目的是促进每个学生在原有基础上的全面而有个性的发展；引导学生实现自我认识、自我教育，明确发展方向；形成财贸素养综合实践总结性评价结果，为财贸大学生走入社会参加工作提供参考。

2. 财贸素养综合实践评价的指导思想

以财贸人才的全面、可持续发展为目标，通过评价指标导向和评价信息反馈，引导学生实现自我认识、自我教育，发现不足，明确发展方向；从爱心、诚信、责任、严谨和创新等方面综合提高；重在培养创新能力和实践能力。

3. 财贸素养综合实践评价的基本原则

(1)发展性原则。科学地评价财贸人才的实践能力和水平，关注其发展现状及未来发展，使其认识自身发展需求，明确努力方向，从而促进其健康发展。

(2)自主性原则。设计综合的评价内容、多样的评价方式，引导大学生积极、主动地参与评价活动。

(3)过程性原则。评价要贯穿于知识和技能的学习、思想品德和心理素质的培育、创新精神和实践能力的培养、个性的发展及潜能的开发等全面、和谐发展的过程之中。

(4)共同建构原则。评价结果要由评价者和评价对象双方通过沟通、协商共同建构；在共同建构过程中，使评价结果得到评价对象最大程度的认同，更好地发挥评价结果促进评价对象发展的作用。

(5)校企共同评价原则。学生在企业顶岗实习期间，学生的财贸素养水平要由学校指导教师和企业指导教师双方共同进行评价。企业指导教师的评价更为重要。

4. 财贸素养综合实践的评价

(1)学生自主评价(见表7-1)。

(2)同学互相评价(见表7-2)。

(3)企业评价(见表7－3)。

(4)教师评价(见表7－4)。

表7－1　学生自评表

<table>
<tr><td>姓名</td><td></td><td>性别</td><td></td><td>班级</td><td colspan="2"></td></tr>
<tr><td>实习时间</td><td colspan="6">年　月　日至　年　月　日</td></tr>
<tr><td>实习单位</td><td colspan="2"></td><td>地址</td><td colspan="3"></td></tr>
<tr><td rowspan="6">职业
能力</td><td colspan="2">工作内容</td><td colspan="3">评价内容</td><td>成绩评定</td></tr>
<tr><td colspan="2" rowspan="3"></td><td colspan="3">专业技能(30分)</td><td></td></tr>
<tr><td colspan="3">专业知识(30分)</td><td></td></tr>
<tr><td colspan="3">综合职业能力(25分)</td><td></td></tr>
<tr><td colspan="5">总分(满分85分)</td><td></td></tr>
<tr style="display:none"></tr>
<tr><td rowspan="5">工作
态度</td><td colspan="2">评价内容</td><td colspan="3">标准分</td><td>成绩评定</td></tr>
<tr><td colspan="2">礼仪规范、工作态度</td><td colspan="3">5</td><td></td></tr>
<tr><td colspan="2">执行制度、遵守纪律等情况</td><td colspan="3">5</td><td></td></tr>
<tr><td colspan="2">工作效率、团队协作</td><td colspan="3">5</td><td></td></tr>
<tr><td colspan="5">总分(满分15分)</td><td></td></tr>
<tr><td colspan="6">总成绩(满分100分)</td><td></td></tr>
<tr><td>改进
意见
和建议</td><td colspan="6">学生本人签字：
年　月　日</td></tr>
</table>

表 7-2 学生互评表

<table>
<tr><td>被评价
学生姓名</td><td></td><td>性别</td><td></td><td>班级</td><td colspan="2"></td></tr>
<tr><td>实习时间</td><td colspan="6">年 月 日至 年 月 日</td></tr>
<tr><td>实习单位</td><td colspan="2"></td><td>地址</td><td colspan="3"></td></tr>
<tr><td rowspan="5">职业
能力</td><td colspan="2">工作内容</td><td colspan="3">评价内容</td><td>成绩评定</td></tr>
<tr><td colspan="2" rowspan="3"></td><td colspan="3">专业技能(30 分)</td><td></td></tr>
<tr><td colspan="3">专业知识(30 分)</td><td></td></tr>
<tr><td colspan="3">综合职业能力(25 分)</td><td></td></tr>
<tr><td colspan="5">总分(满分 85 分)</td><td></td></tr>
<tr><td rowspan="5">工作
态度</td><td colspan="2">评价内容</td><td colspan="3">标准分</td><td>成绩评定</td></tr>
<tr><td colspan="2">礼仪规范、工作态度</td><td colspan="3">5</td><td></td></tr>
<tr><td colspan="2">执行制度、遵守纪律等情况</td><td colspan="3">5</td><td></td></tr>
<tr><td colspan="2">工作效率、团队协作</td><td colspan="3">5</td><td></td></tr>
<tr><td colspan="5">总分(满分 15 分)</td><td></td></tr>
<tr><td colspan="6">总成绩(满分 100 分)</td><td></td></tr>
<tr><td>改进
意见
和建议</td><td colspan="6">评价人签字:
年 月 日</td></tr>
</table>

表 7－3　企业评价表

<table>
<tr><td>工作内容</td><td colspan="2"></td><td>课时</td><td></td><td>实习班级</td><td colspan="2"></td></tr>
<tr><td>企业名称</td><td colspan="2"></td><td>实习时间</td><td colspan="2">年　月　日至　年　月　日</td><td>学生人数</td><td></td></tr>
<tr><td>指标</td><td>观测点</td><td colspan="4">评价标准</td><td>分值</td><td>得分</td></tr>
<tr><td rowspan="4">职业态度
(25)</td><td>礼仪规范</td><td colspan="4">实训过程中遵守职业道德和职业规范，具有良好的仪容仪表、言谈举止</td><td>6</td><td></td></tr>
<tr><td>工作态度</td><td colspan="4">工作认真勤恳，服务态度热情周到，办事诚实守信</td><td>7</td><td></td></tr>
<tr><td>工作效率</td><td colspan="4">工作过程科学、规范、效率高</td><td>7</td><td></td></tr>
<tr><td>团队精神</td><td colspan="4">具备良好的沟通协调能力、团队合作精神强</td><td>5</td><td></td></tr>
<tr><td rowspan="3">工作规范与技能水平
(55)</td><td>制度、规范执行</td><td colspan="4">严格执行财会法规和财经纪律</td><td>15</td><td></td></tr>
<tr><td>工作技能与工作创新</td><td colspan="4">熟悉工作流程，动手能力强，能够熟练处理各项业务，并能够创新</td><td>20</td><td></td></tr>
<tr><td>知识运用</td><td colspan="4">做事科学、规范，分析解决问题能力强</td><td>20</td><td></td></tr>
<tr><td rowspan="2">实训成果
(20)</td><td>实训报告</td><td colspan="4">实训手册内容填写详细、规范，业务处理数据准确真实</td><td>10</td><td></td></tr>
<tr><td>实训教学效果</td><td colspan="4">能全部掌握实训内容，完成实训工作任务，技能水平和职业素养表现突出</td><td>10</td><td></td></tr>
<tr><td colspan="6">总分</td><td colspan="2"></td></tr>
<tr><td colspan="2">你对本实训课教学的意见和建议</td><td colspan="6">企业代表签字：　　　　　　　　年　月　日</td></tr>
</table>

表 7－4　指导教师评价表

<table>
<tr><td>工作内容</td><td colspan="2"></td><td>课时</td><td></td><td>实习班级</td><td colspan="2"></td></tr>
<tr><td>指导教师</td><td colspan="2"></td><td>实习时间</td><td colspan="2">年　月　日至　年　月　日</td><td>学生人数</td><td></td></tr>
<tr><td>指标</td><td>观测点</td><td colspan="4">评价标准</td><td>分值</td><td>得分</td></tr>
<tr><td rowspan="4">职业态度
（25）</td><td>礼仪规范</td><td colspan="4">实训过程中遵守职业道德和职业规范，具有良好的仪容仪表、言谈举止</td><td>6</td><td></td></tr>
<tr><td>工作态度</td><td colspan="4">工作认真勤恳，服务态度热情周到，办事诚实守信</td><td>7</td><td></td></tr>
<tr><td>工作效率</td><td colspan="4">工作过程科学、规范、效率高</td><td>7</td><td></td></tr>
<tr><td>沟通协作、团队精神</td><td colspan="4">具备良好的沟通协调能力、团队合作精神强</td><td>5</td><td></td></tr>
<tr><td rowspan="3">工作规范与技能水平
（55）</td><td>制度、规范执行</td><td colspan="4">严格执行财会法规和财经纪律</td><td>15</td><td></td></tr>
<tr><td>工作技能与工作创新</td><td colspan="4">熟悉工作流程，动手能力强，能够熟练处理各项业务，并能够创新</td><td>20</td><td></td></tr>
<tr><td>知识运用</td><td colspan="4">做事科学、规范，分析解决问题能力强</td><td>20</td><td></td></tr>
<tr><td rowspan="2">工作成果
（20）</td><td>实训报告与业务办理</td><td colspan="4">实训手册内容填写详细、规范，业务处理数据准确真实</td><td>10</td><td></td></tr>
<tr><td>实训教学效果</td><td colspan="4">能全部掌握实训内容</td><td>10</td><td></td></tr>
<tr><td colspan="6">总分</td><td colspan="2"></td></tr>
<tr><td colspan="2">你对本实训课教学的意见和建议</td><td colspan="6">
指导教师签字：　　　　　　　　年　月　日</td></tr>
</table>

第二节 财贸素养证书概述

一、财贸素养证书的内涵

财贸素养证书是北京财贸职业学院学生财贸素养养成的有形载体，是建立财贸高职学生素养培养评价体系的重要依托。该证书反映了财贸高职学生在校3年6个学期参与学院财贸素养培养的重要经历和取得的主要成绩，证书的考核包括了以“京商”为核心的财贸文化教育、以“爱心、诚信、责任、严谨、创新”“五板块”为主题的财贸品格教育、以“能财会商”为特征的财贸技能培养、以校内大学生“一条街”岗位体验和企业顶岗实习为载体的综合实践四方面内容。财贸素养证书将为学生综合测评以及用人单位的选择提供系统全面的评价依据。

（一）财贸素养证书的特征

财贸素养证书是财贸高职院校教育创新发展的产物，在多年的实践和不断完善中，逐渐形成了鲜明的特征。

1. 全体性

全体性又称为全员性，它是指财贸素养证书的发放对象是财贸高职学院全体学生，旨在促进每个学生的发展。尊重每个财贸高职学生的发展权利，努力开发每个人的潜能，从而促使每一个学生成长为符合社会需要的高素质技能型财贸高职人才，这是社会主义教育的本质要求，也是学校开展财贸素养教育的本质要求。这种全员意识，体现在财贸素养证书政策制定、活动开展、考核评价等实施教育的全过程之中。

2. 全面性

全面性又称为整体性，是指财贸素养证书的发放对象是在知识、品格、技能等方面全面发展的财贸高职学生，即在财贸文化素养、财贸品格素养、财贸技能等方面全面发展的学生，让学生成为具有京商文化底蕴、“有爱心、讲诚信、负责任”、“能财会商”的财贸职业人，造就“有理想、有道德、有文化、有纪律”德智体美等全面发展的社会主义事业建设者和接班人。

3. 财贸性

财贸性是指财贸素养证书具有明显的财贸行业特征。财贸素养证书是财贸高职教育创新发展的产物，使财贸职业人的精神与技能在新生一代中进一步提升，并内化为稳定的财贸素养，满足了财贸行业对财贸高职人才素养的要求，反映了财贸行业发展的新水平和特征。

（二）财贸素养证书的意义

实施财贸素养证书制度，旨在全面贯彻党的教育方针，按照高素质技能型专门人才培养要求，以培养学生的财贸文化素养为基础，以培养学生的财贸品格素养为核心，以培养财贸职业素养为重点，培养“有爱心、讲诚信、负责任、能财会商”的首都服务业高素质技能型人才，造就“有理想、有道德、有文化、有纪律”、德智体美等全面发展的社会主义事业建设者和接班人。

学院实施财贸素养证书制度的重要意义主要有：

1. 实施财贸素养证书制度，是首都经济发展对人才质量的客观要求

我国的经济发展已进入以质量和特色取胜的时期，我国的高等职业教育也已经进入以质量和特色培养人才的阶段，学校如果不关注人才培养质量，就无法主动适应经济建设和科技发展的需要。北京财贸职业学院主要是面向首都服务业培养高素质技能型的一线人才，北京现代服务业突飞猛进的发展，对财贸人才提出了新要求。学院实施财贸素养证书制度，从财贸职业人的道德品质和财贸技能等方面进行创新探索培养，增强了学生在职场上竞争力，使学院培养的财贸高职人才能够在激烈的社会竞争中脱颖而出。

2. 实施财贸素养证书制度，开启了财贸高职素养教育的新阶段

2006 年 11 月 13 日召开的国家示范性高职院校建设计划视频会议上指出：“高等职业教育要全面贯彻党的教育方针，坚持为社会主义现代化建设服务，为人民服务，与生产劳动和社会实践相结合，培养德智体美全面发展的社会主义建设者和接班人。在高等职业教育整个发展过程中，一定要坚持育人为本、德育为先，把立德树人作为高等职业教育的根本任务。要进一步加强思想政治教育，把社会主义核心价值体系融入到高等职业教育人才培养的全过程，特别是要着重推进职业道德教育，真正培养出一批高素质的技能型专门人才，培养德智体美全面发展的社会主义建设者和接班人。”财贸素养证书制度是财贸高等职业教育的创新成果，它的核心是强调财贸高

职人才基本职业素养的养成与发展的创新体系，经过6年的实践和探索，取得了一定的成绩。它强调高等职业教育对学生素养养成的影响和作用不应仅仅局限在课堂上，应贯彻于学生在校学习、生活的全过程，并要从学生未来就业的行业特点出发，培养学生的财贸文化、财贸品格和财贸技能，促进学生的全面发展。财贸素养证书制度的实施，开启了财贸高职素养教育的全新阶段。

（三）财贸素养证书的原则

1. 坚持育人为本的原则

胡锦涛总书记强调教育要坚持育人为本、德育为先，把立德树人作为教育的根本任务；强调要把社会主义的核心价值体系融于教育的全过程，引导学生树立正确的世界观、人生观、价值观、荣誉观，努力培养德智体美全面发展的社会主义建设者和接班人。财贸素养证书制度也要坚持育人为本的原则，扎扎实实地推进财贸素养教育工作。

2. 坚持学生主体的原则

学生财贸素养的形成过程，是知识、品格、技能等内化的过程，不通过学生主体内部积极性的调动，内化就不可能实现。这就决定了财贸素养教育必须承认并尊重学生的主体地位，发挥学生在知识、品格和其他各种活动中的主动性和积极性。坚持财贸素养学生主体的原则，就是要在整个教育过程中时刻把学生作为认识和发展的主体，充分尊重他们的主体地位，发挥他们的主观能动作用，把被动接受的“要我学”转变为主动进取的“我要学”，并把全面提高学生的财贸素养作为教育工作的出发点和落脚点。

3. 坚持整体提升的原则

整体提升原则，是基于财贸素养教育的本质特征而提出的。整体提升原则包含两个方面的含义：一是财贸素养教育要面向全体财贸高职学生，着眼于全体学生的全面提高；二是教育要追求优化组合的整体效应，即各个方面的素养教育必须取向一致、协调发展、相互促进。面向全体学生，强调在价值观上，要对每个学生一视同仁，使每一个学生都得到全面发展；提升学生素养效应的整体性，是强调重视各种素养的全面教育，不能顾此失彼。贯彻整体提升的原则，要求教育者必须坚定“每个学生都能成功”的信念，使每一个学生的潜能都能得到充分发挥。

二、财贸素养证书的获取

（一）财贸素养证书的考核内容

财贸素养教育内容包括财贸文化素养教育、财贸品格素养教育、财贸技能素养教育、财贸素养综合实践，全部纳入各专业人才培养计划。

1. 财贸文化素养内容

京商文化素养教育板块。目的是培养学生的职业情感，提高商业文化底蕴，传承京商文化。内容包括京商文化、十大商帮文化、北京商业街、会计金融文化、商业广告文化、京商指数等10门选修课程。

实施途径：

（1）通过第一课堂，按照学院选修课要求，依据课程教学大纲，实施课程教学。

（2）按照第二课堂选修课程教学目标，组织学生在校内文化展馆和校外博物馆参观，深化认识，开展自我行动、成果展示、自我评价，以自主学习为主线，教育与活动互动。开展商业名人名家讲座、自学、商业调研、社团活动、商业知识竞赛、演讲比赛等。

（3）学院商贸素养文化教学团队负责该板块的教学实施和考核。

实施环境：

校内“商苑”石雕、“古钱币”石雕、“京商展室”、“商书厅”、校歌、财贸舞等，校外65家京商老字号商贸素养教育基地参观学习。

2. 财贸品格素养内容

教育部等7部门《关于进一步加强职业教育工作的若干意见》（教职成〔2004〕12号）中指出，职业院校要全面实施素质教育，加强学生思想道德建设，即要在深入开展中华传统美德和革命传统教育、不断培育青少年学生的爱国情感和民族精神的基础上，努力把职业道德培养和职业能力培养紧密结合起来，培养学生爱岗敬业、诚实守信、办事公道、服务群众、奉献社会的精神和严谨求实的作风。

品格素养教育教学的目的是培养学生“有爱心、讲诚信、负责任”的财贸职业品格素养，帮助学生建立财贸职业社会使命、树立职业理想。课程内容包括“爱心、诚信、责任、严谨、创新”五门课程。

（1）爱心教育。培养学生弘扬爱心传统，建立爱心文化，学会关爱别人。

“爱心”是情感，是品格素养教育的基础，作为商业服务业未来建设者，爱心是必需的情感，有爱心才能够满怀真诚对待自己的顾客和客户，才能把工作做好；

（2）诚信教育。诚信是行为规范，是财贸人才的特质素养；诚信是做人之本，更是商贸职业的职业伦理。商业经营讲求货真价实、童叟无欺，会计人员要求不做假账，都体现了“诚信至上”的职业道德和职业精神。

（3）责任教育。培养学生树立正确的人生观和价值观。责任是人的本质特征，要培养学生做一个负责任的人。“责任”是认知，负责任是爱心的最好表达。作为商业服务业未来建设者，其工作效果和服务质量直接影响着行业水平和职业形象，责任心尤为重要。

（4）严谨教育。培养学生具有科学的学习、工作态度，勤勉务实、精益求精的精神，脚踏实地、真抓实干、善于学习、讲求实效的职业态度和作风。严谨也是行为规范，是指做事认真细致、踏实勤恳。

（5）创新教育。培养学生具有会用知识做事、善于独立思考、不墨守成规、能够用科学方法提升工作水平和工作成绩的职业态度和精神，在严格执行工作规范基础上，能创造性地开展工作，提高工作效率和服务水平，体现了高职人才可持续发展的必备素养。

实施途径：

（1）通过第一课堂，按照主题教育大纲，以班会形式实施“爱心、诚信、责任、严谨、创新”主题教学。

（2）通过第二课堂，按照《商贸素养教育手册》，以学生自主教育为主线，重点在于深化认识、自我行动、成果展示、自我评价四个环节。

（3）学院学生处、团委负责该板块的教学实施和考核。

实施环境：

校内活动、大学生心理拓展训练、校外社会实践等。

3. 财贸技能素养内容

财贸职业素养教育教学的目的是培养学生并帮助学生了解财贸职业岗位的基本特征，激发热爱财贸职业的热情，培养用知识做事的思维方法和财贸岗位服务技能。课程以“能财会商”为特征，以财贸通用技能为内容，分为“商务票据实训”“收银技能实训”“职业礼仪实训”“办会技能实训”“小企业创办实训”等财贸职业岗位通用能力实训课程。

实施途径：

(1)通过第一课堂，按照学院选修课要求，依据课程教学大纲，实施课程教学。

(2)学院技能训练中心教学团队负责该板块的教学实施和考核。

实施环境：

在校内“财贸实训大楼”的经营性企业环境中进行。

(二)财贸素养证书的考核办法

财贸素养证书的获得，是通过建立科学、规范、可操作的财贸素养教育评价体系进行考核来实现的。财贸素养考核是指按照一定的价值标准，对受教育者财贸素养的发展变化及构成其变化的诸种因素进行的价值判断。

1. 知识学习与考核

对知识学习的要求：

(1)选修财贸文化、财贸通用能力课程，到图书馆借阅素养培养相关书籍，以班级为单位开展知识竞赛。

(2)通过网络、图书馆等查阅并摘抄伟人、名人故事和案例。以班级为单位进行财贸素养的案例讨论。

2. 社会调研

(1)按照财贸素养教育培养目标的要求，有目的、有计划地组织学生带着问题到商业企业、北京科技馆等参观调研考察。

(2)调研完成后，学生完成以财贸素养为主题的调研报告。

(3)开展主题交流研讨会，以此激励学生自觉养成财贸作风。

(4)完成社会调研和主题交流研讨后，由班主任或辅导员对学生本阶段的财贸素养教育成果进行考核，成绩占课程总分的30%。其中，知识部分考核可以采用闭卷考试，社会调研则根据调研报告和主题交流成绩进行评定，知识考核、调研报告两方面成绩各占1/2。此外，以班级为单位进行“财贸素养教育学习奖”评比。

3. 自我行动

财贸素养的养成除了有效的训练以外，还在于日常的自我养成，而自我养成依靠自主行动，通过有目的活动设计引导学生把财贸素养教育融入学生日常学习生活的方方面面。

开展的活动要结合严谨做人、自主学习等内容。学生在一学期内就至少10件以上的个人财贸素养养成方面的具体事例和成果进行展示。

此外，以班级为单位自主设计《财贸素养度测试调查表》，根据调查情况进行班级分析，实现财贸素养养成从校园生活开始。

自我养成成绩考核占课程总分的30%。此外，还要以班级为单位进行“自我行动奖”评比。

4. 技能大赛

财贸素养教育技能大赛依托财贸通用职业技能实训课程，学生完成实训学习任务，在大赛中提升财贸素养和职业能力。

财贸素养教育技能大赛成绩占课程总分的20%。

5. 成果展示

财贸素养成果展示采用开放方式，具体包括：

(1)他人评价。采用《个人财贸素养征求表》形式，请老师、班主任、辅导员、同学、家人对自己的财贸素养进行评价打分。

(2)自我评价。自己对自己进行“财贸素养度测试”，根据测试结果自己给自己评价打分。

(3)实物成果展示。提交一份代表个人财贸素养，或提高财贸素养的个人作品，如财贸素养题材的照片、论文、总结、诗歌、相声、小品、DV、书法、绘画等，也可以是他人赠送的感谢信、锦旗等，记录校园内做人、做事、学习等方面的心得体会等的实物。

财贸素养成果展示占课程总分的20%。此外，还要以班级为单位进行“成果展示奖”评比。

6. 考核评价

考核评价是财贸素养教育的重要环节，考核评价具有甄别功能、激励功能、导向功能、诊断功能和实用功能。在每一个环节都要设计考核评价。知识学习部分综合考察知识学习效果、社会调研成果、主题研讨成果，占课程总成绩的30%；自我养成考核则通过主题活动成绩和自我行动记录进行，占总成绩的30%；财贸职业基本技能考核采用大赛形式，大赛成绩为考核结果，占总成绩的20%。成果展示效果占20%，综合考核成绩满分100分。为增强学习积极性，每个环节还设置单项奖励，根据考核结果可以获得学习奖、行动奖、大赛奖和成果展示奖。四项奖获得者，可以获得主题教育奖，如爱心奖、诚信奖、责任奖、严谨奖和创新奖。

财贸素养教育课程总分为600分,及格为360分。

(三)财贸素养奖章与财贸素养证书

(1)考核得分360分以上者由学院授予财贸素养认证证书,并记入学籍档案。

(2)“爱心奖”“诚信奖”“责任奖”“严谨奖”“创新奖”和“财贸素养综合实践奖”全部获得者,由学院授予“财贸素养奖章”。

参考文献

概论——参考文献

[1]吴慧．中国古代商业[M]．北京：商务印书馆，1998.

[2]周晓光．徽商与经营文化[M]．北京：世界图书出版公司，1998.

[3]张正明．晋商与经营文化[M]．北京：世界图书出版公司，1998.

[4]汪昌海．华夏货殖五千年[M]．武汉：湖北人民出版社，2000.

[5]郑学檬．简明中国经济通史[M]．北京：人民出版社，2005.

[6]廖晓冬．千年商道——中国十大商帮经营大法则[M]．北京：中国华侨出版社，2005.

[7]田兆元，田亮．商贾史[M]．上海：上海文艺出版社，2007.

[8]孙翊刚，王文素．中国财政史[M]．北京：中国社会科学出版社，2007.

[9]姚遂．中国金融史[M]．北京：高等教育出版社，2007.

[10]余鑫炎．简明中国商业史[M]．北京：中国人民大学出版社，2009.

[11]杜坚．从中国财政思想的变迁看财政制度的进步[J]．江西财经大学学报，2002(3).

爱心——参考文献

[1]茅于轼．中国人的道德前景[M]．广州：暨南大学出版社，2008.

[2]王少安，周玉清．大爱精神与大学文化建设[M]．北京：人民出版社，2008.

[3]朱建军．中国的人心与文化[M]．太原：山西人民出版社，2008.

[4]辜鸿铭．中国人的精神[M]．海口：海南出版社，2007.

[5]房龙．宽容[M]．北京：北京出版社，2004.

[6]姜萍．凭爱心前行[M]．北京：民族出版社，2006.

诚信——参考文献

[1]刘国勇．试论财贸专业大学生诚信教育的重要性[D]．北京:北京财贸职业学院,2009.

[2]李悦华．关于大学生诚信现状的原因分析与教育对策[D]．北京:北京财贸职业学院,2009.

[3]冯茂芳．大学生诚信教育的途径与方法[D]．北京:北京财贸职业学院国际教育学院,2009.

[4]张贵英．从诚信看高职生的心理健康[D]．北京:北京财贸职业学院,2009.

[5]宋郁．诚信是财贸人才之魂——在社会实践中对学生进行诚信教育[D]．北京:北京财贸职业学院,2009.

[6]柯本忠．关于大学生诚信状况的访谈[D]．北京:北京财贸职业学院,2009.

[7]陈智英．诚信教育的实践与认识[D]．北京:北京财贸职业学院,2009.

[8]曹源．老字号的文化底蕴[M]．北京:中国时代经济出版社,2003.

[9]尹庆民,方彪,等．北京人文古迹旅游丛书——皇城下的市井与士文化[M]．北京:光明日报出版社,2006.

[10]王红．北京地方志·风物图志丛书——老字号[M]．北京:北京出版社,2006.

[11]《品牌故事》栏目．品牌故事·擦亮金字招牌——中华老字号[M]．北京:中国经济出版社,2006.

[12]新京报．北京地理·传世字号·餐饮[M]．北京:中国旅游出版社,2007.

[13]新京报．北京地理·传世字号·民生[M]．北京:中国旅游出版社,2007.

[14]徐城北．老北京[M]．南京:江苏美术出版社,1999.

[15]袁家方．商业研究[J]．北京:黑龙江商学院,1983(4).

[16]吴慧．中国古代商业[M]．北京:商务印书馆,第一版,1998.

[17]王智庆,李存华．晋东商业文化[M]．北京:科学出版社,2009.

责任——参考文献

[1]郑小兰．勇于承担的孩子最优秀[M]．北京:朝华出版社,2009.

[1]吴天妹．研究性学习中学生社会责任感的培养[D]．北京:北京师范大学,2008.

[2]张少华、王卫东．责任教育研究[M]．大连:辽宁师范大学出版社,2007.

[3]田长军．成年后的责任[M]．广州:中山大学出版社,2006.

[4]顾嘉平．爱心·梦想·责任[M]．北京:中国对外翻译出版公司,2006.

[5]严春友．责任与生存[M]．福州:福建少年儿童出版社,2001.

[6]谢军．责任论[M]．上海:上海人民出版社,2007.

严谨——参考文献

[1]汪中求．细节决定成败Ⅱ[M]．北京:新华出版社,2007.

[2]联合国教科文组织国际教育和价值观教育亚太地区网络．学会做事:在全球化中共同学习与工作的价值观[M]．北京:人民教育出版社,2006.

[3]http://zhidao. baidu. com/question/59020956. html.

[4]张正明．晋商兴衰史[M]．太原:山西古籍出版社,2001.

[5] http://hi. baidu. com/5tai/blog/item/9a2834066ba68e7902088133. html, 2007 - 07 - 24.

[6] http://www. wenmi114. com/wenmi/fanwen/xiezuozhishi/2009 - 07 - 18/20090718147635. html.

[7]礼仪 [EB/OL]. http://baike. baidu. com/view/69841. htm.

[8]翁汀辉．公正严谨性及其子维度与工作绩效关系的研究[D]．南昌:江西师范大学,2007.

[9]郑和[EB/OL] . http://baike. baidu. com/view/1988. htm.

[10]http://www. fosu. edu. cn/gong/uploadfile/20080814093313826. doc.

[11]http://zhidao. baidu. com/question/45250880. html.

[12]http://sxh2000251. bokee. com/3813853. html.

[13]http://www. ht88. com/downinfo/116984. html.

[14]严启钧．谈学生思维严谨性的培养[J]．青海师专学报(教育科学),2003(6):48－49.

[15]万朴．以科学发展观提升严谨治学的办学理念[J]．西南科技大学学报(哲学社会科学版),2009(3):1－5.

[16]李荣生．略论鲁迅的治学态度和方法[J]．呼兰师专学报,1942(2):21－25.

[17]柏焕玉．让严谨成为习惯[J]．军事记者,2008(10):30－31.

[18]孙新智．浅谈在会计工作中如何做到严谨细致[J]．中国集体经济,2008(5):140－141.

[19]赵烨．严谨的项目流程确保安全直播[J]．电视字幕(特技与动画),2008(11):18－20.

[20]翁庆萍,曹培强．试论研究生严谨治学素质的培养[J]．石油大学学报(社会科学版), 2003(4):100－103.

[21]张有恒．严谨,严谨,再严谨些——从一本名校教材的多处失误谈起[J]．沈阳教育学院学报,2004(3):36－37.

[22]孔春辉．勤勉、严谨、务实、创新——大学生学风培养的目标与途径[J]．内蒙古农业大学学报(社会科学版),2004(1):110－112,118.

[23]王剑,王政．悟透底牌[M]．北京:现代出版社,2007.

[24]董锡健．严谨的德国生活细节[J]．刊授党校·学习特刊,2007(4):42.

[25]另一种形式的广告品牌故事之LV(路易威登)[EB/OL]. http://info. piju. hc360. com/2007/01/3108086158. shtml, 2009－09－10.

[26]冠全贵．周恩来严谨精细的领导作风[J]．领导科学,1991(6):22－24.

[27]某峰徐,庆凯论．辞海精神[J]．编辑学刊,1992(1):30－33.

[28]http://www. cslleather. com/news3322022. html.

[29]http://book. jqcq. com/zhuanti/jiaofu/9. htm.